Peter Schreiber
Was aus dem Dunklen leuchtet

Peter Schreiber

Was aus dem Dunklen leuchtet

Die Autobiografie 1929–1953

Aufgeschrieben von Gerd Püschel

Osburg Verlag

Erste Auflage 2022

www.osburgverlag.de

Lektorat: Bernd Henninger, Heidelberg
Korrektorat: Alexander Blumtritt, Fischbachau
Umschlaggestaltung: Judith Hilgenstöhler, Hamburg
Satz: Hans-Jürgen Paasch, Oeste
Druck und Bindung: CPI books GmbH, Leck
Printed in Germany
ISBN 978-3-95510-280-7

Für meine Frau Ursula,
die mich nicht nur ein Dreivierteljahrhundert lang
im Leben,
sondern auch immer wieder in meine Erinnerungen
begleitet hat.

Inhalt

Prolog

Die Tür fällt metallisch krachend ins Schloss. Ein Schlüssel wird gedreht. Zweimal. Das Geräusch sich entfernender Stiefel. Dunkelheit. Obwohl draußen ein heller Sommernachmittag die Mauern der alten Villa wärmt, fällt nur eine zitternde Bahn schwachen Lichts durch die staubverschmierten Scheiben des einzigen Fensters. Langsam erfassen die Augen des Jungen den Raum. Er ist nicht groß, die Decke ist niedrig. Die Wände sind roh verputzt und schmutzig. Kein Möbelstück, das dem Raum eine Bestimmung zuweisen würde, ist zu finden. Der Raum wird ausgefüllt von einem riesigen Kohlenhaufen, der den gesamten Fußboden bedeckt, sodass der Junge in seinen Stiefeln, an denen noch die Erde von der Feldarbeit haftet, auf den Kohlen steht. Es gibt keinen freien Platz, wo er sich hinsetzen kann oder gar hinlegen in Erwartung einer Nacht, die er vielleicht in diesem Raum verbringen muss. Ihm knurrt der Magen. Das ist das einzige Geräusch hier unten im Keller. Aus den oberen Stockwerken nimmt er wahr, wie Menschen in schweren Schuhen die Treppen hinauf- und hinabeilen. Er hört Stimmen, Befehle in einer fremden Sprache. Raues Lachen. Manchmal einen Schrei. Ganz leise, fern, wie aus einer anderen Welt: Musik.

Er müsste zur Klärung einiger Fragen mit ins Hauptquartier kommen, hatte ihm der Dolmetscher des sowjetischen Kommissars gesagt. Gleich nach der Ankunft in der Villa, die nun als Stabsgebäude für ein Regiment der Roten Armee diente, hatten ihn Soldaten durchsucht und seine Hosentaschen geleert. Da war nicht viel zu finden gewesen.

Der Junge hatte von Verhaftungen gehört. Die Sieger des Großen Krieges suchten überall im Land nach den Repräsentanten des alten Regimes und nach seinen willigen Helfern. Aber das waren Männer, die Befehle gegeben und ausgeführt, Leute, die andere bespitzelt und verraten hatten. Die schuldig waren an der Katastrophe, an dem Krieg, der die halbe Welt verwüstet und Abermillionen unschuldiger Menschen das Leben gekostet hatte.

Welche Rolle in diesem Weltgefüge sollte schon ein fünfzehnjähriger Junge spielen, und welche Fragen sollte er beantworten können in einem Alter, in dem der Mensch sehr viel mehr Fragen als Antworten hat?

Es wird dunkel. Der Junge ist mit seinen Gedanken allein. Zu Hause würden Vater und Mutter auf ihn warten, wenn sich seine Verhaftung, denn das war es, wie dem Jungen langsam bewusst wird, noch nicht im Dorf herumgesprochen hatte. Noch glaubt er an einen Irrtum, an eine Verwechslung, einen Fehler der Bürokratie. Gleichzeitig weiß er, dass es grobe Hände sind, welche in diesen Tagen die Karten des Schicksals mischen.

Er zieht seine Stiefel aus, um sie als Kopfkissen zu benutzen und versucht, seinen Körper in eine Stellung zu bringen, in der ihn die Kohlen, auf denen er liegt, nicht allzu sehr peinigen. Oben in der Villa wird es still. Irgendwo schlagen Kirchenglocken zur Nacht.

Die Nacht vergeht langsam. Der Junge giert nach den ersten Lichtfetzen, die sich frühmorgens in das Dunkel des Kellers zittern. Er starrt auf die Tür.

Das Krachen dieser Tür ist dem Mann, der dieser Junge war, heute noch so gegenwärtig wie damals, am späten Nachmittag des 5. Juni des Jahres 1945, weil es sein Leben in zwei Teile zerschnitt. Weil es seine Kindheit und seine Jugend für immer beendete und der Auftakt war für eine lange Reise, die ihn zu dem Mann machte, der all das erzählen wird.

Kindheit und Jugend

Woher ich komme

Um sich zu erinnern braucht es einen Grund. Erinnern, sagen die Psychologen, ist das Plündern des Gedächtnisses als Tätigkeit des Geistes mithilfe des Gehirns, das wiederum nur speichert, was es braucht. Anders gesagt, von dem, was es nicht speichert, weiß man irgendwann nicht einmal mehr, dass man es vergessen hat. Es sei denn, es existiert noch aus Stein oder Stahl geformt, als geschriebenes Wort oder in einer anderen Form, welche die Zeiten überdauert.

Es ist eine seltsame Sache mit den Erinnerungen. Sie fügen sich keinem Maß und keiner Ordnung, schon gar keinen Regeln. Sie wohnen irgendwo im Menschen und kommen und gehen, wie es ihnen gefällt. Keiner weiß, wo sie sich gerade sammeln und welche Geschichtensplitter, welche Bilder, welche Düfte und Töne sich in den seltsamsten Momenten verbünden, um dich unvermutet zu überfallen. Sie reagieren nicht unbedingt und pflichtschuldigst auf deine Rufe, niemand weiß, wo sie gerade nisten und nagen, welchen Reizen sie folgen, weshalb sie auftauchen und wohin sie manchmal zu schnell wieder verschwinden.

Doch ist es möglich, sich mit seinen Erinnerungen zu verbünden. Man kann sie zu seinen Vertrauten machen, auch wenn es mitunter schmutzige, böswillige, schmerzhafte Gesellen sind. Sie gehören zur Familie. Man trifft sie nach Jahren wieder und erkennt sie am Gang, an ihren Worten. Sie zu vertreiben ist sinnlos, wie es sinnlos ist, sie ändern zu wollen.

Erinnern ist eine magische Handlung, denn die Erinnerungen sind der einzige Triumph des Menschen über die Vergänglichkeit. Nur in der Erinnerung kann er die Macht der fortschreitenden Zeit aufhalten.

Zum Erinnern braucht es einen Ort, einen Ausgangspunkt, an dem man die Gedanken konzentrieren und festknüpfen kann, mit denen die Reise durch die Zeit beginnt.

Dieser Ort ist für mich Gönnsdorf, eine kleine Ansiedlung im Schönfelder Hochland oberhalb der großen, geschichts- und geschichtenmächtigen Stadt Dresden.

Das Dorf schmiegt sich auf ihrer der Elbe zugewandten Seite in die Hügel. Die Straßen zu den vier umliegenden Dörfern Weißig, Pappritz, Bühlau und Cunnersdorf führen alle talwärts. Von den Hügeln aus hat man eine wunderschöne Aussicht auf Dresden und das Erzgebirge. Die Luft ist sauberer als in der Stadt. Man ist den Wolken näher. Im Winter heulen oft eiskalte Stürme um die Häuser. Dann ist es, als würden sie enger zusammenrücken.

Zwei Bäche fließen vom Dorf zur Elbe hinunter. In Jahrtausenden haben sie tiefe Kerben ins Gestein geschnitten und Täler geformt, sogenannte Gründe, den Zachengrund und den Helfenberger Grund. Letzteren kann man schon fast eine Schlucht nennen.

Der Kern des alten Dorfes bestand aus vier Straßen, die ein Rechteck bildeten. Häuser und Gehöfte säumten diese Straßen. Es gab einen kleinen, offenen Platz in der Mitte, eine Dorflinde, den Dorfbrunnen, den Dorfteich und ein Spritzenhaus. An der nordwestlichen Seite des Platzes war der Zugang zum Rittergut mit seinem Herrenhaus, den Wirtschaftsgebäuden, Ställen, Scheunen und dem kleinen Park.

Das Herrenhaus wirkte viel zu groß für Gönnsdorf, zu herrschaftlich, beinahe wie ein Schloss, und deshalb wurde es von den Dörflern auch »das Schloss« genannt.

Der Park lag hinter dem Herrenhaus, wie auch drei Fischteiche. Von der Freitreppe auf der Rückseite des Hauses führte ein schmaler Pfad über einen Damm, der zwei der Teiche trennte, in den Park.

Weithin sichtbar stand auf der höchsten Erhebung unweit des Dorfkerns der stattliche Friedrich-August-Turm, zu dem eine größere Gaststätte gehörte. Dieser Aussichtsturm, benannt nach dem letzten sächsischen König, war ein beliebtes Ausflugsziel für die Städter, welche dort ihren Nachmittagskaffee und die herrliche Aussicht auf Dresden, das Elbtal und die Landschaft bis zum Erzgebirge hin genossen.

Nach dem Ersten Weltkrieg war das Dorf über die alten Grenzen hinausgewachsen. Im Südosten des Dorfes war eine Arbeitersiedlung entstanden, deren neue Bewohner vorwiegend aus Dresden kamen und dort auch arbeiteten, ein Leben auf dem Lande aber dem Leben in der Stadt vorzogen. Weil viele der Zugezogenen in den kleinen Gärten an ihren Häusern ein wenig Gemüse anbauten, hieß dieser Teil des Dorfes »die Kohlrabi-Insel«.

Die Einwohner des Dorfes waren eine Mischung aus Bauern, Handwerkern, Kleinunternehmern, Rentnern und den jeweiligen Bewohnern des Rittergutes mit unterschiedlicher Herkunft, ungleichem Wohlstand und aus verschiedenen Bildungsschichten. Die Hälfte der Häuser verfügte über eigene Brunnen, die anderen holten ihr Wasser täglich vom Dorfbrunnen. Nicht alle Häuser verfügten schon über einen Stromanschluss, das Dorf hatte keine Kanalisation, sodass sich an jedes Haus eine Außentoilette schmiegte.

Es gab im Dorf nur zwei Telefone, eins in der Werkstatt des Schmiedes und das andere im Dorfgasthaus. Die Schmiede diente außerdem als Poststelle. Gönnsdorf hatte keine eigene Schule, keinen ansässigen Arzt, keine Kirche und auch keinen Friedhof.

Dieses Dorf war für fast fünfzehn Jahre mein Zuhause. Hier beginnen meine Erinnerungen und hierher kehren sie immer wieder zurück.

Die Familie meines Vaters stammt aus dem Erzgebirge. Mein Vater wurde am 12. Juni 1886 in Bärenstein als erster Sohn der Eheleute Volkmar und Augusta Schreiber geboren, so ist es dort im alten Kirchenbuch vermerkt. Er wurde auf den Namen Martin Max getauft. Drei Geschwister folgten mit den Jahren, zwei Schwestern, Lydia und Paula, und sein Bruder, der Max Martin getauft wurde. Lydia starb jung an Tuberkulose.

Das Erzgebirge ist ein typisches Mittelgebirge, dessen Kamm seit Jahrhunderten die natürliche Grenze zwischen Sachsen und Böhmen markiert. Bärenstein war – und ist es heute noch – ein Grenzdorf, das nur ein schmaler Bach, den man leicht durchwaten kann, von der böhmischen Schwestergemeinde Weipert trennt. Es scheint, dass mein Großvater den Bach oft und irgendwann auch auf Freiersfüßen durchwatet haben muss, denn meine Großmutter war eine »Böhmsche«.

Reich an Wäldern, an Silber und anderen Bodenschätzen, war das Erzgebirge dennoch über Jahrhunderte eine der ärmsten Regionen Deutschlands. Die Schätze kamen nur wenigen zugute, die Bevölkerung blieb arm. Der legendäre Reichtum der sächsischen Kurfürsten und Könige stammte zu einem stattlichen Teil aus den Silberbergwerken des Gebirges, während die Kinder der Bergleute verhungerten oder an vielerlei Krankheiten starben. Die Menschen im Erzgebirge verdienten sich das Geld für den nötigsten Lebensunterhalt mit Handwerksdiensten und Heimarbeit. Sie fertigten Holzspielzeuge und geklöppelte Spitzenstoffe, sogenannte Posamenten, die mit der Zeit in alle Welt verkauft wurden, und arbeiteten als Weber in kleinen Familienbetrieben. Mit zunehmender Beliebtheit dieser Erzeugnisse entwickelte sich jedoch eine unglückliche Abhängigkeit ihrer Hersteller zu den Ankäufern dieser Waren. Die Händler zahlten den Handwerkern zwar Vorschüsse auf die kommenden Lieferungen, verrechneten das Geld aber mit Zahlungen für den Erwerb von Material, Werkzeugen und modernen Maschinen, deren Preise sie listig so hoch anzusetzen wussten, dass die Rückzahlungen samt Zinsen die Vorschüsse überstiegen. Gleichzeitig kappten die Händler durch immer feiner gesponnene Handelsnetze den Kontakt zwischen den Erzeugern und ihren Endabnehmern. Im neunzehnten Jahrhundert dann entstanden in den Städten große Webereifabriken, die mit ihren hochtechnisierten Produktionsanlagen die Waren preiswerter herstellen konnten.

Die schon bestehende soziale Kluft zwischen den Reichen und der armen Bevölkerung wuchs rapide. Das führte zu Unzufriedenheit, Widerstand und in der Folge zur Auflehnung gegen jegliche staatliche Verordnungen und Behörden, die zu Recht als Parteigänger der Besitzenden angesehen wurden. Die berüchtigte Renitenz der Erzgebirgler hat ihre Wurzeln in dieser Zeit. Gesetze wurden ignoriert oder einfallsreich umgangen, Autoritäten verachtet. Das Schmuggeln von Waren gehörte von alters her zur Tradition im Grenzgebiet und erlebte um 1900 herum einen gewaltigen Aufschwung. In dieser Kultur der Grenzüberschreitungen wuchs mein Vater auf.

Um die Jahrhundertwende verließen meine Großeltern das Erzgebirge und zogen nach Dresden, wo mein Großvater eine Anstellung in den Diensten der Stadt fand. Mein Vater erlernte den Beruf eines Webers und Posamentierers. Leider habe ich ihn nie gefragt, ob er seine Lehre noch im Erzgebirge oder schon in Dresden absolviert hat. Da die wichtigsten Posamentenmanufakturen im Erzgebirge angesiedelt waren, liegt die Vermutung nahe, dass er sein Handwerk dort lernen konnte. Als ich ihn einmal fragte, was er für seine Prüfung hatte anfertigen müssen, erzählte er mir, dass es zu dieser Zeit üblich war, als Gesellenstück eine Altardecke herzustellen.

Wie zu dieser Zeit ebenfalls üblich, ging Vater nach der Lehre auf die Walz. Das war eine weitere Prüfung für junge Handwerksgesellen, bei der sie für mindestens ein Jahr auf Wanderschaft gehen und in anderen Regionen und Ländern weitere handwerkliche, aber auch Lebenserfahrungen sammeln sollten. In vielen Gewerken war die Walz, auch Tippelei oder Gesellenwanderung genannt, überhaupt die Voraussetzung, um später zur Meisterprüfung zugelassen zu werden.

Meinen Vater brachte diese Gesellenwanderung bis nach Hamburg, wo er einen Vertrag als Weber bei einem Handwerksmeister unterschrieb, der ihn anschließend nach Brasilien, in die 1850 von deutschen Auswanderern gegründete Stadt Blumenau, schickte.

Über diese Zeit in Brasilien weiß ich nichts, Vater sprach nicht oft davon. Er kehrte nach Deutschland zurück, um seinen zweijährigen Pflichtdienst in der Königlich Sächsischen Armee abzuleisten.

Kurz vor seiner Rückkehr hatten die Eltern, so erzählte man in der Familie, die enorme Summe von 5000 Goldmark geerbt, die es meinem Großvater erlaubte, seine Stellung bei der Stadt Dresden aufzugeben und sich selbstständig zu machen. Die Großeltern erwarben in Gönnsdorf zwei Häuser auf einem großen Grundstück in der Nähe des Gutshauses und zogen aus der Stadt hinaus. Großvater begann ein Handelsgeschäft aufzubauen. Er kaufte frühmorgens bei den umliegenden Bauern die frische Milch auf und fuhr in die Stadt, um sie dort mit vernünftigem Gewinn zu verkaufen. Nebenbei betrieb er eine kleine Schweinezucht und verarbeitete das Fleisch in einer eigenen Schlachterei. Dort schlachtete er auch Geflügel, vorwiegend Tauben und Fasane, welche ihm die Jäger aus den umliegenden königlichen Forsten von Zeit zu Zeit lieferten.

Vater wurde als Unteroffizier aus der Armee entlassen, als er seine Dienstpflicht bei der Infanterie erfüllt hatte. Er arbeitete kurz in einer Weberei in Dresden, zog dann zu den Eltern nach Gönnsdorf und wohnte dort, soviel ich weiß, bis 1914. Er unterstützte den Vater bei seinen Geschäften, versuchte sich aber auch zunehmend an eigenen. Das waren oft Handelsgeschäfte und hatten mit der Tabakindustrie zu tun. Dresden war fast ein Jahrhundert lang ein Zentrum der Zigarettenindustrie in Deutschland.

Mit Ausbruch des Krieges wurde er sofort zum Heer eingezogen. Seine Einheit wurde an die Front nach Frankreich verlegt und Vater wurde zum Meldegänger des Regimentskommandanten ernannt. Da zu Beginn des Krieges sowohl Technik als auch die Ausrüstung mit Feldtelefonen noch sehr mangelhaft waren, wurden die wichtigsten Nachrichten und Befehle von Meldegängern übermittelt. Das waren in der Regel unerschrockene Männer, von deren Risikobereitschaft und Zuverlässigkeit, auch im schwersten Trommelfeuer die Botschaften zu überbringen, der Ausgang der meisten Kampfhandlungen abhing.

Mein Vater war ein unerschrockener Mann. Er hat nicht viel über die Zusammenhänge seiner Soldatenzeit berichtet. Wenn er erzählte, waren es eher Anekdoten, welche irgendwann in der ganzen Verwandtschaft kursierten.

Der jüngere Bruder meines Vaters, Max, war ebenfalls zu Beginn des Krieges eingezogen und an die Front geschickt worden. Seitdem hatten sie sich nicht gesehen und trafen sich während einer der verlustreichsten Schlachten wieder, welche in die Kriegsgeschichtsschreibung als die erste Marne-Schlacht und in das kollektive Gedächtnis Frankreichs als »das Wunder an der Marne« einging, weil dort im September 1914 erstmals der Vormarsch der deutschen Truppen auf Paris gestoppt werden konnte. Das Regiment meines Vaters war an den Frontlinien eingetroffen, um eine Einheit zu ersetzen, die bei den bisherigen Kämpfen große Verluste erlitten hatte. Deren Frontabschnitt war seit Tagen ununterbrochenem Trommelfeuer ausgesetzt gewesen und es gab, in Ermangelung verlässlicher Informationen, das Gerücht, dass nur wenige Überlebende noch in den Gräben lägen. Mein Vater erfuhr durch einen Zufall, dass in genau dieser Einheit sein Bruder kämpfen würde. Vom Kommandeur erhielt mein Vater nun die

Genehmigung, Erkundigungen über den Bruder einzuholen und nach ihm zu suchen. Obwohl die Aussicht auf einen Erfolg der brüderlichen Mission außerordentlich gering war, gelang es meinem Vater aufgrund von ein paar Hinweisen und nach langer Suche, Max in vorderster Front in einem Granattrichter liegend zu finden, anscheinend unverletzt, aber mit einem sogenannten Granatschock nach der Explosion eines solchen Geschosses. Die Rettung des Bruders aus dem tödlichen Bereich wurde erschwert durch den Umstand, dass sich Max unter eben diesem Schock weigerte, den vermeintlich schützenden Granattrichter zu verlassen.

Vater sprach nicht über dieses Erlebnis, es wurde mir später von Onkel Max erzählt, der wusste, dass ihm sein Bruder mit diesem Einsatz das Leben gerettet hatte. Diese Gewissheit hat die beiden Brüder über alle Zeit und alle künftigen Familienkonflikte hinweg verbunden.

Kurz nach der Rettung seines Bruders wurde mein Vater verwundet, meldete sich aber freiwillig wieder zum Einsatz an der Front, als er genesen war. 1915 wurde er für außerordentliche Tapferkeit mit dem Eisernen Kreuz ausgezeichnet.

Zu dieser Zeit war der Vormarsch der deutschen Armeen in Frankreich schon teilweise zum Stillstand gekommen. Der Krieg wandelte sich zunehmend in einen Stellungskrieg, die feindlichen Schützengräben waren oft weniger als fünfzig Meter entfernt, die Linien wurden zunehmend unübersichtlich. Himmelfahrtskommandos, wie sie im militärischen Jargon genannt wurden, sollten die feindlichen Stellungen erkunden. Das waren Spähtrupps, bestehend aus einer kleinen Zahl Freiwilliger, die meist im Schutz der Nacht operierten.

Bei einem dieser Spähtruppunternehmen wurde Vater zum zweiten Mal verwundet, diesmal von einem Dumdumgeschoss, das erhebliche Verletzungen verursachte, die eine erneute Rückkehr an die Front verhinderten. Nach seiner Genesung wurde er nach Dresden ins Sächsische Kriegsministerium versetzt, wo er mit Verwaltungsaufgaben betraut wurde und Verbindungen knüpfte, die für seine späteren Geschäfte wichtig werden sollten.

Meine Mutter wurde am 7. Mai 1896 als zweites Kind des Fabrikschreibers und späteren Großviehhändlers Paul Moritz Lindner und seiner Frau Emma Klara in Dresden geboren. Fünf Jahre vor ihrer Geburt war der erstgeborene Sohn der Familie gestorben, sodass meine Mutter als Einzelkind aufwuchs. Sie wurde auf die Namen Emma Charlotte Katharina getauft. Letzteren empfand sie immer als Auszeichnung und Ansporn und fühlte sich geschmeichelt, wenn man auf ihre Namensvetterin Katharina die Große verwies. Sie war das typische Kind einer deutschen Mittelstandsfamilie der damaligen Zeit. Die Familie ihrer Mutter, meiner Großmutter, war auf eine grunddeutsche Art solide wohlhabend geworden. Den verschiedenen Zweigen der Familie gehörten in Königsbrück und umliegenden Ortschaften mehrere Fleischereien, sie betrieben einen Gasthof, eine Schneiderei und eine Keramikmanufaktur. Eine der Fleischereien hatte das Versorgungsmonopol mit Fleisch und Wurstwaren für die Garnison der Sächsischen Armee in Königsbrück. Die Familie war in das städtische Leben von Königsbrück integriert, man zeigte sich zu festlichen Anlässen und bewegte sich überhaupt in den sogenannten besseren Kreisen.

Die Verbindung meiner Großmutter mit einem einfachen Fabrikangestellten konnte die Erwartungen dieser Familie nicht erfüllen. Nach allem, was ich über meinen Großvater weiß, muss er ein umgänglicher und gut aussehender Mann gewesen sein, zumal in seiner Ulanenuniform. Auf meine Großmutter, die an einer starken Diabetes litt, was ihre Möglichkeiten, am gesellschaftlichen Leben teilzunehmen, stark beschränkte, soll er einen großen Eindruck gemacht haben. Ich habe ihn nie kennengelernt, er starb vor meiner Geburt.

Mutter wurde im sogenannten gutbürgerlichen Sinne erzogen. Die wichtigen Säulen dieser Erziehung waren Ordnung, Fleiß, Disziplin und Ehrlichkeit, basierend auf einem unerschütterlichen christlichen Glauben. Sie war eine ehrgeizige und mustergültige Schülerin mit guten Noten. Ihre Handschrift war bis ins hohe Alter von erlesener Eleganz, ihre Rechtschreibung und Grammatik fehlerfrei. Wie in den besseren Kreisen üblich, lernte sie das Klavierspielen und bekam Englischunterricht von Privatlehrern.

Für Töchter aus gutem Hause war es eine Pflicht, nach dem Abschluss der Grundschule eine Ausbildung in Hauswirtschaft zu absolvieren. Die jungen Frauen lernten das Kochen, das Konservieren von Fleisch, Gemüse und Früchten, Handarbeiten, Waschen und Bügeln, das Führen von Haushaltsbüchern und vieles mehr. In dieser Zeit lebte meine Mutter bei einer der anderen Fleischerfamilien in Königsbrück und ging dort der Hausherrin zur Hand. Sie erlernte alles sehr gründlich und wurde eine erfindungsreiche, ausgezeichnete Köchin.

Während des Ersten Weltkrieges wurden junge Frauen zum Kriegsdienst in den Fabriken verpflichtet. Viele mussten in den Munitionsfabriken arbeiten und dort Granaten drehen, wie es der Volksmund bezeichnete. Meine Mutter entging der Dienstverpflichtung durch eine Anstellung in der Verwaltung der Yenidze, der größten Zigarettenfabrik in Dresden.

Im Frühjahr 1918 lernten sich meine Eltern auf der Hochzeit einer Freundin meiner Mutter kennen, er ein Kriegsheimkehrer und Geschäftsmann, sie eine junge Dame aus gutem Hause, kaum den Mädchenjahren entwachsen. Meine Mutter muss ihrem künftigen Mann mit Bewunderung begegnet sein, er war zehn Jahre älter als sie und jüngeren Bewerbern in ihrem Alter an Selbstsicherheit und Lebenserfahrung weit überlegen. Die schmucke Uniform, seine Auslandserfahrungen und das zu dieser Zeit noch vorhandene Vermögen haben ihn wahrscheinlich noch attraktiver gemacht.

In späteren Jahren pflegte meine Mutter dieses Zusammentreffen zweier so unterschiedlicher Naturen mit einem gewissen Sinn für Humor zu kommentieren: »Warum musste das ausgerechnet mir passieren, dem zurückhaltendsten Mädchen in der Familie …« Sie ahnte, dass der Teufel es lustiger findet, die Unschuldigen und die Stolzen aufzuspießen als die Erfahrenen und die Bösen. In diesem Zusammenhang erwähnte sie auch gelegentlich, dass mein Vater ihr beim Kennenlernen versichert hatte, dass er wegen seiner Kriegsverwundung keine Kinder zeugen könne. Das scheint meine Mutter etwas leichtsinnig gemacht zu haben, denn schon im Dezember desselben Jahres wurde mein Bruder Gottfried geboren. Vorher allerdings, am 20. Juli 1918, fand die Hochzeit meiner Eltern statt.

Für meinen Vater war es Liebe auf den ersten Blick. Vom ersten Augenblick an begegnete er ihr mit einer Zuneigung und Verehrung, die er für alle Jahre ihres gemeinsamen Lebens bewahren sollte.

Er war ein Spieler und er kannte keine Angst. Er war nicht spielsüchtig in den Bereichen, in denen ein Spieler in dem Bewusstsein, dass er alles verlieren kann, alles auf eine Karte setzt, ohne Rücksicht auf die Folgen, ohne Bezüge zur Realität. Er spielte weder Roulette noch Black Jack, weil dort die mathematischen Wahrscheinlichkeiten gegen ihn waren und man auch ein bestimmtes Wissen, wie er es rund um die Pferdewetten besaß und ständig erweiterte, nicht im sportlichen Sinne anwenden konnte. Die Einsätze meines Vaters, mit denen er Geschäfte anzubahnen pflegte, folgten immer einem Plan und einer Logik, die er durch genaues Studium des Geschäftsgegenstandes zu durchschauen glaubte. Dabei scheute er die Risiken keineswegs. Was er brauchte, war die Spannung, ein Ziel auch mit ungewöhnlichen Methoden zu erreichen. Von dieser eigentümlichen Mischung wird noch zu berichten sein. Im Zentrum aller Bemühungen meines Vaters stand die Familie. Aber mit seinen Geschäften hat er die Familie wieder und wieder in Schwierigkeiten gebracht. Er war ein Spieler mit einer gewissen Ethik und er war ein grenzenloser Optimist. Er war ein Mann des Aufbruchs und darin ein ebenso überzeugter wie überzeugender Vertreter seiner Zeit.

Man kann das Verhältnis meiner Eltern und die frühen Jahre ihrer Ehe nicht verstehen, ohne die politischen und wirtschaftlichen Verhältnisse im Deutschland dieser Zeit in die Betrachtung einzubeziehen. Diese Jahre waren von einem permanenten Wandel, am Anfang vom verlorenen Ersten Weltkrieg, von Inflation und Arbeitslosigkeit, später von der Machtergreifung der Nationalsozialisten, vom Zweiten Weltkrieg und dem Zusammenbruch Deutschlands geprägt.

Ein halbes Jahr nach der Hochzeit meiner Eltern endete der Erste Weltkrieg mit der Novemberrevolution und dem Waffenstillstand von Compiègne am 11. November 1918. Das sind die historischen Daten. Weltgeschichte aber ist auch immer die Summe der Einzelschicksale der Menschen im Strudel der Ereignisse.

Im Gegensatz zu vielen anderen Menschen im kriegsversehrten Europa ging es meinen Eltern verhältnismäßig gut. Dresden war von den Kriegshandlungen verschont geblieben, die Industrie hatte gar vom Krieg profitiert. Nach der Novemberrevolution wurde Dresden Hauptstadt des ersten Freistaates auf deutschem Boden.

Es gehörte zu den zehn größten Städten des Landes und war ein wirtschaftliches und kulturelles Zentrum. Der deutsche Kaiser Wilhelm II. hatte abgedankt und war ins niederländische Exil gegangen. Auch Friedrich August III., der letzte Sachsenkönig, wurde zum Rücktritt gezwungen und schrieb sich mit einem einzigen Satz in die Geschichte des künftigen Freistaates ein.

Mein Vater war bis zum Kriegsende im Königlich Sächsischen Kriegsministerium beschäftigt; das und ein gewisses Vermögen in den Familien sicherten dem jungen Paar einen finanziell sorgenfreien Anfang ihrer Ehe. Sie zogen in eine kleine Wohnung im Zentrum der Stadt. Dann wurde im Versailler Vertrag, der den Krieg auch auf völkerrechtlicher Ebene beenden sollte, die weitgehende Entwaffnung und Beschränkung der deutschen Armeen beschlossen. Dies und vor allem die im Vertrag festgeschriebenen Gebietsverluste sowie die Art seines Zustandekommens ließen ihn der Mehrheit der Deutschen als Demütigung und als illegitimes Diktat der Siegermächte erscheinen und legten so das Fundament für den späteren Aufstieg der Nationalsozialisten.

Martin Schreiber hatte sich schnell an den Lebensstil seiner Frau und den Status ihrer Familie angepasst. Meine Mutter verließ sich auf das offenbar angeborene Gefühl ihres Mannes für Qualität. Der Wunsch beider war ein Leben in Sicherheit, dessen Rahmen Wohlstand, Eleganz und gesellschaftliche Anerkennung bildeten. Mein Vater arbeitete hart daran, in diesem Rahmen glücklich leben zu können, während meine Mutter darin vor allem gesehen werden wollte. Dann verlor mein Vater seinen Posten im Ministerium und wurde Geschäftsmann.

Die Probleme, die in den schwierigen und entbehrungsreichen Nachkriegsjahren von allen Familien zu lösen waren, wurden von den oben genannten Schwierigkeiten und den Nachkriegswirren bestimmt. Es ging im täglichen Kampf zuvörderst um die Beschaffung von Lebensmitteln und im besten Falle um das Anlegen von Vorräten für eine unsichere Zukunft. Nicht nur Kartoffeln, Gemüse, Obst und manchmal Fleisch und Wurst mussten beschafft werden, sondern auch Kohlen und Brennholz für die Winter. Es herrschte die Meinung, dass die Landbevölkerung in der Lage sei, sich mit den notwendigsten Produkten selbst zu versorgen. Die Tatsache aber, dass längst auch eine große Zahl von Nichtbauern auf dem Lande lebte, wurde kaum berücksichtigt. Diese Familien waren, soweit sie nicht über ein kleines Stück Ackerland oder einen Garten verfügten, auf ein gewisses Organisationstalent angewiesen, um zu überleben. Mein Vater besaß ein sehr ausgeprägtes Talent zur Beschaffung und zum Handel mit Mangelware. Ihm oblag die Versorgung der Familie mit allem Nötigen, aber auch mit Dingen, die in dieser Zeit einen gewissen Luxus bedeuteten, was er zur vollen Zufriedenheit meiner Mutter meisterte – er war in seinem Element. Aus dem Ministerium ausgeschieden, nutzte er seine vielfältigen Kontakte für immer verwickeltere und verwegenere Geschäfte, denen nichtsdestotrotz über all die Jahre durchaus Erfolg beschieden war.

Offenbar waren sich die beiden darin einig, dass die wichtigste Voraussetzung für das Überleben der Familie das Vorhandensein solider Geldmittel ist. Über den Weg, wie man verlässlich die familiären Finanzen akkumulieren konnte, gab es jedoch erhebliche Differenzen. Die Formel meines Vaters war, ein hohes geschäftliches Risiko zu akzeptieren, um so schnell wie möglich viel Geld zu verdienen; meine Mutter war, geprägt durch ihre Herkunft, die Verfechterin eines eher langsamen, aber sicheren Weges zum Erfolg. Das Problem meines Vaters war, wie er später einmal formulierte, dass ein abwägendes und vorsichtiges Agieren nicht seinem Charakter entsprach und in diesen schwierigen Jahren nicht in absehbarer Zeit zu dem Wohlstand geführt hätte, den er seiner Familie bieten wollte und den seine Frau wünschte.

Leider hatte die Formel meines Vaters einen entscheidenden Haken. Sie erforderte ein gewisses Investmentkapital, welches oft nicht vorhanden war. Es war für meinen Vater nie ein Problem, sich Geld zu leihen, es sich zu »borgen«. Dieses »Borgen« war jedoch in der Definition meines Vaters ein weitläufiger Begriff und nicht selten der Auftakt zu undurchschaubaren geschäftlichen Abenteuern. Es reichte vom »einfachen« Borgen von Verwandten und Bekannten bis zur Verwendung der Ersparnisse engerer Familienmitglieder ohne deren Wissen und Einwilligung. All dies geschah im Vertrauen und in der festen Absicht, den geliehenen Betrag nach erfolgreichem Abschluss eines Investments mit Zins und Zinseszins zurückzuzahlen. War das Investment erfolgreich, geschah das in der Regel auch sehr großzügig. Blieb dem Investment aber der Erfolg verwehrt, führte das immer wieder zu größeren Zerwürfnissen in der Familie, aber auch mit seinen wechselnden Geschäftspartnern.

Aus dieser Zeit, wir sprechen hier von den Zwanzigerjahren, sind einige Geschichten überliefert, wenn auch lückenhaft und aus verschiedenen Quellen. Einige davon hat mir mein Bruder erzählt, zu dessen frühesten Erinnerungen sie gehören. Kleine Anekdoten kamen von Verwandten, vieles war, je nach Betroffenheit, schwarzweiß gefärbt oder mit Neid und Schadenfreude grundiert. Manches wurde nur geflüstert. Oft suggerierten die Bemerkungen auch Mitleid mit meiner Mutter, welche die Folgen der Abenteuer ihres Mannes zu tragen hatte. Die meisten Geschichten sind jedoch unvollständig und selten chronologisch, sodass es nicht einfach ist, zwischen ihnen die Zusammenhänge herzustellen. Ich kann sie nur aus wenigen Dokumenten zusammenfügen, aus hingeworfenen und erinnerten Bemerkungen, die oft wie Sagen klangen und mehr die Phantasie des Zuhörers entfachen als logische Fragen beantworten sollten. Aus all dem muss ich das Bild meiner Eltern in einer Zeit formen, die ich selbst nicht erlebt habe, und mich bemühen, ausschließlich auf die durch verlässliche Stimmen überlieferten Erzählungen zurückzugreifen, ohne ihnen eigene Phantasiegebilde oder Vermutungen beizumengen.

Eine oft erzählte Geschichte handelte von einem Lastwagen, vollgeladen mit Armeedecken aus den Beständen der aufgelösten Sächsischen Armee. Die hatte mein Vater über seine Kontakte mehr als preiswert und ohne offizielle Papiere erworben. Der schon verabredete Weiterverkauf sollte einen erheblichen Gewinn bringen. Sein unkalkulierbares Pech war, dass der Lastwagen mitten in Dresden auf einer Kreuzung mit einem Achsenbruch liegen blieb und so die illegale Ladung entdeckt wurde. Das führte zur ersten mir bekannten juristischen Bestrafung meines Vaters und war der erste Schock für meine Mutter in ihrer jungen Ehe. Diese Begebenheit muss sich nach seiner Armeezeit abgespielt haben, denn er war »in Ehren« aus dem Heer entlassen worden, nachdem er auf Wunsch seiner Frau, welche die Nähe ihrer Eltern nicht missen wollte, eine Versetzung nach Spandau abgelehnt hatte.

Da gibt es die Hinweise auf die »Schreiber-Villa« in der Bernhard-Straße im Schweizer Viertel, mit Dienstpersonal, eigenem Auto und einem Chauffeur, der einmal vom Wagen überrollt wurde, als er versuchte, den Motor mit der Handkurbel zu starten. Im Schweizer Viertel, einer noch jungen Gartenstadt in

Zentrumsnähe, wohnten fast ausschließlich Mitglieder der Dresdner Oberschicht, Anwälte, Ärzte, Wissenschaftler, Unternehmer. Im Selbstverständnis meiner Eltern war das die geeignete Umgebung für ihren bürgerlichen Aufstieg.

Es gibt Geschichten über die Entwicklung einer Maschine zur schnelleren Produktion von Zigaretten. Vater hatte zumindest anteilig den Erfinder finanziert und der Verkauf des Patentes brachte einen erheblichen Gewinn in die Familienkasse. Dresden war der richtige Ort für solche Investitionen, hatte sich doch nach der Jahrhundertwende ein großer Teil der deutschen Tabakindustrie in der Stadt angesiedelt.

Aber es gibt auch die Geschichte von der Teilhaberschaft an einer Kohlenhandlung in Dresden. Das »schwarze Gold« war in den Nachkriegsjahren mit der wiedererstarkenden Industrie ein sicheres Investment, doch mein Vater sah sich wohl ausschließlich als Investor und zeigte keinerlei teilhabendes Interesse am täglichen Ablauf der Geschäfte. Der Untergang der Firma kam, so wurde berichtet, wie Blitz und Donner über die Familienkonten.

Und da sind die Erzählungen von beachtlichen Gewinnen auf der Pferderennbahn in Dresden, die bei nächster Gelegenheit von ebenso großen Verlusten aufgehoben wurden. Diese Geschichten hörte ich vorwiegend von meiner Mutter. Während Vater zeitlebens wenig über diese Jahre sprach, schilderte Mutter immer wieder mit viel Sinn für Atmosphäre einige der Rennbahn-Episoden, wie sie diese in den frühen Jahren ihrer Ehe erlebt und auch genossen hatte. Sie sprach von einer Militärkapelle, die zwischen den Rennen spielte, den elegant gekleideten Menschen, ihrem Platz auf der Tribüne und der über dem Rennplatz liegenden Spannung. Sie erzählte von den konspirativen Beziehungen Vaters zu Trainern und Jockeys, von Geheimtipps und von überbordenden Gesellschaftsabenden, die Vater gelegentlich gab, wenn er wieder einmal hoch gewonnen hatte. Darüber hinaus ließ das Verhalten meines Vaters angeblich nie Rückschlüsse zu, ob er gewonnen oder verloren hatte.

Wann immer Geld in Richtung der Familie floss, war Vater großzügig. Er tilgte umgehend Darlehen, kaufte Möbel, Kleider und Schmuck für Mutter. Es war wertvoller Schmuck, Brillantringe, Broschen, goldene Halsketten und Armbänder. Dieser Schmuck bildete den »Kronschatz« der Familie und entwickelte sich zu einer oft kolportierten Geschichte innerhalb der Familiengeschichte. In schlechten Zeiten wurde er zum Pfandhaus getragen, aber auch so schnell wie möglich wieder ausgelöst. Wann immer eine Verpfändung notwendig wurde, gab es Tränen, Drohungen und Trauer bei meiner Mutter. Nach dem Ende des Zweiten Weltkrieges wurden die Schmuckstücke ein letztes Mal ausgelöst und blieben bis ans Ende ihres Lebens im unveräußerlichen Besitz meiner Mutter.

Ende der Zwanzigerjahre starb mein Großvater in Gönnsdorf. Vater, damals in seinen Geschäften erfolgreich, hatte 1921 eine Familiengrabstätte auf dem Bühlauer Friedhof gekauft. Auch meine Großmutter liegt dort begraben. Es war sein Wunsch, dass dort seine Eltern und später er, seine Frau und die Nachkommen ihre letzte Ruhe finden sollten.

Soweit ich aus diesen Erzählungen rekonstruieren kann, war das Leben meiner Eltern in den Zwanzigerjahren des vergangenen Jahrhunderts geprägt von den gewaltigen, alles umfassenden Wandlungen dieser Zeit, aber auch von einem Hunger auf Leben, einem gewissen Nachholbedarf als Reaktion auf die Entbehrungen nach dem Kriege ebenso wie von den verführerischen Möglichkeiten, in diesen Zeiten des gesellschaftlichen Wandels und der wirtschaftlichen Erholung schnell Geld zu verdienen und es ebenso schnell wieder auszugeben. Es war eine Zeit, in der Gesetze und gesellschaftliche Ordnung weniger Bedeutung hatten als in »normalen Zeiten«, oder schlimmer noch: wo Gesetzesüberschreitungen auf manchen Gebieten fast zum guten Ton zu gehören schienen.

Diese Zeit näherte sich für beide einem Ende, als meine Mutter wieder schwanger wurde.

Kindheit 1929-1939

Das Jahr 1929 war ein schlimmes Jahr. Die Börsen in New York und in Europa kollabierten, die Weltwirtschaftskrise nahm ihren Anfang und Europa steuerte auf einen fürchterlichen Winter zu, der die Wirtschaft und das öffentliche Leben in Deutschland fast zusammenbrechen und in Dresden die Elbe zufrieren ließ.

Ich wurde am 23. Juli 1929 in Dresden geboren. Meine Eltern tauften mich auf den Namen Peter Jürgen. Das heißt, sie nannten mich so und ließen mich erst zwei Jahre später taufen. Wenn ich nach dem Grund dieser Verzögerung fragte, meinten sie meist lachend, sie hätten die Taufe einfach vergessen. Ich vermute, es lag eher an einer der zahlreichen familiären Verwerfungen und einem finanziellen Notstand infolge der Geschäfte meines Vaters.

Bis zu meinem vierten Lebensjahr wohnten wir in Dresden. Die Villa hatten meine Eltern schon vor meiner Geburt verkaufen müssen. Wir lebten nun in einem großen Mietshaus an der Herzogin Garten unweit der Semperoper. Ich erinnere mich in ersten Bildern an eine große Wohnung mit einem Balkon, von dem aus ich Teile der Ostra-Allee überblicken konnte. In den frühen Dreißigerjahren fanden dort oft große Demonstrationen statt. Die wütenden, schreienden Menschenmassen kamen mir vor wie die unzähmbaren Strömungen eines Flusses bei Hochwasser. Immer häufiger brachen Kämpfe zwischen den verfeindeten Gruppen aus. Sie prügelten aufeinander ein mit allem, was sie in ihren Händen trugen. Manchmal peitschten Schüsse. Dann riss mich Mutter zurück in das Zimmer. Von diesem Balkon aus wurde ich zum ersten Mal Zeuge menschlicher Gewalttaten.

Ich erinnere mich auch, die Erstürmung eines Buchladens gesehen zu haben, als uniformierte Menschen Bücher auf die Straße warfen und auf ihnen herumtrampelten. Der Besitzer des Ladens versuchte verzweifelt, sich zu wehren, wurde aber von der wütenden Meute überwältigt. Ich muss an diesem Tag mit Mutter unterwegs gewesen sein. Möglicherweise wurde ich unwissentlich Zeuge der Erstürmung der sogenannten Volksbuchhandlung in der Großen Meißner Straße, die am 7. März 1933 zur ersten organisierten Bücherverbrennung in Deutschland führte. Am folgenden Tag kam es zu einer weiteren Bücherverbrennung auf dem Wettiner Platz. Vielleicht war ich auch Zeuge dieses Ereignisses, das ebenfalls in die Geschichtsbücher als Zeugnis einer neuen Barbarei eingegangen ist. Beide Orte waren von unserer Wohnung aus fußläufig zu erreichen.

Es war der erste ungebremste Ausbruch von Gewalt, den ich so unmittelbar erlebte. Das fürchterliche Ereignis hinterließ bei mir einen tiefen Eindruck und machte mich für einige Tage magenkrank.

Manchmal spazierte ich mit den Eltern durch die Stadt. Am Hauptpostamt war es immer schwer, mich zum Weiterlaufen zu bewegen. Dort befand sich ein Taxistand und das Ankurbeln der Motoren begeisterte mich ungemein. Die Fahrer mussten sich vor ihren Fahrzeugen tief bücken und die Kurbel mehrfach mit großer Kraft nach oben reißen, bis der Motor mit lautem Krachen und Tuckern endlich zu laufen begann.

An den Nachmittagen hatten Gemüse- und Obsthändler ihre Karren auf den Gehsteigen aufgebaut. Die Summtöne der Kerosinlampen über den Verkaufsständen, die Stimmen der Händler und der feilschenden Kundinnen inmitten der prachtvollen Häuserfassaden verbreiteten eine Atmosphäre, die sich tief in meine Erinnerungen brannte.

1933 kam Hitler an die Macht, aber das spielte für mich noch keine Rolle. Im selben Jahr traf unsere Familie ein harter Schlag. Mein Vater hatte bei einem seiner Geschäfte nicht nur alles Geld verloren, welches er besaß, er war auch hoch verschuldet. Wir mussten unsere Wohnung räumen. Ich erinnere mich an das entsetzte Gesicht meiner Mutter, als ein fremder Mann mit ernstem Gesicht durch die Zimmer lief und Pfandsiegel mit dem Abbild des sächsischen Adlers auf sämtliche Möbelstücke klebte.

Wir besaßen buchstäblich nichts mehr außer den Kleidern, die wir trugen, und versuchten, bei Verwandten Unterkunft zu finden. Die Großeltern waren bereits gestorben und im weiteren Verwandtenkreis fanden wir keine Aufnahme, bis uns schließlich Onkel Max, der Bruder meines Vaters, in seinem Haus in Gönnsdorf ein Zimmer vermietete.

Ich erinnere mich, wie ich an der Hand meiner Mutter die Straße nach Gönnsdorf hinunterlief. In der anderen Hand trug sie ein Einkaufsnetz, in dem sich der Rest unserer Habseligkeiten befand. Rings um die riesigen Bäume des Parks duckten sich die Häuser. Das war der allererste Eindruck des Dorfes, der sich in meinem Gedächtnis findet. Onkel Max stellte uns eine Stube zur Verfügung. Das war ein relativ kleines Zimmer, in dem gerade zwei Betten, ein winziger Kanonenofen, ein grob aus Brettern gezimmerter Tisch und vier Stühle Platz fanden. Zum Kochen hatten wir einen Spirituskocher und als Schrank dienten zwei aufeinandergestellte Holzkisten. In einem der Betten schliefen Mutter und ich, in dem anderen Vater, wenn er in Gönnsdorf war. Er war in der folgenden Zeit viel unterwegs. Für meinen Bruder gab es in diesem Zimmerchen keinen Platz zum Schlafen. An das Wohnhaus grenzte eine Scheune mit einem Heuboden, der über eine Leiter zu erreichen war. Dort schlief mein Bruder in den folgenden zwei Jahren, im Sommer wie im Winter. Er konnte die Leiter hochziehen und besaß dort oben sein eigenes Reich, um das ich ihn durchaus beneidete.

Für das Zimmer mussten wir eine kleine Miete zahlen. Ich erinnere mich an das Wort »Stempelgeld« und die Summe »9 Mark«, womit die Miete beglichen wurde. Für meine Mutter, die immer eine großbürgerliche Existenz angestrebt hatte, war das zutiefst demütigend. Bei den Nachbarn hieß es nicht nur hinter vorgehaltener Hand, dass wir die ärmste Familie im ganzen Dorf waren.

Ich war vier Jahre alt. Die verzweifelte Lage der Familie nahm ich mit den Augen eines Kindes wahr, aber sie belastete mich nicht. Ich war vollauf damit beschäftigt, das Dorf und sein geheimnisvolles Leben zu erforschen. Mit den anderen Kindern schloss ich schnell Freundschaften. Es gab nicht viele Kinder in diesem kleinen Dorf, meistens spielten Jungen und Mädchen gemeinsam. Unser Treffpunkt, von dem alle Abenteuer ausgingen, war das Spritzenhaus am Dorfteich. Wir spielten nach Mustern und Regeln, die von Generation zu Generation weitergegeben wurden. Jedes Jahr kamen zwei oder drei neue Kinder in die Gruppe, während ebenso viele ältere uns verließen, um in Dresden oder anderswo eine Lehre zu beginnen.

Die Spiele folgten dem Rhythmus der Jahreszeiten. Es gab die verschiedensten Ballspiele, Hüpfspiele und natürlich Versteckspiele, mit denen wir die verborgenen Winkel des Dorfes erkundeten. Die Spiele hießen »Huppekästel«, »Eckenluntzschen«, »Verfolger«, »Klickern« und »Böckeln«. Es gab Spiele, bei denen eine Gruppe die andere über weite Strecken finden musste.

Die Kleinsten spielten Ringelspiele im Kreis mit Händchenfassen und Singen, Ballspiele wie »Kaiser, König, Edelmann« oder »Wir wollen die goldene Brücke bauen«.

Im Sommer spielten wir in den Feldern, im Herbst in den Strohfeimen, im Winter fuhren wir Schlittschuh auf den zugefrorenen Teichen oder Ski im Herrenbusch, der zum benachbarten Rittergut gehörte. Dort gab es steile Hänge, in die wir auch Skisprungschanzen bauten.

Im Sommer badeten wir in den Teichen.

Manchmal verließen wir bei diesen Spielen das Dorf, wobei wir gewisse Grenzen überschritten – die Grenzen der elterlichen Obhut und die Grenzen des Dorfes –, für uns aber neue Grenzen definierten, die aus Gebäuden weit außerhalb des Dorfes oder markanten Landschaftspunkten, aus Waldrändern und Feldrainen bestanden. Langwierige Streitereien gab es dann, wenn eine Gruppe verdächtigt wurde, diese Grenzen überschritten zu haben.

Am eindrucksvollsten waren die mystischen Räuber- und Versteckspiele, zu denen wir uns meist an den Sommerabenden nach Einbruch der Dunkelheit verabredeten. Die Dunkelheit erzählte jene Geschichten, die uns Schauer über den Rücken jagten.

Die Natur verteilt ihre Gaben gleichmäßig, sie unterscheidet nicht die armen von den reichen Leuten. Mutter lenkte meine Aufmerksamkeit auf all die Schönheiten, Seltsamkeiten und kleinen Wunder, welche die Natur um unser neues Zuhause herum den Augen und den anderen Sinnen bot.

Als nach dem ersten Winter der Schnee geschmolzen war, begann alles zu blühen und zu wachsen. Die Natur überfiel uns mit ihren Düften und Geräuschen, dem Knacken der Äste, den Vogelstimmen, dem Sirren des Windes über die Wiesen. Im Sommer lieferten sich in den Teichen die Frösche mit ihrem fordernden Quaken einen Wettstreit mit den ohrenbetäubenden Serenaden Tausender Grillen in den Wiesen und Feldern.

Im Frühling tupften die blühenden Obstbäume helle Farben zwischen die Häuser des Dorfes. Das Fallen der Blütenblätter kündigte den Sommer an. An den frühen Sommerabenden saß eine Amsel auf dem Dachfirst und unterhielt uns mit ihrem inbrünstigen Sologesang. Wann immer Mutter Zeit hatte, beobachtete sie in den ersten Jahren auf dem Dorf mit mir die brütenden Vögel in ihren Nestern unter dem Dach und in den Bäumen und das Füttern der neuen Brut.

Einen Sonderplatz in meinem neuen Leben auf dem Dorf und in meiner Erinnerung nimmt der Lindenbaum am Spritzenplatz ein. Er stand mitten im Dorf und war, obwohl wenige Schritte weiter sich ein großer Park mit alten Bäumen öffnete, der magische Mittelpunkt unserer Kinderzeit. Linden waren schon immer die beliebtesten Bäume in Deutschland. Obwohl sie nur ungefähr ein Prozent des deutschen Baumbestandes ausmachen, sind sie die mit Abstand kulturgeschichtlich bedeutendsten Bäume in Mitteleuropa. Noch vor den vielen Eichen. Es gibt in Deutschland mehr als 850 Städte und Dörfer, welche die Linde in ihrem Namen führen. Es gibt Hunderte Lieder, die ihre Schönheit und ihre Geheimnisse besingen. Im ganzen Land gibt es seit Jahrhunderten Friedenslinden, Tanzlinden, Dorflinden, Gedenklinden und Gerichtslinden. Wurden Kinder geboren, pflanzten die dankbaren Eltern eine Linde als Lebensbaum. In manchen Regionen gilt die Linde als Baum der Liebe. Die meisten Landgasthäuser und Biergärten haben Lindenbäume, unter denen Tische und Stühle stehen. Im Sommer spenden die Linden Schatten und schaffen eine unvergleichliche Atmosphäre mit ihrem Duft und dem Summen ganzer Bienenschwärme.

Aber der Lindenbaum in Gönnsdorf diente noch einem anderen Zweck. Er war das Maß, welches uns zeigte, wie wir wuchsen und älter wurden. Die Kleinsten spielten zwischen seinen Wurzeln. Erst wenn wir ein bestimmtes Alter erreicht hatten, war es uns möglich, die unteren Äste zu erreichen, indem wir aus der Hocke mit hochgestreckten Armen hinaufsprangen. Wenn man die Äste erreichen und packen konnte, brauchte es viel Kraft, um sich ins Astwerk hinaufzuziehen. Und dann wiederum erforderte es den Mut eines Jugendlichen, den Baum hinaufzuklettern bis ganz oben in die Spitze hinein.

In der Schule lernten wir, dass die Menschwerdung damit begann, dass unsere tierischen Vorfahren den Schutz der Bäume verließen und sich in die Weite der Savannen hinauswagten. Aber noch heute ist ein Reflex in den Menschen, sich zu den Bäumen zu flüchten, wenn Gefahr droht. Ich war ein guter Kletterer. Auf Bäumen fühlte ich mich als Kind sicher und geborgen. Schon bald gelang es mir, mich im Laub der Linde zu verstecken. Meist aber kletterte ich auf die Apfelbäume, von denen es im Dorf reichlich gab. Mit ihren bizarren Ästen ließen sie sich am leichtesten erklettern. Die Chance, ein paar Äpfel zu stibitzen, war ein zusätzlicher Anreiz, wie auch der kindliche Stolz, auf den Gipfeln der dörflichen Welt zu sitzen.

Schnell lernte ich auch die dunkleren Seiten des Lebens auf dem Dorf kennen. Ich sah, wie die Bauern mit den Tieren umgingen.

Das empfand ich nicht selten als unverhohlene Selbstsucht und übermäßige Grausamkeit. Für die anderen Kinder war es jedes Mal ein aufregendes Abenteuer, wenn sie beim Schlachten der Schweine im Herbst zuschauen durften oder wenn eine Kuh geschlachtet wurde. Ich ging mit, fühlte mich danach aber tagelang krank und hatte noch lange Albträume, in denen diese Ereignisse sich minutiös mit meinen Urängsten verwoben. Es war mir auch unmöglich zuzuschauen, wenn Katzenbabys und Hundewelpen getötet wurden, welche die Bauern für zu schwach oder überflüssig hielten.

Der Tod war allgegenwärtig im Dorf. Ob es geschlachtete Tiere waren oder Kühe, die bei der Geburt eines Kälbchens starben, Tiere, die bei einem Stallbrand ums Leben kamen – die Erwachsenen liebten es, sich diese Geschichten zu erzählen, und ihre Kinder trugen sie weiter. Dazu kamen die Erzählungen von Katastrophen und Unfällen, welche die Dörfler bei allen Gelegenheiten genüsslich ausbreiteten und mit jeder neuen Erzählung weiter ausschmückten.

Selbstmorde waren keine seltenen Ereignisse auf dem Land. Ich kannte keine Statistiken, aber es gab gefühlt in jeder zweiten Familie eine solche Tragödie. Dann pflegten die Menschen die vermuteten Gründe dafür, die Todesart wie auch die Umstände der Entdeckung ausschweifend und mit fotografischer Genauigkeit zu erörtern.

Mir machte das Angst. Ich entwickelte einen Minderwertigkeitskomplex, der darauf basierte, dass ich von Dingen erschreckt und zutiefst verunsichert wurde, die von den anderen als natürlich oder gottgegeben angesehen wurden. Später glaubte ich, dass diese Verunsicherungen ein Wesenszug waren, der in der Familie meiner Mutter über Generationen vererbt wurde. Den Kindern im Dorf galt das als Schwäche.

Obwohl ich mich bemühte, mich in die Welt dieser Dorfkinder einzufügen, war ich niemals so ganz wie diese. Sie bewegten sich mit einer angeborenen Sicherheit in ihrer Welt. Die anderen Jungs waren allesamt untersetzt und muskulös, während ich hochaufgeschossen und dünn war. Ich litt schrecklich unter dem Spott über meine dünnen Beine. Mutter versuchte mich zu trösten: »Schau dir die edlen Rennpferde an, die haben auch schlanke Beine im Vergleich zu den gewöhnlichen Brauereipferden mit ihren dicken, groben Beinen.«

Es half mir wenig, dass ich zwar mit diesen »schlanken und edlen Rennpferdbeinen« allen anderen im Dorf davonlaufen konnte, wenn ich bei vielen anderen Dingen trotzdem der Außenseiter blieb. Ich konnte mich nie überwinden, wie die anderen barfuß durch Schlamm zu waten oder in den Ställen in den Kot von Hühnern, Gänsen oder anderen Stalltieren zu treten.

Neben den Haustüren stand in der Regel eine ganze Batterie selbst gemachter Holzpantinen, für jedes Familienmitglied mindestens ein Paar. Diese Holzschuhe bestanden aus einem massiven Sohlenstück aus hartem Holz und einer grob angenagelten Lederlasche, in die man meist barfuß hineinschlüpfte. Dieses bäuerliche Schuhwerk zu tragen, lernte ich nie richtig.

Nach einiger Zeit aber begannen die Kinder mich zu respektieren. Ich bemerkte, dass ich die anderen überzeugen konnte, meinen Vorschlägen zu folgen. Anfangs noch unbewusst, entwickelte ich Methoden, den Kindern und später auch anderen Menschen meine Ideen mit einfachen Worten darzulegen und sie zu motivieren, ihnen nicht nur Beachtung zu schenken, sondern ihnen auch zu folgen. Auf diese Fähigkeit konnte ich mich später immer wieder verlassen. Sie zu missbrauchen, verbot mir meine Erziehung.

Die lag in den ersten Jahren vorwiegend in den Händen meiner Mutter. Sie vermittelte mir ihr Weltbild, sie lehrte mich den Unterschied zwischen Gut und Böse, wie sie ihn verstand. Sie führte mich in ihren Wertekanon ein, der zwar hier auf dem Dorfe, ausgestoßen aus ihrer großbürgerlichen Welt, erhebliche Risse bekommen hatte, deshalb aber umso mehr von ihr gepflegt wurde. Sie versuchte mich zu lehren, was Würde ist, was Ehre und Demütigung bedeuten. Sie brachte mir bei, wie wichtig in ihrer Welt Ansehen war, das sie Prestige nannte. In gewisser Weise war sie, nachdem sie durch den Bankrott meines Vaters ihren materiellen und auch gesellschaftlichen Status verloren hatte, süchtig nach neuem Prestige.

Aus all dem formte sich in mir etwas, das sich landläufig Gewissen nennt. Die frühen Erfahrungen und Lehren prägen eine Haltung zur Welt, welche sich fundamental im Gehirn speichert und für gewöhnlich im Laufe des Lebens eher noch verfestigt, auch wenn sie ab und zu justiert und an neue Gegebenheiten angepasst werden muss. Dieses Gewissen hat eine Stimme. Es spricht täglich mit uns. Oft missbilligt diese Stimme unsere Ideen und Vorhaben oder, schlimmer noch, sie quält uns nach begangenen Taten mit Zweifeln und Vorwürfen. Die Stimme kann schmeicheln, belohnen oder tadeln, sie kann uns bestätigen oder Strafen androhen. Sie kann schweigen und schreien. Bestrafungen durch das Gewissen können sofort erfolgen oder ihren furchtbaren Vollzug nach dem Tode ankündigen. Wie ein Troll sitzt uns das Gewissen im Nacken, solange wir leben. Mit modernen Worten beschrieben: Jeder Mensch bekommt ein Gewissen programmiert und dessen Stimme programmiert ein Leben lang unsere Handlungen.

Mein Gewissen also erfuhr in den Gönnsdorfer Jahren eine mütterliche Prägung, formte sich aber auch aus der Lektüre von Büchern, die ich verschlang, sobald ich lesen konnte, aus dem Ehrenkodex des sogenannten Dritten Reiches, wie er in der Schule und in den Jugendorganisationen gelehrt wurde, und aus der Alltagskultur des Dorfes.

Meine Mutter war keine im eigentlichen Sinne religiöse Frau. Nur zu sehr besonderen Anlässen gingen wir in die Kirche. Sie hatte keine hohe Meinung von der Kirche als Institution und ihren Vertretern. Ihr Gewissen aber war solide in den Grundsätzen des Christentums verankert. Sie war christlich in moralischer und kultureller Hinsicht. Den höchsten Wert in ihrem Weltbild besaß die Familie. Die galt als wichtigste Gemeinschaft vor allem anderen und war unter allen Umständen zu beschützen. Sie richtete ihr ganzes Leben nach diesem unverhandelbaren Prinzip aus und es gelang ihr, das ebenfalls zu meinem existenziellen Fixpunkt zu machen. Allerdings lehrten mich ihre Handlungen auch im Laufe der Zeit, dass ihre kompromisslose Betonung dieses Wertes der Familie Schaden zufügen konnte.

Eine ebenso eherne Regel, die sie mich schon früh lehrte, war: »Verliere niemals deine Würde!« Sie sagte: »Möglicherweise kannst du den Lauf der Dinge nicht beeinflussen, kannst über Erfolg und Niederlage nicht selbst entscheiden und manchmal sogar eine Erniedrigung nicht verhindern. Aber du musst in jeder Situation die Kontrolle über deine Würde behalten.«

Der Troll in meinem Nacken war immer und immer wieder kompromisslos, wenn es um Stolz und Würde ging.

Mutter lehrte mich nicht nur, sie programmierte mich geradezu darauf, nie zu lügen, niemals ein Versprechen zu brechen, keinen

Menschen zu hintergehen, der mir vertraute und niemals Schwachen und Bedürftigen Hilfe und Respekt zu verweigern. So, wie sie es mich lehrte, waren es höchst gebieterische Tugenden.

Zu diesem Respekt gehörte auch, andere Menschen, andere Lebewesen überhaupt, nicht zu verletzen und ihnen nicht zu schaden – eine charakterliche Prägung, die mir nicht immer zum Vorteil in schwierigen Situationen gereichte, wie sie auch oft dem Selbsterhaltungstrieb des Menschen in lebensfeindlicher Umgebung zuwiderläuft.

Diese streng moralische Erziehung hatte einen wunden Punkt. Nicht nur die Natur, auch die Gesetze des menschlichen Zusammenlebens lehren uns, dass es zum Überleben einen gewissen Selbsterhaltungstrieb braucht, der wiederum auf einem substantiellen Egoismus gründet. In meiner Erziehung wurde jeglicher Egoismus als böse und verwerflich verdammt, da machte Mutter keine Konzessionen. In späteren, gefährlichen Situationen gehörte die Beantwortung der Frage, wie weit ich zur Verteidigung meines eigenen Lebens gehen durfte, zu den schwersten Kämpfen, die ich auszufechten hatte.

Ein weiteres Schlüsselwort in den Erziehungsgrundsätzen meiner Mutter war: Ehre. Es galt als Ehre, für seine Grundsätze zu leiden und zu sterben, und es war eine Schande, diese Prinzipien zu verraten und dabei seine Ehre zu verlieren. Der Verlust der Ehre war schlimmer als der Tod.

Die Beziehungen zwischen Mann und Frau hatten romantisch zu sein und basierten auf Treue und Ehre. Der Bund der Ehe wurde für das ganze Leben geschlossen, jeglicher Zweifel daran war ehrenrührig.

Für die Samen dieser Weltsicht muss ich ein fruchtbarer Boden gewesen sein. Ich erinnere mich, dass ich in meiner Jugend ein Buch las, in dem ein Fremder die Heldin der Geschichte küsste, bevor sie den Ritter ihrer Träume traf. Ich las das Buch nicht weiter. Was mich betraf, war das Mädchen entehrt und der Fortgang der Erzählung für mich ohne Interesse.

Die Bücher, welche ich las, unterstützten diesen rigiden Verhaltenskodex und illustrierten dieses Idealbild, welches meine Erziehung mir vermittelte. Die Protagonisten der Geschichten aus dem Wilden Westen waren entweder gut oder böse und selten von gebrochenem Charakter. Die Guten kämpften für ihre Ideale und waren bereit, für sie zu sterben. In fast allen Büchern, die ich las, agierten die Helden in diesem Schema, das mir als Maßstab vorgegeben wurde.

Mutter hatte eine höchst effektive Art, mein Verhalten zu kontrollieren. In Gegenwart anderer Menschen lobte sie ihre Erziehung und betonte: »Mein Sohn würde niemals dieses oder jenes tun. Ich kann Peter vollkommen vertrauen, dass er genauso handeln wird, wie ich es ihn gelehrt habe.«

In gewisser Weise ähnelten ihre Maximen dem Ehrenkodex des Dritten Reiches, wie er in seiner Propaganda verbreitetet wurde. Der Hauptunterschied lag darin, dass bei den Nationalsozialisten der Staat im Zentrum des Wertekodex stand und die Familie, die sich weit unter diesem, der Partei und ihren Organisationen einordnen musste, als treuer Erfüllungsgehilfe vorgesehen war. Treue hieß das grundlegende Schlüsselwort für jegliche Beziehung zwischen diesen Elementen der Gesellschaft. Es gab die Treue zum Führer, die unaufhörlich beschworen wurde, die Treue zum Staat, zum Vaterland, zur Heimat, zum Volk, zur deutschen Kultur, die seit Jahrhunderten bestand. Treue wurde befohlen, in Treue hatte man zu dienen, treu hatte man zu sterben, wenn die Treue das erforderte. Die größte Schande sollte den treffen, welcher der Untreue überführt werden konnte.

Ein anderer, eminent wichtiger Pfeiler für meine Erziehung, die ich auch die Programmierung meines Gewissens nenne, gründete nicht in den Vorstellungen meiner Mutter, sie kam aus den Regeln und Praktiken des Dorfes. Die Menschen im Dorf leben unmittelbarer mit der Natur, sie vertrauen ihr mehr als den Menschen, studieren sie oft genauer als die Seelen der Menschen, um sie zu deuten. Allerdings ist das Verhalten der Natur oft unvorhersehbar. Man muss sie lange studieren und sie genau beobachten. Selbst dann verrät sie nicht immer, was geschehen wird.

Es gab über die Jahrhunderte Tausende von Zeichen und Botschaften, welche die Natur sendete, ohne dass sie für den Menschenverstand restlos erkennbar und erklärbar geworden wären, nicht mit den Mitteln des Verstandes und lange auch nicht mit technischen Mitteln. Das eröffnete Raum für Spekulationen und Aberglaube, die von Generation zu Generation weitergegeben wurden und in die Erbinformation des bäuerlichen Miteinanders eingeschrieben zu sein schienen.

Wenn man eine Spinne am Morgen sah, würde ein Kummer über einen hereinbrechen, sagte eine alte Bauernweisheit, an die viele Menschen glaubten. Umgekehrt versprach eine Spinne am Abend gute Nachrichten für den kommenden Tag.

Wenn man mit dem linken Fuß stolperte, war das kein Problem, aber wenn es mit dem rechten Fuß passierte, deutete das auf ein kommendes Unglück hin.

Ein Kribbeln in der linken Handfläche sollte einen unerwarteten Geldsegen vorhersagen, ein Jucken in der rechten Hand sollte vor ungeplanten und vor allem vor unbedachten Geldausgaben warnen oder kündigte schmerzhafte finanzielle Verluste an.

Es gab viele Zeichen, die schlimme Krankheiten vorhersagten oder gar den Tod. Verweigerte man einer zugelaufenen Katze Unterkunft und eine Schale Milch, konnte das einem nahen Verwandten den Tod bringen. Kamen zu einem Fest dreizehn Personen zusammen, hieß es, dass demnächst einer von ihnen sterben würde. Zerbrach in den magischen zwölf Nächten nach Weihnachten ein Glas oder Porzellan, rief auch das den Tod ins Haus. In den Träumen, welche die Menschen in diesen zwölf Zwischennächten heimsuchten, lasen kundige Häusler, was in den zwölf Monaten des neuen Jahres den Träumern widerfahren würde. Dies wissend, schliefen viele Menschen um den Jahreswechsel herum schlecht.

Am Silvesterabend saßen die Leute um den Familientisch und übten sich in der Kunst des Bleigießens, einem alten Orakelbrauch, von dem es hieß, dass er aus uralter Zeit von den Römern überkommen sei. Es wurden kleine Bleistücke geschmolzen, die man in eine Schüssel mit kaltem Wasser gleiten ließ. Die bizarren Figuren und Muster, die so entstanden, sollten Hinweise darauf geben, was dem jeweiligen Mitglied der Runde im neuen Jahr bevorstand. Das war mehr ein geselliges Spiel, bei dem unter lautem Lachen die Zukunft eher wünschenswert gedeutet wurde.

Aber die allermeisten Zeichen und Rituale auf der langen Liste des dörflichen Aberglaubens waren bedrückend und so uneindeutig, dass Gefahr und Unglück jederzeit über die Menschen kommen konnten.

Kurz bevor ich eingeschult wurde, stellten die Ärzte bei mir eine Tuberkulose fest. Das war nichts Ungewöhnliches in dieser Zeit, die Behandlung war routiniert. Ich hasste die tägliche Ration

Lebertran und den Umstand, nicht an den Spielen der anderen teilnehmen zu können. Aber die Infektionen in meiner Lunge verschwanden, bevor ich sechs Jahre alt wurde.

In dieser Zeit und auch später kümmerte sich mein Bruder sehr um mich. Er war zehn Jahre älter und hatte immer ein Auge auf mich. Das führte dazu, dass ich viel Zeit mit ihm und seinen Freunden zubrachte, die alle zehn Jahre älter waren als ich. Ich war das Nesthäkchen in der Runde. Noch bevor ich schwimmen konnte, trug mich die Gruppe beim Baden gelegentlich in den tieferen Teil des Teiches am Herrenhaus und warf mich wie einen Ball durch die Luft von einem zum anderen. Mein Bruder war im Gegensatz zu mir ausgesprochen athletisch und ein engagierter Sportler. Er war ein ausgezeichneter Schwimmer und hatte die Grundscheinprüfung der Deutschen Lebensrettungsgesellschaft spielend bestanden. Außerdem war er ein leidenschaftlicher Radsportler und nahm regelmäßig an großen Radrennen in Dresden teil. Später wandte er sich mit der gleichen Leidenschaft dem Saalradsport zu. Das war ein ungewöhnlicher Sport, aber durchaus typisch für die kleinen Dörfer in Sachsen. In fast jedem Dorf gab es einen Gasthof und in fast jedem Gasthof einen Tanzsaal. Im Winter wurde auf dem Parkett der Tanzsäle Radball gespielt. Je zwei Spieler bildeten die Mannschaften, die gegeneinander antraten. Die Räder hatten keinen Freilauf und konnten wahlweise vor- oder rückwärts gefahren werden. Der Ball wurde mit dem Vorder- wie mit dem Hinterrad geschlagen. Das erforderte artistisches Geschick. Manchmal wurde das entsprechende Rad bis zu einem Meter über den Boden gehoben. Im Tor stand kein Torwart, die Spieler rotierten, sodass immer einer der Spieler das Tor schützte. Mein Bruder war ein unangefochtener Meister dieses Spiels.

Eine andere Facette des Saalradsports war das Reigenfahren. Das wurde zum Teil mit denselben Rädern wie beim Ballspiel betrieben, oft aber auch mit Einrädern. Während es meist Jungen und Männer waren, welche Radball spielten, gab es beim Radreigen auch Sportlerinnen. Die Mannschaften bestanden in der Regel aus sechs Fahrern, oft waren sie gemischt, es fuhr die gleiche Anzahl Frauen und Männer.

Dann gab es noch ein Fahrradpolo für Frauen, bei dem der Ball mit einem Schläger über das Feld getrieben wurde, ähnlich wie beim Pferdepolo. Die Veranstaltungen boten nicht nur in den

Wintermonaten eine willkommene Abwechslung in den Dörfern. Ich war noch zu jung, um solchen Sport betreiben zu können, aber mein Bruder nahm mich regelmäßig zu den Trainingsabenden mit.

Gottfried war zu einem überaus charmanten jungen Mann herangewachsen, was ihn zum Liebling der Damen in unserer Familie machte. Einen noch größeren Eindruck machte sein Charme aber auf die jungen Frauen in Gönnsdorf und Umgebung. Seine Liebesaffären waren legendär. Im Gegensatz zu mir nahm er es mit der Treue nicht so genau.

Aber er war großzügig. Über seinen Radsportverein und seine Arbeit für die Nationalsozialistische Volkswohlfahrt NSV war er im Besitz von besseren Fahrrädern als die anderen Leute im Dorf. Für gewöhnlich hatte er nichts dagegen, wenn ich diese Räder auch benutzte, um mit ihnen kleine Kunststücke zu üben, Einhandfahren, Durchstecker und andere akrobatische Darbietungen, durch die ich meine Freunde beeindrucken wollte. Einmal fuhr ich mit dem Rad aus dem Dorf hinaus, ohne ihn um Erlaubnis gefragt zu haben. Auf einem Weg, der zwischen den Feldern steil hinab zum Helfenberger Grund führte, geriet ich bei voller Fahrt in ein Schotterbett und stürzte heftig. Mir bescherte der Sturz ein paar schmerzhafte Prellungen, Schürfwunden und einen ausgeschlagenen Schneidezahn, auch das Rad war demoliert. Gottfried blieb ruhig, als er den Schaden sah. Er schulterte das verbogene Jammerstück, trug es zu einem Fahrradschlosser und ließ es richten.

Im Gegensatz zu meinem Bruder war ich schüchtern, oft verschlossen und befürchtete stets, von meinem Gegenüber abgewiesen zu werden. Die meisten Menschen missverstanden diese Schüchternheit als Arroganz und gelegentlich war es vielleicht auch solche, wenn ich keine andere Möglichkeit sah, mich zu verteidigen. Später nahm ich an den sportlichen Aktivitäten des Bruders teil, erreichte aber niemals sein Leistungsniveau. Es gab eine Ausnahme: Ich wurde ein guter Läufer, dem kaum jemand im Schönfelder Hochland folgen konnte. Mein Bruder behauptete lachend, dass ich das Laufen von klein auf trainiert hätte, wenn ich vor den Bauern davonrannte, denen wir Kinder die Äpfel oder Kirschen von den Bäumen stibitzten. Manchmal erwischten die Bauern einen von uns, aber niemals mich.

1936 wurde ich in die Volksschule eingeschult. Jedes Jahr kamen drei oder vier neue Kinder aus Gönnsdorf in die Schule und genauso viele verließen sie im Alter von vierzehn Jahren, um eine Lehre zu beginnen. Die jungen Schüler mussten jeden Tag ins Nachbardorf, nach Weißig laufen, denn Gönnsdorf hatte keine Schule. Der Fußmarsch, meist durch die Felder, dauerte ungefähr eine halbe Stunde. Im Sommer war das wunderbar, nicht aber im Winter, wenn der Schnee meterhoch auf den Feldern lag, die Straßen verweht und für den Verkehr gesperrt waren. An manchen Wintertagen konnten wir die Schule nur auf Skiern erreichen, die wir Schneeschuhe nannten, oder mussten den langen Umweg über Bühlau nehmen.

Im Sommer, wenn der Weizen hoch stand auf den Feldern, liefen wir durch einen schmalen, nach Stroh duftenden Tunnel, oft waren auf dem Weg auch Spuren von Wildwechsel zu sehen. Der Tunnel und auch andere solcher Wege in den Feldern waren in jedem Sommer immer wieder da, wie von Geisterhand geschaffen, und verbanden die kleinen Dörfer abseits der Straßen. Wir Kinder nannten sie »Gänge«. Generationen von Erwachsenen kannten diese versteckten Gänge aus ihrer Kindheit und ängstigten uns Kinder mit dunklen Erzählungen, die auch sie von ihren Vorgängern gehört hatten: dass diese Fährten von Zigeunern stammten, denen man ja nachsagte, dass sie Kinder stehlen würden. Sie würden deren Haut mit Nussöl tönen, um sie in fernen Ländern an einen Zirkus zu verkaufen. Solche Späße, mit denen die Erwachsenen uns Kindern Angst einflößten, waren ein Teil meiner Kindheit und entfesselten meine Phantasie. Es war kein Wunder, dass wir niemals allein durch diese Gänge wanderten, sondern es vorzogen, den Schulweg in Gruppen zurückzulegen. Manchmal rannten wir auch, um verdächtige Strecken so schnell wie möglich hinter uns zu bringen. Gelegentlich musste eines der Kinder am Nachmittag zur Strafe nachsitzen und später den unheimlichen Weg nach Hause allein antreten. Das war meist die schlimmere Bestrafung. Wenn ich nachsitzen musste, wählte ich den längeren Weg über die Straße nach Bühlau.

Wie hoffnungslos die finanziellen Verhältnisse der Familie waren, wurde mir zunehmend bewusst. Die einzige Einnahmequelle meiner Eltern war die Arbeitslosenunterstützung, die sie bezogen.

Das reichte kaum, um Essen, Heizung und die geringe Miete, die Onkel Max verlangte, zu bezahlen. Wir konnten weder Kleidung kaufen noch Vergnügungen nachgehen, wie sie selbst in Arbeiterfamilien an den Wochenenden mit den Kindern üblich waren. Dann reichte es nicht einmal mehr, um das Schulgeld für die Oberschule meines Bruders zu bezahlen. Bis dahin hatte Gottfried eine exzellente Ausbildung auf der Dreikönigsschule und auf der Freiherr-von-Fletcher-Oberschule erhalten. Mutter war ungeheuer stolz darauf gewesen, dass ihr Erstgeborener die besten Schulen der Stadt Dresden besuchte. Auch für mich war ein späterer Besuch dieser Lehranstalten vorgesehen. Jetzt musste Gottfried die Schule verlassen.

Immer häufiger gab es Streitereien zwischen Vater und Mutter. Mutter pflegte ihren Mann einen Träumer zu nennen, der im Land seiner Phantasien lebte, wenn er wieder einmal versprach, dass in den kommenden Wochen alles in Ordnung gebracht würde durch ein sicheres Geschäft, das erheblichen Gewinn versprach. Er war ein unheilbarer Optimist und die Geschäfte, die er ununterbrochen plante, wurden jedes Mal bizarrer. Meist waren es irgendwelche Transaktionen am Rande der Legalität, die selten zum Abschluss gelangten. Seine geschäftlichen Entwicklungsmöglichkeiten wurden durch Gesetze eingeschränkt, die eine abgeschlossene Fachausbildung als Voraussetzung verlangten, um ein Geschäft zu führen. Einmal erläuterte er Mutter mit großer Überzeugungskraft, dass er für Gottfried eine Anstellung bei einer Baufirma gefunden hätte, die meinem Bruder die Chance eröffnen würde, Architekt zu werden. Die Stelle erwies sich als Job für einen ungelernten Bauarbeiter, zu dessen vornehmsten Aufgaben es gehörte, das Baumaterial auf die Gerüste zu schleppen.

Als unsere wirtschaftliche Lage noch schlimmer wurde, drohte Mutter wiederholt damit, Selbstmord zu begehen. Mein Vater und mein Bruder nahmen diese Drohungen sehr ernst, denn der Vater meiner Mutter hatte vor einigen Jahren den Freitod gewählt. Das war noch vor meiner Geburt gewesen. Ich habe nie erfahren, warum er sich umgebracht hatte, aber es wurde gemunkelt, dass es in der Folge eines heillos missglückten Geschäfts geschehen war und mir schien, dass der unausgesprochene Verdacht in der Luft hing, dass mein Vater an dieser Unternehmung nicht ganz unbeteiligt gewesen war oder zumindest davon gewusst hatte.

Einmal kündigte Mutter an, jetzt sofort ins Wasser zu gehen und mich mitzunehmen. Vater verriegelte die Tür unseres Zimmers, um sie aufzuhalten. Ich kann mich nicht daran erinnern, dass ich jemals das Gefühl hatte, dass mein Leben durch eine Kurzschlusshandlung meiner Mutter in Gefahr war. Ich bin mir sogar sicher, dass sie niemals in der Lage war, etwas zu tun, was das Leben ihrer Kinder gefährdet hätte. Aber ich bekam die Streitereien und auch die Drohungen mit. Noch viele Jahre danach hatte ich Angst, dass Mutter sich das Leben nehmen könnte, wenn ich nicht daheim war. Diese Furcht war die vielleicht düsterste Wolke, die über meiner Kindheit hing.

Vater bemühte sich auf seine Art nach Kräften, die finanzielle Situation der Familie zu verbessern, aber der Erfolg ließ auf sich warten. Später stellten sich auch wieder geschäftliche Erfolge ein, die auf die strategischen Fähigkeiten meines Vaters zurückzuführen waren, Gewinn aus gesellschaftlichen Veränderungen zu ziehen. Für ungefähr zehn Jahre jedoch lebten wir in fast bitterer Armut. Dieser Zeitabschnitt fiel leider mit meiner Kindheit zusammen.

Trotzdem ging er weiter zur Rennbahn und schloss Pferdewetten ab. Als ich ungefähr acht Jahre alt war, nahm er mich zum ersten Mal mit und versuchte, mir zu erklären, wie man wettet. Später erlaubte er mir, selbst kleine Wetten zu setzen, aber nicht bei den Buchmachern, sondern nur bei ihm. Mir gefielen braune Pferde und so setzte ich immer auf solche.

Vater lächelte und erklärte mir: »Schau, wenn du auf Nummer sicher gehen willst, dann ist es das Beste, auf den Vierjährigen mit dem höchsten Gewicht zu setzen.«

Ich lernte ein wenig über die Regeln des Wettgeschäfts, entwickelte aber weder Talent noch Leidenschaft. Manchmal setzte ich fünfzig Pfennig bei meinem Vater und wenn die Sache gut lief, zahlte er mir fünfundfünfzig Pfennig aus.

Durch unsere Armut gab es für mich einige Schwierigkeiten, mit den Aktivitäten der anderen Kinder mitzuhalten. Mir fehlten oft die Spielgeräte oder eine robuste Kleidung, die für manche Abenteuer unbedingt nötig war.

Jedes Jahr im Frühling, wenn es wärmer wurde, wendeten die Kinder sich den Spielen am Wasser zu. Der obere Teich des

Rittergutes war weniger als einen Meter tief. Mit der Erlaubnis ihrer Eltern brachten einige Kinder die verzinkten Zuber aus den Waschhäusern zum Teich und bald bevölkerte den Teich eine Armada von imaginierten Booten, die mit selbstgebauten Paddeln bewegt wurden. Manchmal kam es zu regelrechten Kämpfen und die Badewannenschlachtschiffe wurden unter lautem Jubel der anderen Kinder versenkt. Da der Teich aber nicht tief war, wurden sie schnell wieder gehoben, gemeinsam ausgeschöpft und abermals zu Wasser gelassen. An diesen Schlachten konnte ich nur als Passagier teilnehmen, weil wir keine Badewanne besaßen. Wir hatten nicht einmal den Platz, eine Wanne aufzustellen. Vater hatte auch keine Werkstatt, wie sie fast jeder Vater auf dem Lande besaß. Ein Schuppen mit einer gut ausgerüsteten Werkstatt aber wäre erforderlich gewesen, um all die Utensilien herzustellen, die man für die Spiele brauchte. Das waren Holzschwerter und Schilde, Tomahawks, Holzgewehre, hölzerne Tennisschläger und kleine Schiffe.

Vater sah meine Not und versuchte, mir zu helfen. Jedes Jahr gab es im Herbst im Park einen Schießwettbewerb mit Pfeil und Bogen. Schon lange vorher begannen die Jungen, sich neue Bogen zu bauen. Mein Vater half mir, den besten Bogen zu bauen, den das Dorf je gesehen hatte. Auf dem Schutthaufen des Dorfes lagen unter anderem alte, ausgemusterte Regenschirme. Von diesen nahm mein Vater die Speichen, bündelte sie und umwob sie (er war ja Weber) mit festem Bindegarn und stellte auf diese Weise einen Bogen her, der an Spannkraft alle anderen Bogen übertraf und zudem sehr interessant aussah. Alle Jungen waren tief beeindruckt.

Meine Mutter war bei anderer Gelegenheit weniger erfolgreich. Die meisten Jungen hatten Zugang zu den Werkzeugen ihrer Väter und waren so in der Lage, kleine Segelboote zu bauen, mit denen sie auf den Teichen Segelwettbewerbe veranstalteten. Unser Bestand an Werkzeugen war mehr als bescheiden. Er beschränkte sich auf einen Hammer, eine Kombinationszange und ein altes Sägeblatt. Als Mutter einmal beobachtete, wie ich bei den Bootsrennen wieder nur zum Zuschauen verdammt war, beschloss sie, mir ein Segelboot zu bauen. Ein Neffe meines Vaters, der Zimmermann war und im gleichen Haus lebte, überließ ihr ein dickes Brett und drei große Zimmermannsnägel, jeder ungefähr zwanzig Zentimeter lang. Die Nägel sollten die Masten des Segelschiffs werden. Es gelang ihr mit der alten Säge, dem Holzbrett die ungefähre Form eines Schiffes zu geben. Dann erhitzte sie die Nägel über dem kleinen Kerosinkocher, auf dem sie sonst unser Essen kochte, bis die Spitzen rot glühten. Während sie die Köpfe der heißen Nägel mit einem Stück Stoff hielt, brannte sie die Nägel ins Holz hinein. Aus einem alten Bettbezug schnitt sie schließlich einen eindrucksvollen Satz von Segeln. Seile und kleine Flaggen krönten das stolze Schiff. Es sah phantastisch aus.

Stolz trug ich es zum Teich und ließ es zu Wasser. Die anderen Jungen beobachteten mich. Das Schiff schwamm ungefähr fünf Sekunden lang und drehte sich in den Wind. Dann kenterte es. Der Schwerpunkt lag zu hoch und die Nägel zogen es unter Wasser. Die Jungen lachten. Ich schämte mich für meine Mutter. Später las ich, dass Mutter sich mit diesem Schiffsunglück in bester historischer Gesellschaft befand. Mehr als vierhundert Jahre früher war dem schwedischen König das gleiche Unglück widerfahren, als sein neues Flaggschiff, die stolze »Wasa«, zwanzig Minuten nach dem Stapellauf kenterte und sank. Zu ihrer Zeit war sie das größte je gebaute Kriegsschiff. Und sie sank aus dem gleichen Grund wie das Schiff meiner Mutter.

Wie jeder Junge, den ich kannte, begann ich, mich irgendwann für chemische Experimente zu interessieren. Die hatten nichts mit dem zu tun, was uns an chemischen Kenntnissen in der Schule beigebracht wurde. Mein Interesse als »Privatgelehrter« konzentrierte sich ganz auf die Möglichkeiten zur Herstellung von Schwarzpulver und artverwandten Stoffen wie Nebelpulver und einer Mischung verschiedener Chemikalien, die mit sprühenden Funken wie eine Wunderkerze verbrannte. Manche dieser Chemikalien waren leicht in einer Drogerie zu bekommen. Ich besorgte mir Dextrin für das Nebelpulver und gemahlene Holzkohle für das Schwarzpulver. Andere Zutaten wie Kaliumnitrat oder Schwefel waren schwerer zu beschaffen. Manche wurden nur an Erwachsene verkauft. Ich versuchte, meinen Vater zu überreden, mir bei der Beschaffung zu helfen. Manchmal half er mir, aber wenn er eine Gefahr witterte, fand er viele Ausreden, warum er das Gewünschte nicht besorgen konnte. Er lehnte es nie ab, mir zu helfen, aber seine Bemühungen verliefen im Sande. Das war auch so, wenn ihm das Geld für die gewünschten Dinge fehlte.

Wenn der Winter nahte, musste ich Vater bei der Beschaffung und Aufbereitung von Brennholz helfen. Das Holz wurde in der Dresdner Heide beim Forstamt gekauft. Die Stämme wurden in meterlangen Stücken geliefert, die zu Hause gesägt und in ofengerechte Stücke gespalten wurden. Oft kaufte Vater auch für wenig Geld die Wurzelstubben der Bäume, die wir selbst aus der Erde holen mussten. Dafür besorgte Vater beim Brunnenbauer im Dorf Dynamitpatronen. Für mich war das immer ein abenteuerlicher Besuch, denn der Brunnenbauer Hörnig wohnte in einem stillgelegten Waggon der Deutschen Reichsbahn. Die Stubben wurden teilweise freigelegt und mit dem Dynamit präpariert. Dann wurden sie aus der Erde »geschossen«. Die endgültige Aufbereitung zu Brennholz geschah im Hof vor unserem Haus.

Vater war viel unterwegs, um Geschäfte anzubahnen – mit wenig Erfolg. Um die finanzielle Not unserer Familie zu lindern, musste Mutter die Initiative ergreifen. Ungefähr zu der Zeit, als ich eingeschult wurde, begann sie nach einer Arbeit zu suchen, der sie zu Hause nachgehen konnte. Als gelernte Haushälterin konnte sie mit Nadel und Faden umgehen, um Tischtücher und Kopfkissen zu besticken. Es gab Firmen, die solche Arbeiten in Heimarbeit erledigen ließen, und in den Dörfern waren viele Frauen froh, auf diese Weise die Familienkasse aufbessern zu können. Meine Mutter hatte als junges Mädchen gelernt, Seidenblumen zu entwerfen und herzustellen. Es gelang ihr, einen größeren Auftrag von einem Geschäft in Dresden zu bekommen, für das sie eine bestimmte Anzahl dieser kunstvollen Blumen anfertigen sollte. Diese Heimarbeit allerdings führte zu Spannungen mit meinem Onkel.

Mutter hatte den Wunsch, die Fünfzehn-Watt-Glühlampe, die einzige Beleuchtungsquelle in unserem Zimmer, gegen eine Lampe mit fünfundzwanzig Watt Leistung auszutauschen, um sich bei der Arbeit die Augen nicht zu verderben. Mein Onkel, der Vermieter, lehnte diesen Wunsch ab. Also zog meine Mutter los, kaufte selbst eine Fünfundzwanzig-Watt-Birne und ersetzte die Funzel. Es dauerte nicht lange, bis dieses »Verbrechen« entdeckt wurde. Das führte zu starken und länger anhaltenden Spannungen in den diplomatischen Beziehungen zwischen den Familien der beiden Brüder.

Das Material zur Herstellung dieser Blumen und auch für die Stickarbeiten musste aus der Stadt geholt und die fertigen Produkte wieder dorthin geliefert werden. Dabei half ich Mutter. Für uns bedeutete dies, zunächst nach Bühlau zu laufen, um von dort mit der Straßenbahn in die Stadt fahren zu können. Zum Transport der Materialien benutzten wir einen alten Kinderwagen. Bei einer dieser Fahrten überfiel Mutter auf dem Heimweg ein dringendes Bedürfnis. Händeringend suchte sie eine Toilette. Sie wusste, dass es in der Nähe der Straßenbahn-Endstation in Bühlau eine Kirche mit öffentlichen Toiletten gab. Jedoch verlangte die Kirchenverwaltung zwei Pfennige Entgelt für deren Benutzung. Die Münze musste in einen Schlitz unterhalb des Türgriffs an der Toilette eingeworfen werden. Mutter wog einen zwanzigminütigen Fußmarsch über den Hügel nach Gönnsdorf ab gegen den finanziellen Aufwand der sofortigen Toilettenbenutzung und traf dann eine Entscheidung: Sie zückte ihre Geldbörse und warf eine Münze in den Kasten. Als sie erleichtert die Toilette verließ, untersuchte sie den Mechanismus der Tür und entdeckte die kleine Box unter dem Türgriff, in welche das Geld fiel. Die Box ließ sich leicht öffnen, es lagen etwa zehn Münzen darin. Mutter nahm sich eine davon und schloss die Box wieder. Mit offensichtlich schlechtem Gewissen legte sie mir dar, dass der »Herrgott da oben« ihr sicher verzeihen würde, weil er ganz und gar nicht mit einer Kirche einverstanden sein könne, die Geld für die Benutzung einer Toilette kassierte.

Mir blieb diese kleine Episode im Gedächtnis. Mich beeindruckte, dass Mutter nur diese eine Münze aus der Box genommen hatte, obwohl unsere finanzielle Situation so bedrückend war.

Die Mittellosigkeit, in der wir lebten, blieb den anderen Leuten im Dorf nicht verborgen. Sie stand in krassem Missverhältnis zum Stolz und durchaus auch der Arroganz, mit der meine Mutter sich vor zu viel Nähe und vor allem vor Mitleidsbekundungen schützte. Das führte mitunter zu hässlichen Nachreden.

Auf der anderen Seite der Straße lebte eine Familie Jakob mit ihrer Tochter und dem Schwiegersohn. Soweit ich mich erinnere, hieß der Schwiegersohn Lehmann. Er stammte nicht aus dem Dorf, sondern kam aus Dresden. Regelmäßig verdrosch er seine Frau. Der alte Jakob rannte dann auf die Straße und schrie um Hilfe: »Helft mir, er tötet seine Frau!« Dies geschah so häufig, dass kaum noch jemand dem verzweifelten Vater Aufmerksamkeit zollte. Der alte Jakob mochte meine Mutter nicht. Ab und an brüllte er

Bemerkungen über den Ruf unserer Familie über die Straße, dass Mutter sie hören konnte. Einer seiner Klassiker war die Behauptung: »Ihr Leute da drüben hungert ja so sehr, dass ihr nicht einmal eine Toilette braucht.« Ich beschloss, für diese öffentlichen Schmähungen Rache zu nehmen. Das Grundstück der Jakobs war von einem stabilen Zaun umgeben. Das Tor hatte einen dicken Türknauf, den ich eines Tages dick mit Hühnerkot beschmierte.

Ich wartete, bis die ganze Jakobfamilie im Haus war, dann stellte ich mich auf die Straße und brüllte, so laut ich konnte: »Hilfe, Hilfe! Er tötet seine Frau!« Der Alte entdeckte mich und raste auf das Tor zu. Ich machte mich zur Flucht bereit, rannte aber nicht los, bevor ich gesehen hatte, wie er den kotbeschmierten Türknauf packte. Natürlich erwischte er mich nicht. Ich aber vergewisserte mich in den folgenden Wochen jedes Mal, wenn ich unseren Hof verließ, dass der alte Jakob nicht zu sehen war.

Seine Beleidigungen jedoch hörten nicht auf und ich fasste einen weiteren Plan. Ich wusste, dass die Jakobs einen Brunnen im Keller ihres Hauses hatten, mit dem sie ihren Wasserbedarf deckten. Sie hatten eine Quelle auf dem Grundstück angezapft, welche das Wasserbecken im Keller beständig mit Wasser versorgte. Von diesem Becken führte eine Leitung zum Dorfteich, über welche das überschüssige Wasser in denselben entsorgt wurde. Diese Leitung war, soviel ich wusste, die Hauptquelle des Teiches. Ich füllte einen Eimer mit großen Grasbatzen, die ich samt Wurzeln und Erde an einem Feldrain ausgerissen hatte, und verstopfte damit die Leitung am Teich. Dann hämmerte ich einen hölzernen Stopfen in das Rohr, um zu verhindern, dass der Matsch wieder herausrutschte. Nach ein paar Stunden überprüfte ich, ob der Stopfen hielt. Ich hatte ganze Arbeit geleistet. Allerdings habe ich nie erfahren, wie hoch das Wasser im Keller der Jakobs angestiegen war, bevor die Ursache gefunden wurde oder der Stopfen doch herausrutschte.

1936 hatte sich Hitler als »Führer« in Deutschland endgültig etabliert. Seit der Machtergreifung der Nationalsozialisten wurden Andersdenkende planmäßig und brutal verfolgt und Konkurrenten mit allen, auch unmenschlichen Mitteln ausgeschaltet. Schon im Jahr 1934 hatte er in einer großangelegten Aktion, die später als »Röhm-Putsch« bezeichnet wurde, die Führungskräfte der allgegenwärtigen »Sturmabteilung« (SA) verhaften und viele von ihnen ermorden lassen, weil er in dieser Organisation ein Hindernis für seine ungebremste Machtentfaltung sah. Danach hatte er endgültig freie Hand zur Umgestaltung der Gesellschaft in Deutschland und, wie sich kurze Zeit später erweisen sollte, für die Vorbereitung eines großen Krieges gegen den Rest der Welt. Dafür brauchte es eine willige und leicht zu steuernde Gefolgschaft.

Die Lage meiner Familie war der ideale Nährboden für solche Gefolgschaft. Die Machthaber suchten gezielt nach Leuten, die unzufrieden waren, die schon einmal bessere Zeiten erlebt, eine verhältnismäßig gute Bildung genossen, jedoch später Demütigungen erlitten hatten und die Schuld an ihrer Misere vorwiegend bei anderen suchten. Nur Letzteres traf auf unsere Familie nicht zu. Die Planer der neuen Gesellschaft gingen davon aus, dass diese Menschen jede Chance nutzen würden, um frühere Positionen und Annehmlichkeiten wiederzuerlangen, dass sie sich anstrengen würden, um erneut eine respektable Stellung zu erobern und dafür auch bereit waren, moralische Bedenken über Bord zu werfen. Ideale Kandidaten waren Menschen, deren Prestigebedürfnis ihren Drang nach schnellem Wohlstand noch übertraf. Ehemalige Offiziere der kaiserlichen Armee, Geschäftsleute, die ihr Glück nach dem vorigen Krieg verlassen hatte, und Spekulanten, denen ihr Vermögen in den zurückliegenden Wirtschaftskrisen verloren gegangen war, waren nun leicht zu überzeugende Anwärter für die vielen neu geschaffenen Organisationen der Nationalsozialisten, mit denen die Bevölkerung sich konfrontiert sah und mithilfe derer die Nazis in kurzer Zeit ein Netz der vollständigen Kontrolle über die Gesellschaft geworfen hatten. Zwar lag Gönnsdorf in einem Winkel dieses Netzes, aber auch hier wurden die Anwerbungen und Kontrollen intensiviert. Wer früh in diese Organisationen einstieg, dem winkten die lukrativsten Posten, schnelle Aufstiegsmöglichkeiten, Titel, Ansehen und Macht. Das eigentliche Ziel aber war, dass jeder und jede Deutsche einer oder mehreren dieser Organisationen angehören sollte. Und es winkte ein weiterer Vorteil, wenn man diesen Organisationen beitrat: Kaum ein Betrieb, kaum ein Wirtschaftsunternehmen konnte jemandem einen Arbeitsplatz verweigern, der durch seine Zugehörigkeit zu diesen Organisationen seine Treue zum Führer unter Beweis gestellt hatte.

Mutter wurde Mitglied der NS-Frauenschaft, einer Organisation, welche sich die Pflege, den Schutz und natürlich die politische Bildung der deutschen Familien auf die Fahne geschrieben hatte. Obwohl die nationalsozialistische Gesellschaft durch und durch männerdominiert war, wussten die neuen Machthaber genau, dass eine wirksame Kontrolle, Steuerung und vor allem Erziehung der Gesellschaft ohne die Frauen nicht zu bewerkstelligen war. War die Rolle der NS-Frauenschaft anfangs noch auf wirtschaftliche und krankenpflegerische Aufgaben und die Mitwirkung an den politischen Schulungen der weiblichen NSDAP-Mitglieder beschränkt, kamen bald neue Aufgaben hinzu. Zwar wurde die »Deutsche Frau« immer noch hauptsächlich als Mutter und Hausfrau definiert und ihr in dieser Rolle vor allem die Erziehung der Kinder zu wertvollen Mitgliedern der nationalsozialistischen Volksgemeinschaft überlassen, doch boten sich nun weitere Möglichkeiten im Rahmen der rigorosen Umgestaltung der Gesellschaft. So wurden über die Frauenschaft nicht nur Haushalts-, Koch- und Mütterschulungskurse angeboten, sondern es wurden den Frauen, die in dieser Organisation aktiv waren, auch systematische Beaufsichtigungs- und Führungsaufgaben übertragen. Einmal im Monat mussten die Mitglieder an sogenannten Frauenschaftsabenden teilnehmen, an denen Aufgaben verteilt und Vorträge gehalten wurden. Viele Frauen wurden auch Mitglied des Verbandes, weil er karitative Aufgaben übernahm, denen die übrige Gesellschaft hohen Respekt zollte.

Mutters Aktivitäten bezogen sich im Wesentlichen auf die regelmäßige Beaufsichtigung der sogenannten »Kinderschar«, in welcher die jüngsten Mitglieder der Hitlerjugend zusammengebracht wurden. Das waren Kinder zwischen sechs und zehn Jahren. Auch beteiligte sich Mutter an den jährlichen »Pfundsammlungen« des Winterhilfswerks. Diese auch als »Pfundspende« bezeichneten Aktionen waren alljährlich ein großes gesellschaftliches Ereignis. Sie begannen mit einer Rede Hitlers, die im Rundfunk übertragen wurde. Ab Oktober wurden Kleider für Bedürftige eingesammelt, worauf die Bevölkerung mancherorts durch Aufmärsche der Hitlerjugend und Konzerte der SA-Kapellen eingestimmt wurde. In einigen Städten klingelten Mitglieder der Hitlerjugend an jeder Wohnungstür, um die Menschen auf die Sammlung hinzuweisen. Die Haushalte bekamen bedruckte Tüten ausgehändigt, in denen sie die nach der Größe der Tüten benannten »Pfundspenden«

abgeben sollten, in der Regel Lebensmittel. Es gab aber auch Geld- und Sachspenden. Die Menschen im Schönfelder Hochland spendeten meist Nahrungsmittel, welche Feld und Hof hergaben: Mehl, Zucker, Hülsenfrüchte und Kartoffeln.

Diese Spenden wurden dann an Bedürftige verteilt. Ich erinnere mich, dass auch unsere Familie etwas von diesen Gaben erhalten sollte. Mutter jedoch weigerte sich konsequent, jemals ein solches Paket anzunehmen, da sie selbst aktiv sammelte.

Regelmäßig ging sie zu den Vorträgen der Frauenschaft, die zu Themen wie »Die Überlegenheit der germanischen Rasse« oder »Deutschlands historisches Recht auf den Raum im Osten« gehalten wurden.

Das Engagement in der Frauenschaft half ihr, eine Anstellung in Dresden zu finden, »bei der ›Mimosa‹«, wie man die große Firma nannte, welche fotografische Papiere und Filmmaterial herstellte. Mutter begann in der Produktion als Helferin, wo sie unter anderem die kleinen Plastikdosen für die Filmrollen entgraten musste, stieg aber schnell in die Verwaltung auf. Die Mimosa-Aktiengesellschaft war zu dieser Zeit führend in der Herstellung von Filmmaterial und eine der ersten Firmen in Deutschland, welche ein von IBM vertriebenes, neuartiges Buchhaltungssystem verwendeten, das nach seinem Erfinder, dem Ingenieur und Unternehmer Herman Hollerith, benannt war. In diese neu geschaffene »Hollerith-Abteilung« wurde Mutter versetzt und arbeitete dort in den folgenden acht Jahren jede Woche achtundvierzig Stunden. In dieser Zeit wurde sie auch in die Leitung der NSBO-Gruppe der Firma gewählt. Diese »Nationalsozialistische Betriebszellenorganisation« hatte nach der Zerschlagung der demokratischen Gewerkschaften zum Teil deren Aufgaben in den Betrieben übernommen. Sie war natürlich der Ideologie der Machthaber verpflichtet, kümmerte sich aber auch in den Betrieben um die arbeitsrechtlichen Belange der Belegschaft.

Die Fabrik befand sich im Dresdner Ortsteil Striesen in der Bärensteiner Straße. Der Weg zur Arbeit und zurück dauerte für Mutter täglich vier Stunden, die Hälfte des Weges musste sie zu Fuß zurücklegen, die Elbhänge hinunter und abends wieder hinauf. Soweit ich weiß, hat sie in diesen acht Jahren keinen einzigen Tag gefehlt, sie lief und fuhr ihren Weg zur Arbeit bei Schnee und Regen und in der größten Hitze des Sommers, ohne zu klagen.

Sie hatte notgedrungen die Rolle der Ernährerin unserer Familie übernommen.

Mein Vater war nicht in der Lage, sich der Ideologie des Hitler-Regimes anzupassen und die Machthaber anzuerkennen. Das äußerte sich nicht in großen Worten oder widerständischen Taten, aber jeder, der mit ihm zu tun hatte, wusste um seine abgrundtiefe Verachtung des neuen Systems. Damit freilich hatte er schlechte Karten, in der neuen, sehr hellhörigen Gesellschaft eine auskömmliche Stellung zu finden. Trotzdem arbeitete er weiter hartnäckig an seiner Wunderformel, welche ihm und vor allem der Familie den verlorenen Wohlstand zurückbringen sollte. Ständig war er auf der Suche nach genialen Geschäftsideen. Eine seiner Transaktionen ging wieder einmal gründlich schief. Mein Wissen um diese Vorgänge ist außerordentlich lückenhaft. Weder meine Mutter noch mein Bruder haben jemals mit mir darüber ausführlich gesprochen. Soviel ich weiß, hatte er die Geschäftsideen einiger fragwürdiger Leute mit Mitteln finanziert, die ihm nicht gehörten. Wie gewöhnlich hatte er Bekannte überzeugt, ihm Kapital zu leihen, und wie üblich war er absolut sicher, es den Gläubigern mit Zins und Zinseszins zurückzahlen zu können, sobald die Summe fällig war. Als der Termin der Rückzahlung kam, hatte er das Geld nicht.

Er wurde verhaftet und zu einer mehrjährigen Gefängnisstrafe ohne Bewährung verurteilt. 1936 hatte der Justizminister und Reichsführer Justiz befohlen, dass »die nationalsozialistische Idee das Fundament allen Rechts« sei. Da war die politische Orientierung meines Vaters vor Gericht wenig hilfreich, um den Richter milde zu stimmen. Ich war also jetzt der Sohn eines verurteilten Straftäters und Gefängnisinsassen.

Vater bot nun unserer Mutter an, sich scheiden zu lassen, um ihr die Schande zu ersparen, mit einem verurteilten Straftäter verheiratet zu sein, aber Mutter lehnte das kategorisch ab.

Ungefähr zur gleichen Zeit wurde mein Bruder zum Reichsarbeitsdienst einberufen. Bis dahin hatte auch er die klassische »Karriere« eines nicht sonderlich politisierten Jugendlichen in Deutschland durchlaufen. Vor der Machtergreifung durch die Nationalsozialisten war er Mitglied bei den Pfadfindern gewesen, die aber schnell aufgelöst wurden. Die Pfadfinder wurden aufgefordert, zum Jungvolk oder zur Hitlerjugend zu wechseln. Durch seine Erfahrungen bei den Pfadfindern galt mein Bruder als höchst qualifiziert und wurde schnell Fähnleinführer. Außerdem bekam er eine Anstellung bei der neugegründeten Nationalsozialistischen Volkswohlfahrt. Er half bei der Organisation und Durchführung von Hilfs- und Spendenaktionen und war viel in den Dörfern des Hochlands unterwegs. Dafür bekam er ein nagelneues Fahrrad, das im Dorf großes Aufsehen erregte. Vom Schicksal dieses Rades habe ich schon erzählt.

Der Reichsarbeitsdienst war ein Teil der Wirtschaft in Deutschland und auch ein Teil der nationalsozialistischen Erziehung der deutschen Jugend. Es gab ein Gesetz, das jeden jungen Menschen in Deutschland, ob männlich oder weiblich, dazu verpflichtete, nach seinem achtzehnten Geburtstag, aber für die jungen Männer noch vor dem Wehrdienst, sechs Monate lang bei geringer Bezahlung an Orten zu arbeiten, an die man befohlen wurde. Die Arbeitsdienstler wurden in der Forstwirtschaft, aber auch zum Autobahnbau oder in der Landwirtschaft eingesetzt. Wurden erst nur Männer zum Arbeitsdienst abgeordnet, wurden ab Kriegsbeginn auch junge Frauen eingezogen. Es gab gewaltige Projekte, etwa im Norden Deutschlands, im Emsland, wo Tausende junge Menschen zur Urbarmachung riesiger Moor- und Heideflächen eingesetzt wurden. Später wurden die jungen Leute auch für den Bau von Luftschutzbunkern und militärischen Anlagen verpflichtet. Der Lohn waren fünfundzwanzig Pfennige pro Tag. Es wunderte keinen, dass trotz aller Propaganda die Arbeitsleistung der Dienstverpflichteten nicht einmal bei fünfzig Prozent der Leistung eines normalen Arbeiters lag.

Mein Bruder war fort und ich lebte nun mit Mutter allein. Nachdem sie ihre Festanstellung in den Mimosa-Werken bekommen hatte, wurde ich ein sogenanntes Schlüsselkind. Kurz nach fünf Uhr morgens pflegte Mutter mich zu wecken. Dann verließ sie das Haus, um zur Arbeit zu gehen. Ich wusch mich, aß vom Frühstück, das sie mir bereitgestellt hatte, und legte mich noch eine Weile auf das alte Sofa, bis mich der Wecker, den Mutter auf einen Teller mit einem Blechlöffel gestellt hatte, um die Lautstärke zu erhöhen, aus dem Halbschlaf riss, und trat nicht unbedingt freudig den Weg zur Schule an.

Ich beneidete andere Kinder, die nach der Schule zu Hause von ihren Müttern mit einem warmen Mittagessen erwartet wurden. Mich erwartete die kalte Wohnung, die mittlerweile aus zwei kleinen Räumen unter dem Dach mit schrägen Wänden bestand. Ich musste mir das Mittagessen selbst zubereiten, die Haushaltsarbeiten verrichten, welche Mutter mir aufgetragen hatte, und im Winter das Wohnzimmer heizen. Außerdem musste ich die Asche zur Aschegrube tragen und mich vergewissern, dass die Wassereimer mit frischem Brunnenwasser gefüllt und die Abwasserkanister geleert waren.

Wenn Mutter spätabends nach Hause kam, war sie zu müde und erschöpft, um mit mir Hausaufgaben zu machen. Ich nutzte das aus und machte oft überhaupt keine Schularbeiten. Die Schule wurde mir zunehmend gleichgültiger. Meine Zensuren traten einen bedenklichen Sturzflug an.

Längere Zeit war ich der Sprecher in meiner Klasse gewesen. Als es die Lehrer nicht mehr akzeptabel fanden, den Sohn eines Strafgefangenen in solch einer ehrenvollen Position zu sehen, wurde ich dieses Amtes enthoben, woraufhin ich in eine äußerst trotzige Haltung den Lehrern gegenüber verfiel. Meine Noten wurden immer schlechter, aber das war mir gleichgültig. Der Aufsicht durch meine Eltern entzogen, gab es keinen Ansporn mehr für mich, etwas dagegen zu unternehmen. Häufig wurde ich für meine widerborstige Haltung und meine lasche Einstellung zum Lernen bestraft. Die Strafen wurden fast zur Routine. Ich reagierte darauf mit Trotz oder provokanter Ungerührtheit, was die Lehrer noch mehr gegen mich aufbrachte. Der Bambusstock und ich schlossen enge Bekanntschaft. Damals war der Bambusstock noch das Hauptelement der Schulpädagogik. Die Lehrer waren der festen Meinung, dass man Anstand und Benehmen in ein Kind durchaus hineinprügeln könne.

Es gab zwei Methoden, mit dem Stock zuzuschlagen. Mir erschlossen sich nie die Kriterien, nach denen die Lehrer sich für eine der Methoden entschieden.

Methode eins bestand darin, dass sich das Opfer über die Schulbank beugen musste und der Bambus mehrfach auf jenen Teil des Körpers herabsauste, der eigentlich zum Sitzen gedacht war. Die ganze Klasse musste dabei zuschauen. Es war beschämend, zumal die Hälfte der Klasse aus Mädchen bestand. Vor der Exekution der Bestrafung gab der Lehrer für gewöhnlich mit schneidenden Worten den Grund und das Strafmaß bekannt. Viele der Kinder baten angesichts der zu erwartenden Schmerzen um Gnade oder die Verringerung des Strafmaßes, gaben sich reumütig und hofften so auf Milde bei der Vollstreckung des Urteils. Für mich kam es nie infrage, um Gnade zu betteln. Das wäre unter meiner Würde gewesen. Der Troll saß mir im Nacken.

Die zweite Methode, mit dem Bambusstock den festen Willen zu pädagogischer Erziehungsleistung zu demonstrieren, bestand darin, auf die Fingerspitzen zu schlagen. Das Opfer hatte seine Hand mit der Handfläche nach oben auszustrecken, der Lehrer schlug mit aller Kraft zu und versuchte, genau die Kuppen der Finger zu treffen. Wenn der arme Delinquent die Rute heruntersausen sah und in Erwartung schlimmsten Schmerzes die Hand zurückzog, erhöhte das die Zahl der Schläge. Diese Methode war nicht so entwürdigend wie die andere, aber schmerzhafter und die Finger taten lange höllisch weh.

Wie die meisten Bestrafungen zeigten bei mir auch die Schläge keinen Erfolg. Ich wurde noch wütender, noch trotziger. Es lag nicht immer an den Lehrern. Ich war wohl ein sehr hochfahrendes, arrogantes und schwieriges Kind.

Dann geschah etwas eigentlich Absurdes, das mich in wirkliche Gefahr brachte und mit einem Beschluss hätte enden können, mich von meiner Familie zu trennen und in ein Erziehungsheim für Problemkinder einzuweisen. Die Schule hatte die entsprechenden Anträge schon vorbereitet.

Schon als kleiner Junge hatte ich gern den Geschichten und Gesprächen der Erwachsenen gelauscht, daraus neue, vor allem lustige Geschichten gesponnen und weitererzählt. Mein Bruder war darauf eingegangen und erzählte mir öfter lustige Schnurren. Diese Geschichten, oft auch Witze, waren nicht immer so geartet, dass sie den Jugendschutz zufriedengestellt hätten und für Kinder unter zehn Jahren geeignet gewesen wären. Einer dieser Witze war eigentlich ein Gedicht über einen dummen Buben, der dringend urinieren musste, wegen der draußen herrschenden Kälte aber das Haus nicht verlassen wollte und die Tür nur zur Hälfte öffnete, um durch den schmalen Spalt hinauszupinkeln. Doch eine plötzliche

Windböe schlug die Türe heftig zu und amputierte so das Körperteil, mit dem er eben noch sein heißes Wasser nach draußen transportiert hatte. Es war ein kleines, törichtes Gedicht, aber ich fand es ungemein lustig und sogar lehrreich. Ich trug es einem Jungen in der Schule vor, der wiederum seinem Vater davon erzählte. Der Vater rannte zum Schulrektor. Der Rektor bestellte hochempört meine Mutter in die Schule. Es war vielleicht nicht unbedingt der Inhalt des deftigen, aber im Grunde harmlosen Gedichtes, sondern eher die Tatsache, dass ich, ein schwer zu bändigender Junge mit einem Vater, der im Gefängnis saß, dieses Gedicht unter den anderen Schülern verbreitet hatte. Der Rektor unterstrich die Tatsache, dass mein Vater einsaß und ich deshalb einen schlechten, gar kriminellen Einfluss auf die anderen Kinder haben könnte. Nur mit Mühe konnte Mutter den Schulleiter davon abbringen, mich in ein Heim für Schwererziehbare einweisen zu lassen. Am Ende beließ er es bei einer strengen Verwarnung.

Alle wussten jetzt, dass mein Vater im Gefängnis saß. Selbst die Lehrer in der Schule schreckten nicht davor zurück, mich mit Fragen nach der Abwesenheit meines Vaters zu quälen. Als eine Lehrerin mir wieder einmal die peinliche Frage stellte, antwortete ich mit unschuldigem Augenaufschlag: »Das sind andere Umstände, über die ich nicht sprechen möchte.« Eine Antwort, die erst der Lehrerin und später meine Mutter Lachtränen in die Augen trieb.

Aber auch im Dorf zeigte sich die grausame Seite einiger Bewohner, die mich immer wieder zu fragen pflegten, wo denn mein Vater sei und ob er wohl heute Nacht heimkomme. Ich zitterte jedes Mal vor Entrüstung und alle Appelle meiner Mutter an die Dörfler, ihren unschuldigen Sohn mit solchen Fragen nicht zu quälen, halfen nichts.

Als ich älter wurde, wuchs meine Faszination für alle möglichen technischen Dinge und Apparate, vor allem für die technischen Einrichtungen im Dorf. Das waren größtenteils bäuerliche Geräte, die sich mit dem Erfahrungsschatz von Generationen zu verblüffender Perfektion entwickelt hatten. Selten waren sie wirklich kompliziert, die Materialien waren Holz, Eisen, Kupfer, Leder, und fast alles war im Dorf vom Schmied, vom Tischler und vom Stellmacher hergestellt worden und konnte von ihnen vor Ort repariert werden.

Mein Favorit war lange Zeit das Göpelwerk auf dem Bauernhof der Naakes, oben an der Straße nach Cunnersdorf. Der Göpel vor der großen Scheune bestand über der Erde aus einem etwa acht Meter langen Holzbalken, der mit einer Stahlachse verbunden war. Diese führte senkrecht unter die Erde, wo sich in einer Kammer ein Getriebe zur Erhöhung der Drehzahl befand. Das höhere Drehmoment wurde durch eine kardanwellenähnliche Transmission zur Dreschmaschine übertragen. Angetrieben wurde die ganze Anlage von einem Pferd, welches an den erwähnten Balken gebunden war und diesen im Kreis laufend drehte. Die Kraft eines einzigen Pferdes reichte hier aus, um die Getreideernte mehrerer Bauernhöfe zu dreschen. Ich konnte dieser Arbeit stundenlang zuschauen.

Mich faszinierten auch die Wasserpumpen. Sämtliche Pumpen im Dorf waren aus Holz hergestellt. Die Pumpengehäuse und die Rohre waren aus aufgebohrten Baumstämmen gefertigt, auch die Kolben, die Schwengel und die anderen beweglichen Teile waren aus Holz. Abgedichtet wurden sie mit raffinierten Konstruktionen aus Holz und Leder.

Oft stand ich am offenen Tor der Schmiede. Ich staunte, wie das rot glühende Eisen und der Stahl in die verschiedensten Formen gehämmert wurden, wie aus unscheinbaren Metallstücken nutzbringende Dinge geformt werden konnten. Der aus dickem Leder gefertigte Blasebalg war unter der Decke der Schmiede angebracht und wurde mit der Hand bedient, um das Feuer anzufachen. Der Schmiedemeister stand neben dem Amboss und schlug mit einem kleinen Hammer auf die Stelle, wo die Gesellen mit ihren großen und schweren Hämmern zuschlagen mussten, und gab so den Takt vor. Unter den Hämmern und Zangen entstanden Hufeisen für die Pferde, Eisenringe für die Räder der Erntewagen, Radnaben, Pflugscharen und unzählige andere Dinge. Ich sah, wie eiserne Beschläge für alle möglichen Zwecke entstanden und wie die Hufeisen an die Hufe der Pferde angepasst und aufgenagelt wurden. Wenn ich Mitleid mit den Pferden zeigte, denen die fast noch glühenden Eisen an den Huf angepasst und große Nägel ins Horn getrieben wurden, lachte der Schmied mich schallend aus.

Zwischen 1937 und 1939 gelang es meiner Mutter in jedem Sommer, mich für ein paar Wochen in einem Erholungsheim unterzubringen. Ich brachte nie den Mut auf, ihr zu sagen, dass ich diese Zeit zutiefst verabscheute. Zu Hause lebte ich, von den Schulstunden abgesehen, frei wie ein Vogel. Ich konnte durchs Dorf streifen, durch die Felder und Wälder, in den Teichen schwimmen und Bücher lesen, wann und wie oft ich wollte. Es gab niemanden, der mir Vorschriften machte, bis Mutter abends nach Hause kam. In den Erholungsheimen war alles streng reglementiert. Wir marschierten in Reih und Glied zum Essen und in die umliegenden Wälder und mussten Mittagsschlaf halten. Wir mussten Lieder singen, die ich blöd fand und für die ich mich schämte. Gleichgültig, ob man schwimmen konnte oder nicht – man musste bis zu einem bestimmten Alter im Planschbecken des Schwimmbades bleiben und durfte bei Strafe nicht ins tiefere Becken wechseln. Mir behagte das überhaupt nicht, denn ich konnte besser schwimmen als jedes andere der Kinder. Oft lag ich nachts wach, weil ich Angst hatte, dass Mutter etwas zustoßen könnte, wenn ich nicht bei ihr war.

Im Sommer 1939 wurde ich zehn Jahre alt. Es wurde Zeit für mich, ins Jungvolk einzutreten.

In einer Ansprache im November 1933 hatte Hitler in einer Rede davon gesprochen, dass er nur ein begrenztes Vertrauen habe, dass sich die älteren Generationen der Deutschen für seine Ideologie gewinnen lassen würden. Deshalb sei es umso wichtiger, dass die Jugend des Reiches in Zukunft so erzogen werden solle, dass sie nichts anderes akzeptieren würde als die neue Volksgemeinschaft nationalsozialistischer Prägung. Später, in einer 1937 gehaltenen Rede, erklärte er: »Das Dritte Reich wird seine Kinder niemandem anvertrauen, sondern wird sich seiner Jugend selbst annehmen, um dieser Jugend eine eigene Erziehung und Aufzucht zu geben.«

1936 hatten die Nationalsozialisten bereits ein Gesetz erlassen, das alle Jugendorganisationen verbot, ausgenommen war die Hitlerjugend. In dieser sollten alle sechs- bis achtzehnjährigen Kinder und Jugendlichen organisiert werden. Die Mitgliedschaft wurde von den Gesetzgebern als Pflicht festgeschrieben. Eltern, die ihre Kinder nicht zur Hitlerjugend schicken wollten, wurden mit Sanktionen und manchmal sogar mit Gefängnisstrafen bedroht. In der Hitlerjugend waren Jungen und Mädchen organisiert, aber in getrennten Gruppierungen, die bei den jüngeren Mädchen »Jungmädelbund« und bei den älteren »Bund Deutscher Mädel (BDM)« hießen.

In der »Kinderschar«, in welcher die sechs- bis zehnjährigen Kinder versammelt wurden, existierte diese Trennung noch nicht. Die Jungen der Kinderschar hießen »Wölflinge«, aber die Spiele und Beschäftigungen waren zumeist solche, wie sie Kindern auf der ganzen Welt vertraut sind: Basteln, Zeichnen, Lesen, Theaterspiel und Spiele mit Ball und anderen Geräten.

Im Alter von zehn Jahren wechselten die Jungen zum Jungvolk. Nach einem Aufnahmetest mussten sie dem Führer in einer strengen Zeremonie ihre Gefolgschaft schwören. Mit vierzehn Jahren dann wechselten die Jungen vom Jungvolk zur Hitlerjugend. Diese war in verschiedene Abteilungen unterteilt. Alle diese Abteilungen waren auf die vormilitärische Ausbildung ausgerichtet und unterstützten die unterschiedlichen Hobbys und Interessen der jungen Leute. Es gab die Flieger- und die Motor-HJ, die Reiter- und die Marine-HJ und einige andere Sondergruppen mehr, und es gab einen Streifendienst. Dieser überwachte wie eine Jugendpolizei andere Jugendliche. Der Streifendienst war unter anderem dafür berüchtigt, anderen Jungen die Haare kurz zu schneiden, wenn diese »undeutsch« lang getragen wurden.

Die Abteilungen wie auch die regionalen und örtlichen Gruppen waren nach militärischem Vorbild strukturiert und wurden von Jungen mit unterschiedlichen Aufgaben in einer strengen Rangordnung selbst verwaltet.

Jungen, die einen höheren Rang im Jungvolk erreicht hatten, mussten nicht in die Hitlerjugend wechseln, sondern verblieben im Jungvolk und machten dort weiter Karriere.

Nun wurde auch ich vom »Wölfling« zum »Pimpf« und wechselte in das Jungvolk. Ich bekam eine Uniform und ein Fahrtenmesser.

Ich kann nicht leugnen, dass ich die Aktivitäten dort interessant und sogar abenteuerlich fand. Ich lernte vieles, was sich auch später als hilfreich erweisen sollte. Ich lernte, ein Lagerfeuer zu bauen und zu entfachen, einen Kompass zu gebrauchen und mit dem Kleinkalibergewehr zu schießen. In den Wäldern lernten wir, Bäume zu benennen, das Gelände zu beschreiben, Entfernungen anhand der lokalen Gegebenheiten genau zu schätzen und uns an markanten Punkten zu orientieren. Wir lernten, eine Meldung in korrekter Form zu verfassen. Sie musste die Elemente *Was*, *Wo*, *Wann* und *Wie* enthalten.

Nachts draußen zu zelten, war aufregend, besonders dann, wenn damit eine Mutprobe verbunden war und wir ganz allein und mit wenigen Hilfsmitteln eine Botschaft zu einem entfernten Bestimmungsort bringen mussten. Meist führte dieser Weg an unheimlichen Plätzen vorbei, an Ruinen und über Friedhöfe. Im Wesentlichen unterschied sich das kaum von den früheren Pfadfinderübungen, von denen mir mein Bruder berichtet hatte.

Was wir betrieben, fühlte sich ein wenig an wie modernes Räubertum.

Dass all diese Aktivitäten die deutsche Jugend auf einen kommenden Krieg vorbereiten sollten, wie es noch keinen in der Geschichte der Menschheit gegeben hatte, und dass dieser Krieg von Deutschland ausgehen würde, wussten wir nicht und es hätte uns in der dörflichen Idylle auch nicht gekümmert.

Ich war ehrgeizig und erfolgreich im Jungvolk und wurde sehr schnell in einen höheren Rang befördert. Schon nach einem Jahr wurde ich Rottenführer, dann führte ich einen Zug. In der Rotte oder in der Jungenschaft waren fünfzehn Jungen, eine Rotte bestand aus drei Jungzügen.

Am 1. September 1939, kurz nachdem ich zum Jungvolk gewechselt war, begann der Krieg. Mein Bruder hatte seine Zeit beim Arbeitsdienst hinter sich und musste den Spaten sofort gegen einen Karabiner 98 tauschen. Er wurde nach Polen an die Front geschickt.

Anfangs hatte der Krieg wenig Einfluss auf das Leben im Dorf. Hitlers Propagandamaschine hatte die Menschen schon lange vorher und durchaus erfolgreich auf einen Feldzug gegen Polen vorbereitet. Radio und Zeitungen berichteten beinahe täglich und mit steigender Empörung von angeblichen Übergriffen auf die in Polen lebende deutsche Bevölkerungsgruppe. In den Wochenschauen wurden grausame Bilder gezeigt, die Kommentatoren schrien nach Vergeltung.

Als an jenem Septembermorgen das Schießen begann, dachten nur wenige Leute daran, dass der Krieg lange dauern könnte. Hitlers vorherige Annexionen von Österreich und der Tschechoslowakei waren nach wenigen Tagen beendet gewesen, ohne dass ein einziger Schuss abgefeuert worden war, die Wochenschau-Bilder hatten dazu suggeriert, dass die deutschen Truppen von der

Bevölkerung enthusiastisch empfangen worden waren. Es gab keinen Grund, warum es diesmal anders kommen sollte.

Gönnsdorf lag auf einer der höchsten Erhebungen im Umland der Stadt Dresden. Rund um das Dorf wurden Flakgeschütze aufgebaut, wie schon in den Tagen der vorherigen Annexionen. Wir Jungen waren begeistert, weil wir uns zwischen den Geschützen frei bewegen und den oft unverständlichen militärischen Anweisungen zuhören durften. Die Mädchen himmelten die jungen Flaksoldaten an, welche kaum älter als sie waren, und die Älteren freuten sich über die Erbsensuppe mit Schinkeneinlage, welche kostenlos von den Soldaten an die Dorfbewohner ausgegeben wurde.

Die Szenen erinnerten mehr an die jährlichen Herbstmanöver der Wehrmacht als an einen Krieg, der nur wenige Hunderte Kilometer entfernt im Osten des Kontinents gerade begonnen hatte. Einige Veteranen des ersten Großen Krieges zeigten sich hochzufrieden, dass nun endlich die Zeit beendet war, in welcher die Sieger dieses Krieges Deutschland erniedrigt hatten, und dass nun die Schande des Versailler Vertrages getilgt werden konnte. Sie sahen die Panzer, welche nach Osten rollten, mit einem gewissen Stolz. Der Versailler Friedensvertrag hatte die künftige Militärmacht der Deutschen erheblich beschränkt und ihnen unter anderem eine Panzerarmee verboten. Nur Panzerattrappen waren erlaubt und gaben das Heer in den Augen nicht nur der Veteranen der Lächerlichkeit preis. Diese bestanden aus kleinen Autos, welche man mit Holz und Pappe als Panzer verkleidet hatte.

Hitler hatte sich über dieses Verbot hinweggesetzt, wie er auch viele andere Bedingungen des Vertrages ignorierte, und heimlich die Produktion von Panzern und anderen schweren Fahrzeugen befohlen. Zu Beginn des Polenfeldzuges soll es einen oft kolportierten Vorfall gegeben haben. Eine polnische Kavallerieschwadron attackierte eine deutsche Panzereinheit mit Säbeln und Lanzen in der Annahme, es würde sich um Panzerattrappen handeln.

Die Tatsache, dass Hitler die Bedingungen des Siegerfriedens von Versailles ignorierte, fand die Billigung der Mehrheit der deutschen Bevölkerung. Nur wenige Leute zeigten sich besorgt, wie sich die Dinge weiterentwickeln könnten. Vielleicht schwiegen auch viele aus Angst. In der öffentlichen Meinung jedenfalls herrschte Begeisterung, angefeuert von unablässiger Propaganda bis in die kleinsten Gruppen der schon beschriebenen Organisationen hinein. Kaum jemand konnte sich vorstellen, dass viele der jungen Männer, die den Krieg jetzt jubelnd begrüßten, in ein paar Jahren nicht mehr am Leben sein würden und die vermeintlich ewige Pracht der Stadt Dresden unter einer Trümmerwüste begraben sein sollte.

Die Bauern im Dorf waren die einzigen, die ahnten, wie sich die Realitäten des Krieges entwickeln würden, bevor er begann. Ihre Pferde wurden requiriert und an die Front gebracht. Es mussten mehr und mehr Ochsen und Kühe eingesetzt werden, um die Ernte einzubringen und die Äcker zu pflügen. Aber schon bald kapitulierte Polen und das Leben schien seinen normalen Lauf zu nehmen. Dass schon am 3. September als Reaktion auf den Überfall Polens sowohl Großbritannien als auch Frankreich dem Deutschen Reich den Krieg erklärt hatten, nahmen die Menschen nicht wirklich ernst.

Das Leben im Dorf nahm seinen gewohnten, an den Jahreszeiten orientierten Lauf.

Der Krieg 1940–1945

Zum Anfang des Jahres 1940 war unsere Familie wieder vereint. Vater war Ende des vergangenen Jahres aus dem Gefängnis entlassen worden und mein Bruder kam aus Polen zurück, nachdem der Feldzug dort fürs Erste beendet war. Es dauerte jedoch nicht lange, bis Hitler eine Mobilmachung verkündete, um den lange geplanten Krieg an der Westgrenze Deutschlands zu beginnen.

Vater wurde sofort dienstverpflichtet. Als Weber musste er in der sogenannten »Gardine« arbeiten, einer großen Webfabrik in Dresden-Loschwitz, in der inzwischen vorwiegend Fallschirme für die Luftwaffe hergestellt wurden.

Für die Produktion der Fallschirme kamen auch bleihaltige Chemikalien zum Einsatz, die mein Vater wegen seiner chronischen Lungenprobleme nicht vertrug. Er bekam eine Rippenfellentzündung und der Arzt erlaubte ihm keine weitere Beschäftigung in der Weberei. Vater war lange krank. In der Zeit seiner Genesung war er meist zu Hause und wir kamen uns zum ersten Mal seit Jahren wieder näher. Wir spielten viel Schach und tüftelten an allerlei Dingen für den praktischen Gebrauch. Als seine Gesundheit wiederhergestellt war, fand er eine Anstellung in einem lizenzierten

Wettbüro. Das Büro vermittelte als Buchmacher unter anderem die Fernwetten in Dresden. Die genauen Kenntnisse der Abläufe beim Pferderennsport und seine Einblicke in die Szene qualifizierten ihn als anerkannten Fachmann auf diesem Gebiet. Manche Leute, die meinen Vater besser kannten, meinten schmunzelnd, dass man da den Fuchs in einen Hühnerstall geschickt hatte. Soviel ich weiß, hat er aber nichts Illegales getan. Das wäre unsportlich und unter seiner Würde gewesen.

Er war jetzt wieder regelmäßig an der Rennbahn und nahm an den Wochenenden auch Mutter und mich mit. Ich erinnere mich, dass wir dort berühmte Trainer und Jockeys wie Otto Schmidt trafen, der vierzehnmal Champion der Jockeys wurde und schon damals eine Legende war. Mit solchen Leuten war Vater auf Du und Du. Er war in seinem Element und glücklich.

Mutter erinnerte sich an die »guten alten Zeiten« auf der Rennbahn, stellte jedoch fest, dass die SA-Kapelle, die jetzt auf der Tribüne zur Unterhaltung der Rennplatzbesucher spielte, mit den früheren Militärkapellen der Zwanzigerjahre nicht zu vergleichen war.

Vater verbrachte viel Zeit damit, die Rennzeitungen zu studieren. Das maßgebende Blatt für Pferdewetten war die »Union«, die es nach dem Krieg in Westdeutschland noch gab. Vater las sie regelmäßig bis zu seinem Lebensende. Er beobachtete die Bewegungen der Pferde von einem Rennplatz zum anderen, um die Strategien der Pferdeeigentümer herauszufinden, wann sie auf Sieg oder Platz reiten ließen. Er wusste, wann ein Pferd reif war für eine Gewinnerposition, und hatte ein feines, geschultes Gespür für Betrügereien. Jeder weiß, dass im Pferderennsport Manipulation und Schiebung an der Tagesordnung sind.

Es wäre für ihn ein Leichtes gewesen, seinen Lebensunterhalt mit einfachen Wetten zu verdienen, in denen man auf Sieg oder eine Platzierung unter den ersten drei Pferden setzt. Das aber wäre ihm zu langweilig, zu profan gewesen. Er bevorzugte sogenannte Einlaufwetten oder Kettenwetten. Bei der großen Einlaufwette wird darauf gesetzt, in welcher Reihenfolge die ersten drei Pferde einlaufen. Bei der Kettenwette wird für eine vorbestimmte Zahl von Rennen auf ein bestimmtes Pferd oder auf einen bestimmten Einlauf gesetzt und das gewonnene Geld als Einsatz für das nächste Rennen verwendet. Wenn man Erfolg hat, sind die ausgezahlten

Quoten um ein Vielfaches höher als bei einfachen Wetten. Einfache Wetten sind etwas für Amateure.

Bei der Arbeit meines Vaters für das Wettbüro wurde ich sein Assistent. Er brachte immer die dicken Bücher für die Wettscheine mit nach Hause. Jeder dieser Scheine musste zweifach gestempelt werden. Das war meine Aufgabe. Wenn ich mich recht erinnere, bekam ich dreißig oder vierzig Pfennige für jedes Buch, das ich gestempelt hatte.

Allerdings wurden einige Zeit nach dem Beginn des Krieges gegen Frankreich die Wettbüros geschlossen und mein Vater verlor wieder seine Arbeit.

Ich wollte schon immer einen Hund haben. Manchmal hatten wir Katzen im Haus, die uns zugelaufen waren. Eigentlich wollte Mutter keine Haustiere, aber man darf eine zugelaufene Katze nicht fortjagen, sagte der Aberglaube. Ich jedoch wünschte mir einen Hund.

Einmal lief ich mit Vater und Mutter durch Bühlau, als ein Terrier ohne Begleitung auf uns zugelaufen kam. Natürlich musste ich diesen freundlichen kleinen Kerl streicheln. Als wir weitergingen, folgte uns der Hund über den Berg, begleitete uns bis zum Haus und rannte sogar vor uns die Treppe zur Wohnung hinauf. Da war er nun. Ich dachte, dass ich ihn behalten dürfte. Allerdings trug er am Halsband eine Hundemarke.

Vater meinte: »Sicher wird er jemandem fehlen. Wir gehen morgen noch einmal in der gleichen Gegend spazieren und schauen, wem der Hund gehören könnte.« Also liefen wir am nächsten Tag hinüber nach Bühlau, wo wir auf zwei kleine Mädchen trafen, die voller Freude ihren Hund erkannten. Ich war wieder ohne Hund und tief betrübt.

In den »Dresdner Neuesten Nachrichten« gab es jedoch die Rubrik »Tiermarkt«, welche Vater nun aufmerksam studierte. Er fand eine Annonce, die in etwa lautete: »Hund wegen geplanter längerer Reise abzugeben«. Vater ging sofort los, um sich zu erkundigen. Es handelte sich um eine sechs Jahre alte Foxterrierhündin namens Bibi. Sie schien gut erzogen zu sein und wir holten sie nach Gönnsdorf. Endlich hatte ich einen Hund. Wir wurden unzertrennlich.

Nach zwei Jahren allerdings stand wieder eine Annonce in der Zeitung: »Terrier mit dem Namen Bibi vor zwei Jahren aufs Land in Pflege gegeben. Adresse verloren. Bitte melden.« Vater las die Annonce, aber angesichts der Freundschaft, die mich vom ersten Tag an mit dem Hund verband, war die Versuchung groß, die Annonce zu ignorieren.

Im Dorf gab es einen Mann, Wilhelm Herkner, der sich gern in die Angelegenheiten anderer Leute mischte. Von ihm wird noch zu erzählen sein.

Es dauerte nicht lange, bis es an unserer Tür klopfte, Vater öffnete und ich Herkners Stimme hörte: »Martin, hast du die Annonce in der Zeitung gelesen?«

Nun konnten wir die Annonce nicht mehr ignorieren. Herkner war zuzutrauen, dass er zu den Behörden ging oder sich selbst an die Besitzer des Hundes wandte. Es gab nur ein Problem. Als wir die Hündin zu uns genommen hatten, war sie eine magere Stadt-Terrier-Dame. Nun, nach zwei Jahren, war sie eine echte Dorfhündin geworden. Sie hatte sich an das Landleben gewöhnt, war überfüttert und ihr Fell war lange nicht verschnitten worden. Vater brauchte einen ganzen Abend, um dem widerstrebenden Hund mit einer gewöhnlichen Schere das dicke Fell zu stutzen. Ein paar Tage später wurde Bibi von seinen früheren Besitzern abgeholt.

Ungefähr die Hälfte aller Jungen in meiner Klasse wollte Oberförster werden. Das hing wahrscheinlich mit diesen kitschigen Alpen- und Försterfilmen zusammen, die damals sehr in Mode waren.

Auch ich stellte es mir romantisch vor, mit Hund und anderen Tieren in einem Försterhaus mitten im Wald zu leben. In meinen Träumen sah ich mich mit einer Drillingsbüchse auf dem Rücken durch die Wälder streifen. Aber es blieb nicht bei diesen Träumen, in mir reifte dieser Berufswunsch wirklich. Ich besprach das mit Vater. Er ergriff sofort die Initiative und ging mit mir zu einem Termin im Sächsischen Innenministerium, dem die Forstbehörde unterstand. Dort erfuhren wir, dass man sich für die untere, die mittlere und die gehobene Forstlaufbahn bewerben konnte. Der Beamte aber dämpfte unsere Hoffnung sofort. Die Chancen auf eine gehobene, sogar eine mittlere Laufbahn seien praktisch bei null: »Wir haben hundert Bewerber auf jede Stelle, die frei wird, und diese freien Stellen werden fast ausschließlich mit den Söhnen von Förstern besetzt.«

Im Alter von zehn Jahren gab es für jeden Schüler und jede Schülerin im Lande einen markanten Punkt in der Schullaufbahn. In diesem Alter konnte man bei entsprechender Eignung von der Grundschule auf die Oberschule wechseln. Dafür war jedoch das Bestehen einer Prüfung erforderlich. Bestand man diese Prüfung nicht, war die Chance auf einen Wechsel in die höhere Bildungsanstalt vertan. Nicht einmal zehn Prozent aller Applikanten bestanden diese Prüfung.

Als ich zehn Jahre alt war, verzichtete Mutter auf diese Prüfung, weil die Familie nicht in der Lage war, das erforderliche Schulgeld für ein Gymnasium aufzubringen. Doch es gab eine zweite Chance. Im Rahmen der Umgestaltung des gesamten Bildungs- und Erziehungssystems hatten die Nationalsozialisten sogenannte Aufbauschulen eingeführt, an denen begabtere Schüler eine erneute Chance erhielten, doch noch die erforderliche Reife für die Aufnahme in ein Gymnasium zu erreichen. Die Aufbauschule war ein Realgymnasium mit naturwissenschaftlicher Orientierung, schloss aber auch eine Sprachausbildung in Latein und Englisch, wahlweise in Französisch ein.

Als ich zwölf Jahre alt war, im Frühjahr 1942, erlaubte es die finanzielle Situation unserer Familie, mich auf eine Aufbauschule zu schicken. Mutter meldete mich zur Aufnahmeprüfung an. Im Dorf sorgte das für allgemeines Kopfschütteln. Kinder aus dem Dorf gingen nicht zur Oberschule. Sie gingen so bald wie möglich in eine Lehre und wurden Zimmermann, Maurer, Mechaniker oder Bauer. Aber sie gingen nicht zur Oberschule. Das hatte es im Dorf bisher nicht gegeben. Wohin sollte das führen? Nicht auszuschließen, dass Mutter mich eines Tages sogar auf die Universität schicken würde! Aber sie waren ja schon immer ein bisschen anders, die Schreibers!

Die Lehrer in der Weißiger Schule blieben gelassen. Das Ganze war schlicht eine dumme Idee, entsprungen dem Kopf einer Mutter mit Geltungsdrang. Ich war ein fauler, durchschnittlicher, zudem renitenter Schüler ohne jegliche Chance, die Aufnahmeprüfung zu bestehen. Meine bisherigen Zeugnisse bestätigten, dass mir die Schule keine entsprechende Empfehlung geben könnte.

Mutter nahm die Herausforderung an und zwang mich, für die Prüfung zu pauken. Ich änderte mein Verhalten und begann, hart zu lernen. Ich wollte Mutter nicht enttäuschen und mich zudem für all die Demütigungen rächen, welche mir die Lehrer in den vergangenen Jahren zugefügt hatten. Diese Prüfung, das schwor ich mir jedes Mal, wenn ich mich zum Lernen hinsetzte, würde ich bestehen.

Fünf Schüler der Grundschule Weißig hatten sich zur Aufnahmeprüfung an der Freiherr-von-Fletcher-Schule in Dresden angemeldet: Günter Garten, der Sohn unseres Schulleiters, die Zwillinge Moegel, welche die Lieblinge unserer Klassenlehrerin waren, Karl-Heinz Freudenberg und ich.

Einige Zeit nach der Prüfung erhielten unsere Familien per Post den Bescheid, ob wir die Prüfung bestanden hatten. Am folgenden Tag wurden wir von der Klassenlehrerin vor versammelter Klasse nach den Ergebnissen der Prüfung befragt. Sie verstand es, die Sache spannend zu machen. Zuerst wurde Günter Garten befragt.

Seine Antwort »Ich habe bestanden« wurde von der Lehrerin mit der knappen Bemerkung quittiert: »Das habe ich auch nicht anders erwartet!«

Sie wandte sich den Zwillingen zu: »Dann darf ich wohl auch euch gratulieren?« Aber die beiden hatten leider nicht bestanden.

Auch Karl-Heinz Freudenberg musste gestehen, dass er die erforderliche Punktzahl nicht erreicht hatte.

Nun war ich an der Reihe und erntete die Bemerkung: »Ach Peter, bei dir muss ich wohl gar nicht erst fragen.«

Ich antwortete mit einem kleinen Gefühl des Triumphs: »Nein, das müssen Sie nicht. Ich habe bestanden.«

Im August 1942 wurde ich an der Freiherr-von-Fletcher-Schule in Dresden eingeschult. Das war die Schule, an der auch mein Bruder gelernt hatte, bis die finanzielle Misere unserer Familie seine Ausbildung dort jäh beendete – ein Makel, den Mutter nie verwinden konnte. Jetzt war sie umso stolzer auf ihren zweiten Sohn.

Ich war recht gut in den Fächern Physik, Geometrie, Biologie und Geschichte, tat mich jedoch schwer mit der deutschen Rechtschreibung und Grammatik. Die folgten Regeln, welche mir nicht ganz einleuchteten. In Latein war ich besser, diese Sprache schien mir logischer. Nicht besonders gut war ich in Englisch. Es lag jenseits meiner Phantasie, dass ich später über die Hälfte meiner Lebenszeit auf Englisch kommunizieren würde.

Mein Bruder war gleich zu Beginn des sogenannten Westfeldzuges wieder zur Wehrmacht einberufen worden und kämpfte in

Frankreich. Schon vor dem Überfall auf Frankreich war er zu der in Dresden stationierten bespannten Artillerie als Einzelreiter eingezogen worden und hatte dort eine Ausbildung als Funker für die Stellung eines vorgeschobenen Beobachters erhalten. Die von diesen Spezialisten eingesetzte Technik war zu Beginn des Krieges noch so aufwendig, dass sie auf Wagen transportiert wurde, für die man zwei Pferde benötigte. Auch die leichten 10,5-Zentimeter-Geschütze wurden während des gesamten Krieges von Pferden gezogen.

Unsere Mutter hatte meinen Bruder immer wieder ermuntert, das Reiten zu lernen. Dafür ausschlaggebend waren nicht unbedingt ihre Erlebnisse auf der Pferderennbahn in Dresden-Seidnitz, sondern die Erinnerungen an ihren Vater, von dem sie noch Bilder in seiner schneidigen Ulanen-Uniform kannte. In ihrem Vater sah sie ein Vorbild für Gottfried. Die einzige Möglichkeit, zu einer Reitausbildung zu kommen war angesichts unserer finanziellen Umstände die Mitgliedschaft in einer Reitsportgruppe der Waffen-SS. Dass man dort auch eine imposante Uniform erhielt, kam durchaus Mutters Hang zur Reputation entgegen. Die Reiterstandarten waren meist aus zivilen Sportgruppen hervorgegangen. Wie allen anderen Bereichen des öffentlichen Lebens hatten die Nationalsozialisten dem Breitensport ihre Strukturen übergestülpt. Ab Mitte der Dreißigerjahre waren die Sportverbände in Deutschland gleichgeschaltet und die meisten Vereine unter die Verwaltung durch SA und SS gestellt worden, wie auch andere Vereine, in denen die Menschen ihren Hobbys und Interessen nachgingen. Am stärksten politisch reguliert aber waren die Sportgruppen, wo die jungen Menschen nicht nur körperlich ertüchtigt, sondern auch für den kommenden Krieg trainiert werden sollten. Junge Menschen mit Interesse an Flugzeugen hatten keine anderen Möglichkeiten mehr, als sich in der Flieger-SS zu organisieren. Motorsportbegeisterte fanden sich in der Motor-SS, wer später einmal zur See fahren wollte, war gut beraten, Mitglied in der Marine-SS zu werden. Entsprechende Gruppen für jüngere Enthusiasten unterstanden der Hitlerjugend.

Mein Bruder nahm zwei Jahre lang an den Aktivitäten der SS-Reiterstandarte teil, lernte den Umgang mit Pferden von der Pike auf und wurde dann einberufen, wie überhaupt die Männer des Dorfes nach und nach verschwanden. Die Arbeit auf den Bauernhöfen wurde zunehmend Frauenarbeit, auch die Kinder waren angehalten, sich statt den üblichen Spielen der Feldarbeit zu widmen.

Als Meldereiter hatte mein Bruder an der letzten großen Reiterattacke des Frankreichfeldzuges teilgenommen und war verwundet worden. Er kam zurück nach Gönnsdorf, um sich von der Verwundung zu erholen.

Behandelt wurde er von Dr. Bergmann, unserem Familienarzt. Dr. Bergmann war unser Hausarzt, soweit ich zurückdenken konnte. Er hatte seine Praxis auf dem Weißen Hirsch, einem vornehmen Villenvorort in den Elbhängen über Dresden. Ich habe nie gefragt, wie sich unsere Familie einen so renommierten und sicher nicht preiswerten Arzt leisten konnte. Dr. Bergmann war sehr sanft und aufmerksam, ich mochte ihn gern. Umso größer war unser Schock, als wir im Sommer des Jahres 1943 erfuhren, dass Dr. Bergmann »abgeholt« worden war. So bezeichnete man das allgegenwärtige Verschwinden von jüdischen Mitbürgern. Für mich hatte es bis dahin nie eine Rolle gespielt, dass der Arzt Jude war, in den Gesprächen der Eltern war das kein Thema. Nun erfuhr ich, dass unser Hausarzt eigentlich schon seit Jahren nicht mehr praktizieren durfte und die Kriegsverletzungen meines Bruders heimlich behandelt hatte.

Das Verschwinden von Dr. Bergmann rief in mir die Erinnerungen an die sogenannte Reichskristallnacht, benannt nach den zerschlagenen Fensterscheiben Tausender jüdischer Geschäfte im ganzen Land, im November 1938 wach. Ich hatte die Pogrome gegen die jüdische Bevölkerung nicht selbst gesehen, aber im Dorf wurde natürlich darüber gesprochen. Meine Eltern mieden in diesen Tagen die Stadt und in Gönnsdorf lebten keine Juden. Ich war verwundert, dass Dr. Bergmann seitdem einen gelben Stern mit der Aufschrift »Jude« tragen musste. Ich fragte nicht nach und glaube, dass mich damals auch nicht interessiert hat, was ein »Jude« war.

Eines jedoch war befremdlich. Die Geschäfte der jüdischen Mitbürger waren zerstört und geplündert worden, die Synagoge in Brand gesteckt und der Jüdische Friedhof in Dresden geschändet. Aber die Leute im Dorf, die nichts lieber taten, als über Katastrophen und Gewalttaten zu tratschen, wagten es nicht, offen über diese Schandtaten zu sprechen. Sie redeten leise, hinter vorgehaltener Hand davon, dass dies alles nicht spontan passiert sei, sondern von langer Hand geplant und unter Leitung der Staatsmacht durchgeführt worden sei.

Zum ersten Mal bemerkte ich die Angst der Menschen davor, dass unbedachte oder offene Worte ihnen Ärger bereiten würden. Ich wusste nicht, dass auch ich in den folgenden fünfzehn Jahren unter Bedingungen leben würde, in denen ein einziger Satz, an falscher Stelle gesprochen, mich in Lebensgefahr bringen konnte. Die Alten zitierten leise ein Sprichwort: »Die Zunge ist weich, sie hat keine Knochen, doch hat sie schon manchem das Genick gebrochen«, und schwiegen. Wie sie auch schwiegen, als immer mehr Juden verschwanden, mit denen sie über viele Jahre Geschäfte gemacht hatten, von denen sie juristisch vertreten und medizinisch behandelt worden waren. Sie wurden »abgeholt« und mussten alles zurücklassen, was sie besaßen. Ich weiß nicht, ob es Leute gab, die tatsächlich daran glaubten, dass »der Führer« den Juden neues Land, neue Häuser und neuen Besitz in den eroberten Ostgebieten zuweisen würde, aber die meisten schienen sich dieser Illusion zu ergeben und sahen macht- und tatenlos zu, wie die ehemaligen Nachbarn auf Lastkraftwagen und in Züge verladen und abtransportiert wurden. Manche raunten, dass sie selbst schuld seien, die Juden. Nicht wenige bereicherten sich an den Sachen, welche die Juden zurücklassen mussten.

Aber das spielte im Dorf und für mich in meinem Alter keine große Rolle.

Als Dr. Bergmann verschwand und ich sah, dass meine Eltern mit Entsetzen auf diese Nachricht reagierten, begann ich nachzudenken. Ich versuchte zu ergründen, welche Merkmale und Eigenschaften einen Menschen zu einem Juden machten. Ich fragte die Eltern und andere mir vertraute Personen, weil ich spürte, dass diese Fragen auch gefährlich sein könnten. Man erklärte mir, dass die Juden eine besondere ethnische Gruppe seien und das Judentum eine alte, fremde Religion, dass es die Juden waren, welche Jesus Christus hatten hinrichten lassen, dass es Juden gewesen waren, welche die Wirren nach dem verlorenen Ersten Weltkrieg, der damals noch »der Große Krieg« hieß, ausgenutzt hätten, um unermesslich reich zu werden. Ich hörte aber auch, dass Juden sich als ausgezeichnete Offiziere in ebendiesem Krieg erwiesen hatten, dass sie klug und umsichtig mit Geld umgehen konnten, dass unter ihnen die besten Wissenschaftler und die berühmtesten Künstler zu finden seien. Letzteres hörte ich von meinem Vater.

Ich war verwirrt und fragte Mutter, ob jemand Jude werden könne, wenn er es wolle. Mutter verneinte das kategorisch, denn das Judentum sei eine Rasse, die nichts mit der arischen Rasse gemein habe und dass die Verwandlung eines Ariers in einen Juden eine Sache völliger Unmöglichkeit sei. Sie hatte ihren Instrukteuren bei den Vorträgen der NS-Frauenschaft gut zugehört.

Vater hingegen war der Meinung, dass man sehr wohl Jude werden könne, wenn man es wolle, fügte aber gleich hinzu, dass solches in diesen Zeiten nicht ratsam sei. Dann fragte ich Vater, wer für die schrecklichen Vorgänge der Reichskristallnacht und überhaupt für die Schikanen an den Juden verantwortlich sei. Wie zu erwarten, beschuldigte Vater Hitler, weil dieser Österreicher und alle Österreicher Judenhasser seien. Aber auch Vater konnte oder wollte mir nicht schlüssig erklären, warum die Juden so grausam behandelt wurden. Ich fragte ihn, warum man die Juden gefangen nehme und sie in Lager oder ferne Länder fortschicke, wo doch so viele von ihnen wertvolle Mitglieder der Gesellschaft und sogar gute Offiziere gewesen seien und wir sie brauchen könnten, wo sich Deutschland doch gerade in einem großen Krieg befände.

»Weil dieser Kerl in Berlin blöde ist«, antwortete der Vater und konnte sicher sein, dass ich diese Worte nicht unbedacht weitertragen würde.

»Weißt du eigentlich, dass du einen jüdischen Verwandten hast?«, fragte mich Vater zum Ende des Gespräches.

Ich war überrascht.

»Unser Onkel Joffé in Königsbrück ist Jude«, erklärte Vater. »Im Grunde ist er kein richtiger Onkel. Eine Cousine deiner Mutter hat ihn nach dem Krieg geheiratet. Er war ein russischer Kriegsgefangener und ist in Deutschland geblieben.«

Tatsächlich erinnerte ich mich an den Onkel. Die Familie meiner Großmutter besaß eine große Gastwirtschaft etwas außerhalb von Königsbrück und hatte viele Töchter. Eine dieser Töchter war mit einem Schneidermeister verheiratet, der mit einem fremden Akzent sprach. Ich erinnere mich an Onkel Joffé als einen freundlichen, großzügigen Mann, der immer gut gekleidet war. Bei einem späteren Besuch in Königsbrück bemerkte ich, dass er den Davidsstern ohne jede Gemütsregung trug. Trotz des Zeichens schien ihn jedermann zu respektieren. Selbst die Nazis taten ihm nichts. Er war, so hörte ich, sehr beliebt in der Stadt und hatte viele einflussreiche Kunden, die ihn während der Nazizeit schützten und unterstützten, so gut es ging. Auch waren die anderen Töchter der Familie mit Honoratioren der Stadt verheiratet. Er entging der Deportation und überlebte die Exzesse der Rassenhygieniker.

Jungvolk und Schulzeit im Krieg

Inzwischen war ich im Jungvolk zum Fähnleinführer aufgestiegen. Das hatte keinen guten Einfluss auf meine Leistungen in der Oberschule. Im Alter von dreizehn Jahren war ich verantwortlich für einhundertachtzig Jungen, die in sieben Dörfern im Schönfelder Hochland lebten. In das Fähnlein hatte ich mich gut integriert. Die schon beschriebenen Spiele machten mir Spaß, bald ging ich den Älteren zur Hand und hatte schnell gelernt, die anderen Jungen in wichtigen Sachen wie dem Kartenlesen und der Orientierung im Gelände auszubilden. Zudem hatte ich mir angewöhnt, rasch Entschlüsse zu fassen und diese zu kommunizieren. Die anderen akzeptierten, dass ich immer öfter die Führung übernahm.

Meine neue Position im Jungvolk war nicht die einzige Ablenkung von der Schule. Ich begann mit Leidenschaft zu lesen. Nichts, was Buchstaben hatte, blieb verschont. Die Themen der Bücher, die ich las, waren den Phantasien eines abenteuerlustigen Jungen angemessen, aber sehr unterschiedlich. Ich las Wildwestromane, Zukunftsromane, Kriminalgeschichten, Reiseerzählungen, Bücher zur Geschichte und Biografien. Am meisten faszinierten mich jedoch Bücher über den Ersten Weltkrieg. Ich las die Geschichten über die großen Schlachten, über Einzelschicksale, Bücher, die sich mit den Waffen dieses Krieges beschäftigten, über die Erlebnisse der Kriegsgefangenen und ihre Heimkehr nach Deutschland. Vermutlich gab es nicht viele Menschen, die mehr über diese Zeit gelesen haben als ich. Seltsamerweise interessierten mich die Bücher über den Zweiten Weltkrieg, welche ab 1940 die Buchhandlungen und Bibliotheken überfluteten, sehr viel weniger. Dieses Desinteresse erwies sich in vielen Situationen als peinlich. Am meisten interessierten mich die Schicksale der Kriegsgefangenen in Russland im Ersten Weltkrieg. Ich las jedes Buch zu diesem Thema, das ich auftreiben konnte. In der Nachbetrachtung könnte man das als böses Omen betrachten für die Dinge, welche mir ein paar Jahre später widerfahren sollten.

Meine ersten Erfahrungen mit den zerstörerischen Realitäten des Krieges machte ich im Jahr 1943. Seit wir in Gönnsdorf wohnten, hatten die Bewohner des Herrenhauses mehrfach gewechselt. Bis 1933 wohnten in dem Haus, das im Besitz des sächsischen Freistaates war, zwei pensionierte Offiziere der königlich-sächsischen Armee, die Herren von Salza und von Egidy. Kurz nach Hitlers Machtübernahme wurden sie ausquartiert. Das Gebäude wurde von einer Nachrichteneinheit und einer Pioniereinheit der Schwarzen SS übernommen. Wenig später folgte eine Schule für Hauptjungzugführer und Geldverwalter der Hitlerjugend. Schließlich wurde der Kriegsbetreuungsdienst der Hitlerjugend einquartiert, der wegen der befürchteten Luftangriffe aus der Stadt verlagert wurde. Die Aufgabe des Kriegsbetreuungsdienstes war es, die zum Kriegsdienst eingezogenen ehemaligen HJ-Führer an der Front mit Geschenken zu versorgen. Die Geschenkpakete enthielten meist Wein, Zigaretten, Schokolade und Bücher. Diese Sachen wurden aus ganz Deutschland nach Gönnsdorf geschickt und dort von freiwilligen Helfern, die meist aus der Hitlerjugend rekrutiert wurden, in Empfang genommen und verpackt. Ebenso brauchte die Organisation immer wieder freiwillige Helfer, welche die Artikel für die Pakete von den verschiedensten Orten nach Gönnsdorf brachten.

Ich hatte bereits einige dieser Beschaffungsreisen begleitet und galt als zuverlässig. Im Dezember 1943 wurde ich gemeinsam mit meinem Freund Alfred Woog nach Frankfurt am Main geschickt, um eine Ladung Wein nach Gönnsdorf zu bringen. Alfred Woog war etwas älter als ich und Stammführer der Hitlerjugend im Schönfelder Hochland, also so etwas wie mein Vorgesetzter. Eigentlich aber waren wir Freunde.

Nach unserer Ankunft in Frankfurt wies man uns ein Zimmer im Hotel Baseler Hof am Wiesenhüttenplatz im Bahnhofsviertel zu. In dem bekannten Hotel war zu dieser Zeit auch ein Hospiz untergebracht.

Spät in der Nacht gab es Fliegeralarm. Wir zogen uns an und liefen hinunter in den Keller des Gebäudes, wo sich die meisten der Gäste schon eingefunden hatten.

Die meisten Anwesenden im Luftschutzkeller waren Soldaten auf Heimaturlaub, welche das Weihnachtsfest mit ihren Familien verbringen wollten. Einige, die schon schwere Schlachten erlebt hatten, streckten ihre Beine aus, schlossen die Augen und versuchten, den unterbrochenen Schlaf fortzusetzen. Im Keller war es still, kaum Stimmengemurmel, es herrschte eine einschläfernde Atmosphäre. Nur das Geheul der Sirenen, das manchmal sehr nah und dann weiter entfernt in kurzen Abständen erklang, schuf ein unbehagliches Gefühl. Die meisten Leute hofften, dass es beim Alarm bleiben würde. Seit Kriegsbeginn im Jahr 1940 war die Stadt immer wieder zum Ziel alliierter Luftangriffe geworden. Das letzte schwere Bombardement hatte es Anfang Oktober gegeben. Bei diesem Angriff, der in erster Linie den Heddernheimer Kupferwerken galt, waren auch mehrere Wohngebiete schwer getroffen worden. Die englischen und amerikanischen Bomber hatten Tausende Sprengbomben und Luftminen abgeworfen, danach waren unzählige Stabbrandbomben und Phosphorkanister auf die Stadt gefallen. Fast tausend Menschen waren getötet worden, noch mehr verletzt. Im Luftschutzkeller eines Kinderkrankenhauses waren neunzig Kinder und sechzehn Angestellte des Krankenhauses gestorben, was von den Propagandisten der Wochenschauen und in den Zeitungen als »Frankfurter Kindermord« angeprangert wurde.

Nun aber begann das Flakfeuer und wurde schnell heftiger. Wir hörten das wütende Brummen vieler Flugzeuge, gleich darauf wurde das schnelle Getacker der Flakgeschütze von heftigen Detonationen in immer kürzeren Zeitabständen übertönt. Die Lichter im Keller flackerten, aber sie verloschen nicht.

Nach einer schier endlosen Zeit wurde es still. Alfred Woog entschloss sich, den Keller zu verlassen, um die Lage zu sondieren. Nach wenigen Minuten kam er zurück und berichtete, dass das Dach des gegenüberliegenden Hauses brannte. Die Menschen im Keller blieben gleichgültig. Niemand rührte sich. Alfred beschwor die Soldaten und die anderen Erwachsenen im Keller, ihm zu folgen und zu schauen, was von dem Haus zu retten sei. Nie wieder habe ich eine solche Situation erlebt, in der eine fast flehentliche Bitte so gefühllos überhört wurde. Als mein Freund einen der älteren Soldaten ansprach, schaute der ihn mitleidig an, tippte sich mit dem Finger an die Stirn und schloss wortlos die Augen. Nur ein Idiot würde den Keller verlassen, solange noch die Gefahr bestand, dass weitere Bomben fallen könnten.

Alfred und ich beschlossen, trotz der Gefahr hinauszugehen und beim Löschen des brennenden Hauses zu helfen.

Draußen auf der Straße sah ich, dass mehrere Häuser brannten. Keine kompletten Straßenzüge, sondern einzelne Häuser in den Zeilen. Das Flakfeuer hielt an, in kurzen Abständen übertönt von schweren Detonationen. Die Leuchtspuren der Flakgeschosse zeichneten ein Gitter in den rotschwarzen Himmel. Das Brummen der Flugzeugmotoren ließ meinen ganzen Körper vibrieren. Der dichte Rauch der brennenden Häuser stach in den Lungen und trieb mir Tränen in die Augen. Das Gefühl der Angst und der Unsicherheit aber, das mich im Keller überwältigen wollte, war verschwunden.

Wir rannten in das brennende Haus und stürmten die Treppe hinauf. Als wir uns dem Dachboden näherten, war der Rauch so dicht, dass wir kaum etwas sehen konnten. Einige Bewohner dieses Hauses versuchten, das Feuer mit einer kleinen Wasserpumpe zu bekämpfen. Diese Pumpen waren, zusammen mit einem Zehn-Liter-Wasserkanister und einer gefüllten Sandkiste, für jedes Haus gesetzlich vorgeschrieben. Der Blockwart kontrollierte das regelmäßig. Die Wasserpumpe, welche an eine überdimensionierte Luftpumpe für Fahrräder erinnerte, wurde mit dem unteren Teil in den Kanister gesteckt, das Wasser wurde angesaugt, und indem man sie wie eine Fahrradpumpe benutzte, versprühte man einen dünnen Wasserstrahl, der angesichts der weit über den Dachfirst hinauslodernden Flammen lächerlich wirkte. Diese Ausrüstung war ein schlechter Scherz, sie war unbrauchbar. Ich war mir sicher, dass man mit dieser Karikatur eines Feuerlöschgerätes selbst beim Löschen eines Gartengrills versagt hätte. Alfred und ich begriffen sofort, dass dieser Löschversuch zum Scheitern verurteilt war.

Mein Freund forderte von den Mietern des Hauses mehr Eimer und schlug vor, eine Eimerkette zu bilden und so das Wasser vom Hydranten auf der Straße bis nach oben durchzureichen. Das erforderte mehr Leute, versprach aber mehr Erfolg. Nach ein paar Minuten funktionierte die Kette und wir gossen Eimer um Eimer in die lodernden Flammen, später in die zischende Glut, während die Flak unaufhörlich die Bomber beschoss, deren zerstörerische Ladung nun weiter entfernt vom Stadtzentrum detonierte. Zum Glück hielt der Wasserdruck am Hydranten. Immer mehr Leute reihten sich ein, nachdem wir auf dem obersten Treppenabsatz einen Brückenkopf in die Flammen hinein gelöscht hatten. Sehr bald gelang es uns, die offenen Flammen zu ersticken. Wir löschten das Feuer, wenn auch der Dachstuhl bis auf den Boden niedergebrannt war.

Erst als wir schwer atmend und rußverklebt wieder auf der Straße standen, bemerkte ich, dass meine Angst verschwunden war.

Plötzlich war es still. Das Flakfeuer war verstummt, auch das durchdringende Brummen der Flugzeuge über dem Taunus verklungen. Das Dach des Hauses war vollkommen zerstört, nur ein brüchiges Skelett verkohlter Balken ragte in die Dämmerung. Ab und zu zischte noch die Glut und züngelte ein Flämmchen am Holz empor. Wir bemühten uns, diese Flammen nicht mehr auflodern zu lassen. Während eines dieser Versuche spürte ich plötzlich, wie der Boden unter meinen Füßen nachgab und ich durch die Dielen einzubrechen drohte. Instinktiv versuchte ich, mich irgendwo festzuhalten und griff nach einem der noch glühenden Balken. Ich fühlte einen stechenden Schmerz in der rechten Hand und ließ das schwarze Holz los. Der Boden brach nun vollends durch, ich landete in der Wohnung darunter. Meine Hand war großflächig von einer Brandwunde gezeichnet, die ein herbeigerufener Sanitäter versorgte. Es war einer der Soldaten aus dem Luftschutzkeller des Hotels.

Als ich zwei Tage später mit diesem eindrucksvollen Verband in die Schule zurückkam, musste ich der Klasse ausführlich berichten, was wir erlebt hatten. Meine Mitschüler staunten und fragten immer wieder nach Details. Keiner von uns ahnte, dass kaum ein Jahr später wir alle diese Erfahrung in noch schlimmeren Dimensionen in Dresden machen würden. Viele meiner Schulkameraden verloren ihr Zuhause. Einige verbrannten zu Asche.

Alfred Woog und ich retteten ein einziges Haus. Ich weiß nicht, ob dieses Haus den Krieg überstanden hat. Mehr als vierzig Jahre später stand ich abermals in Frankfurt am Wiesenhüttenplatz. Aber dort gab es nur neue Häuser und ich konnte mich nicht einmal an den genauen Ort erinnern, an dem das gerettete Haus gestanden hatte.

Doch an die Nacht und an die Löscharbeiten erinnere ich mich scharf und detailgenau. Es war das erste Mal, dass ich die ungeheure Vernichtungskraft des Krieges mit all seinem Schrecken erlebte. Nur langsam kehrte ich in den Gönnsdorfer Alltag zurück.

Mut, Ehrlichkeit, Treue und Stolz formten den strengen Moralkodex, den Mutter mir unnachgiebig anerzogen hatte. Dazu zählten auch Ehrgeiz und ein unbedingter Wille zum Erfolg. Aber Mutter hatte auch eine Schwäche. Sie war unfähig, die Gefühle anderer Menschen zu verletzen. Dies war der Hauptgrund dafür, dass sie ihren Ehrgeiz auf mich und meinen Bruder projizierte, während ihr im gesellschaftlichen und im Berufsleben nur kleine Erfolge vergönnt waren. Ich wusste bald, dass ich diese Schwäche von ihr geerbt hatte. Ich war unfähig, den Wünschen und Forderungen anderer mit einem klaren Nein zu begegnen und hilflos gegen freundliche und auch offensichtlich trickreiche Überredung.

Als Kind verlor ich deshalb manches Spielzeug. Ich war freigiebig und verschenkte viele Dinge an Freunde und solche, die ich dafür hielt, ein Taschenmesser, das ich lange wie einen Schatz gehütet hatte und bei anderer Gelegenheit eine Armbanduhr. Oft machte ich mir große Vorwürfe, wenn ich wieder einmal zum Opfer meiner eigenen Nachgiebigkeit geworden war.

Ich versuchte immer wieder, mich von dieser vermeintlichen Schwäche zu befreien, aber es gelang mir nicht. Ich begriff, dass es viel leichter war, eine bösartige List abzuwehren, als sich gegen einen freundlichen, aber egoistischen Bittsteller zu verteidigen. Später gab es Situationen, in denen ich all meinen Mut zusammenraffte, um manche selbstsüchtigen Forderungen zurückzuweisen, die sich offensichtlich gegen meine Interessen richteten. Jedes Mal hatte ich ein schlechtes Gewissen, wenn ich so handeln musste. Aber hätte ich diese Eigenschaft, die ich immer als Schwäche empfand, nicht bis zu einem bestimmten Punkt bekämpft, hätte ich die Schrecken der folgenden Jahre kaum überlebt. Im Frühjahr 1944 brachte diese Unfähigkeit mich und meine Familie in ernsthafte Schwierigkeiten.

Waffen hatten meinen Bruder schon in jungen Jahren fasziniert. Wohl deshalb wurde er auch im Verlauf des Krieges Waffenoffizier. Als Jugendlicher hatte er alles Wissen über Waffen, aber auch Dolche und anderes gesammelt. Manches davon blieb im Geheimen. Im Krieg nun hatte er die Möglichkeit, alle Arten von Waffen auch privat zu sammeln. Wenn er auf Heimaturlaub kam, wuchs seine Sammlung von Gewehren, Pistolen, Revolvern, Messern und Säbeln um mehrere Stücke. Er besaß eine Maschinenpistole

Modell 18 und eine Mauser Parabellum, beides Waffen mit einem hohen Sammlerwert.

Als ich zwölf Jahre alt wurde, schenkte mir Gottfried ein Jagdgewehr. Zum vierzehnten Geburtstag übereichte er mir eine Walther PPK. Seine eigene Sammlung war im Frühjahr 1944 zu beeindruckender Größe angewachsen.

Natürlich konnte ich es mir nicht verkneifen, ab und an mit diesen außergewöhnlichen, echten Waffen meines Bruders vor meinen Kameraden zu prahlen.

Im Frühjahr 1944 besuchte mich einer dieser Freunde, der Klassenführer meiner Oberschulklasse, zu Hause in Gönnsdorf. Ich konnte der Versuchung nicht widerstehen, ihm die Sammlung meines Bruders zu zeigen. Der Freund war sichtlich fasziniert und bat mich, ihm einen Tag lang einen Colt Kaliber 45 zu überlassen. Er wollte ihn seinem Bruder zeigen. Morgen würde er ihn ganz gewiss zurückgeben. Zwar hatte ich ein gewaltig schlechtes Gewissen, aber ich überließ ihm den Colt, zumal ich wusste, dass es für diese Waffe keine Munition in Deutschland gab. Mein Bruder hatte mehrfach versucht, Patronen dafür zu organisieren, aber es gab niemanden, der hier mit einem solchen Kaliber handelte.

Nachdem der Freund mit dem Colt gegangen war, fühlte ich mich krank. Ich aß kaum und konnte nachts nicht schlafen. Ich war wütend, dass ich wieder einmal unfähig gewesen war, mit Vorsicht zu agieren, meine Interessen zu verteidigen und stattdessen einer gefährlichen Bitte nachgegeben hatte. Auch ahnte ich, dass die Sache nicht gut ausgehen würde.

Am nächsten Tag in der Schule forderte ich den Colt zurück. Der Kamerad fand eine Ausrede, warum er die Waffe nicht mit in die Schule gebracht hatte. In der folgenden Nacht schlief ich wieder schlecht. Dieses Spiel wiederholte sich mehrmals. Nach ein paar Tagen erhielten der Mitschüler und ich eine Vorladung von der Polizei zu einer Befragung. Wie sich herausstellte, hatte der Kamerad sich den Colt in den Gürtel gesteckt, dass ihn jeder sehen konnte, und war damit die Straße hinab nach Dresden stolziert. Ein Polizist hatte ihn angehalten und ihn gefragt, woher er diese Waffe hätte. Der Kamerad, eingeschüchtert und bedrängt, hatte mich als den Besitzer der Waffe benannt.

Ich beichtete diese schlimme Geschichte sofort am Küchentisch. Es war eine herbe Herausforderung für meine Familie, aber ich hörte kein einziges böses Wort. Ich wurde nicht bestraft und nicht über die Beichte hinaus zur Rede gestellt. So war unsere Familie. In ernsten Situationen und bei Gefahr von außen verloren meine Eltern keine Zeit mit Diskussionen.

Vater begleitete mich zum Polizeiverhör. Das Gespräch entwickelte sich für uns überraschend, der Chef des Polizeireviers nahm die Sache locker. Er tauschte sich mit Vater über die widersprüchlichen Verlautbarungen in den Zeitungen zu solchen Fällen aus. Einerseits sollten die Jugendlichen an Waffen ausgebildet werden, der Krieg ging ins fünfte Jahr, die Verluste an der Front waren erheblich und es wurde dringend Nachschub gebraucht, andererseits hieß es warnend, dass Waffen nicht in die Hände von Jugendlichen gehören. Vater gab sich verwirrt.

Trotzdem war der Fall aktenkundig und musste an das Gericht in Dresden weitergegeben werden. Zum Glück weilte mein Bruder nicht an der Front, sondern zu einem Lehrgang in Berlin. Zur Verhandlung kam er angereist und erläuterte dem Gericht überzeugend, dass es sich bei der inkriminierten Waffe um einen Colt handele, der nicht funktionsfähig sei – der ursächliche Grund, warum er ihn zu Hause gelassen habe. Außerdem saß dem Gericht eine junge Richterin vor und mein Bruder war im Umgang mit dem anderen Geschlecht von erlesener Überzeugungskraft.

Der Fall wurde niedergeschlagen und die Familie atmete auf.

Dies war nicht das einzige Mal, dass ich die Familie mit der Waffensammlung in Verlegenheit brachte. Schon ein Jahr vorher hatte ich mit dem Konvolut geprahlt und in der Folge bei meinem Vater einen leichten Schock ausgelöst.

Obwohl mein Vater, solange es möglich war, immer die SPD gewählt hatte und auch nach dem Krieg wieder wählte, war er im Herzen, soweit ich das beurteilen kann, ein Monarchist. Wie die meisten Dresdner verehrte er die königliche Familie. Die Ankunft der »Toskanischen Prinzessin«, der Gattin des sächsischen Königs, im Jahre 1891 muss ein großes Ereignis für das Land gewesen sein, an das sich die Bürger noch viele Jahre erinnerten. Immer wieder hörte man Geschichten von der Pracht der Hochzeitsfestlichkeiten in Wien und von den angeblichen Schätzen, welche die Prinzessin in einem Sonderzug aus ihrer alten Heimat mitbrachte. Vater war damals noch ein Kind, aber die Vermählung muss einen tiefen

Eindruck auf ihn gemacht haben. So kritisch er allen Politikern gegenüberstand, auf die Königsfamilie ließ er nichts kommen.

Die Sachsen waren glücklich mit ihrem volkstümlichen Herrscher und trauerten mit ihm, als nach sieben Kindern und elf Jahren die royale Ehe geschieden wurde, weil die beliebte Königin nach vielen Intrigen gegen sie am Hofe bei Nacht und Nebel hochschwanger nach Salzburg türmte und die Neider ihr eine Affäre mit dem Hauslehrer ihrer Kinder andichteten. Es gab viele Anekdoten über den König. Vater kannte die meisten und erzählte sie mit Lust.

Das Gebiet um Gönnsdorf war königliches Jagdrevier und die Straße hinunter nach Pappritz führte mitten durch dieses Revier. Auf dieser Straße fuhr mein Vater am Morgen, wenn er im Milchhandel seines Vaters half, die frische Milch auszufahren. Dabei geschah es oft, dass der Jagdmeister des Königs Vater bat, den Pferdewagen für eine Weile anzuhalten, da »seine Majestät gerade dabei sei, einen Bock zu schießen«. Mein Vater nutzte diese Gelegenheit, um sich mit dem Jagdmeister zu unterhalten. Gelegentlich ritt auch der König vorbei, ließ sich grüßen und grüßte zurück. Diese Begegnungen mit dem König »auf heimischer Flur« bedeuteten meinem Vater, der sonst kaum zu Sentimentalitäten neigte, sehr viel.

Durch die Waffensammlung meines Bruders kam es nun aber zu einem sehr viel engeren Kontakt mit der königlichen Familie.

Im Herbst wurde das Jungvolk im Hochland immer öfter zu Erntearbeiten und zum Sammeln von Heilkräutern eingesetzt. Bei diesen Ernteeinsätzen trafen sich oft die Mitglieder aus verschiedenen Gruppen aus Dresden und Umgebung, die sich vorher nicht kannten. Der Jugendliche mit dem höchsten Dienstgrad war in der Regel für die Organisation der Einsätze vor Ort zuständig. Bei einem der Einsätze während der Rapsernte traf ich auf eine Gruppe aus Dresden, der ein Jugendlicher angehörte, welcher etwa drei Jahre älter war als ich, aber nur den Rang eines Oberjungzugführers hatte.

Ich stellte mich ihm vor und nannte meinen Namen, worauf er antwortete: »Angenehm, Prinz Emanuel, Herzog von Sachsen.«

Ich war mir nicht sicher, wie ich auf diesen offensichtlichen Witz reagieren sollte, aber sein Verhalten war so sicher und selbstverständlich, dass ich vorsichtig fragte, wie er zu diesem Titel gekommen sei. Ohne jegliche Arroganz erklärte er mir, dass sein Vater der Thronfolger des sächsischen Königshauses sei und dass er, Emanuel, der nächste in der Anwärterschaft auf den Thron wäre, wenn es die Monarchie noch gäbe.

Ich weiß nicht mehr, wie wir auf die Sammlung historischer Waffen kamen, welche seine Eltern in ihrer Villa in Wachwitz verwahrten. Ich konnte freilich nicht umhin, ihm zu erzählen, dass auch mein Bruder eine Waffensammlung besaß, die aber eher moderne Waffen umfasste. Wir vereinbarten, dass wir uns die beiden Sammlungen zeigen wollten. Vorsichtshalber erzählte ich nichts davon zu Hause, weil meine Eltern es nicht wünschten, dass ich Fremde in unsere ärmliche Dachwohnung einlud. Die gegenseitigen Besuche fanden statt, ich bewunderte die Sammlung des Thronfolgers und Prinz Emanuel besah kundig die Waffen meines Bruders. Danach konnte ich mich nicht zurückhalten und erzählte meinen Eltern, dass mich der Kronprinz von Sachsen besucht hatte. Ich kann mich nicht erinnern, dass ich je erlebt hätte, dass mein Vater sich erschrak, aber nach dieser Nachricht wich ihm alles Blut aus dem Gesicht.

Prinz Emanuel wurde noch als Schüler von den Nazis wegen eines gegen das Regime gerichteten Briefes verhaftet und wegen Wehrkraftzersetzung und »Rundfunkverbrechen« angeklagt. Er wurde nach Potsdam gebracht, wo ihm vor dem berüchtigten Volksgerichtshof der Prozess gemacht werden sollte. Ihm drohte die Todesstrafe, aber der zuständige und nicht minder berüchtigte Richter Roland Freisler fiel kurz vor der Prozesseröffnung im Februar 1945 einem Bombenangriff zum Opfer. Durch die guten Kontakte des Vaters von Prinz Emanuel konnte die Anklage dann auf »Jugendvergehen« abgemildert werden. Trotzdem musste er ins Gefängnis und wurde bei Kriegsende von den sowjetischen Truppen befreit.

Sehr viel später erfuhr ich aus seinen Memoiren, dass er in Dresden Mitglied einer jugendlichen Widerstandsgruppe war, der auch mein Freund Alfred Woog angehörte.

Der Dienst im Jungvolk langweilte mich zusehends. Die wöchentlichen Übungen, immer mittwochs und samstags, wurden Routine in ihren Wiederholungen. Die Auswirkungen des Krieges waren überall zu spüren und die von der Front heimkehrenden Soldaten erzählten andere Geschichten als unsere Führer. Der Glanz von Uniform und Dienstgrad verblasste für mich.

Hin und wieder half ich noch beim Kriegsbetreuungsdienst der HJ im Herrenhaus. Dort waren die Böden des einstigen Kornspeichers voll mit den Geschenkartikeln. Tausende Bücher füllten die Räume. Da war viel Propagandaliteratur dabei, aber auch Romane der Weltliteratur, deutsche Klassiker und die von mir begehrten Bücher über den Ersten Weltkrieg. Manchmal konnte ich mir eines der Bücher mitnehmen.

Aber seinen Reiz hatten die Aktivitäten des Jungvolks für immer verloren.

Stattdessen begann ich viel Zeit mit zwei Klassenkameraden zu verbringen. Sie hießen Grönert und Weidner. Beide waren entschiedene Gegner des Hitler-Regimes und aller Beschränkungen, die ihnen von seinen Vertretern auferlegt wurden. Weidner, an dessen Vornamen ich mich nicht mehr erinnere, kam aus einer musikalischen Familie. Sein Vater spielte im Orchester der Semperoper. Meine neuen Freunde übten ein wenig das jugendliche Rebellentum, trugen ihr Haar länger, als es den Volkserziehern recht war, und hörten leidenschaftlich Jazzmusik. Sie sprachen das Wort »Jazz« auf Deutsch aus und pflegten den Rhythmus der Lieder mitzutrommeln, wenn sie Schallplatten auflegten. Ich erinnere mich an zwei ihrer Lieblingssongs: »Der Schwarze Panther« von Hans Georg Schütz und seinem Tanzorchester und »Barcelona« von Willi Stanke. Eigentlich war ersteres Lied eine leicht veränderte Version des amerikanischen »Tiger Rag«, eines der bekanntesten Jazzstandards aus New Orleans. Um dieses Lied auch in Deutschland spielen und auf einer Schallplatte herausbringen zu können, hatte Schütz einige Noten verändert und es in »Schwarzer Panther« umbenannt. Den Zensurbehörden fiel das nicht auf. Trotzdem sah man es nicht gern, wenn diese Lieder öffentlich gespielt wurden. Solche Subversivität mochten die beiden.

Wir wurden enge Freunde, ich war gern mit ihnen zusammen und verbrachte mehr Zeit in Dresden. Wir entwickelten eine gewisse Meisterschaft, uns in Filmvorführungen zu mogeln, die für Jugendliche unter achtzehn Jahren verboten waren. Spätabends spazierten wir mit hochgestellten Kragen durch die übel beleumdeten Viertel der Stadt und fühlten uns wie Geheimdienstagenten. Die Kanalgasse und die Annenstraße in der Wilsdruffer Vorstadt, wo sich das Rotlichtviertel befand, die Schießgasse und das geheimnisvolle, von düsteren Geschichten umwehte Restaurant »Dampfschiff« waren unsere bevorzugten Ziele. Natürlich wagten wir es nie, das »Dampfschiff« zu betreten. Hier verkehrten die Größen der Dresdner Unterwelt. Es gab Gerüchte, dass von den Kellern des Restaurants geheime Tunnel zur Elbe hinunterführen sollten, über welche manch illegale Fracht der Schiffe ihren Weg in die Lagerräume und auf den Schwarzmarkt fand und auf dem Rückweg lästige Leute ihre letzte Reise antraten.

Wir fühlten uns wie die Helden unserer Bücher, kühn, wichtig und abenteuerlustig. Meist aber fühlten wir uns wie unsere Lieblingsschauspieler in den nicht jugendfreien Filmen, die wir heimlich sahen. Allein hätte es keiner von uns gewagt, im Dunkel der Nacht die verruchten Orte aufzusuchen, aber zu dritt fühlten wir uns stark. Auch ich ließ mein Haar länger wachsen, wenn ich es nach vorn fallen ließ, reichte es bis zur Nasenspitze. Das jedoch stand in heftigem Widerspruch zu dem, wie nach den nationalsozialistischen Vorstellungen ein Junge auszusehen hatte. Die maximale Länge der Haare wurde mit »einer Streichholzlänge« umschrieben. Meine Vorgesetzten im Jungvolk wiesen mich an, mir die Haare schneiden zu lassen, anderenfalls würden sie selbst mir eine Glatze scheren.

Im Laufe des Jahres 1944 wurde offensichtlich, dass sich der Verlauf des Krieges nicht so entwickelte, wie es die Machthaber dem Volk versprochen hatten. Die Bombardements der deutschen Städte zermürbten die Bevölkerung ebenso wie der zunehmende Mangel an fast allen lebensnotwendigen Dingen. In nahezu jeder Familie waren jetzt gefallene Soldaten oder Bombenopfer zu beklagen. Nach dem Attentat auf Hitler am 20. Juli wurde eine Flut neuer, sehr restriktiver Gesetze erlassen. Die Überwachung der Menschen wurde noch einmal verschärft. Immer mehr Menschen verschwanden. Viele der sogenannten Volksverbrechen wurden nun mit Todesstrafe geahndet.

In Gönnsdorf wurden zwei junge Frauen verhaftet, die im Telegrafenamt arbeiteten. Bis zum Ende des Krieges erfuhr man nichts von ihrem Schicksal. Eine der beiden, Marianne Richter, hatte in der Wohnung unter uns gewohnt, die andere war die Tochter des polnischen Vorarbeiters Krawczek im Rittergut. Die Mädchen waren fünf Jahre älter als ich. In Marianne war ich ein bisschen verliebt.

Sie war ein außergewöhnlich schönes Mädchen. Ihr Vater, Hermann Richter, war ein bekennender Kommunist. Er ließ sich seine Meinung nicht verbieten und scheute sich nicht, Hitler einen Kriminellen zu nennen. Alle Mieter im Haus akzeptierten Hermann, wie er war, niemand widersprach ihm, aber es stimmte auch keiner seinen Ansichten zu. Kurz nach dem Kriegsbeginn wurde er von Leuten in Zivilkleidung mitgenommen und kam nie zurück. Nach einigen Wochen erhielt Marianne einen Brief, dass ihr Vater mit gesundheitlichen Problemen in ein Krankenhaus in Dresden eingeliefert worden sei, wo er kurz darauf verstarb.

Nachdem die Wettbüros in Deutschland geschlossen worden waren und auch keine Pferderennen mehr stattfanden, weil die Machthaber es unschicklich fanden, dass die Deutschen solchen Vergnügungen nachgingen, während ihre tapferen Soldaten an der Front kämpften und starben, war mein Vater abermals arbeitslos. Wenig später wurde er auf dem Bahnhof Dresden/Neustadt arbeitsverpflichtet. Offiziell angestellt war er bei der Bahnspeditionsfirma Pfütze & Co. in Dresden. Jeden Morgen, noch vor Anbruch des Tages, musste er einen Trupp Kriegsgefangener abholen und zum Bahnhof bringen, wo sie arbeiteten. Sie mussten dort Güterwagen be- und entladen. Hauptsächlich luden sie Lebensmittel in die Züge, die an die Ostfront zur Verpflegung der Soldaten geschickt wurden. Die Aufgabe meines Vaters war, die Gefangenen zu bewachen und sie abends wieder vollständig im Lager abzuliefern.

Wie Vater oft erzählte, waren er und »seine« Gefangenen sehr schnell ein Team, welches gemeinsame Interessen einte. Das Hauptinteresse bestand zweifellos darin, den Krieg zu überstehen, ein anderes in der Verbesserung des jeweiligen Ernährungsstandards. Gelegentlich »fielen« Kisten von den Güterwagen, brachen auf und ihr Inhalt ergoss sich über den Bahnsteig. Die Lebensmittel mussten in solchen Fällen neu verpackt werden, wobei nie der gesamte Inhalt den Weg zurück in die Kisten fand. Was verloren ging, wurde zwischen Vater und den Gefangenen kameradschaftlich geteilt. Der Anteil meines Vaters verbesserte die Lebensmittelversorgung unserer Familie erheblich, wobei ein Teil davon stets auf dem Schwarzmarkt in Cunnersdorf landete.

Nach einiger Zeit erhielt Vater eine Erlaubnis, die ihm anvertrauten Kriegsgefangenen sonntags mit nach Gönnsdorf zu bringen. Es waren italienische Soldaten, die nach Deutschland deportiert worden waren, nachdem die italienische Regierung mit den Alliierten der Anti-Hitler-Koalition einen Waffenstillstand geschlossen hatte. Diese besonderen Gefangenen wurden als »Militärinternierte« bezeichnet und erfreuten sich zumindest in Dresden einer größeren Freizügigkeit als die Kriegsgefangenen anderer Nationen. Die deutsche Bevölkerung interessierte sich nicht für den feinen Unterschied zwischen Kriegsgefangenen und Militärinternierten, wobei letztere durch diese Einordnung nicht unter den Schutz der Genfer Konvention fielen. Für viele Deutsche galten die Italiener als Verräter, welche die Seiten gewechselt hatten. Des Schutzes durch die Genfer Konvention für den Umgang mit Kriegsgefangenen beraubt, wurden viele in den Lagern und Gefängnissen sogar noch schlechter behandelt als die Insassen anderer Nationen und mussten die schwersten Aufgaben erledigen. Über 40 000 von ihnen kamen durch Gewalt, Hunger und Entkräftung ums Leben. In Dresden jedoch schien der Umgang mit ihnen humaner gewesen zu sein.

Von all dem wusste ich nichts, als mein Vater mit den Gefangenen nun regelmäßig an den Sonntagen nach Gönnsdorf kam. Mutter war erfreut, den schlecht gekleideten und schlecht ernährten Männern etwas Gutes tun zu können und bewirtete sie mit herzhaften, im vorletzten Kriegsjahr keineswegs selbstverständlichen Mahlzeiten. Die Italiener dankten es ihr aufrichtig und Vater konnte sicher sein, dass die Gefangenen ihm unter seiner Aufsicht keine Probleme bereiten würden. Ich empfand zum ersten Mal ein mir bis dahin unbekanntes Gefühl praktizierter Menschlichkeit, als ich sah, wie meine Eltern diese Männer bewirteten und respektvoll, ebenbürtig und menschlich behandelten.

Vater hat nie darüber gesprochen, wie es ihm gelungen war, die italienischen Gefangenen sonntags aus dem Lager zu lotsen. Mit dem späteren Wissen, dass es sich dabei wohl um eine absolute Ausnahme handelte, kann ich nur vermuten, dass die Verantwortlichen im Internierungslager, warum auch immer, den Italienern wohlgesonnen waren und mein Vater als hochbegabter Überzeugungskünstler agierte, der mit diesen Aktionen natürlich die Verbundenheit mit »seinen« Gefangenen zu stärken gedachte, was später seine Geschäfte mit den beiseitegeschafften Lebensmitteln aus den Fronttransporten in verlässliche Bahnen lenkte. Ich traute ihm auch zu, dass er die sonntäglichen Besuche in Gönnsdorf unter irgendeinem Vorwand als Arbeitseinsätze deklarierte. Aber das bleibt Spekulation. Er war den Internierten Aufseher, Bewacher und, so empfand ich das, wenn ich das Verhalten der italienischen Soldaten betrachtete, ebenfalls ein Freund.

Als Bewacher trug er eine alte Mauserpistole C 96 in einem hölzernen Holster, das bei Bedarf mit wenigen Handgriffen auch als eine Art Gewehrkolben an der Waffe befestigt werden konnte. Wenn er, so ausgerüstet, mit seiner Gefangenengruppe durch Gönnsdorf marschierte, hatte das etwas von einer Theateraufführung. Vater war zu dieser Zeit fast sechzig Jahre alt und auch sonst in seiner Erscheinung nicht der Prototyp eines professionellen Bewachers.

Viele Deutsche litten unter ihren eigenen Widersprüchlichkeiten. Zum einen wollten sie dem Vaterland, ihrer Heimat treu sein, wie es sie von klein auf gelehrt und auch eingehämmert bekommen hatten, und wollten beides im Krieg beweisen, der ihnen, so sie der Propaganda glaubten, von fremden und bösen Mächten aufgezwungen worden war, andererseits verabscheute ein nicht geringer Teil der Deutschen Hitler und sein Regime. Meine Familie und vor allem mein Vater waren da keine Ausnahme. Vater hasste Hitler zutiefst und bezeichnete ihn stets als Verbrecher. Gleichwohl war er stolz, dass es Gottfried, sein erstgeborener Sohn, zum Offizier in der Wehrmacht gebracht hatte. Er genoss es, mit ihm zusammen gesehen zu werden und bat ihn, dass er bei solchen Gelegenheiten zur Uniform doch bitte seinen Säbel tragen sollte und nicht den Offiziersdolch, diesen »Zahnstocher«.

Auch ich war gefangen in solchen Widersprüchen. Einerseits empfand ich Heimatliebe und bewunderte das, was die Kultur der Deutschen im Laufe ihrer Geschichte hervorgebracht hatte und was mir bei jedem Blick von der Hügelkuppe hinter unserem Dorf angesichts der schimmernden Silhouette der prächtigen Stadt Dresden in den Sinn kam, andererseits brachte ich das nicht zusammen mit der martialischen Kultur der Nazis, ihren zerstörerischen Handlungen, mit denen sie andere Länder in Schutt und Asche legten und dabei behaupteten, sie schützten damit die Kultur dessen, was ich als Heimat empfand. Aber auch ich war darin widersprüchlich, ich glaubte tatsächlich, dass solches Tun und auch die vielen Opfer, die menschlichen Tragödien und das daraus resultierende Leid unzähliger Menschen für das Überleben Deutschlands und seine Selbstbehauptung als Nation notwendig waren.

Gleichzeitig hatte ich schon immer ein tiefes und ehrliches Mitleid mit dem Leiden aller Lebewesen, ob Menschen, Tieren oder Pflanzen. Ich konnte es nicht ertragen, wenn die Geschöpfe dieser Erde gequält und geschunden wurden.

All diese gegensätzlichen Gefühle und meine Unsicherheiten brachten mich zunehmend in Situationen, in denen ich mich entscheiden musste.

Im Herbst 1944 wurde ich zur Bewachung der Felder bei Gönnsdorf eingeteilt. Es war ein neues Gesetz erlassen worden, welches den Diebstahl von Feldfrüchten zu einem Kapitalverbrechen erklärte, das mit der Todesstrafe geahndet werden konnte. Es war nun die Pflicht der Jugendlichen und der wenigen älteren Männer, die noch im Dorf zurückgeblieben waren, die Felder zwischen den Dörfern zu bewachen und etwaige Plünderer nicht nur zu vertreiben, sondern sie auch dingfest zu machen. Der Einsatz von Schusswaffen war ausdrücklich erlaubt.

In einer warmen Septembernacht war ich mit einem ehemaligen Klassenkameraden aus der Volksschule zur Wache eingeteilt. Die Kartoffelernte war fast beendet und die schon geernteten Kartoffeln lagerten unter Stroh in den aufgeschütteten Mieten oder lagen bereit für den Abtransport auf den Feldern hinter dem Rittergut. Mein Schulfreund und ich hockten am Rand eines Feldes, das an den Garten unseres Grundstücks grenzte. Plötzlich hörten wir ein Geräusch, das eindeutig von einer der Kartoffelmieten kam, und sahen Schatten, die sich bewegten. Wir ahnten, dass wir nun die Gelegenheit bekommen würden, Diebe auf frischer Tat zu stellen, entsicherten unsere Karabiner 98 und näherten uns geräuschlos der Kartoffelmiete. Wir waren kampfbereit und spürten einen gewissen Stolz, dass wir einen Volksfeind ergreifen und nach seiner Auslieferung an die Behörden die verdiente Anerkennung erhalten würden.

Als wir aus dem Schatten der Miete traten, brüllten wir: »Hände hoch!« Vor uns schreckten zwei Gestalten auf, die gerade dabei waren, einen Sack mit Kartoffeln zu füllen. Es gab keine Gegenwehr. Die dürren Gestalten zitterten so erbärmlich, dass sie unfähig waren zu sprechen und, wie wir befohlen hatten, ihre Arme zu heben.

Es waren Kriegsgefangene aus einem nahen Lager. Ich fühlte, wie mir brennende Scham den Rücken heraufkroch, als ich sah, wie viel Angst die beiden unrasierten Männer in ihren fadenscheinigen Kleidern vor uns Halbwüchsigen hatten, wie diese Angst in ihren Augen flackerte und sich in die eingefallenen Wangen kerbte. Ich glaube, ich habe nie zuvor so viel Mitleid mit einem menschlichen Wesen empfunden, wie ich es in diesem Augenblick empfand. Mein Kamerad und ich sahen uns unsicher an.

Einer der beiden Häftlinge sprach ein wenig Deutsch. Ihr Lager befand sich hinter einem Nachbardorf und es war ihnen gelungen, durch ein Loch im Stacheldrahtzaun zu entkommen, der das Lager umgab. Die Verpflegung in diesem Lager war miserabel, die meisten der Gefangenen dem Hungertod näher als dem Leben, und so hatten sich die beiden, wissend um die Lebensgefahr, in welche sie sich begaben, freiwillig bereit erklärt, im Schutz der Nacht das Lager zu verlassen und Nahrung zu beschaffen. Die Kartoffelhaufen bei Gönnsdorf kannten sie von einem Arbeitseinsatz, der sie durch das Dorf geführt hatte.

Ich dachte an die italienischen Kriegsgefangenen, die in unserem Haus bewirtet worden waren, und fühlte mich plötzlich verantwortlich, etwas für diese Männer hier zu tun, die wir mit unseren Waffen und unserem Geschrei in eine entwürdigende Situation gebracht hatten, wie ich es empfand. Mein Freund und ich nickten uns stumm zu. Wir halfen den beiden, die mitgebrachten Säcke zu füllen, und weil diese nun zu schwer waren, halfen wir auch, sie hinunter bis nach Pappritz zu ihrem Lager und durch das Loch im Lagerzaun zu transportieren.

Ich handelte wie ferngesteuert, ohne mir Gedanken über mögliche Konsequenzen zu machen. Noch eine halbe Stunde vorher hätte ich es für völlig undenkbar gehalten, so zu handeln. Aber ich ahnte, dass ich mein ganzes künftiges Leben unter der Schuld gelitten hätte, die beiden der sicheren Hinrichtung ausgeliefert zu haben. Im Dorf verschwiegen wir diesen Vorfall.

Der Krieg, den uns die Propaganda lange Zeit als eine Heldengeschichte erzählt hatte, rückte näher. Die Auswirkungen wurden immer spürbarer, auch die Folgen für die jungen Menschen, wie ich einer war. Viele Schulen in Dresden wurden in Krankenhäuser für verwundete Soldaten umgewandelt. Der Komplex der

Freiherr-von-Fletcher-Oberschule beherbergte nun neben einer Oberschule für Mädchen aus einem anderen Stadtteil noch zwei andere Schulen. Die Klassen wurden in drei Schichten unterrichtet, morgens, mittags und abends. Unsere Klasse von fünfzehnjährigen Jungen war inzwischen der älteste Jahrgang, der noch zu Hause bei den Familien lebte. Ältere Jahrgänge waren zu den Flakeinheiten eingezogen und lebten in Kasernen oder in Unterkünften nahe ihren Einsatzgruppen, mussten aber tagsüber noch zur Schule gehen.

Die Stundenpläne jedoch wurden immer lückenhafter, es fehlte nicht nur an Klassenräumen, sondern inzwischen auch an Lehrern. Hitler rief die letzten Reserven zu den Waffen. Militärischer Unterricht war wichtiger als Schulunterricht.

Überhaupt war es die Pflicht eines jeden Heranwachsenden, sich im Alter von fünfzehn oder sechzehn Jahren für sechs Wochen in einem Wehrertüchtigungslager einer vormilitärischen Ausbildung zu unterziehen. Das war der Abschluss einer ganzen Reihe von vormilitärischen Anleitungen, welche den Alltag der Jugend im Dritten Reich begleiteten. Danach konnte die Wehrmacht ihre Rekruten schnell und effizient einberufen und an die Front schicken.

Da ich meinen Bruder sehr bewunderte, hatte ich mich schon als Vierzehnjähriger freiwillig als Offiziersanwärter registrieren lassen. In der Folge wurde ich an vielen Wochenenden zur militärischen Vorausbildung in eine Kaserne nach Dresden-Übigau befohlen. Dann musste ich für einige Tage zu einer Sonderschulung in eine Pionierschule nach Dessau-Roßlau. Dort wurden wir in militärischen Techniken und in der Panzerabwehr geschult.

Eines der Geräte, an denen wir geschult wurden, war der Miniaturpanzer »Goliath«. Eigentlich war es gar kein Panzer, sondern ein kaum hüfthohes, anderthalb Meter langes, stahlbewehrtes Gefährt ohne Besatzung. Dieses kleine und wendige Kettenfahrzeug wurde von einem Zündapp-Motor angetrieben und konnte eine Sprengladung von sechzig bis hundert Kilogramm Gewicht zu einem etwa einen Kilometer entfernten Ziel transportieren. In einer Kammer am Heck des Fahrzeugs befand sich eine Trommel für das Kabel, mit dem der Panzer gesteuert und die Detonation ausgelöst werden konnte. Das Gerät war hauptsächlich für den Einsatz gegen Bunker gedacht, sollte aber auch gegen Panzer verwendet werden. Da es nicht sonderlich schnell war, es fuhr nur knapp zwölf

Stundenkilometer, und der Motor nicht sehr leise tuckerte, war es für überraschende Angriffe kaum geeignet.

Eines der Hauptziele der Ausbildung in Dessau-Roßlau war es, uns die Furcht vor Panzern zu nehmen. Wir alle hatten noch nie einen Panzerangriff erlebt, aber die Heimkehrer von der Front erzählten beeindruckende Geschichten. In der Pionierschule wurde uns zuerst ein Film gezeigt, der uns eine solche Panzerattacke aus der Sicht von Soldaten zeigen sollte, die den Angriff in einem Schützengraben erlebten. Das war sehr eindrucksvoll und machte uns alle still. Dann jedoch wurde uns ein Film gezeigt, der aus dem Inneren eines Panzers heraus zeigte, wie die Besatzung selbst das Schlachtfeld und die Ziele sah. Wir erkannten, dass die Insassen eines Panzers das dröhnende Ungetüm nahezu blind steuerten und sich auf wenige Navigationsgeräte verlassen mussten. Die Gefechtsoptik zeigte nur einen kleinen Ausschnitt des Schlachtfeldes und durch die kleinen Scheiben des Panzers sah man nur Rauch und Staub. Wir sollten lernen: so gefährlich, wie ein Panzer beim Heranrollen wirkt, ist er gar nicht. Wenn man sich nur ein wenig tarnte, die Ruhe bewahrte und bei der Handhabung der Panzerabwehrwaffen keine Fehler machte, war man für die Besatzung eines Panzers gewissermaßen unsichtbar. Die Sache war nur gefährlich, wenn Panzergrenadiere die stählernen Tanks begleiteten. Deren Aufgabe war es, das Umfeld der Panzer zu sondieren und mögliche Gefahren zu beseitigen oder die Besatzungen auf Ziele hinzuweisen. Aber dazu wurde uns kein Film gezeigt.

Im November 1944 bekam ich den Befehl, mich in der Gebietsführerschule der sächsischen Hitlerjugend im Rumpfwald bei Glauchau zu melden. Diese Schule genoss einen besonders üblen Ruf wegen des Drills und der harten Disziplin, mit denen die künftigen Truppenführer auf die körperlichen und psychischen Anforderungen eines Fronteinsatzes vorbereitet werden sollten. Der inoffizielle Wahlspruch dieser Einrichtung lautete: »Die Männer müssen geschunden werden, damit sie Lust zum Sterben bekommen.«

In dieser Schule sollte die künftige Führungselite der Wehrmacht ausgebildet werden. Mich befreiten der Besuch und der Abschluss dieses Lehrgangs vom Besuch eines Wehrertüchtigungslagers, wurden aber zu einer der demütigendsten Erfahrungen meines Lebens und heilten mich von allen militärischen Ambitionen.

Wie schon erwähnt, hatte sich im letzten Jahr mein Ehrgeiz verflüchtigt, im Jungvolk oder in der Hitlerjugend Karriere zu machen. Noch genoss ich das Zusammensein mit meinen Altersgenossen und die Übungen in der Natur, aber mir ging jegliches Interesse an der Ideologie und den politischen Schulungen der Nationalsozialisten ab. Unglücklicherweise wurde von den Kandidaten dieser Schule erwartet, dass sie den Kanon der Propaganda des Dritten Reiches verinnerlicht hatten.

Ich war nicht motiviert, vier Wochen an dieser Schule zu verbringen. Sie gerieten zu einem schrecklichen Desaster. In den politischen Schulungen fiel ich ausschließlich durch Nichtwissen auf. Ich konnte die einzelnen Forderungen des Fünfundzwanzig-Punkte-Programms der NSDAP nicht auswendig aufsagen und scheiterte bei der Nennung der Ministernamen der deutschen Regierung. Verhängnisvoll war, dass ich Namen von Regierungsmitgliedern nannte, die längst bei Hitler in Ungnade gefallen und aus der Regierung entfernt worden waren. Ich konnte zwar, wie jeder Schüler in Deutschland, die Hauptereignisse im Leben des Führers auswendig repetieren, gab aber auf Nachfrage zu, dass ich sein Buch »Mein Kampf« nie gelesen hatte. Dieses Buch musste in jedem Haushalt Deutschlands griffbereit sein. Auch wir hatten zu Hause ein Exemplar so auf einem Bord stehen, dass es jeder sehen konnte, der es sehen wollte, aber ich kann mich nicht erinnern, dass je einer aus unserer Familie darin geblättert oder gar gelesen hätte. Wir besaßen auch ein Exemplar des Buches »Der Mythus des 20. Jahrhunderts« von Alfred Rosenberg, aber das hatte ich ebenfalls nicht gelesen.

Ich brachte die Kriegsschauplätze und die großen Schlachten des Krieges durcheinander und kannte die Namen berühmter Generäle nicht. Den endgültigen Beweis meines Unwissens und Desinteresses erbrachte ich in den Augen der Ausbilder, als ich eine erfolgreiche Landung der Deutschen Luftlandetruppen von Malta nach Gibraltar verlegte. Das allerdings war ein Versprecher gewesen, geschuldet meiner Unsicherheit.

Es war üblich an der Schule, dass solches Versagen mit Demütigungen durch die Klassenkameraden bestraft wurden. Diese mitunter entwürdigenden Prozeduren wurden durch die Vorgesetzten nicht nur gebilligt, sie wurden gefördert. Die Ausbilder im Lager waren arrogante und gefährliche Schnösel. Sie waren Produkte der Adolf-Hitler-Schulen, welche dem Reichsjugendführer Baldur von Schirach unterstanden und als Kaderschmieden für die berüchtigten Ordensburgen der Nazis galten, oder sie kamen direkt aus dem Drill dieser Ordensburgen. Sie waren unpersönlich, gefühllos, gaben sich eiskalt und sprachen mit messerscharfen Stimmen. Selbst mit großer Phantasie konnte ich mir in diesen rassentheoretisch geformten Körpern keine Seelen vorstellen. Eigenhändig begingen sie keine der Demütigungen und Grausamkeiten, aber sie planten und befahlen sie.

Ich wurde von Beginn an wegen meiner zu langen Haare als »Tangojüngling« gebrandmarkt. Der Begriff war ein Schimpfwort für angeblich unsoldatische, verweichlichte und feminine Jungen, die nicht dem harten Bild der kriegsbereiten und wehrhaften Jugend entsprachen. Ich wurde als Idiot und Weichling angesehen und behandelt und hatte keine Chance, dieses Bild zu korrigieren. Das war eine neue Erfahrung für mich. Ich wurde als faul und arrogant abgestempelt, als jemand, der nicht dumm, aber verstockt und ungeeignet für das höhere Soldatentum war. Freimütig gestand ich, dass mein politischer und ideologischer Wissensstand den Anforderungen dieser Schule nicht genügte. Mir wurde bewusst, dass ich in dieses von absoluter Unterordnung geprägte System nicht hineinpasste. Als ich Mitglied des Jungvolks wurde, hatte ich Abenteuer erwartet und die Möglichkeit, über die vormilitärischen Spiele meine Neugier für technische Dinge zu befriedigen. Auch musste ich mir gestehen, dass mich die Tatsache stolz gemacht hatte, dass andere meine Fähigkeiten erkannten und mir die Verantwortung für ein Fähnlein übertrugen, dass sie mir das Gefühl gaben, ein Anführer zu sein. Ich war jedoch unfähig, eine Befriedigung in den Parolen der Nazis und in der dumpfen, widerspruchslosen Unterordnung zu finden, die hier an dieser Schule verlangt wurde. Nie war einer aus der Führungsriege des Dritten Reiches zu einem Vorbild für mich geworden. Ich fand, dass sie nichts von den Idealen erfüllten, die sie propagierten. Das warf ich ihnen nicht vor, sie waren mir schlicht gleichgültig.

Ich erinnerte mich an die Lehren meiner Mutter: »Es kann sein, dass man dich demütigt und du nichts dagegen unternehmen kannst. Aber niemand kann dir gegen deinen Willen die Würde nehmen.«

In den Nächten sagte ich mir, dass ich nur vier Wochen aushalten müsste, dass diese Zeit schnell vorbei sein und ich es irgendwie schaffen würde, die Schule zu überstehen. Meine körperliche Verfassung war so, dass auch die härtesten Strafübungen mich nicht brechen konnten.

Es gab eine lange und anspruchsvolle Hindernisstrecke, die ich nicht leiden konnte. Man musste unter niedrig gespanntem Stacheldraht durchrobben, es galt, hohe Eskaladierwände zu überwinden und auf gefährlich nassen Baumstämmen zu balancieren. Dann folgten an Seilen hängende Autoreifen, durch die man springen, und eine Mauer, die man mit Seilen überwinden musste. Es war Teil der Ausbildung, diese Übungsstrecke zu bewältigen. Sie drei oder fünf Mal absolvieren zu müssen, war eine Bestrafung. Ich habe in den vier Wochen diese Strecke so oft wie kein anderer der Rekruten überwunden, sodass ich eine Auszeichnung verdient hätte.

Und ich machte zum ersten Mal im Leben die Erfahrung einer Gruppendynamik, die entsteht, wenn ein oder mehrere Mitglieder der Gruppe als lächerliche Figuren denunziert werden. Ständig versuchten die anderen, mich zu demütigen und dabei ihre eigenen Unfähigkeiten zu überspielen. Ich konnte mich mühen, so sehr ich wollte, ich blieb der Versager und wurde ausgelacht. Aber auf der Hindernisbahn war ich nach kurzer Zeit der Schnellste und blieb es auch. Ich war ein guter Läufer, den keiner der anderen leicht besiegen konnte, und ich war zur allgemeinen Verwunderung beim abschließenden Schießwettbewerb der Beste. Trotzdem blieb ich dem Spott und den Herabwürdigungen der anderen ausgesetzt.

Schließlich endete die Zeit in der Gebietsführerschule. Am letzten Tag wurden Reden gebrüllt, es wurden Medaillen und Urkunden verteilt. Ich ging natürlich leer aus, hatte aber die lebenswichtige Erfahrung gemacht, wie man mit Demütigungen umgeht und sich nicht brechen lässt.

Kurz vor Weihnachten war ich wieder zu Hause. Ich wusste nicht, dass es das letzte Weihnachten im Kreis meiner Familie für lange Zeit sein sollte.

Es gab eine Anekdote, welche sich die Menschen hinter vorgehaltener Hand zuflüsterten. Angeblich sollte Hermann Göring, der Oberbefehlshaber der deutschen Luftwaffe, in einer seiner Reden versprochen haben, dass kein feindliches Flugzeug je in den deutschen Luftraum eindringen würde. Dafür gäbe er sein Ehrenwort, anderenfalls wolle er fortan »Meier« heißen. Ab spätestens 1943 konnten sich die alliierten Verbände mit Hunderten Bombern ohne größere Gegenwehr beliebig im Luftraum über Deutschland bewegen und zerstörten eine Großstadt nach der anderen. Die Menschen nannten Göring nun den »Meier auf den Trümmerhaufen«.

In Gönnsdorf waren jetzt immer häufiger die Sirenen aus der Stadt unten im Tal zu hören, welche den Anflug feindlicher Luftwaffenverbände ankündigten. Sachsen hatte wegen des langen Anflugweges von Großbritannien bisher als relativ sicher gegolten, aber nach der Aufrüstung der alliierten Luftstreitkräfte mit schweren viermotorigen Maschinen änderte sich das. Die ersten großflächigen Angriffe in Sachsen galten den Industriestädten Chemnitz und Leipzig, aber auch Dresden war ein strategisch bedeutendes Ziel für die britischen und die amerikanischen Kampfverbände. Der Eisenbahnknoten Dresden war der drittgrößte Bahnumschlagplatz des Deutschen Reiches. Hier kreuzten sich die Bahnstrecken nach Leipzig, Nürnberg und Berlin mit denen, die nach Prag, Breslau und Warschau führten. Nicht nur kriegswichtige Rohstoffe wurden über Dresden ins Land gebracht, über die Stadt und ihre Bahnhöfe lief auch ein großer Teil der Nachschubtransporte für die näher rückende Ostfront. Zudem gab es in Dresden und Umgebung auch viele kriegswichtige Industrie- und Rüstungsbetriebe wie das Sachsenwerk, das Stromerzeugungsgeräte, aber auch Schiffs- und Fahrmotoren herstellte, und das Panzerwerk MIAG-Mühlenbau, in dem seit Kriegsbeginn auch Sturmgeschütze hergestellt wurden.

Im August und im Oktober gab es zwei Luftangriffe auf Dresden, deren Hauptziele die Industrieanlagen in Gittersee und der Alberthafen waren. Dabei wurden auch Wohngegenden getroffen. Beim zweiten Angriff zerstörten die Bomben einige Häuser am Rande des historischen Zentrums der Stadt. Aber die Menschen in Dresden glaubten felsenfest, dass ihre Stadt niemals wirklich angegriffen und zerstört werden könnte, galt sie doch auch in den Ländern der Kriegsgegner als eine der schönsten Städte der Welt.

Waren feindliche Flugzeuge im Anflug, wurden nach einer Warnung, dem sogenannten »Kuckucksruf«, die offiziellen Rundfunksender abgestellt, damit die Radiowellen der Funkmasten den

Bombern nicht zur Orientierung dienen konnten, und die Warnungen kamen dann über den Drahtfunk, der im Langwellenbereich über das Telefonnetz in die Radioempfänger eingespeist wurde. Ab dem Herbst 1944 gab der Drahtfunk rund um die Uhr die Bewegungen der alliierten Flugzeuge über Deutschland bekannt. Ich hatte mir eine von hinten erleuchtete Karte gebastelt, auf der ich kleine Flugzeuge aus Pappe den Meldungen entsprechend hin- und herbewegte.

In der zweiten Hälfte des Jahres 1944 waren auch meine Schulbesuche sehr sporadisch geworden. Die Lehrer kontrollierten kaum noch unsere Anwesenheit und prüften auch nicht mehr die Gründe für unser Fernbleiben. Immer öfter wurde der Unterricht von Bombenalarm oder von Luftschutzübungen unterbrochen. Nach den beiden Luftangriffen im Mai und im September waren wir tagelang unterwegs, um die Trümmer aufzuräumen. Keiner von uns Jungen trauerte dem versäumten Unterricht nach. Wir glaubten nicht daran, dass wir bis zum Abitur an der Schule bleiben würden.

Hitler hatte schon 1942 angeordnet, dass alle männlichen Jugendlichen, die noch nicht alt genug waren, um zur Wehrmacht eingezogen zu werden, zur Bedienung der Flugabwehrgeschütze ausgebildet werden sollten. Jetzt bedienten ausschließlich Jungen, die kaum ein Jahr älter waren als ich, die Flakgeschütze in der Stadt und in den Ortschaften rings um Dresden. Sie waren in ständiger Bereitschaft, wohnten in Kasernen in der Nähe ihrer Flakbatterien und bekamen einen Pro-forma-Unterricht, bei dem keiner etwas lernte. Die Geschütze waren meist alte Zwei-Zentimeter-Kanonen, einzeln oder vierfach montiert – kaum ausreichend, um ein tief fliegendes Flugzeug zu treffen. Die mächtigen, halbautomatischen 8.8-Zentimeter-Flugabwehrkanonen waren schon längst an die Ostfront zur Panzerabwehr transportiert worden.

Zu Beginn des Jahres 1945 hatte das Oberkommando der sowjetischen Streitkräfte an der deutsch-polnischen Grenze eine Militärmacht zusammengezogen, wie es in der Welt bis dahin noch keine gegeben hatte. Die Rote Armee hatte bei den Panzern eine siebenfache Übermacht aufgebaut, bei der Infanterie eine elffache und bei den schweren Artilleriegeschützen war sie der deutschen Wehrmacht gar um das Zwanzigfache überlegen. Am 12. Januar befahl Stalin die sogenannte Weichsel-Oder-Operation, einen Generalangriff auf einer Frontlänge von 1200 Kilometern. Der geballten militärischen Macht hatten die deutschen Truppen, vom Mehrfrontenkrieg geschwächt und von den vielen Niederlagen längst demoralisiert, nichts mehr entgegenzusetzen. Anfang Februar erreichten erste Verbände der Roten Armee die Oder und die Neiße und schoben eine Welle von Millionen Flüchtlingen vor sich her.

In der zweiten Januarhälfte kamen Tag und Nacht Hunderte Züge mit flüchtenden Frauen und Kindern in Dresden an. In den Zügen fuhren kaum Männer mit. Bevor sie Schlesien verließen, waren sie von deutscher Polizei und der Feldgendarmerie sorgfältig durchkämmt worden. Jeder Mann, der noch einigermaßen wehrtauglich schien, wurde aus den Zügen geholt und zur Verteidigung der Dörfer und Städte kommandiert. Dresden hatte 1945 ungefähr 630 000 Einwohner. Jetzt kamen mindestens eine Million Flüchtlinge hinzu. Viele brauchten medizinische Versorgung, alle waren erschöpft.

Die Flüchtlinge kamen anfangs in überfüllten Personenzügen, später in geschlossenen, dann immer öfter in offenen Güterwaggons, weil es keine anderen Möglichkeiten mehr gab. Der Zustand der Menschen in diesen Zügen war katastrophal. Manche waren halb erfroren, andere hatten kaum noch die Kraft, die Waggons zu verlassen. Mütter hielten leblose Babys in den Armen, andere hatten während der Zugfahrt in der Kälte des Winters entbunden. Tagelang hatten diese Menschen nichts gegessen und getrunken.

Alle Schüler unserer Klasse wurden, gemeinsam mit gleichaltrigen Jungen und Mädchen aus anderen Schulen, dazu verpflichtet, diese armen Flüchtlinge von den Bahnhöfen zu den Notunterkünften zu bringen, die überall in der Stadt hastig eingerichtet wurden. Jeder verfügbare Raum wurde zur Notunterkunft. Wir wurden auch eingeteilt, in diesen Notquartieren die Verpflegung für die Flüchtlinge zu organisieren. Zweimal pro Woche musste ich mich für diesen Dienst am Neustädter Bahnhof melden. Am nächsten Tag entfiel dafür der Schulunterricht. Die Unterbringung und Verpflegung der Notleidenden funktionierte trotz aller Schwierigkeiten und der Angst der Bevölkerung vor der heranrückenden Front erstaunlich reibungslos.

In dieser furchtbaren Zeit erlebte ich meine erste große Liebe. Es war erstaunlich, wie sich in den Tagen höchster Verunsicherung, inmitten der Not der Flüchtlinge, unter dem Eindruck der offiziellen und vor allem der inoffiziellen Nachrichten über das Näherrücken der Front und der Aussicht auf eine vollständige Eroberung Deutschlands durch die alliierten Streitkräfte, plötzlich ein ganz anderes Gefühl zu entfalten begann, das seit jeher für Hoffnung und Neubeginn steht. Wenn ich zurückdenke, war ich immer in irgendein Mädchen verliebt. Jedoch bemerkten es die meisten nicht, dass sie die Subjekte meiner Bewunderung und meiner Träume waren. Mädchen waren für mich ätherische Wesen, Engel, die man nicht berühren durfte, um die Illusion der edlen Gefühle nicht zu zerstören. In meiner Phantasie rettete ich sie aus gefährlichen Situationen oder strandete mit ihnen dramatisch auf einsamen Inseln. Ich wollte sie immer schützen, behüten und retten. In meinen Träumen waren all diese Mädchen sehr verletzlich und meine Gefühle waren eine besonders intensive Form unwissender, reinherziger Schwärmerei.

In einer dieser kalten Januarnächte hatte ich Dienst auf dem Neustädter Bahnhof in Dresden, gemeinsam mit Fritz Grönert, dem Jazz-Enthusiasten. Fritz war ein außergewöhnlich gut aussehender junger und temperamentvoller Mann. Er war ohne Vater aufgewachsen und wusste auch nicht, wer sein Vater war. Er glaubte, aus einigen Bemerkungen seiner Mutter herausgehört zu haben, dass der Vater ein Franzose war, der einige Zeit in Dresden zu tun gehabt hatte, und plante, nach dem Krieg nach Frankreich zu reisen, um ihn zu finden. Glaubte man seinen Geschichten, hatte Fritz seit seinem fünfzehnten Lebensjahr schon reichlich Erfahrungen in den verschiedenen Spielarten der Liebe gesammelt. Die meisten Männer waren an der Front und die Jungen unserer Generation mussten schneller erwachsen werden als in Friedenszeiten. Es amüsierte mich, seine Geschichten anzuhören, aber ich konnte mir nur schwer vorstellen, dass ich in den geschilderten Situationen die gleichen Verführungskünste offenbart hätte.

In dieser Januarnacht trafen wir in den ungeheizten Warteräumen des Bahnhofs zwei Mädchen, die auch zur Betreuung der Flüchtlinge verpflichtet worden waren. Fritz sprach die beiden an, ich aber verliebte mich insgeheim sofort in die Hübschere. Sie hieß Erika. Als unser Dienst beendet war, boten wir den Mädchen an, sie nach Hause zu bringen, da sich in den dunklen Gassen der Neustadt im Gefolge der Flüchtlingsströme auch ziemlich gefährliche Leute bewegten. Sie wohnten beide nicht weit vom Bahnhof entfernt, allerdings in entgegengesetzter Richtung. Erika bat, dass ich sie begleiten solle. Ich war sehr geschmeichelt, dass sie mich dem galanten Fritz vorgezogen hatte.

Mir schien die Nacht auf einmal nicht mehr kalt zu sein, eher frisch und belebend, als wir in der frühen Morgenstunde durch die menschenleeren Straßen liefen, ohne viele Worte zu sprechen. Erika fröstelte und legte plötzlich ihren Arm um mich. Sie blieb stehen, drehte sich zu mir und schaute mich an. Sie war fast einen Kopf kleiner als ich und musste zu mir aufschauen. Ihre ganze Haltung war eine einzige Einladung, sie zu küssen. Ein Hauch von Flieder stieg von ihren Haaren auf, ein Parfum, wie es die jungen Frauen gern benutzten. Mir wurde schwindlig, der Boden unter meinen Füßen schien fortzugleiten, gleichzeitig hatte ich das Gefühl, über den Dächern der Stadt zu schweben. Ich hatte oft gerätselt und mir in meinen Phantasien vorgestellt, wie es wäre, wenn ich zum ersten Mal küsste und geküsst wurde. Ich hatte Angst, alles falsch zu machen. Aber es war ganz einfach. Ich war überrascht, wie weich Erikas Lippen waren, wie nachgiebig die Haut ihrer Wangen, und glaubte, dass mir das Herz aus der Brust hinausspringen würde in diesen dämmernden, unauslöschbaren Morgen hinein. Alle Angst, alle Unsicherheit, alle Verbitterung über das Leben, zu dem der fast verlorene Krieg uns zwang, lösten sich auf.

So begann meine erste wahre Liebesgeschichte, die vier Monate, über das Ende des Krieges hinaus dauern sollte.

Ich verbrachte nun viel Zeit mit Erika. Ich lernte ihre Mutter kennen, eine freundliche und aufgeschlossene Frau, die jedoch ein wenig besorgt über die Intensität unserer Beziehung zu sein schien. Sie erzählte mir, dass ihre Tochter im Schlaf zu sprechen pflegte und dann auch auf jede Frage ehrlich antworten würde, die man ihr stellte. Jedes Geheimnis würde sie unbewusst ausplaudern. Aber es gab keinen Grund zur Sorge. Wir waren glücklich, einander zu haben, und küssten uns viel. Weiter trieben wir die Sache nicht. Ich war noch viel zu sehr in meinen romantischen Vorstellungen gefangen und Erika bedrängte mich nicht. Erikas Vater wurde nie erwähnt.

Sonntags kam Erika oft nach Gönnsdorf und es bereitete mir Freude, einem »Stadtmädchen« das Leben auf dem Lande vorzuführen. Meine Mutter verfolgte leicht amüsiert die erste Liebe ihres jüngeren Sohnes, der in diesen Dingen so ganz anders war als sein Bruder. Sie fragte lachend, ob sie demnächst das Aufgebot für eine Hochzeit bestellen müsse.

Über unsere gegenseitigen Besuche und die gemeinsamen Spaziergänge hinaus gab es nicht mehr viele Unterhaltungsmöglichkeiten für junge Menschen. Ein paar Kinos spielten noch Ufa-Filme und der berühmte Zirkus Sarrasani hatte noch geöffnet. In Dresden hatte er sein Winterquartier und spielte in seinem riesigen festen Gebäude am Carolaplatz seine Programme allabendlich vor 4000 Zuschauern. Die Vorstellungen waren immer ausverkauft. Sarrasani galt als »der größte und eleganteste Zirkus in Europa«.

Es war mir gelungen, zwei Eintrittskarten für die Abendvorstellung am 10. Februar zu ergattern. Erika und ich genossen die Kunststücke der Akrobaten und die Stimmung unter der kunstvoll erleuchteten Kuppel. Wir ahnten nicht, dass es eine der letzten Vorstellungen dieses weltberühmten Zirkus war. Regina Beer, die junge Reiterin, die auf ihren Pferden atemberaubende Kunststücke vollführte, sollte wie die meisten ihrer Pferde drei Nächte später beim ersten großen Bombenangriff sterben. Was aus dem Clown Lindström und dem Esel Enrico geworden ist, habe ich niemals erfahren.

Bombenangriffe auf Dresden

Der 13. Februar 1945 war ein Dienstag, der Faschingsdienstag. Die Rote Armee rückte unaufhaltsam vor und war nur noch hundert Kilometer von Dresden entfernt. Für die meisten Menschen stand außer Frage, wie der Krieg enden würde. Sie hofften auf ein schnelles Ende und wussten nicht, was dann folgen sollte. Aber vorher wollte man noch einmal die Sorgen vergessen, noch einmal feiern und sich verkleiden, wie es der Faschingsbrauch verlangte. Die wenigen Vergnügungslokale, die noch geöffnet hatten, waren voll mit Menschen, die in eine ungewisse Zukunft feierten. Immer noch waren die Menschen überzeugt, dass Dresden sicher war. Die Stadt war weltberühmt wegen ihrer einmaligen Architektur, der prächtigen Barockensembles und der darin versammelten Kunst, für ihre Theater und die Semperoper. Zwar gab es ein paar Betriebe, welche Rüstungsgüter herstellten, aber der weitaus größte Teil der ansässigen Industrie beschäftigte sich mit Medizintechnik oder der Produktion von Lebensmitteln und Zigaretten.

Zudem galt Dresden als die »Lazarettstadt« Deutschlands. Es gab ungefähr dreißig Krankenhäuser in der Stadt, mehr als hundert Gebäude waren auf ihren Dächern mit dem Roten Kreuz gekennzeichnet.

Unter den Leuten kursierte das Gerücht, dass Dresden niemals zerbombt würde, weil ein Verwandter von Churchill in der Stadt lebte.

Es gab keine verlässlichen Zahlen und es wird wohl auch nie genau zu erforschen sein, wie viele Menschen sich an diesem Tag in Dresden aufhielten. Die Stadt platzte aus allen Nähten. In den Krankenhäusern und in den Gebäuden, die man notdürftig in Lazarette umgewandelt hatte, lagen Tausende verwundete Soldaten. Auf den Bahnhöfen trafen die erschöpften Truppen, die von der Front zu anderen Kriegsschauplätzen verlegt wurden, auf frische Verbände, die von der Westfront, welche man in weiten Teilen schon aufgegeben hatte, an die Ostfront zogen. Schulen, Theater und Versammlungshallen waren in Notquartiere für Flüchtlinge umgewandelt worden. Fast jede Familie hatte zudem Flüchtlinge aufgenommen, jeder verfügbare Platz war mit Heimatlosen belegt. Und täglich kamen Zehntausende neue Flüchtlinge hinzu, Massen von Frauen, Kindern, alten und kranken Männern, die sich auf den Bahnhöfen ballten und in den umliegenden Vierteln das Straßenbild bestimmten. Sie kamen aus Ostpreußen, aus Westpreußen, dem Sudetenland, aus Pommern, Schlesien, dem Baltikum. Sie kamen mit den Zügen, mit Pferdewagen oder zu Fuß und hatten lange Märsche in klirrendem Frost und die Angriffe russischer Flugzeuge auf ihre Trecks überlebt. Mit sich schleppten sie ihre letzten Habseligkeiten und furchtbare Geschichten von den Grausamkeiten, von Sterben und Tod auf der Flucht.

Man schätzte, dass sich ungefähr zwei Millionen Menschen in der Stadt aufhielten.

Der englische General Arthur Harris, bekannt als »Bomber-Harris«, war der Oberbefehlshaber der britischen Luftwaffe. Schon im Sommer 1942, als die Bombardements zunahmen, hatte er über mehreren deutschen Städten Flugblätter abwerfen lassen, auf denen zu lesen war: »Warum wir das tun? Nicht aus Rachsucht, obwohl wir Warschau, Rotterdam, Belgrad, London, Plymouth, Coventry nicht vergessen. Wir bombardieren Deutschland, um Euch die Fortführung des Krieges unmöglich zu machen. Was ihr erlebt habt, wird nicht zu vergleichen sein mit dem, was kommt.« Er sollte recht behalten.

Die Menschenwoge von über einer Million Frauen und Kindern, die aus den von der sowjetischen Armee überrollten Ostgebieten, der Kriegsmaschinerie und der Rache der Sieger entkommen wollten, war dem britischen Geheimdienst bekannt. Ende Januar 1945 entschied das britische Kriegskabinett, diese Lawine der flüchtenden Zivilisten zu nutzen, um Panik und Chaos zu erzeugen und letztendlich die Wut der deutschen Bevölkerung so anzufachen, dass sie die Nazi-Riege um Hitler zur Beendigung des Krieges zwingen sollte. Der ursprüngliche Plan sah eine verheerende Bombardierung Berlins vor, aber General Harris gab die dringende Empfehlung, auch die Städte Chemnitz, Leipzig und Dresden zu bombardieren. Dieser Plan folgte keinen militärstrategischen Überlegungen, um den kämpfenden Feind außer Gefecht zu setzen, sondern hatte ausschließlich zum Ziel, die deutsche Bevölkerung endgültig zu demoralisieren.

In der Geschichte der Stadt hatte es immer wieder verheerende Brände gegeben. In den jahrhundertealten Gebäuden war viel Holz verbaut worden. Die historischen Viertel lagen in einem weiten Tal, die Straßen waren eng und die Häuser standen dicht beieinander. Für die Pläne des Bomber-Generals war Dresden ein nahezu ideales Ziel.

Ich hatte am Montag, dem 12. Februar, wieder Dienst auf dem Neustädter Bahnhof bis tief in die Nacht. Am darauffolgenden Tag hatte ich frei, war aber müde und deshalb früh schlafen gegangen. Die letzte Meldung, die ich im Radio hörte, das in diesen Tagen fast ununterbrochen lief, lautete, dass große Formationen feindlicher Bomber vom Westen her in den deutschen Luftraum eingedrungen waren. Das war nichts Ungewöhnliches, es gab diese Angriffe jetzt wöchentlich. Ich schaltete das Radio aus. Die Nachricht beunruhigte mich nicht und mein Schlaf muss ziemlich fest gewesen sein. Ich hörte nicht den einminütigen Heulton des Voralarms, der dreimal von den Sirenen in den Dörfern rings um Gönnsdorf erklang, und nicht die aufgeregten Rufe im Hausflur. Unser Dorf verfügte über keine Sirene.

Mutter rüttelte mich wach und rief: »Steh auf, sie setzen Christbäume! Diesmal greifen sie Dresden an!« Christbäume nannte man die hellen Leuchtmarkierungen der Vorhut, welche den nachfolgenden Bombern ihr Ziel weisen sollten. Wenn sie an kleinen Fallschirmen aus dem schwarzen Nachthimmel zu Boden schwebten, bevor das Inferno losbrach, wirkten sie friedlich, fast feierlich – wie tanzende Weihnachtsbäume. Ich schaltete das Radio ein. Die Stimme des Sprechers im Radio wurde vom eindringlichen Heulen der Sirenen fast übertönt. Der Sprecher wiederholte mehrere Male die Meldung vom Anflug feindlicher Flugzeuge auf die Stadt Dresden. Ich zog mich in Windeseile an und rannte die Treppe hinunter ins Freie. Es war eine klare Nacht, aber man konnte die Sterne kaum sehen, weil der Himmel erleuchtet war vom hellen Licht der »Christbäume«.

Der Lärm steigerte sich. In das pausenlose Auf und Ab der Sirenen ringsum und aus der Stadt herauf mischten sich nun das tiefe, durchdringende Brummen Hunderter Bomber, die über den Horizont heraufkamen und sich über Dresden zu sammeln schienen, und der aggressive Heulton tieffliegender Mosquito-Kampfflugzeuge, dann das kratzige Bellen der Flaks.

Alle Mieter unseres Hauses, überhaupt alle Einwohner des Dorfes, standen nun im Freien, als wir die ersten Explosionen aus dem Tal hörten. Nach einem Moment des Begreifens stürzten wir in den alten Keller unseres Hauses hinunter. Die Erwachsenen hatten sich Aktentaschen mit den wichtigsten Familiendokumenten unter den Arm geklemmt. An diesen hielten sie sich fest, während das Geräusch der Explosionen in ein scheinbar unaufhörliches Wummern überging, welches die Mauern unseres Hauses erschütterte. Vater blieb ruhig. Er hatte die Schlachten des vorigen Weltkrieges in Schützengräben und Unterständen überlebt und neigte grundsätzlich nicht dazu, in schlimmen Situationen seine Gefühle zu zeigen.

Er beruhigte die anderen: »Wenn hier Bomben fallen und auch nur ein einziger Keller im Dorf standhalten würde, dann wäre das unser Keller. Der ist absolut solide gebaut. Wie wir durch die Trümmer des Hauses einen Weg nach draußen finden, überlegen wir später. Noch fallen hier keine Bomben.« Allerdings wussten wir, dass die Bomben nicht immer genau in das militärische Zielgebiet fielen und dass die Flugzeuge, wenn sie zurückflogen und noch Bomben an Bord hatten, sich oft in der Umgebung der Städte dieser nun überflüssigen Last entledigten. Aber wir glaubten nicht, dass nach dem pausenlosen Bombardement der Stadt die Bomber noch über solche todbringende Fracht verfügten.

Der Angriff dauerte zwanzig Minuten, von 22.10 Uhr bis 22.30 Uhr, doch es kam uns vor wie eine Ewigkeit. Nachdem es draußen still geworden war und das Brummen der Flugzeugmotoren verklungen, wagten wir uns hinaus. Im Dorf war keine Bombe gefallen, aber der Himmel über Dresden war blutrot von den lodernden Feuern. Die Leute verließen nach und nach ihre Häuser und bewegten sich wie zu einer Prozession in Richtung Turmberg. Dort, beim Friedrich-August-Turm, war die höchste Erhebung des Dorfes und in der Umgebung Dresdens überhaupt. Die Leute liefen schweigend. Vom Berg hatten wir einen freien Blick auf die Stadt. Die weltberühmte Altstadt brannte von einem Ende zum anderen. Nichts war verschont geblieben. Ein übermächtiger Feuersturm fraß sich über die Altstadt hinaus von Straße zu Straße. Immer wieder schleuderten Explosionen riesige Fetzen lodernden Materials in die Luft. Große, brennende Gebäude, die aus dem Flammenozean ragten, schienen plötzlich der Schwerkraft zu trotzen, wenn sich ihre Dächer von den Mauern lösten und hochauf in den glühenden Himmel flogen. Immer wieder hörte man das Donnern von Explosionen.

Entsetzt, stumm, ungläubig starrten wir auf das sich unaufhaltsam ausbreitende Inferno, bis Mutter wie zu sich selbst sprach: »Um Himmels willen, da sind ja Hunderttausende Menschen in dieser Hölle.«

Die anderen schwiegen. Niemand klagte, niemand klagte an. Nicht Hitler, der diesen Krieg begonnen hatte, der nun auf so furchtbare Weise zurückkam auf die Deutschen, und nicht die Alliierten, welche offenbar sinnlos und ohne militärischen Grund eine alte Stadt auszulöschen schienen. Diese grausamste Vernichtung von Schönheit, von Geschichte, von Kultur, von Abertausenden Menschenleben schien zu groß, zu furchtbar zu sein, um sich vorstellen zu können, dass sie kaltblütig von menschlicher Intelligenz geplant worden war.

General Harris hatte den ersten Teil seines Planes erfolgreich umgesetzt. Die Stadt brannte lichterloh. Ein Fanal, das man noch in hundert Kilometern Entfernung verstehen konnte. Es herrschten Panik und Chaos. Zehntausende Menschen versuchten, dem Ersticken, dem Flammentod, den zusammenstürzenden Häusermauern zu entkommen. Sie irrten planlos durch die Straßen, immer wieder aufgehalten von Feuerwalzen und von Trümmern. Einige beherzte Menschen versuchten, andere Menschen oder ihr Hab und Gut zu retten. Feuerwehren und Rettungsmannschaften aus den unversehrten Vierteln und aus der Umgebung rasten in die Stadt, um zu helfen, wo Hilfe noch möglich war. Lawinen verzweifelter Menschen bewegten sich auf das Elbufer und den Großen Garten zu in der Hoffnung, den alles verschlingenden Flammen zu entkommen. Der Große Garten galt als die »grüne Lunge« der Stadt, ein Volkspark, der auch den Zoologischen Garten beherbergte. Hier waren keine Bomben gefallen.

Was diese Leute nicht ahnten: Sie hatten nur die Ouvertüre zur vollständigen Zerstörung ihrer Stadt überlebt. Eine zweite Armee von 529 Lancaster-Bombern flog bereits auf Dresden zu. Sie konnte ihr Ziel nicht verfehlen, aus der Luft war die brennende Stadt schon aus hundertsechzig Kilometern Entfernung zu sehen.

Am 14. Februar, fünfzehn Minuten nach Mitternacht, heulten erneut die Sirenen. Die Nacht war längst nicht mehr klar, der Himmel vom Rauch verhangen, so weit das Auge reichte. Über Dresden wölbte sich ein glühender Dom, der höher reichte, als die sich nähernden Bombenflugzeuge flogen. Sie brauchten dreißig lange Minuten, um ihre Bomben abzuwerfen, mitten hinein in die brennende Stadt. Wieder starben Tausende Menschen, darunter viele Helfer, die kurz zuvor in die Stadt geeilt waren. Menschen, die anderen das Leben retten wollten, wurden nun Opfer des zweiten, noch todbringenderen Angriffs.

Meine Familie und die anderen Bewohner unseres Hauses flüchteten während dieses Angriffs wieder in den Keller. Eine der großen Luftminen fiel in der Nähe des Dorfes, hinter dem Turmberg. Es hörte sich an wie der Pfeifton eines heranrasenden Schnellzuges. Es schien ewig zu dauern, bis sie einschlug und explodierte. Instinktiv duckten wir uns. Oben hörten wir Fensterglas klirren, von der Kellerdecke rieselte feiner Staub.

Wiederum blieb Vater ruhig: »Wenn du hörst, dass eine Bombe kommt, dann trifft sie dich nicht. Eine Bombe tötet dich, bevor du sie hörst.«

Am Morgen nach dem Angriff sahen wir, dass in den Trichter, den die Luftmine hinterlassen hatte, jedes der Kleinbauernhäuser im Dorf hineingepasst hätte.

Nachdem die Flugzeuge abgedreht waren, liefen wir wieder hinauf zum Turm. Die Szenerie war gespenstisch, das Licht hatte sich verändert. Das Zentrum des Feuers lag etwa zwölf Kilometer Luftlinie entfernt. Es brannte so gleißend, dass die umliegenden Stadtviertel und die Elbhänge vom Widerschein leuchteten. Selbst hier oben, im Hochland, hätte man ein Buch lesen können in diesem lodernden Licht.

Der Wind hatte sich in den Straßen der Stadt zu einem Sturm entwickelt, der alles in das Feuer hineinzog. Alle möglichen Dinge, Möbel, Fensterrahmen, Parkbänke, aber auch brennende Menschen flogen weit in den Himmel hinauf und fielen in den Vororten wieder herunter. Im Zentrum der Stadt heulte der Feuersturm wie ein Orkan. Der Himmel war nun ein einziger, gigantischer Feuerdom, der bis zum Horizont reichte. Die Menschen hatten keine Chance, diesen entfesselten Höllengewalten zu entkommen. Der Sog des Sturms war so stark, dass er die Menschen, die ans Ufer des Flusses geflüchtet waren, zurückriss in die Flammen. In diesem Flug wurden manche von den Gittern der Brühlschen Terrasse aufgefangen. Dort blieben sie hängen und verglühten zu Asche. Noch Monate nach dem Inferno sah man ihre Schatten, die sich in das Eisen gebrannt hatten. Später errechnete man, dass die Temperaturen im Zentrum der Stadt bis zu 1600 Grad erreicht haben müssen. Die Menschen in den Straßen verbrannten und der Feuersturm verwehte den letzten Beweis ihrer Existenz. Die, die sich in ihrer Verzweiflung in die Brunnen gestürzt hatten, wurden zerkocht. Menschen, die sich in die bombensicheren Keller gerettet hatten, erstickten, weil das Feuer sämtlichen Sauerstoff aus der Luft geraubt hatte. Das Röhren und Dröhnen des Feuers hörten wir noch den ganzen Tag oben im Dorf.

Ich hatte furchtbare Angst um Erika. Nachts hatte ich versucht zu erkennen, wo die Feuer nicht so stark wüteten und wie groß der Radius um die Altstadt war, in dem die meisten Bomben fielen.

Wie es schien, waren größere Teile der Neustadt vom Feuer verschont geblieben, dort waren weniger Bomben gefallen. Am frühen Morgen des 14. Februar nahm ich mein Fahrrad und machte mich auf den Weg in die Stadt. Die Eltern versuchten mich zurückzuhalten, aber sie wussten, dass ich mich nicht aufhalten lassen würde. Ich war entschlossen, Erika zu finden und, wenn nötig, zu retten.

Der beißende Rauch wurde dichter, je weiter ich in die Stadt hineinfuhr. An der Waldschlösschen-Brauerei sah ich die ersten Leichen, welche die Helfer am Straßenrand aufgereiht hatten. Dort, wo die Häuser einen freien Blick auf die Elbe zuließen, sah ich, dass die Uferwiesen beidseits des Flusses übersät waren mit toten Körpern. Ich fühlte mich nun nicht mehr so mutig, fuhr aber weiter. Der Rauch ließ mich fast ersticken, als ich in die Hauptstraße einbog. Auf der rechten Straßenseite schwelten die Trümmer des Zirkus Sarrasani. Ich bog in eine der Seitenstraßen ab. Erika wohnte Am Obergraben Nr. 10, das Haus stand noch, wie auch die Nachbarhäuser. Sie und ihre Mutter waren zu Hause und in halbwegs guter Verfassung. Beide standen unter Schock, aber die Mutter dachte schon wieder daran, den Alltag zu organisieren. Wir sprachen über die vergangene Nacht und ich berichtete, was ich vom Hochland aus gesehen hatte. Inständig bat ich die beiden, die Stadt zu verlassen und mit nach Gönnsdorf zu kommen. Erika war nicht abgeneigt, aber ihre Mutter wollte in der Wohnung bleiben und Erika wollte ihre Mutter nicht alleinlassen. Ich hatte große Angst um die beiden, aber gegen Mittag verließ ich sie und machte mich auf den Rückweg, weil ich meiner Mutter versprochen hatte, so schnell wie möglich zurückzukehren, sobald ich Gewissheit über das Schicksal meiner Freundin erhalten hatte.

Draußen auf der Straße hielt mich eine ältere Dame an, die so etwas wie einen hysterischen Anfall hatte. Zunächst verstand ich überhaupt nicht, wovon sie sprach und warum sie mich festhielt. Schließlich begriff ich, dass ihre Kinder und Enkel auf der anderen Seite, in der Altstadt unweit der Carolabrücke wohnten. Dort waren besonders viele Bomben niedergegangen. Die Dame weinte und wimmerte und wollte mir alles Geld und Gut überlassen, das ich verlangte, wenn ich nur herausfinden könnte, ob ihre Kinder noch lebten. Sie hatte einen Zettel in der Hand, auf den sie die Namen und die Adresse geschrieben hatte. Ich versprach ihr, mein

Möglichstes zu versuchen, die Angehörigen zu finden, nahm den Zettel und schob mein Rad in Richtung Carolabrücke.

Die Häuser am Ufer auf der Neustädter Seite waren kaum beschädigt, aber die andere Seite glich einer apokalyptischen Landschaft, die zu beschreiben es kaum Worte gibt. Dichter Rauch hing über den Trümmern, nahm jede Sicht und jeden Atem, einige Häuser brannten immer noch, andere stürzten mit merkwürdig seufzendem Geräusch in sich zusammen und wirbelten neue Wolken von Rauch und Staub auf. Um die Adresse der Kinder der alten Frau zu finden, musste ich über die Carolabrücke und in die Trümmer hinein. Ich hatte Angst, wollte aber die alte Frau nicht im Stich lassen. Also betrat ich die Brücke, die zu meiner Verwunderung fast unbeschädigt war. Ein Soldat stellte sich mir in den Weg und verbot mir das Weitergehen. Er meinte, das sei zu gefährlich. Es sei nicht erlaubt, auf die andere Seite zu wechseln. Ständig brächen dort Häuser zusammen, Mauern und Dächer stürzten auf die Straßen, es sei unwahrscheinlich, dass ich dort lebend durchkäme. Ich erzählte dem Soldaten nur halbherzig von der Angst der alten Dame und muss zu meiner Schande gestehen, dass ich erleichtert war, als er unnachgiebig blieb. Missmutig trat ich den Rückweg an und wusste nicht, wie ich der alten Dame die Erfolglosigkeit meines Unternehmens erklären sollte.

Es war gegen zwölf, als die wenigen noch intakten Sirenen einen neuen Luftangriff ankündigten. Bisher waren die Angriffe immer nachts im Schutze der Dunkelheit erfolgt, aber nun waren sich die britischen und amerikanischen Strategen sicher, dass sie kaum noch auf Widerstand treffen würden, wenn erneut Hunderte Bomber und Begleitjäger ihr zerstörerisches Werk vollendeten. Ich fand die alte Dame nicht mehr und gab es auf, nach ihr zu suchen. Schnell wendete ich mein Fahrrad und versuchte, so schnell wie möglich die Dresdner Heide zu erreichen. Als Heide wurde ein großer Wald auf der rechten Seite des Flusses bezeichnet, im Frieden ein beliebtes Ausflugsziel der Städter. Als ich wieder auf der Höhe der Waldschlösschen-Brauerei angekommen war, röhrte eine Formation von über dreihundert B-17-Bombern in Richtung Stadt. Diese schweren Horizontalbomber waren die bekanntesten Bombenflugzeuge der amerikanischen Air Force und wurden auch als Fliegende Festungen bezeichnet. Sie waren rundum bewaffnet und konnten fast 5000 Kilogramm Bombenladung aufnehmen.

Ihre Besatzung bestand aus zehn Mann, davon waren allein vier Maschinengewehrschützen.

Gegenüber der Brauerei gab es keine Häuser, sodass ich freien Blick auf die Stadt hatte. Auf den Elbwiesen, in der Nähe der Toten, kampierten Tausende Menschen, denen es in der vorangegangenen Nacht gelungen war, dem Inferno zu entkommen.

Nachdem ich die Brauerei passiert hatte, musste ich einen etwas steileren Straßenabschnitt hinauffahren. Ich befand mich jetzt in einem Wohnviertel mit Mehrfamilienhäusern auf beiden Seiten der Straße. Nach ein paar Hundert Metern wurde die Straße wieder flacher. Der Donner der mächtigen Flugzeugmotoren, unterlegt mit dem aggressiven Röhren von ungefähr zweihundert Mustang-Jägern, die in dichter Formation den Himmel verdunkelten, trieb mich zu höchster Geschwindigkeit an. Mir brannten die Muskeln und die Lungen. Völlig ausgepumpt erreichte ich den Waldrand zur gleichen Zeit, als ich das Pfeifen der Bomben hörte, welche auf die noch immer brennende, zu Tode geschundene Stadt herabstürzten. Wieder versank Dresden im Gebrüll der Explosionen. So schnell es ging, verließ ich die Straße und suchte Deckung in einer Mulde. Ich konnte die einzelnen Detonationen nicht mehr unterscheiden, die Luft war erfüllt von pausenlosen Donnerschlägen, viel lauter als das heftigste Sommergewitter, das ich je erlebt habe, ohrenbetäubender, als ich es mir je vorstellen konnte.

Nach fünfzehn Minuten war es vorbei, so dachte ich. Der Angriff dauerte von 12.17 bis 12.31 Uhr, dann hatten die Bomber ihre Fracht abgeworfen und drehten ab. Doch es war keineswegs vorbei. Eskortiert von der B-Gruppe der Jagdflugzeuge flogen die Fliegenden Festungen in Richtung Westen. Aber etwa hundert Mustangs stießen nun mit triumphierendem Geheul aus dem Rauch herab und machten Jagd auf Gelegenheitsziele. Ihre bevorzugten Ziele waren die Menschen an den Flussufern und im Großen Garten. Ich konnte, geduckt in meine Mulde, das Röhren der Flugzeugmotoren hören, das unentwegte Rattern der Maschinengewehre und dazwischen, wie aus weiter Ferne, die Schreie der Menschen. Das Flussufer lag keinen Kilometer entfernt.

Ich weiß nicht, wie lange ich in der Mulde hockte. Als ich herauskroch, von Staub und Rußflocken bedeckt, fehlte mir jeder Mut, in die Stadt zurückzukehren. Dass ich die alte Dame enttäuscht hatte, machte mir ein schlechtes Gewissen. Ich sagte mir immer wieder, dass es für die Frau unmöglich gewesen sei, während des neuerlichen Bombardements auf der Straße auszuharren und auf mich zu warten, und dass die Chance, sie nun in diesem erneuten Chaos zu finden, gleich null war. Aber das Gefühl, versagt zu haben, begleitete mich noch eine ganze Weile.

Der vierte Angriff kam am nächsten Tag. Ich war daheim in Gönnsdorf. Fast schien es so, als ob die Leute resigniert hätten. Kaum noch jemand flüchtete sich in die Keller. Die Menschen fragten sich, warum die Alliierten eine Stadt bombardierten, die es nicht mehr gab. Innerhalb von vierzig Stunden hatte die Elbmetropole vier gewaltige Luftangriffe erlebt. Eine riesige schwarze Wolke hing über dem Ort, der früher einmal Dresden gewesen war. Noch wenige Tage vorher konnte man vom Hügel hinter Gönnsdorf die märchenhafte Silhouette der Stadt bewundern, das Schimmern ihrer Häuser im Sonnenlicht. Jetzt war sie ausradiert, ausgelöscht, scheinbar für immer. Dresden – das schien uns wie die Erzählung aus einer fernen Welt, aus einer anderen Zeit.

Nach dem Angriff vom 15. Februar herrschte eine kurze Weile Ruhe am Himmel über Dresden. Manche nannten es Totenruhe. Es gab einige kleinere Angriffe, aber für die Menschen, die dabei ums Leben kamen, und für ihre Angehörigen spielte die Frage, ob es ein kleiner oder ein großer Angriff war, keine Rolle. In der Beschreibung der Ereignisse und in der Rückschau auf die Vergangenheit gerinnen alle diese großen und kleinen Tragödien zu Zahlen, zu Fakten und Statistiken. Aber zu jedem toten Menschen gehören Gedanken und Taten, ob gute oder schlechte, gehören Träume, unverwechselbare Geschichten und Angehörige, die um ihre Toten trauern. So potenzieren sich Leid und Verluste.

Kurz nach den Luftangriffen vom Februar geschah etwas im Dorf, was die Angst und das Misstrauen illustriert, die unter den Menschen herrschten. Es waren Gerüchte im Umlauf, dass die Alliierten das Chaos nach den Angriffen genutzt hatten, um Agenten und Spione in Dresden, aber vor allem in der Umgebung, mit Fallschirmen abzusetzen. Es gab schon seit Jahren Warnungen, um die Aufmerksamkeit der Bevölkerung zu schärfen: »Achtung! Feind hört mit.«

Nach den Angriffen erhielt das latente Misstrauen der Menschen gegenüber Fremden neue Nahrung. Ich weiß nicht mehr genau, ob die Bombardements den Hass auf die Feinde geschürt haben. Auf alle Fälle hatten die Menschen erlebt, wozu der Gegner fähig war und dass er keine Gnade kannte. Mit diesen Erfahrungen war es kein gutes Gefühl, dass sich jetzt feindliche Agenten unter die Leute mischen sollten.

Es war ungefähr eine Woche nach den Angriffen, als ich abends nach Hause kam und die Bewohner unseres Hauses in heller Aufregung fand. Ich erfuhr, dass etwa eine Stunde vorher zwei Fremde, ein Mann und eine Frau, ins Dorf gekommen waren und nach einer Unterkunft gefragt hatten. Beide gut gekleidet und etwa dreißig bis vierzig Jahre alt. Der Mann hatte mit einem starken Akzent gesprochen, die Frau hatte geschwiegen. Sie hatten sich als Angehörige der Gestapo, der gefürchteten Geheimpolizei, ausgegeben und von meinem Onkel ein Zimmer für die Nacht verlangt. Meine Cousine Else, welche im ersten Stock des Hauses wohnte, hatte voller Angst ihr Schlafzimmer zur Verfügung gestellt. Selbst in den Wirren des nahenden Kriegsendes schien es immer noch gefährlich, Forderungen der Gestapo abzulehnen. Die beiden waren sofort im Schlafzimmer verschwunden und nun spekulierte die ganze Familie, ob die Fremden wirklich zur berüchtigten Geheimpolizei gehörten und was sie in diesem Falle in Gönnsdorf wollten oder ob sie, schlimmer noch, ausländische Agenten waren. In jedem Fall schien Gefahr im Verzug.

Wir beschlossen, die Polizeistation in Weißig über die merkwürdigen Fremden zu informieren. Nach einem Anruf dort erschien auch prompt der Leiter der Dienststelle persönlich. Es war erstaunlich, dass die Stromversorgung und die Telefonverbindungen im Hochland nach den Bombardements noch funktionierten. Ich nahm an der Haustür den Polizeibeamten in Empfang.

Der grinste mich an und sagte: »Na, wir kennen uns doch. Es wäre gut, wenn du deine Pistole holst. Die hast du doch wiederbekommen.«

Jetzt erkannte ich den Polizisten, der mich damals wegen des Fünfundvierziger Colts verhört hatte.

Else hatte inzwischen an der Schlafzimmertür gelauscht. Aufgeregt berichtete sie, dass die beiden Fremden anscheinend einen fremdsprachigen Sender mit einem Radio abhörten, das sie mitgebracht haben mussten.

Der Polizeimeister schaute mich nachdenklich an: »Na, dann hol mal deine Waffe. Schießen ist diesmal ausdrücklich erlaubt, wenn es notwendig werden sollte. Wir wollen uns die beiden mal anschauen.«

Es war nicht nötig, meine Walther PKK zu holen. Ich hatte sie in der Jackentasche, seit ich von den unerwünschten Besuchern gehört hatte.

Der Polizist ließ sich von meinem Vater und Onkel Max noch einmal ihre Eindrücke schildern, dann winkte er mir, ihm zu folgen. Vor der Schlafzimmertür zog er seine Dienstpistole aus dem Gürtelholster, entsicherte sie und wies mich mit einer Kopfbewegung an, das Gleiche zu tun.

Er nickte mir zu: »Fertig?«, und klopfte hart an die Tür. Nahezu im selben Moment stieß er sie auf. Else hatte uns gesagt, dass die Tür unverschlossen sei, weil kein Schlüssel dafür existierte. Wir stürmten in das Zimmer, um das Überraschungsmoment auf unserer Seite zu haben. Das Zimmer wurde von einer kleinen Lampe nur schwach erleuchtet. Die Fremden lagen halb angezogen im Bett, mit den Köpfen zusammen, und lauschten der Stimme eines Mannes, die aus einem kleinen militärischen Radiogerät drang. Es erinnerte mich eher an die Funkgeräte, die ich in der Pionierschule in Dessau-Roßlau gesehen hatte.

Die beiden schreckten hoch und erstarrten, als sie uns mit den Waffen im Anschlag sahen. Sie dachten nicht einmal daran, das Radio auszuschalten. Der Sprecher erläuterte gerade auf Englisch die Bewegungen im Frontverlauf und die alliierten Erfolge des Tages.

Der Polizist forderte die unwillkommenen Besucher auf, sich auszuweisen. Er ließ keinen Zweifel, dass er bei der geringsten Irritation seine Waffe benutzen würde. Mit zitternden Händen holte der Mann zwei Ausweise aus der Tasche, welche ihn und die Frau als Angehörige der Gestapo identifizierten. Der Polizist fragte barsch, was der Grund ihres Aufenthaltes in einem so unbedeutenden Nest wie Gönnsdorf sei und welche Pläne sie für den morgigen Tag hätten. Der Fremde, der zusehends seine Sicherheit wiedergewann, antwortete, dass sie den Befehl hätten, sich am kommenden Tag im Hauptquartier der Gestapo in Dresden zu melden. Da sie aber schon heute in der Gegend angekommen seien und die Gefahr neuerlicher Luftangriffe auf Dresden nicht von der Hand zu weisen sei, hätten sie es vorgezogen, eine Übernachtungsmöglichkeit auf dem Lande zu finden. Ihr Auftrag stünde unter Geheimhaltung und sie seien nicht willens, uns weitere Auskünfte zu geben.

Wir ließen die beiden im Zimmer zurück. Der Wachtmeister unterrichtete meinen Vater von dem Gespräch und unterstrich seinen Eindruck, dass die Papiere echt seien und auch die grundsätzliche Sicherheit, welche der Mann schnell zurückerlangt habe, zweifelsfrei auf einen offiziellen Beamten hindeuten würde. Er entschied, dass unter diesem Eindruck heute nichts zu tun bliebe, als die beiden ungestört in dem Zimmer zu belassen. Nichtsdestotrotz wollte er morgen in aller Frühe einen jungen Beamten aus Weißig schicken, der den beiden unauffällig in die Stadt folgen solle. Er würde uns später von den Beobachtungen berichten. Die Fremden verließen Gönnsdorf am nächsten Morgen und mein Vater erfuhr, dass der Beamte den mysteriösen Besuchern tatsächlich nach Dresden hinein bis zur Mordgrundbrücke gefolgt war. Als Mordgrund wurde ein tief eingeschnittenes Tal unterhalb des Kurortes Weißer Hirsch bezeichnet, weil dort vor vielen Jahrhunderten ein tödliches Verbrechen begangen worden sein sollte. Über die Mordgrundbrücke fuhren die Straßenbahnen der Linie 11 bis nach Bühlau. Von der Brücke konnte man bachaufwärts in das Tal blicken. Am Eingang des Tales befand sich ein riesiger Steinbruch, der sich im ersten Jahr des Krieges plötzlich in eine streng bewachte Baustelle verwandelte. Der angrenzende Wanderweg wurde gesperrt und aus dem Steinbruch drang Baulärm bis weit nach Einbruch der Dunkelheit. Die Passagiere der vorbeifahrenden Straßenbahnen drängten sich anfangs an den Fenstern, um einen Blick auf die in den Fels getriebenen Stollen und die riesigen Geröllhaufen zu werfen, die weitere Einblicke verwehrten. Es blühten die Gerüchte und Spekulationen, aber der wahre Zweck dieser geheimen Bauarbeiten blieb bis zum Kriegsende verborgen. Nach dem Bericht des jungen Polizeibeamten hatten die beiden Fremden das Gelände zielsicher angesteuert und waren umstandslos eingelassen worden, nachdem sie ihre Papiere vorgezeigt hatten. Sie waren wohl tatsächlich Angehörige der Gestapo.

Nach dem Krieg wurde bekannt, dass in den Fels des Steinbruchs eine umfangreiche und stark gesicherte Bunkeranlage getrieben worden war, welche im Ernstfall, der mit der Bombardierung der Stadt eingetreten war, als Ausweichquartier für die »Höhere SS- und Polizeiführung Elbe, Standort Dresden« dienen sollte. Allerdings wurde der Bunker nie fertiggebaut. Nach den Angriffen vom 14. und 15. Februar, bei denen das Polizeipräsidium zerstört wurde, zogen tatsächlich vorübergehend die höheren Polizeikräfte in diese unterirdische Anlage. Kurz nach dem Krieg dienten die Räume als Notlazarett und Obdachlosenunterkunft, dann wurden sie verschlossen.

Am 2. März, kurz vor dem Geburtstag von Erika, war ich bei ihr in der Stadt, als ein weiterer Luftangriff auf Dresden erfolgte. Diesmal war offenbar die Neustadt das Ziel. Insgesamt vierhundert B-17-Bomber und Hunderte Begleitjäger hatten zunächst das Hydrierwerk Schwarzheide in der Lausitz angeflogen, wo kriegswichtige synthetische Kraftstoffe hergestellt wurden, waren aber wegen der ungünstigen Wetterbedingungen auf das geplante Ersatzziel Dresden ausgewichen. Ab 10.30 Uhr fielen 853 Tonnen Sprengbomben und 127 Tonnen Brandbomben auf das ebenfalls wolkenverhangene Stadtgebiet. Wieder wurde die Altstadt getroffen, aber diesmal auch weite Teile der Neustadt, die Marienbrücke, die Wohngebiete an der Waldschlösschenstraße, Tolkewitz und Laubegast, Hosterwitz, Loschwitz und das Lazarettschiff »Leipzig«. Wegen der schlechten Sicht fiel ein Teil der Bombenlast auch in die Elbe.

Ich war mit Erika und ihrer Mutter in den Keller ihres Mietshauses geflüchtet. Die Wände wackelten und bebten, aber sie hielten stand. Als die Detonationen verklungen und keine Flugzeuggeräusche mehr zu hören waren, meinte ein Junge in unserem Alter, der im selben Haus wohnte, dass man den Keller nun verlassen und draußen nachschauen müsse, wie groß die Schäden seien.

Das Haus gegenüber war von einer Bombe getroffen worden, die Fassade war abgesprengt und lag in Trümmern auf der Straße. Es erinnerte an eine altmodische Puppenstube, man sah die Möbel und die Bilder in den offenen Zimmern. Wir ahnten, was nun passieren würde. Die Flugzeuge kamen zurück. Nach den Sprengbomben fielen in der Regel Stabbrandbomben auf die schon zerstörten Häuser. Die zündeten nicht beim Aufschlag, sondern mit einer Verzögerung von wenigen Minuten, und setzten einen phosphorähnlichen Brennstoff frei. Ungefähr jede zehnte dieser Bomben enthielt zudem einen zusätzlichen Sprengsatz, meist eine Handgranate, die beim Aufprall scharfgestellt wurde, um die Verteidiger der Häuser daran zu hindern, die Bomben auf die Straße zu werfen. Es waren kleine Bomben, die kaum zwei Kilogramm wogen. Wir rannten die Treppen des Hauses hinauf und warfen sämtliche Stabbrandbomben, derer wir habhaft wurden, auf die Straße hinunter. Keine explodierte in unseren Händen. Ich glaube, wir haben das Haus gerettet. Es überstand den Krieg, auch wenn es eine neue Fassade brauchte.

Es war das letzte Mal, dass ich in einen Bombenangriff geriet. Im Keller hatte die Angst von mir Besitz ergriffen, aber als wir ihn verließen, um das gegenüberliegende Haus zu retten, wiederholte sich die Erfahrung, die ich ein Jahr vorher in Frankfurt gemacht hatte: dass die Angst vergeht, wenn man seine Starre überwindet und die Initiative ergreift.

Am 17. April flog die US Air Force einen letzten großen Angriff auf Dresden. Wieder warfen fast tausend Flugzeuge mehr als anderthalbtausend Tonnen Sprengstoff auf die Stadt. Es war ein Bombenteppich, mit dem die ganze Stadt überzogen wurde. Erst mit diesem Angriff wurden die meisten Bahnhöfe der Stadt schwer beschädigt und der Bahnverkehr wirksam unterbrochen.

Da aber hatte ich Dienst im Hochland. Wir sahen, dass plötzlich deutsche Messerschmitt-Jäger aufstiegen und die Bomber attackierten. Eines der Bombenflugzeuge drehte ab und verschwand mit einer langen Rauchfahne hinter den Hügeln der Sächsischen Schweiz. Tatsächlich wurden bei diesem Angriff acht Bomber abgeschossen. Wesentlich größer waren die Verluste der deutschen Luftwaffe, weil die Alliierten auch den nahen Militärflugplatz angriffen, wo viele Abfangjäger wegen Treibstoffmangels am Boden standen.

Mit den Luftangriffen ging eine Epoche zu Ende. So schön, wie es die Menschen seit Jahrhunderten kannten, wie ich es in meiner Jugend erlebt hatte, konnte Dresden nie wieder aufgebaut werden.

Die Flüchtlingskolonnen, welche die Stadt überflutet hatten, zogen weiter nach Chemnitz, zumindest die, welche die Angriffe einigermaßen unbeschadet überstanden hatten. Nun wurde Chemnitz zum nächsten Ziel der Bombengeschwader. Die Strategie der britischen Luftwaffe, Flüchtlingstrecks anzugreifen, um Chaos zu stiften und den Nachschub für die deutschen Truppen zu unterbinden, indem man die großen Bahnhöfe zerstörte, setzte sich bis zum Kriegsende fort. Dann war auch Chemnitz dem Erdboden gleichgemacht.

Die ersten vier großen Luftangriffe auf Dresden brachten keine kriegsentscheidenden militärischen Vorteile. Keine der wichtigen Elbbrücken wurde zerstört. Die Eisenbahnschienen wurden binnen Stunden repariert, weshalb die Truppenbewegungen nicht entscheidend behindert waren. Die Kasernen rings um Dresden entgingen der Zerstörung ebenso wie viele Industriegebiete am Rande der Stadt.

Die Zahl der Opfer dieser Luftangriffe wird man wohl nie genau bestimmen können. Schon die Schätzungen, wie viele Menschen sich um den 13. und 14. Februar in der Stadt aufgehalten haben, unterschieden sich um Hunderttausende Opfer. Erste Prognosen sprachen von 600 000 Toten. Diese Zahl wurde später auf 300 000 reduziert. Heute gehen die Historiker in ihren Forschungsberichten von 25 000 Toten aus. Aber es gab keine Chance, die Toten wirklich zu zählen. Letztlich beruht jede dieser kühlen Zahlen auf Schätzungen. In der ganzen Stadt wurden die Leichen hastig begraben, Leichenteile in schnell ausgeworfenen Gruben verscharrt. Noch jahrelang fand man in den Trümmern menschliche Überreste. Man unternahm einen Versuch, die Schädel zu zählen, die über Monate gefunden wurden. Das Ergebnis diese Schädelzählung führte zu einer statistischen Hochrechnung, die 30 000 Tote ergab. Andere Schätzungen gehen von 40 000 bis 80 000 Toten aus. Viele der alten Dresdner, welche die Angriffe erlebt und die vielen Opfer gesehen haben, glauben heute noch, dass eine Viertelmillion der Wahrheit näherkommen könnte.

Aber das sind nur Zahlen, Rechnungen, Tabellen, die nichts von den Schicksalen erzählen.

Die Luftangriffe beendeten auch meine Oberschulzeit. Bis zum Ende des Krieges blieb die Schule geschlossen. Einige Tage nach dem Luftangriff vom 15. Februar nahm ich all meinen Mut zusammen und fuhr mit dem Rad in die Altstadt in der Hoffnung, etwas über das Schicksal meines Freundes Fritz Grönert zu erfahren. Die Atmosphäre auf der anderen Seite des Flusses war unwirklich, drückend, erschreckend. Immer noch hing ein beißender Rauchgeruch in der Luft. Es gab schmale Passagen zwischen den Trümmern, welche die ehemaligen Straßen und Gassen ahnen ließen. Überall ragten verkohlte Balken aus dem Schutt. Als ich den Neumarkt erreichte, stand ich vor der Ruine der Frauenkirche. Von diesem Wahrzeichen Dresdens, Motiv vieler Gemälde, Ort vieler historischer Begegnungen, war nur ein Schuttberg geblieben, der Tage nach der Apokalypse noch rauchte.

Kriegsgefangene und Freiwillige sammelten Leichen und einzelne Gliedmaßen ein, warfen sie auf Pferdewagen und fuhren ihre schreckliche Ladung zum Altmarkt, wo die Toten und das, was von ihnen übrig war, auf riesigen Scheiterhaufen verbrannt wurden. Ich sah einen alten Mann, der ein zerbrechliches Handwägelchen zog, beladen mit einem Bündel, das wie eine Leiche aussah. In den Kellern unter den Trümmerbergen bargen Familien die Körper ihrer toten Angehörigen und beerdigten sie auf den Friedhöfen außerhalb der Stadt. An den Mauern der Ruinen las ich Zeilen wie: »Mutter, wo bist du? Wir leben, du kannst uns finden bei …«

Ich fand das Haus, in dem Fritz gewohnt hatte. Es war ausgebrannt wie alle Häuser in dieser Straße. Nur Teile der Mauern und Fassaden standen noch, heruntergebrochen auf die Hälfte ihrer ursprünglichen Höhe. Dunkle Löcher markierten die Stellen, wo früher Fenster gewesen waren, hinter denen Menschen gelebt und gelacht hatten.

An die Mauer des Hauses, in dem mein Freund lebte, hatte jemand mit Kreide in großen Buchstaben geschrieben: »Aus diesem Keller alle Leichen entfernt.« Noch hatte ich die Hoffnung, dass Fritz, der Abenteuersucher und Nachtschwärmer, während der Angriffe nicht zu Hause gewesen sein könnte. Später erfuhr ich, dass er während der ersten beiden Angriffe umgekommen war, erstickt im Keller des Hauses.

Bedrückt und ratlos lief ich weiter zum Altmarkt. Ich bemerkte nach einiger Zeit, dass der Gestank in der Luft nicht länger an brennendes Holz erinnerte. Der Geruch von brennendem Holz ist würzig und mild, aber hier roch die Luft nach kaltem, verkohltem Holz, nach Ruß, nach verbrannten Steinen und nach Tod. In der Luft lag der Ruch von Verwesung und brandigen Knochen.

Wer einmal den Gestank erlebt hat, der von einem zerbombten, ausgebrannten Haus ausgeht, der wird ihn nie wieder vergessen.

Auf dem Weg zur Moritzstraße, wo Fritz gewohnt hatte, und zum Altmarkt wurde ich zweimal von Wehrmachtssoldaten angehalten und nach den Gründen für meinen Weg durch diese Trümmerwüste gefragt. Ich zeigte mein Armband mit der Aufschrift »Kriegseinsatz-Führer« vor, das ich für meine Einsätze am Bahnhof erhalten hatte, und durfte passieren.

Doch bevor ich den Altmarkt erreichte, wurde ich von einem weiteren Posten angehalten, der mir das Weitergehen endgültig verbot. Am Posten vorbei und über die Trümmer hinweg konnte ich dennoch einen Blick auf den großen Platz werfen.

Der Altmarkt war ein Abbild der Hölle. Hier hatte sich in der Nacht vom 13. zum 14. Februar unter allen Tragödien die vielleicht schrecklichste abgespielt. Vor den Angriffen hatte die Stadtverwaltung einen riesigen, offenen Wasserbehälter aufstellen und mit Löschwasser für den Ernstfall füllen lassen. Dieses Bassin war bestimmt zwei Meter tief. Während des ersten Angriffs sprangen viele Menschen auf der Flucht vor den Feuerwalzen in das Becken und kamen in dem Wasser, das ihnen Rettung sein sollte, um. Die Temperaturen am Altmarkt stiegen auf mehrere hundert Grad. Das Wasser begann zu sieden und verdampfte dann. Die Menschen wurden gekocht.

Auf dem Platz lagen riesige Leichenberge, die anscheinend mit Flammenwerfern verbrannt wurden, weil das Holz für die Scheiterhaufen ausgegangen war. Ich glaubte mich in einem apokalyptischen Traum gefangen und floh von dieser Stätte des Grauens. Später sah ich Fotos, die dokumentierten, dass meine Beobachtungen an diesem Tag kein Traum gewesen waren.

Erika hatte auch den letzten Luftangriff überlebt. Das Kontor, in dem sie eine Lehrstelle bekommen hatte, blieb geschlossen. Wir trafen uns oft, wanderten in der Dresdner Heide, wo der Frühling begann und zumindest für ein paar kostbare Augenblicke all das Grauen fern und unwirklich erscheinen ließ. Oft kam sie nach Gönnsdorf, wo es keine zerstörten Häuser gab und nicht dieser permanente Brandgeruch die Luft verpestete. Diese erste, unschuldige Liebe überdauerte das Kriegsende um vier Wochen, bevor mein Leben in den sich immer schneller drehenden Wirbel des Untergangs des sogenannten Dritten Reiches gezogen wurde.

Es war eine irre, eine gewalttätige, eine brutale Zeit, in der Tod und Abrechnung, Lüge und Verrat, Angst und Verzweiflung, Flucht und Überleben ins Buch der Geschichte eingeschrieben wurden.

Gönnsdorf blieb nicht unberührt von den Wirren des Zusammenbruchs, aber manchmal erschien es wie eine Insel inmitten des Wahnsinns.

Die letzten Tage des Krieges

Am 1. April erreichte mich über meine Vorgesetzten beim Jungvolk der Befehl, mich noch am selben Tag zum Dienst im Gasthof Erbgericht in Schönfeld einzufinden, einem Dorf, das etwa vier Kilometer von Gönnsdorf entfernt lag und der Gegend ihren Namen gab. Den gleichen Befehl erhielten zwei meiner ehemaligen Klassenkameraden aus der Grundschule in Weißig, Horst Müller und Rolf Dietrich. Beide waren etwas jünger als ich, wir hatten aber in unserer Kindheit viele Stunden miteinander verbracht. Horst war in der Grundschule mein bester Freund gewesen. Als ich auf die Oberschule wechselte, trafen wir uns seltener, blieben einander aber verbunden.

Kurz nach uns traf eine weitere Gruppe von Jungen in unserem Alter ein, die aus Dresden und Radeberg kamen.

Empfangen wurden wir von mehreren Männern, Angehörigen der Wehrmacht und der Waffen-SS. Sie gehörten verschiedenen Waffengattungen an und trafen augenscheinlich auch zum ersten Mal aufeinander. Eines aber hatten sie gemeinsam – sie waren alle hochdekoriert mit den namhaftesten Orden, welche das Dritte Reich zu vergeben hatte. Ich kann nicht sagen, dass uns dies nicht beeindruckt hätte. Es waren Offiziere und Sturmbannführer dabei, aber auch ein Unteroffizier der Wehrmacht, soweit ich das sehen konnte. Ich hatte mich nie für die Hierarchie der SS interessiert und konnte ihre Ränge nicht bestimmen.

Einer der Männer hielt eine Liste in den Händen. Nachdem alle Jungen eingetroffen waren, die offenbar auf dieser Liste standen, wurden wir zusammengerufen. Ein Mann, welcher der Ranghöchste zu sein schien, stellte sich als SS-Obersturmführer Henry Schmidt vor und begann eine längere Ansprache, die an uns Jungen gerichtet war. Die anderen Männer schauten mit ernsten Mienen. Schmidt erklärte, dass mit dem Eindringen des Feindes an allen Grenzen des deutschen Reichsgebietes der Krieg in eine neue Phase getreten und es nun die Pflicht eines jeden Patrioten, eines jeden Deutschen sei, das Vaterland mit allen Mitteln zu verteidigen. Er sprach vom heroischen Kampf der Festung Breslau, deren Verteidiger sich nicht ergeben hatten und nun im Rücken der russischen Armee tapfer aushielten. Er erwähnte Kolberg und den Bürgeradjutanten Nettelbeck, welcher vor der Übermacht Napoleons nicht kapituliert hatte. Die Memoiren Nettelbecks waren im Dritten Reich ein Bestseller, auch ich hatte das Buch gelesen. Schmidt beschrieb mit markigen Worten, wie die deutschen Freikorps unter Lützow und Schill den Aufstand gegen die französische Besatzung eingeleitet hatten und wie Leo Schlageter nach dem vorherigen Weltkrieg gegen die Ausbeutung und Erniedrigung Deutschlands gekämpft hatte. Es war die Ahnengalerie des nationalsozialistischen Heldentums, welche der Offizier vor uns beschwor.

Dann kam er zum eigentlichen Grund unserer Einberufung. Er erklärte uns, dass wir ausgewählt seien, als die Besten unseres Gebietes, wie es die Liste beweisen würde, an einer Spezialausbildung des »Unternehmens W« teilzunehmen. Als Leiter der Ausbildung stellte er uns den SS-Hauptscharführer Aberlein vor, der neben ihm stand und streng blickte. Aberlein war kriegsversehrt. Man hatte ihm beide Beine amputiert. Wie sich bald herausstellte, stand er uns Jungen im Gelände an Beweglichkeit in nichts nach.

Der Buchstabe W stehe für »Werwolf«, referierte Schmidt weiter. Unsere Aufgabe sei es bald, uns von der Front überrollen zu lassen und hinter den Linien, im Rücken des Feindes und unter der wahrscheinlichen Besatzung, Kommandoaktionen durchzuführen. Dafür würden wir jetzt ausgebildet, dafür stünden wir mit unserer Ehre, unserem Mut und unserem Leben.

Nach seinen Ausführungen wurden gerade im ganzen Reich solche Gruppen ausgebildet und bewaffnet, die Elite der deutschen Jugend, die für ihre Zukunft zu kämpfen bereit war. Diese relativ kleinen Einheiten sollten konspirativ arbeiten und würden untereinander vernetzt. Ihre Einsatzbefehle sollten sie aus einer Zentrale im Norden Deutschlands erhalten. Für die Unterbringung und als Waffenversteck würden überall in den Wäldern versteckte Werwolf-Bunker vorbereitet.

Zum Schluss seiner Rede räumte Schmidt ein, dass die Teilnahme am Unternehmen Werwolf hohe Risiken bergen werde. Nur die Tapfersten wären bereit, sich den Gefahren zu stellen. Jedem von uns stünde es frei, jetzt von einer Verpflichtung zurückzutreten.

Unser Erstaunen war groß, als unser Unterbannführer, der von uns Jungen den höchsten Dienstgrad hatte, nach vorn trat und erklärte, dass sein Vater ihm die Teilnahme an einem solchen Unternehmen nicht erlaubt hätte. Wenn ich mich recht erinnere, hieß der Junge Brand. Sein Vater war ein ranghohes Mitglied der NSDAP und wusste anscheinend mehr über das geheimnisvolle Kommando-Unternehmen. Für mich und alle anderen Jungen war es unbekannt. Wir waren uns über die Tätigkeiten, die von uns verlangt wurden, nicht im Klaren und uns ebenso der Art möglicher Konsequenzen nicht bewusst. Für uns klang das nach Pflicht, Stolz und Heimatliebe. Dass ausgerechnet der Sohn eines hohen Funktionärs zu feige war, sich dem Unternehmen anzuschließen, beflügelte uns möglicherweise noch mehr. Später hörten wir von dem Gerücht, dass der Vater des Unterbannführers an der Erstellung der Liste beteiligt gewesen sein sollte.

Im Rückblick ist es schwer zu verstehen, dass mit Ausnahme dieses Jungen keiner von uns von diesem offensichtlichen Himmelfahrtskommando zurücktrat. Es war wohl eine Mischung aus Abenteuerlust und Stolz, die uns beflügelte. Feigheit war die verachtenswerteste Eigenschaft im Wertekanon, der uns jahrelang eingetrichtert worden war.

Der Obersturmführer verabschiedete sich, als er registrierte, dass wir anderen uns alle dem Unternehmen anschlossen. Wir sahen ihn noch einmal in den letzten Stunden des Krieges während der Ausbildung. Diesmal verabschiedete er sich mit den Worten: »Deutschland hat den Krieg verloren, aber wir kommen wieder.«

Viele Jahre später erfuhr ich, dass jener Obersturmführer Schmidt ein besonders brutaler Polizeioffizier und als verantwortlicher Referatsleiter der Gestapo für die Deportation der Dresdner Juden zuständig war, dass vielleicht seine Unterschrift unter der Liste stand, auf welcher die »Abholung« unseres Hausarztes Dr. Bergmann befohlen wurde. Nach dem Krieg tauchte Schmidt unter und lebte im Thüringischen ein kleinbürgerliches Leben, bis in den Achtzigerjahren seine wahre Identität aufgedeckt wurde. Im letzten großen Kriegsverbrecherprozess der DDR wurde er 1987 zu lebenslanger Haft verurteilt.

Bevor unsere Ausbildung zu »Werwölfen« begann, erhielten wir ein Dokument, das uns als Angehörige der deutschen Wehrmacht ausweisen sollte. Es forderte jeden Deutschen dazu auf, dem Besitzer dieses Dokuments jegliche gewünschte Unterstützung zu gewähren. Das Dokument hatte weder ein Foto, noch waren der Name oder irgendeine Identifikation darauf zu lesen. Es war hastig mit Schreibmaschine auf gewöhnliches Papier geschrieben und sah bis auf den imposanten Stempel ziemlich stümperhaft aus.

Was wir nicht wussten und was uns Schmidt zwischen seinen vielen patriotischen Worten wohl bewusst verschwiegen hatte: Wir waren mitnichten Angehörige der Wehrmacht. Wir waren Freischärler, gewaltbereite Zivilisten, Terroristen und fielen nicht unter die Bestimmungen der Genfer Konvention zum Umgang mit Kriegsgefangenen. Für die Sieger waren wir gefährliche Kriminelle.

Im September 1944, als die Fronten sich um Deutschland schlossen, hatte der Reichsführer der SS, Heinrich Himmler, den SS-Obergruppenführer Hans-Adolf Prützmann angewiesen, kleine Spezialkommandos für Sabotageakte hinter den feindlichen Linien zusammenzustellen. Dafür wurden Freiwillige gesucht, aber das Interesse unter den SA- und SS-Leuten, auch unter den Parteifunktionären, war angesichts des sicheren Zusammenbruchs des Dritten Reiches ausgesprochen gering. Bis Ende 1944 hatten sich gerade einmal 5000 Freiwillige gemeldet. So wurde den Wehrmachtsverbänden befohlen, aus ihren Reihen eine bestimmte Anzahl von Untergrundkämpfern abzustellen. Große Teile der Wehrmacht jedoch befanden sich schon in der Auflösung. Dann beschloss Prützmann, seine Truppe mit Jugendlichen aus der Hitlerjugend und dem Jungvolk aufzufüllen.

Unsere Ausbildung begann schon am nächsten Tag. Zu Beginn stand der theoretische Unterricht im Vordergrund. Wir lernten die verschiedenen Arten von Sprengstoff und ihre Eigenschaften kennen. Der Fachbegriff für das Füllpulver 02 war Amatol. Das war weitgehend unempfindlich gegen Wärme, Kälte und Stoßkräfte. Schwieriger war der Umgang mit der Granatfüllung 88, die Pikrinsäure enthielt, oder mit Neolit, das die stärkste Sprengwirkung hatte und wie ein Brikett aussah. Wir lernten die Wirkweise von plastischem Sprengstoff kennen. Ich erinnere mich an Sprengpatronen,

Ein-Kilogramm-Sprengbüchsen, Drei-Kilogramm-Geballte-Ladungen, an die Haft-Hohlladung und die Knallzündschnur.

In der nächsten Stufe der Ausbildung lernten wir den Umgang mit diesen Sprengstoffen. Wir übten das Anbringen der Knallquecksilber-Zündkapseln an die Zündschnur, das Anbringen eines Zündmechanismus am anderen Ende der Schnur, das Kneten des plastischen Sprengstoffs, das Zünden und die Sicherheitsvorkehrungen. Das war ein gefährliches Wissen in den Händen unreifer Jugendlicher.

Ich muss gestehen, dass mich diese Lehrstunden faszinierten. Es war alles ganz anders als im Film, viel komplizierter und technischer. Der Sprengstoff explodierte nicht, wenn man ein brennendes Streichholz darunter hielt. Man brauchte dazu Sprengkapseln und für die plastischen Sprengstoffe zusätzlich einen Detonator. Es war nicht möglich, die Zündschnur mit einem Feuerzeug zu zünden und manche Sprengstoffe waren ohne Zusatzkomponenten so ungefährlich, dass man auf ihnen Kaffee kochen konnte.

Parallel zu den Sprengstofflektionen erhielten wir eine Ausbildung an verschiedenen Waffen. Wir lernten alles über ihren Aufbau und ihre Funktionen. Immer wieder nahmen wir sie auseinander und setzten sie wieder zusammen, bis wir die Handgriffe im Dunkeln beherrschten. Wir übten Laufwechsel, Schlosswechsel und die schnelle Beseitigung von Ladehemmungen am Maschinengewehr 42.

Der theoretischen Ausbildung folgte die praktische Anwendung. Vom Erbgericht in Schönfeld führte die Straße nach Reitzendorf in Richtung Süden. Ungefähr fünfhundert Meter nach der Ortsgrenze traf diese Straße in spitzem Winkel auf die Malschendorfer Straße. Unweit dieser Gabelung am Galgenberg befanden sich zwei kleine Wäldchen, die durch ein schmales Tal getrennt waren. In beiden Wäldchen gab es eine Sandgrube, die jedoch seit Beginn des Krieges stillgelegt waren. Ein gutes Gelände für Kriegsspiele. Hier hatten in den vergangenen Jahren die meisten Übungen des Jungvolks stattgefunden. Jetzt wurde dieses Gebiet unser Ausbildungsgelände mit einem ungleich ernsteren Hintergrund.

Wir marschierten täglich hinaus zu den Sandgruben und schossen mit unseren Maschinengewehren, warfen Handgranaten, legten Sprengsätze und übten mit sogenannten Partisanen-MPs.

Das waren interessante Waffen. Die Maschinenpistolen waren von englischen Flugzeugen über Frankreich für die französischen Résistance-Kämpfer abgeworfen, aber vor den Partisanen von den Deutschen gefunden worden. Nun hatte man einige Werwolf-Einheiten damit ausgestattet. Man konnte diese Kaliber-Neun-Millimeter-Waffen in mehrere Einzelteile zerlegen und die Teile in den Jackentaschen unterbringen.

Dieses Spezialwissen sollte den kleinen Werwolf-Gruppen helfen, im Rücken des Gegners Sabotageakte auszuführen.

Aberlein, unser Ausbilder, jagte uns durch das Gelände. Mit seinen Beinprothesen war er genauso schnell wie wir. Als Krücke hatte er sich ein MG-42 unter den Arm geklemmt und brüllte seine Befehle.

Nachts übten wir mit Attrappen das Anbringen von Sprengladungen an den Schienen der Eisenbahn. Dabei kam es zu einer absurden Situation. Trotz seines Alters von knapp sechzig Jahren, seiner Verwundung aus dem Ersten Weltkrieg und seiner Lungenkrankheit war mein Vater zum Volkssturm eingezogen worden, zum allerletzten Aufgebot, das die Nazis in ihren verlorenen Krieg zu schicken bereit waren. Vater ertrug das Ganze mit Humor. Zwischen Gönnsdorf und Schönfeld, am Rand von Cunnersdorf, lag ein Bahnhof der Schönfelder Hochlandbahn. Diese Strecke bestand nur dreiundvierzig Jahre, von 1908 bis 1951, erfreute sich aber bei den Dorfbewohnern wie auch den Ausflüglern großer Beliebtheit. Nun musste mein Vater am Tage mit seiner Veteranentruppe vom Volkssturm die Verteidigung dieser Bahnlinie üben, die wir nachts zu sprengen trainierten. Vater nannte es ein treffendes Beispiel für den Wahnsinn in dieser Zeit.

Wie schon erwähnt, fand der letzte Luftangriff auf Dresden am 17. April statt. An diesem Tag übten wir in einer der Sandgruben, als wir am späten Mittag die Sirenen in den umliegenden Dörfern hörten. Wir warfen uns in die Sandgrube und beobachteten über den Rand den Anflug der aus südlicher Richtung sich nähernden Bomberverbände. Die Flugzeuge entledigten sich ihrer Last über dem gesamten Stadtgebiet. Wie schon bei den vorherigen Angriffen war von Gegenwehr nichts zu sehen. Plötzlich jedoch erschien zu unserem Erstaunen ein einzelnes deutsches Jagdflugzeug und griff den Bomberverband an. Wir konnten deutlich das Aufblitzen der Waffen an Bord des Jägers sehen, wie auch das Mündungsfeuer der Abwehrwaffen des angegriffenen Feindflugzeuges. Es war ungewöhnlich, dass keiner der amerikanischen Mustang-Jäger in der Nähe flog. Der angegriffene Bomber löste sich aus dem Verband und versuchte, dem Jäger in Richtung Süden zu entkommen. Immer wieder griff der Jäger den Bomber von hinten an, der antwortete mit wütendem Abwehrfeuer. Dann quoll schwarzer Rauch aus der rechten Tragfläche des Bombers und mehrere schwarze Punkte lösten sich von der Unterseite des Rumpfes. Der Kampf war entschieden. Die Besatzung des Bombers versuchte, sich mit Fallschirmen zu retten, bevor das brennende Flugzeug, nun ohne seine Besatzung, in Richtung Pirna hinter dem Horizont verschwand.

Am 30. April wurde im Rundfunk bekannt gegeben, dass Adolf Hitler, der Führer und Reichskanzler, bei einem Ausfall aus dem Bunker der Reichskanzlei an der Spitze eines Stoßtrupps gefallen sei und vorher Admiral Karl Dönitz zu seinem Nachfolger bestimmt hatte. Keiner von uns Jungen zeigte Emotionen. Es gab keinen Jubel, es gab keine Trauer, nur Gleichgültigkeit. Auch für unsere Ausbilder schien der Tod ihres Führers kein bedeutendes Ereignis zu sein. Die theatralische Ansage des Radiosprechers, dass Hitler aufrecht kämpfend den Heldentod gestorben sei, wirkte abgeschmackt.

Nur unter den Arbeitern im Schönfelder Rittergut löste die Nachricht eine gewisse Aufregung aus. Wir hatten keinen Kontakt zu ihnen. Ich wusste nicht, ob sie Zwangsarbeiter oder Kriegsgefangene waren. Nun hörten wir, wie sie laut in einer fremden Sprache diskutierten.

Auch in Gönnsdorf war der Tod des Führers kein Thema, über das groß gesprochen wurde. Der Krieg war verloren, der Führer war tot. Unweit standen die Russen und die Saaten mussten ausgebracht werden. So war das Leben. Für die Bewohner des Dorfes war es wichtiger, das Leben nach der Niederlage zu organisieren und sich auf die unausweichliche Ankunft der Roten Armee vorzubereiten.

Wilhelm Herkner, unser Nachbar, schwang sich zum »Dorfkommissar« auf. Herkner war ein seltsamer Mann, dem alle im Dorf mit Vorsicht begegneten. Er war ein Angeber und Sprücheklopfer.

Er hatte mehrere Geschäfte begonnen, aber keines wirklich zum Erfolg gebracht. Eine Zeit lang betrieb er eine Reparaturwerkstatt für Radios im Dorf. Keiner wusste, ob er ein Spitzel war. Zu Beginn der Nazizeit war er Nationalsozialist, am Ende des Krieges Nazigegner und für ein paar Wochen auch Kommunist. Als die Front näher rückte, räumte der Kriegsbetreuungsdienst der Hitlerjugend das Herrenhaus in Gönnsdorf. Das heißt, die Angestellten verschwanden und nahmen wohl noch etliche Weinkisten mit. Die Bücher ließen sie liegen. Herkner befahl nun, die Schützengräben, welche die Männer vom Volkssturm kurz zuvor zur Verteidigung des Dorfes ausgehoben hatten, mit diesen Büchern aufzufüllen und mit Erde zu bedecken.

So wurde in Gönnsdorf die Literatur des Dritten Reiches beerdigt.

Für uns Jungen war unklar, ob wir noch irgendeiner Kommandostelle zugeordnet waren. Die letzte Nachricht, welche uns die Ausbilder von dort übermittelt hatten, war die Information, dass das Unternehmen Werwolf abgebrochen sei und wir an einer sofortigen Umschulung zum Panzerjagdkommando teilnehmen müssten. Gemeinsam mit dieser Information traf eine LKW-Ladung mit Panzerfäusten in Schönfeld ein, die wir im Keller des Erbgerichts lagerten. Die Panzerfaust, das wusste ich aus den Schulungen in Dessau-Roßlau, war eine gefährliche Waffe. Sie hatte eine Schussweite von einhundertfünfzig Metern. Auf diese Entfernung hatte sie sich als ziemlich wirksam gegen jede Panzerung erwiesen. Um einen fahrenden Panzer aber sicher zu treffen, musste man diesen bis auf weniger als hundert Meter herankommen lassen. Verfehlte man sein Ziel, lief man das Risiko, den Heldentod zu sterben.

In einer der Sandgruben stand eine alte, rostige Lokomobile. Eigentlich hätte sie ins Museum gehört, uns aber diente sie bei den Übungen als Kulisse. Nun wurde sie die Zielscheibe für unsere Ausbildung an der Panzerfaust. Als von dem Gerät nur noch ein undefinierbarer Haufen Schrott übrig war, beschlossen unsere Ausbilder, den Rest der Waffen für die Ankunft der Russen aufzuheben.

Der Gasthof Erbgericht, in dem wir einquartiert waren und unseren Unterricht erhielten, lag am Rande des kleinen Marktplatzes von Schönfeld. Er lag etwas erhöht über dem Platz, eine breite Treppe führte hinauf zur vorgelagerten Terrasse. Im Sommer war der Gasthof ein beliebtes Ausflugsziel für Dresdner Familien. Die Terrasse war immer überfüllt. Sie war dann mit bunten Sonnenschirmen geschmückt und gewährte einen Ausblick auf das Schönfelder Schloss, eine ehemalige Wasserburg mit dem Schlossteich und den Schwänen darauf. Im Schloss war in den Kriegsjahren eine Abteilung des weiblichen Arbeitsdienstes einquartiert. Wenn man von der Terrasse zum Schloss schaute, befand sich auf der rechten Seite des Platzes der Eingang zum Rittergut, zu dem auch das Schloss gehörte. Das schmiedeeiserne Tor des Gutes war selten geschlossen.

Die Erbauer des Erbgerichts hatten dessen erhöhte Lage genutzt, um das Gebäude zu unterkellern. Der Eingang zum Keller befand sich seitlich in einer kleinen Straße, die von Schönfeld nach Cunnersdorf führt. Im Keller hatten wir einen Teil unserer Waffen, aber auch eine nicht unbeträchtliche Menge des Sprengstoffs gelagert. Die größere Menge des Sprengstoffs lagerte jedoch in einem gut gesicherten Schuppen am Ausgang des Dorfes. Der Schuppen und der Gasthof wurden allnächtlich von Doppelposten bewacht. Für diese Wachen hatten wir einige Sturmgewehre zur Verfügung. Es war erstaunlich, dass man uns am Ende des Krieges noch mit diesen begehrten und modernen Sturmgewehren ausgerüstet hatte, die an der Front längst Mangelware waren. Am Schluss hatten weder die deutsche noch die russische Infanterie genügend Sturmgewehre. Für den Volkssturm hatte die deutsche Waffenindustrie deshalb ein primitives, einschüssiges Gewehr entwickelt, welches schnell und billig produziert werden konnte.

Am Abend des 30. April waren Horst Müller und ich als Doppelposten für die Wache von 22 Uhr bis Mitternacht eingeteilt. Wir lehnten an der übermannshohen Mauer der Terrasse und sprachen darüber, dass wir vor drei Jahren noch als Indianer und Cowboy durchs Gebüsch am Hutberg geschlichen waren. Horst trug meist eine Keule mit sich, die er aus einer dicken Wurzel geschnitten und deren Kopf er mit Nägeln gespickt hatte. Damals waren wir zwölf Jahre alt gewesen. Jetzt hatte er gerade seinen fünfzehnten Geburtstag gefeiert. Statt der Keule hielt er ein Sturmgewehr in der Hand. Ich war mir nicht sicher, ob Horst mit seinem immer noch kindlichen Gemüt wusste, dass sich unser Spiel unter Umständen in grausame Wirklichkeit verwandeln konnte.

Im Dorf war es still. Die Leute gingen früh schlafen. Wenn irgendwo noch Licht brannte, waren die Fenster aus Furcht vor weiteren Luftangriffen verdunkelt worden. Am Abend hatte es kurz geregnet, jetzt tuschte der klare Nachthimmel mit seinen Sternen einen leichten Silberglanz auf das Pflaster des Marktplatzes.

Die Glocke im Kirchturm schlug Mitternacht. Es war Zeit, unsere Ablösung zu wecken. Meist gingen wir gemeinsam in den Saal und weckten die Kameraden. Das war leichtsinnig, weil dann der Eingang zum Keller ein paar Minuten unbewacht war.

An diesem Abend schickte ich Horst allein in den Schlafsaal. Das Verhalten der Gutsarbeiter am Tage war mir seltsam vorgekommen. Sie hatten ungewöhnlich laut gesprochen und auch immer wieder zum Gasthof herübergeblickt.

Horst hatte die gleiche Beobachtung gemacht und bestätigte mein Gefühl. Er lief die Treppe zum Eingang hinauf, ich hörte, wie er die schwere Gasthoftür öffnete und schloss, während ich den Eingang des Rittergutes nicht aus den Augen ließ. Im selben Augenblick hörte ich das Schurren von Sohlen auf dem Pflaster. Mehrere Schatten lösten sich von den Mauern des Gesindehauses und bewegten sich auf die Straße zu, wo der Eingang zum Waffenkeller lag.

In meiner jahrelangen halbmilitärischen Ausbildung beim Jungvolk hatte ich vieles gelernt, nicht aber, wie man sich in einer solchen Situation, die ich viele Male in Filmen gesehen und in Büchern gelesen hatte, wirklich verhält. Auf die Realität war ich nicht vorbereitet und nicht gefasst. Mein Verhalten folgte sicher nicht den Regeln der Dienstordnung, war aber am Ende erfolgreich.

Ich brüllte, so laut ich konnte, »Halt! Stehenbleiben!« in die Dunkelheit. Die Schatten erstarrten. Allerdings war der erste Schatten keine drei Meter von mir entfernt. Ich drückte mich fester an die Mauer in meinem Rücken und hoffte, dass in der Finsternis nicht leicht zu erkennen war, was ich als Nächstes tun würde. Das Sturmgewehr hing über meiner Schulter, ich wusste nicht einmal, ob es entsichert und durchgeladen war. Doch jetzt war keine Zeit, das zu untersuchen. In der Tasche hatte ich meine Walther PPK, die war durchgeladen und mit einer Bewegung des Daumens entsichert. Noch immer standen die Schatten still, wie ich es ihnen befohlen hatte, aber ich wusste nicht, wie sich die Situation entwickeln würde. Zahlenmäßig waren sie mir überlegen. In der völligen Dunkelheit lauerte eine Schattenarmee und ich allein stand zwischen ihnen und den Waffen. Ich hatte noch nie auf einen Menschen geschossen und konnte mir auch in dieser Situation nicht vorstellen, es zu tun.

Wie ich es in den Büchern gelesen hatte, rief ich mit fester Stimme: »Wer da?«, und: »Geben Sie sich zu erkennen!«

Die Schatten bewegten sich nicht. Ich weiß nicht mehr, wie lange ich auf eine Reaktion gewartet habe. Ich bin mir nicht einmal sicher, ob ich überhaupt auf eine Erwiderung gewartet oder gleich geschossen habe. Ich fing an, mit der Pistole in Richtung der Schatten zu feuern. Dabei zielte ich in die Nacht über die Köpfe der Schatten hinweg. Die Kugeln trafen die Mauern des Gesindehauses und die Pfosten des Tores, prallten ab und sirrten als Querschläger über den Markt. Schon der erste Schuss löste die erhoffte Reaktion aus. Die Schatten rasten zurück in den Gutshof. Es waren mehr Schatten, als ich vermutet hatte, am Tor hatten noch mehr Personen gewartet. Ich schoss, bis das Magazin der Walther leer war.

Ein paar Tage später wurde unsere Ausbildung für abgeschlossen erklärt. Eine verunsicherte, schlecht bewaffnete Gruppe halbwüchsiger Dorfjungen wurde losgeschickt, um Deutschland zu retten.

Am 7. Mai war der Geburtstag meiner Mutter. Wir hatten eben den Befehl erhalten, am Abend über die Elbe zu setzen und nach Altenberg ins Erzgebirge zu marschieren. Ich ging zu Aberlein und bat ihn, noch einmal nach Gönnsdorf fahren zu dürfen, um meiner Mutter zu gratulieren.

Aberlein schaute mich an und überlegte kurz, ob das eine Lüge war, um zu desertieren, dann nickte er: »Aber in zwei Stunden bist du zurück.«

Ich schnappte mir das Fahrrad und trat fest in die Pedale. Kurz hinter Cunnersdorf machte die Straße einen Knick und gab den Blick auf Gönnsdorf frei. Irgendetwas war anders. In der Luft lag eine seltsame Stille, die etwas Böses, Zerstörerisches anzukündigen schien. Im nächsten Augenblick hörte ich eine mächtige Detonation und der Friedrich-August-Turm sackte in einer Wolke aus

Rauch und Staub zusammen. Er war wenige Stunden zuvor von abrückenden SS-Verbänden besetzt und jetzt von ihnen gesprengt worden, weil er den Russen vielleicht als Beobachtungsturm zur Kontrolle der umliegenden Dörfer dienen konnte. In den strategischen Plänen zur Verteidigung von Dresden hatte Gönnsdorf eine wichtige Rolle gespielt, weil es am höchsten Punkt über der Stadt lag. Hier sollte die erste Verteidigungslinie aufgebaut werden, aber bis auf den Ausbau der Schützengräben war nichts geschehen.

Die SS-Leute zogen nach der Sprengung weiter. Das Wahrzeichen von Gönnsdorf war verschwunden und wurde nie wieder aufgebaut.

Die Dorfbewohner bereiteten sich auf die Ankunft der Russen vor. Die Front stand nur noch wenige Kilometer hinter Radeberg. In den Fenstern der Häuser hingen weiße Bettlaken zum Zeichen der Kapitulation.

Mutter und Vater standen im Hof vor dem Haus. Auch sie hatten entsetzt die Sprengung des Turms verfolgt. Ich wusste, dass ich nur wenige Augenblicke hatte, um Mutter zum Geburtstag zu gratulieren, vielleicht zum letzten Mal. Unser aller Zukunft war ungewiss.

Vater schaute mich erstaunt an: »Ich dachte, du sollst in Weißig Panzer abwehren?« Er griff in seine Hemdtasche und bot mir eine Zigarette an. Das hatte er noch nie gemacht.

»Wir setzen heute noch über die Elbe und sollen in Richtung Altenberg ziehen.«

»Ich wünsche dir alles Gute, mein Sohn.«

Er gab mir Feuer und schaute mich lange an. In seinem Blick lag etwas ungeheuer Tragisches, als würden wir uns zum letzten Mal sehen.

Wir drei standen nun im Hof, wortlos, hilflos.

Es war in unserer Familie nicht üblich, Gefühle mit großen Gesten zu zeigen. Wir wussten immer, dass einer für den anderen einstehen und bedingungslos für jedes Mitglied der Familie kämpfen würde, zu allen Zeiten, gegen jede Gefahr.

Als ich zurückfuhr nach Schönfeld, verschwamm die Straße vor meinen Augen. Unsere Kolonne stand schon marschbereit. Wir liefen hinunter zur Elbe, wo eine Pioniertruppe der Wehrmacht eine Pontonbrücke über den Fluss gelegt hatte. Ich hatte eine der Panzerfäuste auf mein Fahrrad geschnallt. Überall dröhnte Gefechtslärm, ich hörte zum ersten Mal das ohrenbetäubende Jaulen der

Stalinorgeln. Die Bataillone der Roten Armee standen an den Stadtgrenzen von Dresden. Aber es gab kaum noch militärischen Widerstand. Am 8. Mai wurde Dresden als letzte deutsche Großstadt von den Truppen der sowjetischen Armee erobert.

Links und rechts der Straße sah es aus, wie wir es aus den Wochenschauen kannten. Nur zeigten die Bilder dort, wie es in den von den Deutschen eroberten Gebieten aussah – verlassene, teils auch zerschossene militärische und zivile Fahrzeuge, weggeworfene, durchnässte Sachen, leere Koffer, Kinderspielzeug, Uniformstücke. Die Zeugnisse eines entsetzlichen Zusammenbruchs. Jeder Soldat ließ das zurück, was ihn hätte verraten können. Waffen, Tornister, Mäntel, alles, was man nicht mehr schleppen konnte und wollte, alles, was überflüssig geworden war. Jetzt, am Ende von allem.

Als es dunkel wurde, suchten wir an der Straße nach Altenberg einen Platz, wo wir schlafen konnten, und fanden ihn in einem alten Steinbruch, wenige Meter vom endlosen Zug der Flüchtigen entfernt. Wir schliefen unruhig und als wir am Morgen erwachten, sahen wir im hinteren Teil des Steinbruchs, wenige Meter von uns entfernt, einen Leichenberg, einen wahllos hingeworfenen Haufen toter Soldaten. Vermutlich war es eine Gruppe, welche den Russen noch Widerstand leisten oder auch sich den Russen ergeben wollte und von den eigenen Leuten exekutiert worden war. Es war nicht wichtig. Sie waren brutal hingerichtet und wie Unrat weggeworfen worden, und wir hatten die ganze Nacht neben ihnen geschlafen.

Ihr Anblick war ein Schock für mich. Die Tausenden von Toten, die ich in Dresden gesehen hatte, ließen mich nicht so aufgewühlt zurück wie dieser Leichenberg. Wer wusste schon, ob das nicht ein Blick in die eigene Zukunft war.

Wir kamen durch Glashütte, die bekannte Uhrmacherstadt, und gerieten in einen russischen Tieffliegerangriff, den wir harmlos fanden im Vergleich zu den britischen und amerikanischen Angriffen. Die Luftwaffe der Russen galt als technisch rückständig. Einer unserer Ausbilder lästerte: »So langsam, wie die übern Berg kommen, können die ihre Bomben mit der Hand rauswerfen.«

Der Angriff endete ohne Verluste.

Doch wenig später erlebte ich zum ersten Mal eine Panzerpanik, von der die Ausbilder in Dessau-Roßlau gesprochen hatten. Und ich lernte, dass es für eine solche Panik nicht einmal Panzer braucht. Wir waren ja nicht die einzigen auf der Straße, es fluteten viele Menschen durch das Gebirge auf der Flucht vor den Russen. Hunderte, Tausende. Manche hatten die Orientierung verloren und flohen in entgegengesetzte Richtungen. Zivilisten, die auf Handwagen und Karren ihr Hab und Gut zu retten versuchten, Soldaten, ganze Kompanien in Auflösung, alles wild durcheinandergemischt. Plötzlich kam uns ein hysterisch schreiender Mann in einem Landauer entgegen, der wie von Sinnen auf sein Pferd einpeitschte und immer wieder schrie: »Panzer! Panzer! Panzer …« Durch diesen Mann entstand entlang der Straße die Panik. Alles stob auseinander, behinderte einander, suchte Deckung, floh.

Unsere Gruppe blieb stehen, ich montierte die Panzerfaust von meinem Rad. Wir versuchten, ruhig zu bleiben und eine Deckung zu finden, während sich einer der fliehenden Landser ebenso ruhig wie entschlossen mein Rad schnappte und floh, so schnell er konnte.

Die Panzer, von denen der Pferdeschinder geschrien hatte, kamen nicht.

Nach einer Weile schulterten wir unsere Ausrüstung und zogen weiter nach Altenberg. Dort kam uns ein Kübelwagen mit aufmontiertem Lautsprecher entgegen. Eine blecherne Stimme verkündete den Waffenstillstand. Was aber keineswegs bedeutete, dass die Waffen schwiegen. Noch immer heulten die Stalinorgeln, es schien ringsum noch gekämpft zu werden. Wir sahen die Einschläge in Richtung Dresden, irgendwo flammten Feuer auf, Rauch lag über der Landschaft und der Gestank von Tod. Dazwischen die fliehenden Menschen, die alle Rücksicht fahren ließen. Jeder war sich selbst der Nächste. Das war Apokalypse, Weltuntergang.

Wir hatten den Krieg schon kennengelernt durch die Bombenangriffe auf Dresden, aber das hier war etwas völlig anderes. Es war schrecklicher. Es war die Auflösung jeder Ordnung und jeglicher Gewissheit.

Am Morgen des 9. Mai kam einer unserer Ausbilder, ein SS-Scharführer, und erklärte uns: »Deutschland hat kapituliert, der Krieg ist vorbei. Dresden ist von den Russen überrannt. Wir stellen euch vor die Wahl. Wer nach Hause gehen will, geht nach Hause. Wir selbst gehen rüber zu den Amerikanern. Wer will, kann mitkommen.«

Einer der Unteroffiziere nahm sein Eisernes Kreuz ab, warf es ins Gebüsch und sagte: »Das ist des Lebens Lauf, der eine frisst den andern auf.«

Wir waren noch ungefähr dreißig Leute. Die Hälfte entschied sich, mit den Soldaten zu den Amerikanern zu fliehen, die andere war entschlossen, den Heimweg anzutreten. Auch ich wollte nach Hause und schloss mich dieser Gruppe an. Der Scharführer sah mich an und befahl: »Du übernimmst die Gruppe und versuchst, sie heil zurückzubringen.«

Unser Plan war, uns in einem großen Bogen über Radeberg und die umliegenden Dörfer nach Gönnsdorf durchzuschlagen, mithilfe eines Kompasses und einer Karte unter strikter Vermeidung der Hauptstraßen, aller Straßen überhaupt, wenn das möglich war. Zunächst noch mit unseren Waffen, denn dass es klüger wäre, sich der Waffen sofort zu entledigen, hatte uns keiner gesagt.

Wir lagerten in einem Waldstück und studierten die Karte. Ich schickte einen der Jungen als Kundschafter zur Straße zurück. Er bestätigte, was wir befürchtet hatten: Inzwischen waren die Straßen voller russischer Soldaten.

»Aber«, berichtete unser Späher, »in die Gegenrichtung laufen deutsche Soldaten, ohne Waffen, und die werden in Ruhe gelassen.«

Vielleicht war die Gefahr doch nicht so groß. Ich befahl den Jungen, ihre Waffen unbrauchbar zu machen und in die Büsche zu werfen.

»Ab jetzt gehen wir ohne Waffen weiter!«

Eine längere Strecke schlugen wir uns neben der Straße durch den Wald, aber dann gab es keine Möglichkeit mehr, die Russen zu umgehen. Also marschierten wir auf der Straße weiter. Irgendwann hielt uns tatsächlich ein Soldat an, durchsuchte uns und ließ uns laufen, fröhlich, fast strahlend: »Woina kaput!« Der Krieg ist aus.

Das Chaos wurde schlimmer. Es war kaum noch ein Durchkommen auf den überfüllten Straßen. Das ganze Land schien auf der Flucht zu sein. Die Straßen waren verstopft von liegengebliebenen Fahrzeugen, dazwischen bahnten sich die Truppen der Sieger ihren Weg. Wir fanden am Rande eines Wäldchens ein herrenloses

Pferd, das wir einfingen und mit unseren Sachen bepackten, ließen es aber zurück, als wir einen alten DKW-Wagen an der Straße stehen sahen. Als er nicht ansprang, wendeten wir ihn und ließen ihn die abschüssige Straße hinunterrollen. Unten hielten uns russische Soldaten an und konfiszierten das Fahrzeug. Auch ihnen gelang es nicht, es zu starten, uns ließen sie laufen.

Wir wurden immer wieder durchsucht, manches Stück mussten wir abgeben. Einer der Russen, die uns durchsuchten, trug drei Jacken übereinander. An einem Kontrollposten wurden meine Handschuhe einbehalten.

Und dann geschah das Schreckliche: Bei einer der Untersuchungen fand der Soldat ein Magazin mit Patronen, das ich in meiner Hosentasche vergessen hatte. Er richtete seine Maschinenpistole auf mich und trieb mich in den Wald. Uns folgte ein Offizier ohne Rangzeichen. Viele Offiziere der Roten Armee trugen im Einsatz keine Rangzeichen, um vom Feind nicht als solche erkannt zu werden. Natürlich wussten die russischen Soldaten, wer ihre Vorgesetzten waren. Der Offizier schlug mir wütend links und rechts ins Gesicht, dann gab es eine längere Auseinandersetzung zwischen den beiden. Ich verstand kein Wort, aber der Soldat schubste mich fluchend wieder auf die Straße zurück.

Mit Unterbrechungen durch weitere Kontrollen und einigen Pausen kamen wir nach Pirna, wo wir in einem kleinen Wald noch einmal übernachteten. Am nächsten Morgen standen wir an der Elbe und wussten nicht, wie wir den Fluss überqueren sollten. Die Stadtbrücke war bei einem Luftangriff am 19. April so stark beschädigt worden, dass sie unbenutzbar war. Wir fanden einen alten Kahn ohne Ruder, der nicht wirklich vertrauenswürdig aussah, aber wir hatten keine andere Wahl und beschlossen, dass wir uns bis Hosterwitz treiben lassen würden. Dort musste es uns gelingen, ihn an das Ufer zu steuern. Die Elbhänge hinauf und durch den Helfenberger Grund war es nicht weit bis nach Hause.

Zweimal wurden wir in unserem Kahn von russischen Soldaten beschossen, wobei ich den Eindruck hatte, dass sie uns nicht wirklich treffen wollten. Es wirkte eher, als wollten sie uns einen Schrecken einjagen, sich einen übermütigen Scherz erlauben vor lauter Freude, dass der Krieg zu Ende war.

Auch für mich war der Krieg am Nachmittag des 10. Mai 1945 vorbei. Meine Eltern waren glücklich, dass ich heil zurückgekommen war.

Schon am nächsten Tag wurde ich von den Russen dienstverpflichtet. Sie hatten das Rittergut übernommen und sofort begonnen, die Arbeit auf den umliegenden Feldern zu organisieren. Mir wurden zwei Pferde zugewiesen und ich musste landwirtschaftliche Arbeit leisten. Ich hatte keinerlei Erfahrung im Umgang mit Pferden, wie man sie füttert, wie man ihnen das Geschirr anlegt. Also half mir Vater nun allmorgendlich beim Füttern und Striegeln, zeigte mir die Kniffe, wie man sie anschirrt, ohne dass sie sich wehren, und wie man sie führt. Vater wusste nicht nur auf Pferde zu wetten, sondern hatte auch ein umfangreiches Wissen über diese Tiere, wie ich jetzt erkannte.

Es war surreal. Wenige Tage nach der Kapitulation Deutschlands und der Eroberung Dresdens schien im Dorf der Alltag wieder Einzug zu halten. Eben noch war der größte und schrecklichste Krieg, den die Menschheit je entfesselt hatte, über den Kontinent gezogen und letztendlich zu denen zurückgekehrt, die ihn begonnen hatten, und die Bauern bestellten ihre Felder. Wenn man hinunter ins Tal schaute, lag die Stadt Dresden da wie eine schwarze Wüste, aus der die verkohlten Skelette einstmals prächtiger Bauten, Zeugnisse höfischer Pracht und selbstbewussten Bürgertums, ragten. Die Bauern fütterten ihre Tiere.

Die Tiere bewachten sie strenger und argwöhnischer, denn unten im Tal herrschte Hunger, unweit des Dorfes schleppten sich die endlosen Flüchtlingsströme vorbei und nachts machten marodierende Banden auf der Suche nach Essbarem das Land unsicher. Die ersten Städter erschienen im Dorf, um zu hamstern.

Im Rittergut hatte sich eine Kompanie der Roten Armee einquartiert. Die Soldaten kamen aus dem asiatischen Teil der Sowjetunion. Sie und der Trümmerberg des gesprengten Aussichtsturms schienen das Einzige zu sein, was sich im Bild von Gönnsdorf verändert hatte.

Ich verließ das Dorf selten und führte allmorgendlich die beiden Pferde auf die Felder. Erika kam ab und zu aus der Stadt und war glücklich, wenn ich ihr zum Abschied ein paar Lebensmittel mitgeben konnte.

Vater hatte den Ausgang des Krieges schon lange vor dessen tatsächlichem Ende vorausgesehen. Er war vorbereitet. Ich wusste nicht, was er in den vier Wochen getan hatte, in denen ich in Schönfeld gewesen war, aber nun sah ich, dass in den Zimmern unserer kleinen Wohnung und auf dem Dachboden des Hauses große Mengen an künftigen Handelsgütern lagerten: Säcke voller Mehl und Getreide, Tabak, Zigaretten, Zigarren und Spirituosen. Er wusste vom Ende des vorherigen Krieges nicht nur, was die Leute brauchten, sondern auch, wofür sie hohe Preise zu zahlen bereit waren. Soweit ich weiß, bekam mein Vater die erste Konzession der Stadt Dresden für den Großhandel mit Tabak und Spirituosen nach dem Krieg. Die Kontakte und die feinen Beziehungsnetze, die er nie aufgehört hatte zu knüpfen, funktionierten noch und brachten endlich den Erfolg, den er »seinem Käthchen« in all den Jahren der Armut und des Spottes der Dörfler versprochen hatte.

Mutter hatte ihre Arbeit sofort nach dem Ende des Krieges verloren. Als Mitglied der Leitung der betrieblichen NSBO-Gruppe galt sie nun als Repräsentantin und Nutznießerin des alten Regimes. Sie half Vater beim Aufbau seines Großhandelsgeschäftes.

Zu den ersten Kunden meiner Eltern gehörten die Soldaten vom Rittergut, die sich mehr oder weniger heimlich mit Alkohol und Tabak eindeckten und auch oft bei Vater saßen, um ein wenig zu reden. Meist mit Händen und Grimassen, aber einige der Soldaten beherrschten nach und nach ein paar deutsche Wörter und Floskeln.

Vater dachte sein Geschäft in immer größeren Dimensionen. Er hatte gute Beziehungen zum Bürgermeister und zum Verwalter des Rittergutes und mietete die Speicherböden im Herrenhaus, um dort im Herbst Tabak zu trocknen, den er rings um das Gut auf Feldern anbauen würde, die er dazu gepachtet hatte, und knüpfte Kontakte zu den Händlern in Dresden, die ebenfalls nicht untätig waren und in der Trümmerwüste der Stadt zwischen Ruinen in jedem einigermaßen benutzbaren Raum neue Geschäfte eröffneten.

Der Frühling ging über in einen Sommer, der die Hoffnung zu bringen schien, dass der verlorene Krieg für die Menschen doch ein glimpfliches Ende nehmen würde, zumindest hier oben im Hochland, im Dorf.

Die Lager 1945–1950

Verhaftung und Verhör

Das kleine, schwarze Auto erschien über dem Kamm des Hügels auf der Straße, die nach Pappritz hinunterführte, als ich gerade das Feld zwischen Straße und Wald pflügte. Es war ein unscheinbarer Wagen, vielleicht eines dieser erschwinglichen Modelle, wie sie Opel in den Dreißigerjahren baute.

Ich hatte dieses Auto noch nie hier in der Gegend gesehen. Es war überhaupt das erste unbekannte zivile Personenfahrzeug, das ich seit dem Kriegsende und meiner Rückkehr nach Gönnsdorf sah. Es fuhr langsam, zu langsam, als wüsste der Fahrer die Richtung nicht, als ob er nach einer Adresse suchte, aber hier gab es keine Adresse, keine Häuser. Hier gab es nur die Straße mit ihren Kirschbäumen, die im Mittagslicht kaum Schatten warfen, Wiesen, das Feld, den Wald in Richtung Helfenberger Grund und es gab mich. Keinen anderen Menschen als mich in der Weite dieser Landschaft.

Mein Herz begann zu rasen, als ich intuitiv begriff, dass, wer auch immer in diesem Auto sitzen mochte, er nach mir suchte. Es war das erste Mal in meinem Leben, dass mich mit solcher Wucht eine Vorahnung erfasste von einem schlimmen Unglück, das mir zustoßen könnte oder würde. Ich wusste schon Minuten vorher, dass gleich der Blitz des Schicksals einschlagen würde und dass jede Gegenwehr zwecklos war. Später im Leben sollte sich dieses Gefühl in anderen, schicksalhaften Situationen wieder einstellen. Mein Magen revoltierte, mir wurde flau, die Knie wurden weich und gleichzeitig spannten sich meine Sinne.

Ich zwang mich, ruhig zu bleiben und zu überlegen, wie ich dieser Situation begegnen sollte. Der Wald war ungefähr dreihundert Meter entfernt, zur Straße war es ungefähr halb so weit. Die

Pferde, die meine Aufregung spürten, schnaubten leise. Ich wusste, dass ich schnell war, dass ich fast jedem Menschen, den ich kannte, davonlaufen konnte. Aber was wäre, wenn die Leute in diesem Auto Waffen hatten? Es war nicht einfach, mit Pistolen ein bewegliches Ziel aus dieser Entfernung zu treffen, und der Wald war nah. Ich war mir sicher, dass mich niemand mehr erwischen könnte, wenn ich die Baumgrenze erreicht hatte. Zu dicht war der Wald bis zur Elbe hinunter und mir war jedes nur denkbare Versteck hier oben im Hochland und im Helfenberger Grund vertraut. Aber was sollte ich dann tun? In den amerikanisch besetzten Teil Westsachsens waren es fast einhundertfünfzig Kilometer. Zu weit und sehr gefährlich. Die dazwischen liegenden russischen Kontrollpunkte ohne entsprechende Papiere zu überwinden, schien mir aussichtslos. Die Anarchie der letzten Kriegstage und der ersten Wochen nach der Kapitulation war schnell einem effektiven Kontroll- und Überwachungssystem der Sieger gewichen.

Ich entschied im Bruchteil einer Sekunde, nicht wegzurennen. Diese Entscheidung verband ich mit dem Gedanken, dass die Gefahr nur in meinem Kopf existierte, dass meine Phantasie mich übermannt hatte, dass ich ein unbescholtener Bengel vom Dorfe war und dass die Leute in dem Fahrzeug, falls sie mich hinter meinen Pferden wahrnahmen, vermutlich nur nach dem Weg irgendwohin fragen würden, wenn sie überhaupt anhielten. Wenn …

An jedem Tag der folgenden fünf Jahre fragte ich mich immer wieder, ob es wohl besser gewesen wäre, in diesem Augenblick zu fliehen, und wie sich mein Leben gestaltet hätte, wäre mir die Flucht gelungen.

Das Auto hielt an und zwei Männer stiegen aus. Ich erkannte Moritz, den Schmied aus unserem Dorf. Den anderen kannte ich nicht, aber er trug keine Uniform. Auf der Fahrerseite stieg ein dritter, ein jüngerer Mann aus. Wie von fremden Mächten gezogen lief ich auf sie zu. Der ältere der beiden Fremden sprach ein seltsam klingendes Deutsch, als er Moritz fragte: »Ist das Peter Schreiber?« In merkwürdig unterwürfiger Art bestätigte Moritz, dass ich die »Person« sei, nach der sie suchten.

Der ältere Fremde stellte mir den Fahrer des Autos als sowjetischen Armeekommissar und sich selbst als Dolmetscher vor. Er sagte, dass sie mir ein paar Fragen stellen wollten und es deshalb notwendig sei, sie in das Hauptquartier zu begleiten. Ich war ein wenig erleichtert, weil dies nicht unbedingt böse oder gefährlich klang. Er bedeutete mir und Moritz, auf dem Rücksitz Platz zu nehmen.

Auf dem kurzen Weg ins Dorf wurde kein Wort gesprochen. Dort verabschiedete der Dolmetscher Moritz und dankte ihm für seine Hilfe. Moritz schlich mit gesenktem Kopf davon und für mich begann, als ich auf dem Rücksitz dieses Wagens das Dorf meiner Kindheit verließ, eine Reise von knapp fünf Jahren, eine Odyssee, eine Höllenfahrt, die mich in die tiefsten Abgründe menschlicher Seelen blicken, aber auch in den furchtbarsten Momenten Hoffnung und Hilfe erfahren ließ, die mich und den Lauf meines Lebens für immer verändern und meinen Charakter formen sollte, um die vielen Herausforderungen zu bestehen, die mich erwarteten. Aber jetzt, das wusste ich in diesen Stunden noch nicht, hieß meine Aufgabe für die kommenden fünf Jahre: Überleben.

Die Chronisten der Nachkriegszeit schrieben den 5. Juni des ersten Sommers einer Zeit, in der noch kein Frieden war.

Während der Fahrt durch die frühsommerliche Landschaft ignorierten der Kommissar und sein Dolmetscher meine Anwesenheit auf dem Rücksitz. Manchmal sprachen sie auf Russisch miteinander, über alles Mögliche, wie mir schien. Ich war beunruhigt wegen der beiden zurückgelassenen Pferde, die ich nur lose an den Pflug gebunden hatte. Aber meine größte Sorge bestand darin, dass meine Eltern nicht wussten, wo ich war. Wie sollten sie herausfinden, was mit mir geschehen war? Soweit ich mich erinnerte, hatte niemand aus dem Dorf gesehen, wie ich in das Auto steigen musste. Würde Moritz zugeben, dass er die beiden Männer zu mir geführt hatte? Für meine Eltern hatte ich mich in Luft aufgelöst, war ich verschwunden wie so viele Menschen in dieser Zeit. Der Gedanke an den Kummer, den die Ungewissheit meiner Mutter und meinem Vater bereiten musste, schnürte mir die Kehle zu, obwohl ich dem Dolmetscher glauben wollte, dass es sich lediglich um eine Befragung handelte, die mich erwartete.

Um mein Wohlergehen sorgte ich mich nicht wirklich. Durch die Fenster des Wagens sah ich, dass wir in östliche Richtung nach Radeberg fuhren. In Radeberg hielt der Wagen vor einem repräsentativen Haus in einer Wohngegend mit kleinen Gärten um die Häuser herum. In dem Haus waren mehrere Wohnungen. Die

Bewohner hatten diese auf Befehl der Sieger verlassen müssen. Ihre Möbel waren im Haus geblieben. Weil sich das Haus gut absichern ließ, hatte es der NKWD, der sowjetische Geheimdienst, zu seiner örtlichen Zentrale gewählt. Dass dieser Geheimdienst seit Wochen nach Kriegsverbrechern und Funktionären des alten Systems suchte und immer wieder Leute verhaftete, davon hatte ich gehört, aber ich gehörte weder zur ersten noch zur zweiten Gruppe dieser gesuchten Personen. In den möblierten Wohnungen fanden die Verhöre statt, aber auch die Offiziere und ihre Mitarbeiter waren dort untergebracht. Offiziere und das Wachpersonal trugen zur Uniform die grünen Mützen des NKWD, andere liefen in Zivil durch das Haus. Die beiden bedeuteten mir auszusteigen und übergaben mich einigen Soldaten. Ich musste noch im Flur meine Taschen leeren, aber da kam nur ein Taschentuch zum Vorschein. Da ich auf dem Feld gearbeitet hatte, trug ich nur eine Drillichhose, ein Hemd mit kurzen Ärmeln und Stiefel. Bis jetzt war die Behandlung sachlich und routiniert gewesen. Dann wurde ich im Haus die Treppen in einen Keller hinabgeführt. Einer der Soldaten öffnete eine Tür, ein anderer stieß mich in ein kleines, enges Gelass. Die Tür wurde zugeschlagen, und ich hörte das quietschende Geräusch eines Schlüssels und das harte Klacken der sich entfernenden Stiefel.

Durch ein einziges schmutziges Fensterchen fiel das Nachmittagslicht in den Raum, der zumindest für die nächsten Stunden meine Gefängniszelle sein sollte, wie ich ahnte. Er war ungefähr drei mal fünf Meter groß. Dass er der Kohlenkeller des Hauses war und dass in diesem Haus vor dem Einzug der Russen Menschen mit Einfluss – vielleicht ein Funktionär des Nazi-Regimes – gewohnt haben mussten, konnte ich an dem noch im Juni vorhandenen großen Kohlenhaufen erkennen, der den Kellerboden vollständig bedeckte und es mir unmöglich machte, genug Platz zu finden, um mich zum Schlafen auszustrecken. Das geflügelte Wort »wie auf Kohlen sitzen« bekam für mich zum ersten Mal einen Sinn. Es würde eine unbequeme, unerfreuliche Nacht werden und mein Optimismus, was den kommenden Tag betraf, begann mit der einsetzenden Dunkelheit zu schwinden. Irgendwann wurde es still im Haus und ich dachte wieder an die Angst und die Sorge meiner Eltern, mit der sie jetzt zu Hause saßen. Fast begann ich zu weinen.

Über die Nacht in diesem Keller habe ich am Anfang des Buches schon berichtet. Wenn ich mich an die verschiedensten Bedingungen erinnere, unter denen ich in meinem Leben noch stehen, sitzen oder liegen musste, waren diese ungewissen Stunden auf einem Bett aus Kohlen noch nicht einmal das Schlimmste, was mir geschah. Ich war froh, als die ersten Sonnenstrahlen durch das schmale Fenster fielen. Vielleicht war diese schlaflose Nacht ein Teil der Vorbereitung auf das achtstündige Verhör, welchem ich an diesem Tag unterzogen wurde.

Der Kommissar, den ich so nannte, obwohl ich bezweifelte, dass er diesen Rang tatsächlich bekleidete, stellte seine Fragen in russischer Sprache. Sein Dolmetscher, von dem ich nebenbei erfuhr, dass er ein polnischer Professor war, übersetzte die Fragen ins Deutsche und meine Antworten ins Russische, während der Kommissar sich ab und zu Notizen machte. Ich wurde nicht beschimpft oder gar misshandelt, die beiden boten mir zwischen den Fragen sogar ein Glas Wasser und eine Zigarette an. Ich nahm das Wasser, schlug aber diese langen Zigaretten aus, die nur eine kleine Tabakfüllung in der Spitze und ein langes, leeres Pappmundstück haben. Über den Geschmack der russischen Papirossa war nur wenig Schmeichelhaftes bekannt.

Von Beginn an konzentrierten sich die Fragen auf die militärische Ausbildung in Schönfeld. Immer wieder fragten sie nach Werwolf-Aktivitäten. Offensichtlich kannten sie bereits den Grund, warum unsere Dorfjungen-Einheit aufgestellt worden war, und auch viele Details zur Bewaffnung und Ausbildung. Es gab keinen Grund, ihnen in meiner Situation nicht die Wahrheit zu sagen. Wir hatten die Ausbildung erhalten, hatten freiwillig mitgemacht, waren aber wegen des Kriegsendes nicht wirklich zum Einsatz gekommen und hatten weder an Kriegshandlungen teilgenommen noch uns irgendwelcher Verbrechen schuldig gemacht. So sah ich das. Schwieriger wurde es, als sie mich nach den Namen und Adressen der anderen Jungs fragten. Meinen Versuch, ihnen weiszumachen, dass man uns verboten hätte, uns unsere richtigen Namen gegenseitig mitzuteilen und ich also nur die Tarnnamen kenne, quittierten sie mit schallendem Gelächter. Sie antworteten mir, dass sie meinen Versuch, die Kameraden zu schützen, durchaus zu schätzen wüssten, dass man aber wahrscheinlich schneller zu einem Ergebnis gelangte, wenn mir der Dolmetscher die komplette Liste mit allen Namen unserer Einheit vorlesen würde. Ich müsste dann nur noch bestätigen, dass die Liste vollständig sei. Soweit ich mich erinnere, war sie es tatsächlich und ich bestätigte das auch.

Sie gingen mit mir zahllose Details aus den letzten Kriegstagen durch, bohrten nach und fragten, an welchen Aktionen ich beteiligt gewesen war. Sie wollten auch wissen, warum ich nicht von der Einheit desertiert und nach Hause gegangen war. Mitunter hatte das Verhör den Charakter einer angeregten Unterhaltung, was mir an dieser Stelle den Mut gab, eine Gegenfrage zu stellen: Was wohl ein Junge aus der Sowjetunion an meiner Stelle getan hätte, wenn ihm die Erwachsenen, militärische Respektspersonen dazu, erklärt hätten, dass sein mutiger Einsatz dazu dienen würde, die Heimat zu verteidigen. Die Frage blieb ohne Antwort.

Nach einigen Stunden übergab der Kommissar seine Notizen einem Soldaten, welcher damit den Raum verließ. Ich blieb auf meinem Stuhl hocken, während meine Verhörpersonen eine lange Unterhaltung auf Russisch führten. Mich ignorierten sie dabei demonstrativ. Trotz allem Stolz und der Geradlinigkeit, mit der ich das Verhör bisher durchgestanden hatte, wühlte tief in mir die Angst. Ich erschrak bei der Erkenntnis, dass trotz meiner Aufrichtigkeit meine Antworten doch einige Fakten aufgedeckt hatten, die durchaus zu Anklagen und vielleicht zu Strafen führen konnten, wenn man sie böswillig interpretierte.

Nach einer fast endlosen Weile wandten sich die beiden wieder mir zu und fragten mich über das deutsche Schulsystem aus. Es schien, als wäre das eigentliche Verhör beendet und dass sie nun ganz allgemein ihre Neugierde an einigen Dingen des zivilen Lebens in Deutschland befriedigen wollten. Während einer Pause in dieser Unterhaltung nahm ich allen verbliebenen Mut zusammen und fragte den Professor, was nun mit mir geschehen würde. Er schaute mich eine Weile schweigend an und antwortete, dass er selbst einen Sohn in meinem Alter habe, der mir sogar in vielen Dingen sehr ähnlich sei, und fuhr nach einer bedeutungsschweren Pause fort, dass er ihn nicht gerne in meiner Situation sehen wolle. Der Kommissar wisse durchaus meine Offenheit zu schätzen und die offensichtliche Loyalität, meine Freunde und mein Land betreffend, aber nachdem Deutschland den Krieg verloren habe, müssten die Deutschen auch die Konsequenzen ihrer Verbrechen tragen.

Bevor der Professor diese Sätze weiter ausführen konnte, wurde das Gespräch unterbrochen, als der Soldat mit einigen Schreibmaschinenseiten zurückkam. Er überreichte sie dem Kommissar, der sie wiederum über den Tisch zu mir schob, nachdem er sie gelesen hatte. Er forderte mich auf, die Blätter zu unterschreiben, die vollständig auf Russisch geschrieben waren. Ich starrte den Dolmetscher an, der mein Zögern verstand und mir eine kurze, zusammenfassende Übersetzung anbot, deren Sinn ich nicht ganz verstand. Auch schienen mir plötzlich einige meiner Aussagen stark entstellt und vergröbert. Ich wusste, dass Kritik an diesem oder jenem Detail keinen Sinn machen würde und unterschrieb jedes einzelne Blatt.

Ich habe dieses Verhörprotokoll, auf dessen Grundlage ich inhaftiert blieb, nie wiedergesehen. Es wurde aber in den folgenden Jahren von Lager zu Lager mitgeschickt. Über den Verbleib solcher Unterlagen gibt es verschiedene Berichte. Die einen besagen, dass sie heute noch in Russland in irgendwelchen Archiven des Geheimdienstes lagern, andere glauben, dass sie mit der Auflösung der sowjetischen Sonderlager an die Behörden der DDR übergeben wurden. Auf jeden Fall tauchen auch in neueren Büchern, in denen Häftlinge von ihrem Schicksal erzählen, nur wenige dieser Originaldokumente auf.

Ein Soldat eskortierte mich aus dem Verhörzimmer, brachte mich aber nicht zurück in den Keller, sondern in einen größeren Raum im Haus, der wie ein Waschzimmer aussah. Dort befand sich der Wasserkessel des Hauses neben dem Wasseranschluss, somit hatten wir Trinkwasser. Die Junitage waren schon sehr heiß. Ich erkannte mehrere Jungen aus unserer Einheit in Schönfeld, alle saßen auf dem Boden, der teilweise mit Stroh ausgelegt war.

Unter ihnen waren zwei Klassenkameraden aus der Grundschule in Weißig. Horst Müller und Rolf Dietrich, beide jünger als ich. Wir ahnten nicht, dass Horst in drei Monaten tot sein würde. Da waren Fritz Messerschmidt, Horst Weissig, Wolfgang Leipert und Wolfgang Leibel, außerdem ein paar andere Jungen, die ich nicht kannte. Die hatten gegen Ende des Krieges, so erfuhr ich später, unter der Anleitung ehemaliger Frontsoldaten einen eintägigen Lehrgang absolviert, auf dem sie lernen sollten, wie man die Ränge sowjetischer Soldaten erkennt und ihre Zugehörigkeit zu den verschiedenen Waffengattungen der Roten Armee. Es war geplant, dass diese Jungen Informationen hinter den russischen Linien sammeln und diese an Kontaktpersonen im Untergrund weitergeben sollten. Niemand hatte ihnen erklärt, dass so eine Tätigkeit als Spionage gelten konnte und Spione auch im Rahmen des Kriegsrechts hingerichtet wurden.

Wir blieben noch drei Tage in Radeberg, eingeschlossen in diesem Raum. Als Verpflegung bekamen wir täglich ein kleines Stück Brot und eine Schüssel Kascha, einen undefinierbaren Brei, der entfernt an Hirseschleim erinnerte. Dieses russische Nationalgericht wird eigentlich aus gerösteter Buchweizengrütze gekocht und mit einem kräftigen Klacks Butter, saurer oder süßer Sahne angerichtet. Nichts davon befand sich in dem Brei, der uns vorgesetzt wurde.

Die sowjetischen Wachsoldaten, die meisten kaum älter als wir, benahmen sich niemals feindlich. Genau wie wir schienen sie glücklich zu sein, dass der Krieg beendet war.

Unsere Gespräche drehten sich natürlich um die Chancen, in den kommenden Tagen freigelassen zu werden, oder um mögliche Strafen. Kaum einer glaubte, dass unsere Aussagen zu drastischen Strafen führen würden. Die meisten von uns waren verhaftet worden, ohne dass ihre Angehörigen informiert worden waren. Wir alle machten uns Sorgen um die Familien zu Hause. Für den Fall, dass wir doch nicht schnell freikommen und aus der Kommandantur in Radeberg in andere Haftanstalten verlegt werden würden, schrieben wir unsere Namen auf ein kleines Stück Papier, das einer beim Verhör hatte mitgehen lassen, und steckten es in eine Ritze im Mauerwerk hinter dem Wasserkessel. Das hatte ich in einem Film gesehen. Vielleicht würde jemand diesen Zettel finden, die richtigen Schlüsse ziehen und unsere Familien informieren.

Dresden

Am frühen Morgen des vierten Tages wurden wir nach draußen in den Hof geführt. Da standen nun vierzehn oder fünfzehn Jungen, umgeben von ungefähr der gleichen Anzahl sowjetischer Soldaten mit ihren Waffen. Sie befahlen uns, unsere Schnürsenkel und unsere Gürtel abzugeben, die wir niemals zurückerhielten. Während der nächsten Wochen und Monate waren wir gezwungen, unsere Hosen mit den Händen hochzuhalten.

Nachdem man uns mehrfach durchgezählt und verschiedene Listen kontrolliert hatte, begann unser Marsch nach Dresden. Für jeden Gefangenen lief ein Bewacher mit, der seine Waffe auf uns gerichtet hielt. Nun wussten wir auch, warum man uns die Gürtel abgenommen hatte. Abgesehen von der Gefahr, beim geringsten Ausscheren aus der Kolonne erschossen zu werden, war eine Flucht mit rutschenden Hosen unmöglich. Es war eine seltsame Prozession, die sich da in Richtung Dresden bewegte. Die Leute am Straßenrand starrten uns erschrocken an. Auf sie musste die Szenerie wirken, als würde man uns zu einer Erschießung eskortieren. Mit ihren Gewehren bedeuteten unsere Bewacher den Leuten unmissverständlich, die Straße zu verlassen. Zeugen waren nicht erwünscht.

Nach einem mehrstündigen Marsch erreichten wir die Kasernen an der Königsbrücker Straße in Dresden. Der Gebäudekomplex, in den wir gebracht wurden, ging auf eine Militärstrafanstalt aus dem neunzehnten Jahrhundert zurück und hieß deshalb im Dresdner Volksmund immer noch »das Festungsgefängnis«. Obwohl es damals unter modernen Gesichtspunkten erbaut worden war, genoss es in der Stadt einen schlechten Ruf. In den Dreißigerjahren waren eine Wehrmachtfachschule für Techniker und das Divisionsgericht 404 der Wehrmacht eingezogen, doch gab es in einem der großen Ziegelbauten auch noch eine Haftanstalt. Das Gebäudeensemble war bei einem Luftangriff im April 1945 beschädigt, aber nun von den Russen notdürftig für die Aufnahme von Gefangenen hergerichtet worden. All das wusste ich nicht, als man uns in die Zellen dieses Militärgefängnisses stieß.

Ich kam mit drei anderen Jungs in eine Zelle, die knapp drei mal drei Meter klein war. Die ganze Einrichtung bestand aus einem Klappbett, das mit Riemen an der Wand festgehalten wurde. Tagsüber blieb das Bett hochgeklappt. Ohnehin war auf dem Bett nicht genügend Platz für vier Menschen. Das Fenster des Kerkers hatte keine Scheiben und war hoch oben unter der Decke. Außen war vor dem Fenster ein sogenanntes Schwalbennest angebracht, ein Metallkasten, der verhindern sollte, dass das Sonnenlicht in den kleinen Raum fiel. Die ehemals mit dunkler Ölfarbe gestrichenen Wände des Raumes waren mit unzähligen Kritzeleien übersät, die über lange Zeit von früheren Gefangenen in den Putz geritzt worden waren. Meist waren das Kalender. Sechs horizontale Striche und eine vertikale Linie standen für eine Woche. Aber diese Linien sagten nichts über die Furcht und die Verzweiflung ihrer Urheber aus. Wer waren sie und welche Verbrechen, welche Überzeugungen hatten sie in diese Zelle gebracht? Wer wusste, ob sie noch lebten? Es machte keinen Unterschied, ob das Schicksal dieser Leute in den Händen der Wehrmacht, der Gestapo oder der Russen gelegen hatte. Ihre Angst und ihre Hoffnung oder ihre Hoffnungslosigkeit waren die gleichen. Zwischen den Kalenderstrichen entzifferten wir einige Namen, die uns keine Antworten gaben.

Diese Zelle teilte ich mir mit drei anderen. Fritz Messerschmidt war Handelsschüler, sechzehn Jahre alt. Sein Vater war Fleischermeister in Radeberg und Fritz die beste Werbung für das väterliche Geschäft. Bei einer Größe von eins achtzig wog er fast hundert Kilogramm. Ihm fiel es deshalb noch nicht schwer, den undefinierbaren Brei zu verweigern, den man uns in die Zelle schob. Er wolle von seinen Reserven zehren, grinste er.

Auch Wolfgang Leipert war Handelsschüler, ebenfalls sechzehn Jahre alt und ebenfalls aus Radeberg. Berühmt war er wegen seines langsamen Augenaufschlages. Aber nicht nur der war langsam, sondern jede seiner Bewegungen, aufreizend, provozierend langsam. Wenn Fritz zu wenig Hunger hatte, dann hatte Wolfgang zu viel. Beide kannte ich aus der Einheit in Schönfeld.

Der Dritte im erzwungenen Bunde war Horst Müller, mein Freund aus Kindertagen, gerade fünfzehn Jahre alt geworden und jetzt Mechanikerlehrling in Dresden. Noch vor ein paar Wochen hatten wir in der Kiesgrube bei Schönfeld die Verteidigung Deutschlands geübt.

Nun verbrachten wir zahllose Stunden mit Spekulationen über das Schicksal, das uns erwarten würde. Nicht bei allen Jungen, mit denen ich in Radeberg gesprochen hatte, waren die Verhöre so höflich verlaufen wie bei mir. Manche hatten mehrere Befragungen in den verqualmten Verhörzimmern der sowjetischen Kommissare hinter sich. Manche der Dolmetscher, oft polnische Erntearbeiter oder ehemalige ukrainische Kriegsgefangene, sprachen weder richtig Deutsch noch Russisch. Bei den Vernehmungen gab es Schläge oder Wodka, je nach Laune und Bedarf. Die Protokolle waren in russischer Sprache abgefasst, keiner von uns wusste, was drinstand, aber auf der ersten Seite stand in jeder Akte »Werwolf-Verdacht«. Unterschrieben haben wir trotzdem. Fritz sagte: »Ob ich mich oben im Verhörzimmer totschlagen lasse oder mein Todesurteil unterschreibe und einen schnellen Genickschuss erhalte, ist ja letzten Endes gleich.«

Dann wieder waren wir optimistisch und dachten, dass unsere Strafverfahren abgeschlossen waren und über unsere Zukunft längst entschieden worden war. Es gab keine Verhöre mehr. Wir sprachen uns gegenseitig Mut zu und meinten, dass es das Schlimmste sei, was uns noch passieren könne, dass wir noch ein paar Tage oder Wochen in diesem Loch hocken müssten und man uns anschließend mit kahlgeschorenen Köpfen auf die Straße jagen würde.

Andere Menschen in diesem Gefängnis hatten diese Hoffnung nicht. Von morgens bis abends ertönte aus einem Zimmer in einem der oberen Stockwerke überlaute Grammophonmusik. Tagelang spielten sie den gleichen Walzer, »Über den Wellen« von Juventino Rosas, ein Gassenhauer vor dem Krieg. »Sie vernehmen wieder«, flüsterte Wolfgang, als die Musik zum wiederholten Mal die Schreie eines gefolterten Menschen nur schlecht übertönen konnte. Kreidebleich kroch er in eine Ecke und hockte sich mit angezogenen Knien auf den Steinfußboden. Auch mich wollten meine Beine nicht mehr tragen, kalte Angst kroch mir den Rücken hinauf, auch ich drückte mich in eine Ecke, als könnte sie irgendeinen Schutz bieten. Nach einer Weile wurde es still, bedrückend still. Wolfgang flüsterte: »Entweder er hat unterschrieben oder er ist ohnmächtig geworden.«

»Oder er ist tot«, antwortete Fritz.

Keiner von uns hatte eine Uhr. Nur die Routinen des Gefängnisses und seine Geräusche gaben uns ein ungefähres Gefühl der Zeit. Morgens wurden wir kurz vor fünf durch laute Schläge an die Zellentür geweckt, erst Stunden später kreischte der Schlüssel im Schloss. Wolfgang hatte dann gerade noch Zeit genug, um ein improvisiertes Damespiel in seiner Hosentasche verschwinden zu lassen, bevor der Riegel der Tür zurückgeschoben wurde. Ein russischer Wärter schob eine Schüssel mit Kascha über den Fußboden. Der Brei schmeckte furchtbar nach Petroleum, wir würgten ihn aber gierig hinunter. Zum Schluss teilten wir die Portion von Fritz auf, der während unserer Mahlzeit auffallend konzentriert damit beschäftigt war, seinen Namen in die Wand unterm Fenster zu ritzen. Er trank nur Tee und aß etwas von der Brotrinde, darüber hinaus verweigerte er jede Nahrungsaufnahme. Wolfgang spottete, er wolle die Zeit für eine Entfettungskur nutzen und als schlanker Jüngling heimkommen, der allen Mädchen von Radeberg den Kopf verdrehen würde.

Wenn die Uhr der Garnisonskirche St. Martin morgens sechs Uhr schlug, begann in der Zelle über uns ein Mann zu husten und zu laufen. Von morgens bis zum Abend marschierte er hin und her, her und hin, pausenlos. Wahrscheinlich war er allein in seiner Zelle, wir hörten ihn niemals reden. Ich rechnete mir im Kopf aus, dass er so jeden Tag ungefähr dreißig Kilometer zurücklegen musste.

So hockten wir tagelang auf dem Boden unserer Zelle und zählten die Stunden oder was wir dafür hielten. Sie vergingen immer langsamer. Bald hatten wir uns nichts mehr zu erzählen, jeder kannte die kurze Lebensgeschichte des anderen wie seine eigene, jede halbwegs unterhaltsame Episode hatten wir aus dem Gedächtnis hervorgekramt. Wir warteten darauf, dass abends die Uhr da draußen zehn schlug und wir uns schlafen legen durften, zwei auf der Pritsche, zwei auf dem Fußboden, ohne Decken und Kissen.

Am frühen Morgen des fünften Tages wurden wir durch lauten Lärm aus dem Schlaf gerissen. Etwas war anders als an den Tagen zuvor. Es war früher als sonst, draußen war es noch stockdunkel. Zu viert nahmen wir Aufstellung unter dem Fenster. Aus allen Stockwerken hörten wir das Schnarren von Schlössern, das Quietschen der Riegel, das Schlagen der Türen. »Aufstehen, dawai, dawai«, brüllten die Wärter. Einer riss unsere Tür auf und warf vier faustgroße Brotstücke auf den Boden. Kaum hatte er die Tür geschlossen, stürzten wir uns auf das Brot. Wir hatten gerade begonnen, es gierig hinunterzuschlingen, als die Tür wieder geöffnet wurde: »Raus, alle raus!« Eine diese Worte begleitende Bewegung mit einem großen Holzknüppel war unmissverständlich. Mein Herz schlug wie ein Hammer. Was geschah hier? Entlassung? War das die Freiheit? Bloß nicht hoffen, keine Hoffnung zeigen, die Enttäuschung würde schwer zu ertragen sein. Ich sprach zu mir: »Wir werden nicht entlassen, nicht entlassen, nicht entlassen. Bloß keine falschen Hoffnungen…«, aber weshalb weckten sie uns dann so früh?

Die Türen der anderen Zellen standen ebenfalls offen. Heraus traten Männer mit schmutzigen Stoppelbärten und unruhig flackernden Augen in tiefen Höhlen, mit Angst in den grauen Gesichtern. Manche trugen zerknitterte Anzüge, ehemals feine Zweireiher, andere Arbeitskleidung, je nachdem, wie und wo sie verhaftet worden waren. Die unterschiedliche Kleidung zeigte, dass sie aus allen Bevölkerungsgruppen und sozialen Schichten kamen. Ich sah Polizeiuniformen, abgerissene Wehrmachtsuniformen, wie sie die Kriegsheimkehrer trugen, die Blaumänner einfacher Arbeiter, dunkle Anzüge aus guten Stoffen. Alle diese Kleidungsstücke waren dreckig, zerknittert und manchmal zerrissen. Man hatte ihren Trägern die Gürtel genommen und die Schnürsenkel. Sie sahen sich um wie Tiere, welche die Jäger wittern.

Ich schaute an mir herunter. Auch ich war immer noch gekleidet wie am Tag meiner Verhaftung auf dem Feld. Seitdem hatte ich mich nicht gewaschen und in dieser Kleidung geschlafen, die aus der schon erwähnten Arbeitshose, einem karierten Flanellhemd und den Wehrmachtsstiefeln bestand. Statt Socken trug ich Fußlappen, wie sie in der Armee üblich waren. Die Stiefel waren mein wertvollster Besitz, strapazierfähig, bequem, ich brauchte keine Schnürsenkel und nachts konnte ich sie als Kopfkissen benutzen.

Von langen Listen wurden unsere Namen verlesen, dann jagte man uns die Treppen hinunter in den Hof der Kaserne. Dort hingen über mehreren offenen Feuern große Kessel, aus denen die Kascha dampfte. Dunkle Gestalten huschten hin und her. Neben den Feuern lagen leere Blechkanister. Daher also kam der Petroleumgeschmack des Essens.

Von einem Wachturm richtete sich das Licht eines riesigen Scheinwerfers auf uns und begleitete den Zug der Häftlinge bis zum Tor. Die sowjetischen Soldaten bildeten eine Gasse und zwangen uns mit lautem Dawai-Dawai-Gebrüll, unterstrichen von drohenden Gebärden mit ihren Holzprügeln, so schnell wie möglich zu laufen. Es war immer noch dunkel, der Scheinwerfer strich nervös über die Menge.

Andere Soldaten standen mit Maschinenpistolen auf dem Hof. Diese Waffen mit ihren runden, trommelähnlichen Magazinen sahen aus wie die amerikanischen »Tommy Guns«, die man aus Hollywoodfilmen über die Chicagoer Mafia kennt.

Drei ZIS-Lastkraftwagen standen mit laufenden Motoren vor dem Tor auf der Straße. Die Soldaten stießen und drängten uns auf die Ladeflächen. Ich fror in meinem dünnen Hemd mit den kurzen Ärmeln und hatte Angst. Der Traum von der Freiheit war geplatzt. Die Zukunft sah so düster aus wie der Gefängnishof in der Dunkelheit.

Bautzen

Bei Sonnenaufgang fuhren die drei Lastwagen an. Wir standen dicht an dicht gedrängt auf der Ladefläche, was uns ein wenig gegen die morgendliche Kälte schützte, oder saßen mit dem Blick nach hinten, gegen die Fahrtrichtung, auf dem Boden. Es war verboten, miteinander zu reden. Während der Fahrt hielt ein Soldat auf dem Dach der Fahrerkabine ein Maschinengewehr auf uns gerichtet. Sein Blick ließ keine Zweifel, dass er es auch benutzen würde.

Einige Frühaufsteher auf den Straßen schauten uns mit Entsetzen in den müden Gesichtern hinterher. Was mochten sie denken?

Mein zufälliger Nachbar auf der Ladefläche, ein älterer Mann, flüsterte mir zu: »Wir kommen nach Lommatzsch zum Ernteeinsatz. Ich weiß das vom Vernehmungsoffizier.« Lommatzsch liegt etwa dreißig Kilometer nordwestlich von Dresden in einer bäuerlichen Gegend. Vermutlich fehlten dort landwirtschaftliche Arbeiter, um die Ernte einzubringen. Aber unsere Hoffnung schwand, als wir die Autobahn erreicht hatten und unser Konvoi nach Osten fuhr. Wir warfen einen letzten Blick auf das, was von Dresden geblieben war, auf die Trümmerlandschaft und auf ein paar Kirchtürme, die den Bombenhagel überstanden hatten und nun aus den Morgennebeln ragten. Ich ahnte, dass dies ein Abschied für lange Zeit sein würde und mir schnürte es die Kehle zusammen. Tränen liefen mir die Wangen hinunter. Ich war nicht sicher, ob sie wegen meiner Gefühle oder wegen des kalten Fahrtwindes flossen. Aber ich schwor mir in diesen Minuten, eingeklemmt zwischen all den fremden Menschen, die ebenso wie ich einem ungewissen Schicksal entgegenfuhren, dass ich heimkehren würde, dass meine Eltern mich wieder in die Arme nehmen sollten, ganz gleich, wohin diese Reise führen und welche Schicksalsschläge auf mich warten würden.

Am Vormittag hielten die Lastwagen vor dem gelben Backsteingebäude des Zuchthauses von Bautzen. Wir wurden in den großen Hof des Gefängnisses getrieben und warteten auf das, was geschehen sollte. Unsere Gruppe drängte sich vor einer der Mauern. Neben uns erhob sich ein Gebäude, das wie eine Kirche aussah. Auf der linken Seite befanden sich, wie wir später erfuhren, das Frauengefängnis und das Verwaltungsgebäude. Einem Abfallhaufen in der Nähe entströmte ein beißend fauliger Geruch.

Hinter der Ecke eines der Zellengebäude erschien eine Gruppe Gefangener in der typischen blauen Gefängniskluft. Man hatte ihnen die Haare abrasiert, was sie als verurteilte Kriminelle kennzeichnete. Wir rätselten, ob sie tatsächlich wegen krimineller Vergehen oder aus politischen Gründen verurteilt oder gar Kriegsverbrecher waren. Später hatten wir Gelegenheit, mit ihnen zu reden. Man hatte sie auf die gleiche Weise und aus denselben Gründen wie uns verhaftet, sie waren verhört, aber nicht verurteilt worden. Der einzige Unterschied bestand darin, dass sie schon seit vier Wochen in dieser Haftanstalt waren.

»Da könnt ihr die künstlerischen Mittel der Wochenschau sehen«, flüsterte Fritz. »Du brauchst den Leuten nur die Köpfe kahlrasieren, ihnen einen Stoppelbart stehen zu lassen, sie in Gefängnisklamotten zu stecken und fertig ist der Untermensch. Da kannst du jeden als Raubmörder oder Frauenschänder fotografieren und kein Mensch wird das anzweifeln.«

Wir mussten bis zum späten Nachmittag im Hof ausharren, dann brachte man unsere Gruppe in ein Gebäude, in dem früher, bevor die Russen das Gefängnis übernommen hatten, die Werkstätten untergebracht gewesen waren. Wir wurden in einem kleinen Raum eingeschlossen, der den Wärtern als Aufenthaltsraum gedient hatte. Es gab nicht genügend Platz für alle, wir waren fünfzehn Jugendliche und einige Erwachsene. Ich war schrecklich müde. Sobald ich mich auf dem Fußboden niedergelassen hatte, schlief ich ein.

Mich weckte ein ratterndes Geräusch, das draußen vom Gang kam. Durch das Fenster sah ich, dass die Gebäude und die wenigen Bäume lange Schatten warfen. Es war Abend geworden.

Auf dem Korridor schien es Bewegung zu geben. Es dauerte eine ganze Weile, bis unsere Tür aufgerissen wurde und wir sehen konnten, dass vor den Zellen gegenüber Suppe in Näpfe ausgeteilt wurde. In langen Reihen standen die Männer an. Aber was waren das für Näpfe? Fritz starrte mich fassungslos an. Die Männer bekamen ihre Suppe in Nachtgeschirre aus Emaille geschöpft.

Auch Horst stand in der Tür und lachte über diesen Anblick. Fritz schaute ihn böse an: »Hast du dir schon einmal überlegt, wie wir unsere Suppe empfangen sollen? Vielleicht in der Hosentasche? Im Moment könnten wir froh sein, wenn wir auch ein paar Nachttöpfe hätten.«

Der Wärter vor unserer Tür, ein Russe, gab uns mit Gesten zu verstehen, dass wir ebenfalls in den Korridor treten und unsere Suppe empfangen sollten. Aber wir hatten in unserem Kerker gar keine Behältnisse dafür. Einer der älteren Männer aus der Gruppe versuchte in gebrochenem Russisch, unser Dilemma deutlich zu machen. Irgendwann verstand der Wärter und verschwand. Er kam mit einer riesigen Waschschüssel zurück, die er bis zum Rand mit der dünnen Suppe füllte und in unseren Raum schob. Damit war das Problem für uns allerdings nicht gelöst, denn wir hatten keine Löffel oder Kellen, mit denen wir die Suppe schöpfen konnten. Wir hatten Glück. Offensichtlich war der Raum seit Kriegsende nicht mehr benutzt worden, in einer Ecke lag ein Haufen Gerümpel, in dem sich eine kleine Seifenschale fand, die wir nun gemeinsam als Schöpfkelle benutzten. Jeder von uns erhielt eine Nummer und der Seifenbehälter ging in der Reihenfolge dieser Nummern von Hand zu Hand. Jeder durfte ihn einmal füllen und ausschlürfen, bevor er ihn weitergeben musste. Allerdings war die Suppe unerträglich heiß und die wenigen Kartoffelstücke lagen auf dem Grund der Schüssel. Als sie leer war, hatten wir alle verbrühte Finger.

Unter den Männern in unserem Raum war ein blonder Riese mit der Figur eines Preisboxers. Er hieß Hans Kauert, stammte aus dem Rheinland und war kaum älter als dreißig Jahre. Er erzählte uns, dass er von Beruf Lastwagenfahrer und 1939 Fallschirmjäger geworden sei. Später habe man ihn zu zwei Jahren Zuchthaus verurteilt, weil er einen Offizier seines Regiments angegriffen und verprügelt habe. Nun prahlte er mit seinen »Knasterfahrungen«, mit denen er uns allen weit überlegen war. Von einem der Posten hatte er, wie auch immer, etwas Tabak bekommen und mit einem Papierschnipsel eine Zigarette gedreht. Wie aber sollte er an Feuer kommen? Trotz mehrerer Leibesvisitationen hatte einer der Männer ein Feuerzeug in die Zelle geschmuggelt, leider ohne Benzin. Kauert kratzte mit einer Glasscherbe feine Späne von einem alten hölzernen Zahnbürstenstiel, beides hatte er zwischen dem Gerümpel gefunden, und setzte die Späne mit den Funken des Feuerzeugs in Brand. Solche Fertigkeiten helfen beim Überleben, wurde er nicht müde zu erwähnen. Überhaupt wurde Kauert in den folgenden Tagen für uns Jungen zum Lehrmeister im Gefängnisalltag.

»Wenn du überleben und irgendwann wieder nach Hause kommen willst«, erklärte er uns, »dann darfst du nur auf dich selbst aufpassen. Im Knast gibt es keine Freundschaft. Du kannst niemandem vertrauen. Dein bester Freund wird dich für eine Scheibe Brot verkaufen. Hier heißt es fressen oder gefressen werden.«

Ich hatte danach oft die Gelegenheit, ihn bei der Umsetzung seiner Regeln zu beobachten. Er lebte wahrhaftig nach ihnen. Meist war er obenauf und am Ende gelang es ihm, die Lagerzeit zu überleben.

Ich lebte nicht nach seinen Regeln. Ich kann nicht behaupten, dass ich in jeder Situation obenauf war, aber auch ich entkam den Höllen. Bei Hans Kauert war ich mir sicher, dass er, nachdem ihn die Russen in die Freiheit entlassen hatten, flugs die nächste Chance ergreifen würde, um seine Überlebensregeln wieder in einem Gefängnis auf die Probe zu stellen. Hier in diesem Gefängnis jedoch und in den kommenden Wochen enthüllte Hans Kauert meine grenzenlose Hilflosigkeit in diesem Überlebenskampf.

Seit meiner frühen Kindheit habe ich immer wieder mit Verdauungsproblemen oder gar Durchfall auf Stress und Infektionen reagiert. Dieses Problem begleitete mich lebenslang. Eines Tages bekamen wir eine Suppe vorgesetzt, in der unerwartet viele Bohnen schwammen. Für mich waren die Folgen schrecklich, zumal wir nur einen kleinen Kübel für die Notdurft im Raum hatten. Hans beobachtete mit wachsender Aufmerksamkeit meinen häufigen Gebrauch dieses Kübels und verdächtigte mich bald, dass ich eine ansteckende Krankheit verbreiten könnte. In den meisten Dingen war er furchtlos, aber vor Krankheiten hatte er Angst. Er versuchte, die anderen im Raum zu überzeugen, dass ich eine Gefahr für die Gruppe sei und wollte mich aus der Zelle verlegen lassen, was ihm jedoch nicht gelang.

Die folgenden Tage vergingen eintönig. Oft wurden wir in den Hof getrieben, wo wir strammstehen mussten, während endlos lange Namenslisten verlesen wurden. Die meisten Häftlinge kamen aus den Städten und Kreisen Bischofswerda, Kamenz, Radeberg,

Dresden, Chemnitz, Freiberg und Zittau, aber auch aus Wittenberg und Leipzig. Für viel Verwirrung sorgte die russische Aussprache unserer deutschen Namen. Ich hatte irgendwann herausgefunden, dass sich mein Name wie »Pjotr Martynowitsch Schreibr« anhörte, weil die Russen den Vaternamen mitnannten. Es gab Gerüchte zuhauf, was passieren würde, wenn man aufgerufen oder übergangen wurde. Die Gefangenen, welche aufgerufen wurden, führte man meist in eine der großen Werkstätten im Hauptgebäude. Diese Räume waren überfüllt mit mehreren Hundert Menschen.

Die über die sächsischen Grenzen hinaus berüchtigte Justizvollzugsanstalt Bautzen war im Jahre 1904 am nördlichen Stadtrand von Bautzen als damals modernste Strafvollzugsanstalt im Königreich Sachsen mit 1100 Haftplätzen errichtet worden. Schon im Ersten Weltkrieg hatte sie auch zur Unterbringung russischer, britischer und französischer Kriegsgefangener gedient.

Spätestens nach der Machtübernahme durch die Nationalsozialisten, als in dem Komplex nicht mehr nur Kriminelle, sondern zunehmend auch politische Gegner des Regimes und Angehörige verfolgter religiöser Gruppen wie Zeugen Jehovas, Reformadventisten oder kirchliche Oppositionelle überhaupt eingekerkert wurden und zunehmend Gerüchte über die schrecklichen Haftbedingungen und Folterungen durch die Gestapo nach außen drangen, verfestigte sich eine Bezeichnung für die Strafanstalt, die ihr der Volksmund gegeben hatte: das *Gelbe Elend*.

Eines Tages, als mein Name wieder aufgerufen wurde, kam auch ich in das Hauptgebäude und in einen der Arbeitssäle. Ich fand mit Glück einen Platz auf einer Werkbank nahe am Fenster. Mehrere Wochen lang war da draußen das wunderbarste Sommerwetter zu beobachten. Jeden Abend sah ich farbenprächtige Sonnenuntergänge und ab und an ein Gewitter.

Alle Säle waren dramatisch überbelegt. Wir schätzten, dass in der Haftanstalt mindestens 5000 Menschen eingesperrt waren. Vielleicht waren es auch mehr, ständig kamen neue Transporte. Viele Häftlinge verschwanden von einem Tag auf den anderen.

Der schwerste Abschnitt des Tages war immer wieder der Abend, der Versuch einzuschlafen. Die Werkbänke, Arbeitstische und die Gänge dazwischen waren unsere Schlafstätten. Es gab kein

Bettzeug. Wer irgendwo eine Decke ergattert hatte, konnte sich zudecken. Ich benutzte meine Stiefel als Kopfkissen.

Oft stellte ich mir die Verzweiflung meiner Eltern vor. Seit Januar hatten wir kein Lebenszeichen von meinem Bruder erhalten, der zuletzt im Baltikum stationiert gewesen war, und nun fehlte auch vom jüngeren Sohn jede Nachricht. Fünf Jahre später erfuhr ich, dass es den Eltern gelungen war, meiner Spur bis Bautzen zu folgen. Unter schwierigsten Umständen waren sie mit dem Zug in die Stadt gekommen und hatten mit Hunderten anderer Menschen vor dem großen Gefängnistor gewartet, um mich zu sehen. Ohne Erfolg. Mir schnürten die Gedanken an die Ungewissheit meiner Eltern jeden Abend aufs Neue die Kehle zu.

Die Verlegung in das Hauptgebäude brachte einige Verbesserungen. Jeden Morgen durften wir mit den anderen Häftlingen in den Hof zum Rundgang. Dabei mussten wir die Hände auf den Rücken legen und Abstand zum Vordermann halten. Es gab ein an die Werkstätten angegliedertes Bad, wo wir uns zum ersten Mal nach vier Wochen waschen konnten. Am Tag nach der Verlegung führte man uns in den Duschraum, dort mussten wir uns vollständig entkleiden. Ein Mithäftling händigte jedem ein winziges Stück Kernseife, einen Leinenfetzen zum Abtrocknen und einen kleinen Kübel mit warmem Wasser aus. Mit diesem Wasser mussten wir uns vorwaschen und einseifen. Auf Kommando wurden dann die Duschen auf- und wieder abgedreht. Für uns war das ein ungeheuerlicher Luxus. Seit der Verhaftung hatte keiner der Häftlinge seine Kleidung gewechselt, auch in Bautzen gab es für uns keinen einzigen Wäschewechsel. In den Gefangenensälen arbeiteten inoffizielle Friseure, die den Häftlingen die Haare mit Kamm und Schere schnitten. Mir war es ein Rätsel, wie sie diese Arbeitsgeräte durch die Kontrollen gebracht hatten. Von Zeit zu Zeit kamen die Grünmützen des NKWD zum Appell und durchsuchten uns. Gefahndet wurde nach allen möglichen Dingen, besonders nach Papier. Die Russen wollten nicht, dass Kassiber nach draußen geschmuggelt wurden. Wurden solche Sachen entdeckt, setzte es regelmäßig Schläge. Trotzdem gingen viele Häftlinge das Risiko ein, waren doch der Phantasie keine Grenzen gesetzt, aus jeglicher Beute nützliche Dinge zu basteln. In einem der Säle lagerten noch große Rollen dicker Papiergarne, die von früheren Insassen zu Hängematten verarbeitet wurden. Seltsamerweise schien es die Bewacher nicht zu interessieren, dass große Mengen dieses Garns aus dem Saal verschwanden. Es dauerte nicht lange und in unserer Massenunterkunft wurden Hängematten geflochten, auch ich arbeitete an einer. Außerdem versuchte ich, mit einer Glasscherbe aus einem Holzbrett einen Kochlöffel zu schnitzen, den ich meiner Mutter schenken wollte, wenn ich nach Hause kam.

Wurde wieder ein Transport zusammengestellt, ging wie ein starker Wind ein Raunen durch die Anstalt: »Hast du schon gehört, die Bäckerei muss mehr Brote backen und im Magazin wird Proviant zusammengestellt. Am Bahnhof werden Güterwagen ausgerüstet. Wir kommen in ein anderes Lager, wo wir umerzogen werden sollen und dann geht es nach Hause … Es geht in ein Lager in der Nähe von Hoyerswerda, das ist ein Durchgangslager …«, und viele solcher Gerüchte mehr.

Am 11. Juli 1945, genau vier Wochen nach unserer Ankunft in Bautzen, wurden abermals tausend Häftlinge auf den großen Hof vor dem Hauptgebäude kommandiert. Wir mussten in Fünferreihen antreten. Unser »Kleeblatt« aus dem Gefängnis in Dresden war zusammengeblieben. Wieder filzte man uns, zum wiederholten Mal wurden uns alle Dinge abgenommen, die wir unter unseren Kleidern sorgsam verborgen hatten. Alle so eifrig gebastelten Geschenke für daheim wurden uns abgenommen, auch mein mühsam geschnitzter Kochlöffel flog auf den großen Haufen in der Mitte des Platzes. Dann standen wir stundenlang in der Julisonne. Es gab weder Essen noch Trinken. Nach einiger Zeit stieg ein sowjetischer Offizier auf einen kleinen Erdhügel und hielt in gebrochenem Deutsch eine Rede, welche nur die Häftlinge in den vorderen Reihen verstehen konnten.

Eine Gruppe von Offizieren, die Zigaretten mit langen Mundstücken rauchten, stand vor uns. Immer wieder blickten sie zu uns herüber, während Soldaten mit großen Aktenbündeln geschäftig hin- und herrannten. Wir hofften, dass nun vielleicht der Tag unserer Entlassung gekommen war, während wir zugleich diese aufkeimende Hoffnung unterdrückten. Zu sehr fürchteten wir die Enttäuschung. Die Jugendlichen waren zu einem Block vor der Kolonne aufgestellt worden. Dann öffnete sich das große Eisentor und wir liefen untergehakt in Fünferreihen in die Stadt hinaus.

Vor den Mauern der Haftanstalt herrschten Chaos und Aufregung. Dass Bautzen als Gefangenenlager für viele der in den vergangenen Wochen verhafteten Menschen diente, hatte sich inzwischen in ganz Sachsen herumgesprochen. Hunderte Angehörige waren unter höchst schwierigen Bedingungen in die Stadt gekommen, viele kampierten im Freien in der Nähe der Mauern oder außerhalb der Stadt. Sie versuchten, etwas über das Schicksal ihrer Lieben in Erfahrung zu bringen, und drängten zum Tor. Viele sahen nun mit blankem Entsetzen, wie ihre Verwandten die Straße hinunter zum Güterbahnhof getrieben wurden.

Bewacht wurden wir von einer kleinen Armee russischer Soldaten. Ihre Bewaffnung beseitigte jeden Zweifel, was beim geringsten Fluchtversuch oder einer Kontaktaufnahme mit den Menschen am Straßenrand geschehen würde. Mit Gebrüll und drohenden Gebärden wurden die Angehörigen zurückgedrängt. Das war die mit Abstand bedrohlichste Situation, die ich seit meiner Verhaftung erleben musste.

Auf dem Bahnhof teilten uns die Soldaten mit routiniertem Gebrüll gleichmäßig in Gruppen auf. Es stand ein Zug mit ungefähr zwanzig Güterwagen bereit, in welche wir nun getrieben wurden. Fünfzig bis achtzig Personen, je nach Größe des Waggons. Kaum hatte man uns hineingepfercht, wurde die Tür krachend zugeschoben und verriegelt. In dem Waggon, in den ich gestoßen wurde, zählte ich sechzig Leute. Es war einer der kleineren Wagen, ich schätzte seine Fläche auf ungefähr dreißig Quadratmeter. Das wäre ein halber Quadratmeter pro Person für eine Reise von unbestimmter Länge. Ich drängte mich sofort in eine Ecke, neben mir fanden Horst und Fritz einen Platz. Horst brummte: »Am Bahnsteig drei Sonderzug nach Sibirien, bitte einsteigen.« Nur wenige konnten über diese Worte lachen. Ein älterer, dünner Mann schob sich an uns heran, es war der Rechtsanwalt Große aus Bautzen: »Jungs, die Sache ist ganz einfach. Wir kommen nach Jüterbog und werden von dort entlassen.«

Ich antwortete ihm, nicht ohne Sarkasmus: »Ja, das ist auch logisch. Die Kette von dem Stempel, mit dem unsere Entlassungspapiere gezeichnet werden, reicht nicht bis Bautzen. Deshalb fahren die Herrschaften von der Feldpost eben die ganze Gesellschaft von tausend Mann zum Stempel.«

Anwalt Große blinzelte etwas unsicher und erwiderte: »Die Russen können unmöglich alle von hier entlassen. Das würde zu

Unruhen in der Bevölkerung führen. Ich habe genau gehört, wie einer der Posten sagte: Alle nach Entlassungslager, dann nach Hause.«

Fritz beendete das Gespräch: »Na hoffentlich haben Sie sich den Mann gemerkt, damit Sie ihn später verklagen können, wenn das nicht stimmt.«

Anwalt Große wandte sich missmutig ab.

»Na ja, einen Pullman-Wagen hat man uns nicht gerade gegönnt«, konstatierte einer, nachdem er den Wagen eingehend gemustert hatte. Der Wagen war leer, keinerlei Einbauten befanden sich darin.

»Habt ihr schon das vornehme WC bewundert?«, fragte Fritz.

Ich schaute mich um, konnte aber nichts entdecken.

»Das Schönste daran ist nämlich, dass es gar nicht existiert«, fuhr Fritz fort. »Könnt ihr euch die Sauerei vorstellen, wenn wir ein paar Tage hier drin hocken?«

Bevor wir darüber spekulieren konnten, ob das Fehlen einer Toilette für eine eher kurze Reise sprechen könnte, wurde die Wagentür wieder aufgerissen. Mehrere Soldaten mit Maschinenpistolen und Karabinern im Anschlag standen vor der Tür.

»Nasad – nach hinten«, brüllte ein anderer, der eine Axt in der Hand schwang und sich eine Bresche zwischen den Menschen bahnte. Er begann, gleich neben der Tür ein Loch in den Boden des Wagens zu hacken. Als das Loch ungefähr die Größe eines Bierdeckels hatte, begutachtete er sein Werk kritisch, wobei er einen dieser meterlangen russischen Flüche ausstieß, dann sprang er aus dem Waggon. Wieder schloss sich die Tür. Es dauerte ein paar Sekunden, bis wir begriffen, dass dieses kleine Loch unsere Toilette für die bevorstehende Reise sein sollte.

»Habt ihr gesehen, wie er das Loch beäugt hat, ob es auch noch klein genug ist, um nicht durchkriechen zu können?«, fragte Fritz. »Aber wenn es mit der Verpflegung so weitergeht, können wir alle eh bald durch ein Schlüsselloch kriechen. Übrigens werden die Zielfernrohre für das Klosett beim Pförtner ausgegeben.« Scheinbar nichts konnte den Galgenhumor meines Kameraden dämpfen.

Am Nachmittag ließen Lärm und Hektik auf dem Bahnsteig nach. Offensichtlich war die Verladung der Gefangenen beendet. Unser Wagen hatte vier kleine, vergitterte Fenster, die zusätzlich mit Stacheldraht gesichert waren. Ich stellte mich auf die Zehen, um zu sehen, was auf dem Bahnsteig vor sich ging. Aber unter jedem Fenster schien ein Posten zu stehen. Als ich mein Gesicht dem Gitter näherte, fuhr mir ein vierkantiges russisches Bajonett entgegen.

Es dämmerte bereits, als der Zug sich in Bewegung setzte. Im Wagen hielt Rechtsanwalt Große eine Rede: »Kameraden, wir werden wahrscheinlich noch ein paar Tage zusammen sein, aber bald nach Hause zurückkehren. Lasst uns diese schwierige Zeit mit deutschem Humor und Disziplin ertragen. Der Platz in diesem Waggon reicht nicht aus, dass alle von uns gleichzeitig schlafen können. Ich schlage vor, dass wir zwei Gruppen bilden. Eine Gruppe soll zwei Drittel des Bodens besetzen und vier Stunden schlafen. Die anderen müssen so lange im restlichen Drittel stehen. Nach ungefähr vier Stunden wechseln sich die Gruppen ab. Ich bin mir sicher, dass niemand von uns noch im Besitz einer Uhr ist, was bedeutet, dass wir die Zeit schätzen müssen.«

Der Vorschlag war nicht schlecht, fast alle waren damit einverstanden. Wir Jungen meldeten uns freiwillig für die zweite Gruppe, auch der Möbelfabrikant Menzel aus Großröhrsdorf und der NSDAP-Kreisleiter Müller aus Annaberg. In dieser Nacht hofften beide noch, dass sie vor Weihnachten entlassen und wieder zu Hause sein würden. Hermann Menzel war der Inhaber der bekannten Dresdner Tischfabrik H. Menzel, die in ihren besten Zeiten über 60 000 Tische pro Jahr herstellte. In fast jedem Haus in Deutschland stand ein Menzel-Tisch. Während der Zug einem ungewissen Ziel entgegenratterte, stritten sich die beiden Männer, wie viele Eier in eine klassische Dresdner Eierschecke gehören. Ein paar andere Männer daneben unterhielten sich über all die leckeren Speisen, die sie nach der Heimkehr verschlingen wollten. Es war eine absurde Situation: in diesem stinkenden Waggon, in dem die Atemluft immer knapper wurde, saßen Gevatter Tod und Lukullus mit den verlausten, verunsicherten Männern in einer Runde.

Der Vorschlag von Rechtsanwalt Große hatte einen entscheidenden Fehler: Große hatte die menschliche Natur nicht bedacht. Das Zwei-Schichten-Schlafsystem überdauerte nicht einmal den ersten Wechsel. Die meisten Männer weigerten sich, ihren Schlafplatz aufzugeben, nachdem ihre Zeit vergangen war. Wir schubsten und drängten uns zwischen die schlafenden Körper. Die monotonen Geräusche des fahrenden Zuges ließen mich einschlafen, bis ich von einem stechenden Schmerz in den Füßen wieder aufwachte. Ich zog sie unter einem fremden Körper hervor und bettete sie obenauf. Während dieser und der folgenden Nächte wiederholte sich das Spiel immer und immer wieder.

Zu einer der größten Herausforderungen während der Fahrt wurde der Gebrauch der »Toilette«. Die meisten von uns litten unter Durchfall, was die Benutzung des Lochs mehrfach am Tage notwendig machte. Es gab ständig eine Schlange von Wartenden. Um das Loch zu erreichen, musste man über Körper, Arme und Beine steigen. Die unglücklichen Leute, welche in unmittelbarer Nähe des Loches lagen, mussten nicht nur den entsetzlichen Gestank ertragen, sie wurden auch Tag und Nacht von den anderen belästigt, die über sie hinweg kletterten. Die Öffnung war natürlich viel zu klein, sie genau zu treffen ein nicht zu bewältigendes Kunststück. Es gab kein Licht im Waggon, sodass jeder die Lage des Loches schätzen musste. Der Waggon wurde zur stinkenden Hölle.

Nachts stand der Zug für eine Weile auf dem Bahnhof in Hoyerswerda. Die heraufziehende Morgendämmerung erlaubte uns, die Fahrtrichtung zu bestimmen. Jeder wollte an eines der kleinen Fenster, um einen Blick nach draußen zu erhaschen. Unsere Hoffnung, dass sich die Türen der Waggons öffnen würden, verflog schnell. Der Zug bewegte sich langsam der aufgehenden Sonne entgegen, was bedeutete, dass wir ostwärts fuhren, nach Polen, vielleicht sogar nach Russland. Wann immer wir hinausschauten, sahen wir verwüstetes Land. Niedergebrannte Häuser, zerbombte Industrieanlagen, verwaiste Bauernhöfe, verlassene Felder, totes Vieh, zerstörte Fahrzeuge und tote Wälder. All die Spuren der erbitterten Schlachten, die hier noch vor wenigen Monaten getobt hatten. Nur selten sahen wir Menschen. Manchmal fuhren wir an Gruppen hastig gezimmerter, einfacher Holzkreuze vorbei, die letzten Ruhestätten von Soldaten, die hier im Kampf gefallen waren, oder von Zivilisten, welche die Flucht vor der erbarmungslos heranrückenden Front nicht geschafft hatten. Wir wussten es nicht. Es war ein unbarmherziger Krieg gewesen, der den meisten Menschen hier in unserem Wagen zunehmend sinnlos erschien.

Ich schob mein Gesicht so nahe wie möglich an das Fenster, ohne mich am Stacheldraht zu verletzen. Ich dachte an zu Hause. Wusste die Familie inzwischen, wohin ich verschleppt wurde? Wenn nur der verdammte Kloß im Hals nicht wäre. Man müsste abschalten können. Nicht mehr an zu Hause denken. Sich auf das Überleben konzentrieren. Mit einem Ruck drehte ich mich vom Fenster weg und schaute in den Wagen.

»Das Zwei-Gruppen-Schlafsystem ist endgültig eingeschlafen«, grinste mich Fritz an. Ich beneidete ihn um seinen scheinbar nie versiegenden Humor und seine scharfsinnigen Beobachtungen. Wahrscheinlich dachte er nie an zu Hause. Zumindest ließ er sich nie etwas anmerken.

Jeden Abend fand eine Zählung statt. Dazu mussten wir uns auf einer Seite des Wagens zusammendrängen. Dann wurde jeder Einzelne gezählt und auf die andere Seite gestoßen. Die Wachen waren überaus nervös, wenn die Wagentür offen stand, und sie waren manchmal angetrunken. Nie stimmte das Ergebnis der Zählung beim ersten Mal.

Seit drei Tagen waren wir unterwegs, immer in östliche Richtung. Die Namen der Bahnhöfe, die wir lasen, gaben uns Gewissheit: Niesky, Wehrkirch, Kohlfurt, Bunzlau, Liegnitz, Breslau. Endlose Stunden hielt der Zug auf Nebengleisen, um Truppentransporte durchzulassen. Die Fahrtgeräusche hatten eine fast beruhigende Wirkung auf uns. Wenn der Zug stand, wurden die Leute schnell nervös. Die heiße Julisonne brannte dann auf das geteerte Dach und heizte den Wagen unerträglich auf. Dreimal hatten wir auf der Fahrt Brot und ein wenig Wasser erhalten. Wir hatten nur einige alte Dosen zum Schöpfen, wenn die Soldaten mit Wassereimern von Wagen zu Wagen gingen. Die Dosen wurden von Mann zu Mann weitergereicht und jeder achtete eifersüchtig darauf, dass er seinen Anteil erhielt. Wir hatten es längst aufgegeben, im Chor nach Wasser zu rufen. Manchmal hörten wir, wie die Kessel der Dampflokomotive mit Wasser befüllt wurden, aber wir bekamen keinen Tropfen von dem ersehnten Nass. An einem der Abende, als wir wieder auf einem Abstellgleis warteten, ging ein Gewitter nieder. Dunkle Wolken zogen auf, ein starker Wind blies Staub, Papier und Unrat über die Schienen, die Menschen draußen rannten plötzlich los, um Schutz vor dem Regen zu suchen. Aus Papierfetzen, die einige Männer aus den Taschen ihrer vielfach kontrollierten Kleidung zogen, falteten wir Rinnen und schoben diese durch das Fenstergitter hinaus. Das Wasser schmeckte anfangs nach Teer und Dreck, aber wir tranken es gierig. Nach dem Trinken meldete sich der Hunger. Es ist möglich, den Hunger eine Weile auszuhalten, aber der Durst machte uns fast wahnsinnig. Mein Schulfreund Horst hatte starke Bauchschmerzen, hohes Fieber und litt unter Halluzinationen. Unter den Häftlingen gab es keinen Arzt, aber wir versuchten, ihm zu helfen, indem wir ihm einen Platz auf dem Wagenboden freimachten, wo er relativ ungestört ruhen konnte.

Am fünften Abend unserer Fahrt hielt der Zug wieder auf dem Nebengleis eines größeren Güterbahnhofs. Wir konnten nicht erkennen, welche Stadt es war, aber es muss Breslau gewesen sein. Der Bahnhof glich einem großen Lagerplatz. Lange Züge wurden mit Möbeln, Matratzen, Federbetten und allen möglichen Einrichtungsgegenständen beladen. Menschen kampierten am Rande und zwischen den Gleisen und kochten Essen über offenen Feuern. Das waren ehemalige Zwangsarbeiter, die auf ihre Rückkehr ins östliche Polen, in die Ukraine und nach Russland warteten.

Fritz stand auf Zehenspitzen und fluchte: »Freie Menschen, fünf Meter von uns und trotzdem so weit weg, dass du nicht hinkannst, so ein Irrsinn in dieser Welt. Wenn in normalen Zeiten einer krank ist, werden x Ärzte von wer weiß wo geholt, um ihm zu helfen, und hier gehen Hunderte über den Harz. Tausende werden gequält, kein Hahn kräht nach ihnen. Kein Mensch kann uns helfen. Überschnappen könnte man bei diesem Gedanken.«

Irgendeiner im Dunkel des Wagens murmelte: »Das ist das Gesetz von Ursache und Wirkung.«

An diesem Abend bekamen wir nicht einmal Wasser. Die Türen unserer Wagen blieben geschlossen aus Angst, wir könnten den Versuch wagen, inmitten der Menschenmassen auf diesem Bahnhof zu fliehen. Jeder Kontakt mit den Reisenden da draußen wurde sofort unterbunden.

Am sechsten Tag unserer Fahrt, am 17. Juli, hielt der Zug wieder auf dem Nebengleis eines kleineren Bahnhofs. Wir waren am Ziel. Die Nachricht war plötzlich da. Keiner wusste, woher sie gekommen war. Wir spürten die Unruhe des Wachpersonals. Noch kannte keiner den Namen des Ortes. Schon in der Nacht war der Zug eingefahren, bis zum Morgen war es still. Dann näherte sich von der Spitze des Zuges Lärm, Gebrüll, die Türen wurden aufgerissen. Es schnitten viele russische Flüche durch die Luft. Ich kannte keine andere Sprache, die sich so böse anhört, wenn es ans Fluchen geht. Unsere Tür wurde geöffnet, zwei Soldaten sprangen in den Waggon und prügelten uns mit Knüppeln hinaus. Einige der älteren Männer waren inzwischen so schwach, dass sie nicht springen konnten, sie taumelten aus den Wagen, hochgetrieben von Schlägen und Stiefeltritten in den Rücken. Horst war unfähig, sich zu rühren, obwohl ihn einer der Soldaten mehrfach in die Seite trat. Dann ließ er ihn einfach liegen.

Aus den anderen Wagen taumelten immer mehr Menschen, einige fielen heraus, mit den Gesichtern in den Staub. Viele hatten Schwierigkeiten, wieder aufzustehen, und wurden von anderen gestützt. Vor den Wagen stand eine Kette schwer bewaffneter Rotarmisten, die Waffen im Anschlag. In einiger Entfernung waren schwere Maschinengewehre in regelmäßigen Abständen aufgestellt. Die Soldaten brüllten unablässig Befehle, wir hörten dumpfe Schläge, Schmerzensschreie. Ab und zu schoss einer der Soldaten über die Köpfe hinweg. Hunde bellten. Die ganze Atmosphäre diente dazu, Terror und Angst zu erzeugen.

Und das gelang den Wachen. An den Gleisen aufgereiht stand eine erbarmungswürdige Masse, die kaum noch etwas Menschliches zu haben schien, Jungen, Männer jeglichen Alters in ihren verdreckten, zerrissenen Kleidern, mit grauen Gesichtern, vor Angst dem Wahnsinn nahe.

Ein paar polnische Frauen versuchten, uns in großen Eimern Wasser zu bringen, wurden aber von den Wachen zurückgetrieben.

Wieder wurden wir in Fünferreihen zu einer Marschkolonne aufgestellt, wieder von einem großen Kontingent russischer Soldaten umringt. Jeder versuchte, in die Mitte der Kolonne zu kommen, um vielleicht vor Schlägen sicher zu sein. So taumelten an den Rändern der Kolonne die Schwächsten. Ein paar Soldaten mit Schäferhunden setzten sich hinter unsere Gruppe. Die menschliche Herde begann vorwärtszuschlingern.

Auch der Letzte hatte jetzt begriffen, dass es kein Erbarmen gab, für keinen und vor allem nicht für die Schwachen. Das hier war Ernst, tödlicher Ernst. Selbst Fritz hatte seine Worte verloren.

Tost (Toszek)

Eine erbarmungslose Julisonne schickte ihre Strahlen auf diese schlurfende Masse menschlichen Elends. Am Bahnhofsgebäude konnten wir den mit weißer Farbe übertünchten deutschen Namen des Ortes lesen: Groß-Strehlitz. Ein Erzgebirgler in unserem Trupp sagte erstaunt, dass er hier schon einmal aus einem Zug ausgeladen worden sei, als Freiwilliger eines Freikorps im Mai 1921, damals habe er während der Aufstände in Oberschlesien am Sturm auf den Annaberg teilgenommen. St. Annaberg könne nicht weit entfernt sein.

Es dauerte nicht lange, bis die ersten Entkräfteten am Straßenrand zusammenbrachen. Soldaten versuchten, sie mit Schlägen und Tritten zum Aufstehen zu zwingen. Hinter der Kolonne fuhren ein paar Pferdewagen, auf denen alle die lagen, die nicht mehr laufen konnten. Ob Horst Müller auch dort lag, wussten wir nicht. Am Bahnhof hatten wir einige LKWs gesehen, auf denen Kranke und auch Tote abtransportiert wurden.

Soweit ich das in meiner Angst überblicken konnte, waren außer uns Jugendlichen fast nur ältere Männer in unserem Transport, die meisten um die fünfzig, einige schon über sechzig Jahre alt.

In Abständen hörten wir vom Ende des Pulks Hundegebell und laute Schreie, wenn die Bewacher ihre Hunde auf Häftlinge hetzten, die selbst bei dem geringen Tempo nicht mehr mithalten konnten. Jedes Mal reagierte der hintere Teil der Kolonne mit Panik und drängte in den vorderen Teil hinein, was dort für Chaos sorgte. Dieses Chaos löste wiederum gewalttätige Reaktionen der Soldaten aus.

Zwei Mal kamen uns polnische Soldaten in erbeuteten Panzern entgegen. Wir mussten an den Straßenrand ausweichen. Die russischen Soldaten machten Witze über die polnischen Verbündeten. Wie es mir schien, hatten sie nicht viel Achtung vor ihnen.

Eine riesige Staubwolke umhüllte unseren Marsch. Es hatte kaum geregnet im Juli 1945, auch die Felder waren trocken und die Erde rissig. Ab und zu wurde eine kurze Rast befohlen, aber nicht im Schatten der wenigen Bäume, sondern in der prallen Sonne. Einmal lagerten wir am Rande eines Kartoffelfeldes. Die Männer, welche dem Feld am nächsten hockten, kratzen mit bloßen Händen die unreifen Knollen aus der harten Erde, bissen gierig hinein und spuckten sie wieder aus. Sie waren ungenießbar, brachten aber etwas Feuchtigkeit in den Mund. Einige warnten davor, die Kartoffeln zu essen, das könne böse Folgen haben.

Ein schmaler Fluss kreuzte ungefähr auf halber Strecke unseren Weg. Nichts konnte die Männer aufhalten, sie rannten wie eine durchgegangene Viehherde darauf zu. Die Soldaten begannen, mit ihren Maschinenpistolen zu schießen, erst in die Luft, dann in das Wasser knapp vor den Leuten, die das abschüssige Ufer erreicht hatten. Panik kam auf. Die Männer, die vom Ende der Kolonne nachdrängten, schoben andere, welche schon im flachen Wasser standen, tiefer in den Fluss. Die wiederum versuchten, den tödlichen Kugeln zu entkommen. Das Rattern der Gewehre, das Brüllen der Soldaten, das Bellen der Hunde und die Schreie der Gefangenen steigerten sich zu einem infernalischen Lärm.

Als die Reihen sich langsam wieder ordneten, lagen einige Körper im Wasser, mit dem Gesicht nach unten.

Hermann Menzel, der Möbelfabrikant, hatte ein paar Schläge abbekommen und blutete stark. Einer der Jungen, Harry Hoffmann aus Langebrück, bot ihm an, seinen Rucksack zu tragen. Wir waren sehr überrascht, dass er überhaupt einen Rucksack bei sich trug, dass es ihm gelungen war, diesen bis hierher zu behalten.

Am frühen Abend, nach einem Marsch von siebzehn Kilometern, erreichten wir die Stadt Tost und unseren Bestimmungsort. Im Zentrum des kleinen Ortes befand sich die ehemalige Landespflegeanstalt für psychisch Kranke. Die düsteren Gebäude aus rotem Backstein gingen auf eine alte Kaserne aus den Zeiten Friedrichs II. zurück und vermittelten einen Eindruck vollkommener Trostlosigkeit. Hinter den Mauern des Geländes verbarg sich eines der gefürchteten Speziallager des NKWD, von denen wir gerüchteweise schon in Bautzen gehört hatten. Sämtliche Fenster waren vergittert und der ganze Komplex mit einem drei Meter hohen Stacheldrahtzaun umgeben. In den Drähten waren Blechbüchsen befestigt, die bei jeder Bewegung klapperten. Wachtürme mit Maschinengewehren und riesigen Flutlichtscheinwerfern standen in regelmäßigen Abständen rund um den Stacheldrahtwall und die Gebäude. Durch das große Eisentor stolperten nun die müden, entkräfteten Männer. Es schloss sich, als die Pferdewagen mit den Kranken und den Toten auf den Hof gefahren waren. Für uns öffnete sich das Tor zur Hölle. Mir fielen die Worte des Dichters Dante ein: »Lasst, die ihr eintretet, alle Hoffnung fahren!«

Im Hof des Lagers empfing uns eine neue Wachmannschaft mit frischen Kräften. Wie wir nach und nach erfuhren, handelte es sich bei dieser nicht um reguläre Truppen der sowjetischen Armee oder der Polizei, sondern um ehemalige Zwangsarbeiter, befreite Häftlinge aus deutschen Konzentrationslagern und russische Zivilisten, die sich freiwillig als Aufseher gemeldet hatten. Sie waren »Soldaten II. Klasse«. Sie trugen Zivil und eine rote Armbinde, während die Angehörigen des Geheimdienstes wieder an ihren grünen Mützen zu erkennen waren. Nur die Verwaltung und die Außenwachen auf den Wachtürmen waren mit Angehörigen des NKWD besetzt. Der Kommandant des Lagers war Oberst Pylajew, ein Offizier der Roten Armee. Das Auftreten dieses Mannes unterschied sich in seiner Brutalität nicht von dem seiner Untergebenen.

Unsere neuen Bewacher standen in Gruppen zusammen, jeder mit einem Prügel aus Holz oder Metall am Gürtel. Wir lernten schnell, dass sie von diesen knochenbrechenden Waffen hemmungslosen Gebrauch machten.

In kleinen Gruppen wurden wir in einen Raum gestoßen, wo wir uns vollständig entkleiden mussten. Unsere Kleider und Schuhe, auch unsere Körperfalten wurden nach verbotenen Dingen durchsucht, nach Bleistiften, Bindfäden, Papieren, Rasierklingen, Messern und was immer die Wachen für gefährlich hielten. Dabei schlugen sie brüllend auf uns ein. Horst Müller, der ebenfalls hereingeführt wurde und sich nicht auf den Beinen halten konnte, der immer wieder zusammensackte, hatte einen besonders üblen Burschen erwischt, welcher ihn abwechselnd ohrfeigte und in den Unterleib trat.

In den fünf Jahren meiner Gefangenschaft musste ich oft derartige Untersuchungen über mich ergehen lassen, wie die anderen Häftlinge auch. Niemals gelang es mir herauszufinden, wie all die verbotenen Dinge, die man uns dabei abnahm, nach kurzer Zeit wieder im Besitz der Männer auftauchten. Nur Blechdosen und Löffel, sofern sie aus Holz geschnitzt waren, durften wir behalten.

Eine Blechbüchse war der wertvollste Besitz, den man im Lager haben konnte, gleich in welchem Zustand sie auch sein mochte. Sie war wertvoller als eine Decke. Mit einer Blechbüchse konnte man Wasser, Tee und Suppe fassen, wann immer es solches gab. Wer keine Büchse besaß, war von anderen abhängig. Man musste warten, bis die anderen getrunken oder gegessen hatten, bevor sie ihre Büchse weiterreichten. Ständig gab es das Risiko, dass die Verteilung beendet wurde, bevor man seine Ration erhalten hatte. Eine Büchse war der Besitz, der am besten bewacht werden musste. Sie konnte leicht verschwinden, wenn man schlief. In den ersten Tagen in Tost war ich einer der Unglücklichen, die weder eine Büchse noch eine Decke besaßen. Beides wurde nach und nach im Lager verfügbar, als immer mehr Gefangene starben.

Nachdem die Durchsuchung beendet war, mussten wir unsere Kleidung aufraffen und erhielten Tritte, die uns bis zur Tür schleuderten. Dort stand ein Offizier mit einer Zigarette im Mundwinkel, der jedem von uns mit einer Stahlrute einen blutroten Striemen über den nackten Rücken zog.

Splitternackt taumelten wir einen dunklen Korridor entlang. Der Saal, in den man uns eskortierte, war mit der Nummer 234 gekennzeichnet, der frühere Gemeinschaftsschlafsaal der ehemaligen »Irrenanstalt«. Er war ungefähr fünfzehn Meter lang und zehn Meter breit. Seine Wände waren bis zur halben Höhe mit dunkelgrüner Ölfarbe gestrichen. Die Fenster waren mit einer dünnen Farbschicht übertüncht und vor dem Gebäude standen einige große Bäume, sodass es im Saal immer dunkel war. Nur am Morgen, nach dem Aufstehen, durften wir die Fenster für kurze Zeit öffnen.

Der einzige »Einrichtungsgegenstand« dieser Behausung war das Wasserklosett an der Stirnseite des Raumes. Daneben stand ein Holzfass zum Urinieren. Beim abendlichen Zählappell stellten wir fest, dass knapp zweihundertfünfzig Männer hier zusammengepfercht waren. Vor dem Klosett bildete sich sofort eine lange Schlange. Es war auch unsere einzige Wasserquelle. Wir entnahmen dem Becken das Waschwasser für unsere Essgeschirre und für Hände und Füße. Manche tranken in ihrer Verzweiflung sogar von diesem Wasser.

Die ersten Tage blieben wir eingeschlossen in diesem Saal. Aus Quarantänegründen, wie die Bewacher sagten. Die Toilette war bei Weitem nicht ausreichend für unsere Bedürfnisse. Viele litten an Durchfall, vor allem diejenigen, welche die unreifen Kartoffeln gegessen hatten. Sie mussten nicht nur mehrfach am Tag unter den Augen der anderen auf die Toilette, es war jedes Mal auch ein

Notfall. Was sich in den folgenden Wochen dort abspielte, war unbeschreiblich. Immer wieder gab es Streit um die Reihenfolge in der Warteschlange und es gab Männer, die im letzten Stadium ihrer Verzweiflung auf Knien baten, nach vorn gelassen zu werden. Männer, die Blut im Stuhl hatten, wurden wegen des Verdachts auf Ruhr augenblicklich zu Ausgestoßenen. Ältere Häftlinge, darunter der knasterfahrene Hans Kauert, der ebenfalls blutete, machten vergebliche Versuche zu erläutern, dass dieses Blut in den Fäkalien nicht unbedingt von einer ansteckenden Krankheit zeugen müsse, sondern auf Hämorrhoiden zurückzuführen sei.

Für einige Männer war die Warteschlange immer wieder zu lang. Sie hielten nicht durch und kehrten in beschmutzten Kleidern zu ihrem Platz zurück, ihrer Würde beraubt. Weil die Toilette die einzige Wasserquelle war, gab es keine Möglichkeit, die Hosen gründlich zu reinigen. Überflüssig zu erwähnen, dass es auch kein Toilettenpapier gab. Die Wachen beobachteten diese Szenen wie ein Theaterstück. Sie lachten und machten Witze: So sind sie eben, die Deutschen. Ein Volk ohne Kultur.

Abends, nach dem Zählappell, legten wir uns zum Schlafen auf den nackten Boden nieder. Wir lagen in vier Reihen ineinandergeschachtelt entlang der Längswände des Saales. Wenn man den Platz um die Toilette und zwei Gänge zwischen den Leibern abzog, blieb kaum ein Quadratmeter pro Mann zum Liegen. Jeder hütete eifersüchtig »seinen« Raum. Viele besaßen nicht einmal eine Decke. Das Liegen auf dem harten und kalten Fußboden führte zu Hautkrankheiten und Geschwüren, die Infektionsgefahr war hoch, so eng, wie wir beieinander lagen. Ab und zu wurde auf Kommando gewendet. Später gab es mehr Platz, als von Woche zu Woche mehr Männer starben.

Die Russen ernannten auch die beiden Stubenältesten. Johann Becker, ein Bergmann aus Beuthen, sprach etwas Russisch, dafür war sein Deutsch eher begrenzt. Die Russen bestimmten ihn auch zum Dolmetscher für unseren Saal. Er war ein einfach gestrickter Mann mit einem gesunden Menschenverstand. Es schien, als habe er einige Vorurteile gegen Menschen mit höherer Bildung, aber er ging freundlich mit uns Jugendlichen um. Er nutzte die Vorteile, die ihm das Amt brachte, aber nur gelegentlich auf Kosten anderer Gefangener. Von den Wachen wurde er wegen seiner sachlichen Art respektiert und es gelang ihm mehrmals, die Gewalt einzudämmen. Das war nicht leicht, besonders wenn die Wachen betrunken waren.

Der andere Stubenälteste war Hans Kauert. Er hatte sich geschickt in Position gebracht. Von der ersten Stunde an bewegte er sich im Lager wie ein Fisch im Wasser unter den Gefangenen und verstand es ausgezeichnet, sich bei den Russen einzuschmeicheln. Er war in seinem Element.

Der Liegeplatz der beiden war unmittelbar neben der Tür. Sie waren auch für die Ausgabe der Essensrationen verantwortlich. Die bestanden täglich aus etwa vierhundert Gramm Brot, einem Viertelliter Suppe und der gleichen Menge Tee. Das Brot war ein feuchter, säuerlicher Kluntsch, gebacken aus zusammengekehrten Mehlresten und Kartoffeln. Es enthielt so viel Sand, dass es unmöglich war, herzhaft in die Brocken zu beißen. Viele Häftlinge konnten das Brot nicht kauen, weil die säuerliche Masse zu Entzündungen in der Mundhöhle führte. Die Suppe wurde in einem Holzfass in den Saal gebracht. Sie war dünn und enthielt meist ein paar harte, kaum gekochte Maiskörner, Rübenblätter und manchmal auch Kartoffelstücke.

Die Verteilung des Essens begann stets mit einer inquisitorischen Erforschung, wer die Toilette in den vergangenen vierundzwanzig Stunden zu oft benutzt hatte. Darauf achteten die sogenannten Abortwachen, welche von Kauert und Becker beauftragt wurden. Wer die Toilette mehr als drei Mal benutzt hatte, bekam weder Brot noch Suppe. Diese Regel hatte Kauert aufgestellt. Mit dem Nahrungsentzug sollte der Durchfall geheilt werden. Das Brot dieser Unglücklichen behielten die Stubenältesten ein, um es gegen Kleidungsstücke oder Vergünstigungen zu tauschen.

Die Verteilung der Suppe begann, wenn sich die schweren Teile auf dem Boden des Bottichs abgesetzt und die beiden Stubenältesten sich gehaltvolle Portionen mit dem Schöpflöffel vom Bodensatz heraufgeholt hatten. Die anderen Gefangenen mussten sich in einer langen Reihe mit ihren Essgeschirren anstellen. Aber was waren das für Gefäße? Da gab es Spucknäpfe und Nachttöpfe, Gasmaskenbehälter und einen alten Stahlhelm, durchgerostete Konservenbüchsen, deren Löcher ihre Besitzer mit schmutzigen Lappen zugestopft hatten, Einweckgläser und Flaschen mit abgebrochenem Hals. Während Hans Kauert die Schlange dirigierte, schöpfte Johann Becker in jedes dieser Suppengefäße eine genau bemessene Ration. Er unterdrückte dabei keineswegs seine Sympathien. Mochte er jemanden, dann tauchte er die Kelle tiefer in den Bottich, während andere nur das Wasser von der Oberfläche bekamen. Wir Jugendlichen wurden von ihm bevorzugt. Niemals wurde ich Zeuge, dass irgendeiner der Leidensgenossen sich über die Ungerechtigkeit der Essensverteilung beklagte.

Es war am zweiten Tag unserer Quarantäne, als am Morgen zwei Leichen auf dem Fußboden neben der Toilette lagen. Niemand hatte ihnen die Augen geschlossen. Johann Becker hatte die Wachen gefragt, ob man die Toten aus dem Saal schaffen könne, aber bis zum Abend geschah nichts. Eine Wolke von Fliegen hatte sich auf den Toten und rund um die Toilette niedergelassen.

In den Blicken der Männer war jeder Funke Hoffnung verglommen. Angst und Entsetzen hatten sich in die grauen, unrasierten Gesichter gegraben. Die meisten brüteten stumm vor sich hin. Ein älterer Mann, der bis vor Kurzem Major der Schutzpolizei in Frankfurt an der Oder gewesen war, saß neben der Tür und versuchte, seine Hose mit einem Stück Draht zu flicken. Nicht weit von ihm lehnte der Staatsanwalt Schwabe aus Leipzig an der Wand, ein Riese von fast zwei Metern Größe, und war dabei, einen Henkel aus Bindfaden an seiner Konservendose zu befestigen. Ein Mann, von dem es hieß, dass er Oberschuldirektor in einer sächsischen Kleinstadt gewesen sei, grinste vor sich hin und malte mit den Fingern Zeichen in die Luft. Sein an logisches Denken gewöhnter Geist konnte das alles nicht fassen. Er war darüber irre geworden.

Am nächsten Morgen lagen vier Tote zwischen den Schlafenden.

Am vierten oder fünften Tag ließ zu ungewohnter Stunde das schnarrende Geräusch der Tür uns alle auffahren. Die Tür hatte kein Schloss und wurde mit einem Schieber und Bolzen gesichert. Abends, wenn sich die Tür zum letzten Mal hinter uns schloss, hörten wir, dass der Schieber zusätzlich verschraubt wurde. Ein Wärter wechselte ein paar Worte mit Johann Becker, dann erklärte dieser, dass wir nun zur Entlausung und zum Duschen gebracht würden, in Gruppen zu je fünfzig Mann. Wir Jungen waren in der ersten Gruppe und marschierten durch die dunklen Gänge des Gebäudes über den Hof zu einer Baracke, die etwas abseits stand. Hier unterwarf man uns einer Prozedur, die sich in den kommenden

Monaten alle vierzehn Tage wiederholen sollte. Wir mussten uns aller Kleidungsstücke entledigen und diese an Stahlringen aufhängen, bevor sie in den sogenannten Entlausungsofen kamen, eine Hitzekammer, welche zur Vernichtung der allgegenwärtigen Läuse und Bakterien dienen sollte, aber hauptsächlich den Dreck noch tiefer in die Fasern unserer Kleidung buk. Dann mussten wir nacheinander in die sogenannte Frisierstube, einen kleinen, schmutzigen Raum, in dem uns im Akkord die Haare geschoren wurden, und zwar Männern und Frauen. Es gab in Tost auch eine kleine Abteilung mit weiblichen Internierten.

Ich wartete gemeinsam mit Fritz auf diese Prozedur. Wir standen nackt im Gang. Als Erster kam Wolfgang Leibel wieder heraus, unser Zellengenosse aus Dresden, den wir im Saal wiedergetroffen hatten.

Fritz grinste ihn an: »Mensch, du siehst aus wie das fehlende Verbindungsglied zwischen Mensch und Affe, nach dem Darwin vergeblich gesucht hat!«

Wolfgang fuhr sich mit der Hand über die wunde Kopfhaut und berichtete: »Ich habe ein paar Neuigkeiten. Wir sind nicht die Ersten hier im Lager. Wir sind schon der zweite Transport aus Dresden. Und zwei andere Transporte kamen aus Breslau und aus Beuthen. Die Friseure stammen aus Breslau. Sie sagen, dass wir hier wahrscheinlich fünf oder sechs Wochen zum Ernteeinsatz bleiben und dann nach Hause entlassen werden. Wir gehen in den nächsten Tagen auch auf Ernteeinsatz. Und ich habe Horst gesehen, er liegt im Lazarett. Er hat hohes Fieber und wahrscheinlich eine Blinddarmentzündung. Die beiden Ärzte sind auch Häftlinge, Dr. Leue und Dr. Mehling aus Breslau, aber die können nichts unternehmen, weil sie weder Instrumente noch Medikamente haben.«

Dann mussten Fritz und ich in die Frisierstube. Fünf Männer waren mit ziemlich stumpfen Handhaarschneidemaschinen damit beschäftigt, uns sämtliche Körperhaare zu scheren, oder besser: von der Haut zu reißen. Sie schoren Kopf- und Barthaar, das Haar unter den Achseln und zwischen den Beinen. Alles mit derselben Maschine und ohne Reinigung zwischen den »Kunden«.

Wir wurden in den nächsten Raum gebracht, wo uns andere Häftlinge mit langen Stöcken, an deren Ende Malerbürsten und alte Lappen befestigt waren, Petroleum auf den Kopf, unter die Arme und auf die Geschlechtsteile schmierten.

»Das ist gut für den Haarwuchs«, meinte der Mann, der mich einschmierte, mit unverkennbarem oberschlesischem Dialekt. Später, als das Petroleum verbraucht war, wurde stattdessen eine dünne Chlorkalklösung verwendet. Dann führte man uns unter die Duschen. Jeder bekam ein kleines Stück Tonseife, aber damit bekamen wir das ölige Petroleum nicht vom Körper gewaschen. Immerhin war es eine Wohltat, nach Wochen wieder einmal Wasser auf dem Körper zu spüren.

Zum Schluss bekamen wir unsere Kleider aus dem Entlausungsofen zurück und wurden in den Saal zurückgebracht. Jetzt sahen wir wirklich wie Sträflinge aus.

Mein sechzehnter Geburtstag am 23. Juli verging wie alle anderen Tage auch. Johann Becker schenkte mir eine alte Blechbüchse. Ich wusste nicht, woher er sie hatte, aber ich war ihm dankbar. Die Büchse war verrostet und hatte ein kleines Loch, das ich mit einem Fetzen Stoff verschließen konnte, den ich aus meinem Hemd riss.

An diesem Tag starben wieder ein paar Männer. Inzwischen wurden sie am selben Tag aus dem Saal geschafft. Auch die Schwerkranken kamen nun schneller auf die Krankenstation. Im Saal wurde Platz.

Einer unserer Wächter war ein ziemlich brutaler Geselle. Wir gaben ihm den Namen »Kannibale«, wie wir überhaupt die meisten Aufpasser mit Spitznamen bedachten, um sie voneinander zu unterscheiden. Ein anderer Wärter bekam den Namen »Der Schläger«, weil er noch schneller und brutaler als die anderen zuschlug. Einmal rief er Johann Becker grimmig zu, dass die Knüppel aus den Beständen deutscher Konzentrationslager stammten. Wieder einen anderen nannten wir »Gitlergunge«, weil er uns Jungen immer mit dieser Bezeichnung ansprach. Über ihn wurde erzählt, dass er als Kriegsgefangener aus einem deutschen Lager geflüchtet war und sich in den Wäldern versteckt hatte. Ein paar Mitglieder der örtlichen Hitlerjugend hatten Jagd auf ihn gemacht und ihn aufgespürt. Von den Lagerwachen war er dann schwer misshandelt und in Sonderhaft gesteckt worden. Er war nicht gut auf die Hitlerjugend zu sprechen und fragte uns Jugendliche nun oft, ob wir »Gitlergunge« gewesen seien. Als er Wolfgang Leibel fragte, antwortete dieser geistesgegenwärtig »Jungvolk«. Mit diesem Wort konnte »Gitlergunge« nichts anfangen. Im Gegensatz zu den meisten Wärtern aber war er gutherzig und zeigte Mitgefühl, wenn die anderen es nicht sahen.

Jeden Abend gab es einen Zählappell. Die Gefangenen wurden auf die linke Seite des Saales getrieben und mussten nach Aufruf auf die rechte Seite wechseln. Wenn der »Kannibale« den Appell durchführte, fürchteten sich alle. Er besaß einen Spazierstock mit gebogenem Griff, den er im Nacken der Häftlinge einhakte und sie dann auf die andere Seite zog. Für diese Prozedur wählte er sich meist die offenkundig schwächsten Männer aus. Die taumelten vorwärts und fielen mit den Gesichtern in den Staub.

Manche der Mithäftlinge lachten bei diesen Misshandlungen und grinsten den »Kannibalen« unterwürfig an in der Hoffnung, solcher Behandlung dadurch zu entgehen. Fritz kommentierte das mit den Worten: »Deutschlands Elite. Die Besten des Dritten Reiches.«

Einer der Gefangenen war medizinisch geschult, ein Krankenpfleger oder Sanitäter. Er tat sein Bestes, um den Kranken zu helfen, obwohl er weder Medikamente noch Verbandsmaterial für die häufiger werdenden Wunden hatte. Eines Tages brachte der »Kannibale« ein altes Akkordeon in den Saal, das nicht mehr funktionierte. Er forderte einen Freiwilligen, der in der Lage wäre, das Instrument zu reparieren. Der Sanitäter meldete sich in der Hoffnung, dafür Vergünstigungen zu erhalten. Zu seinem Unglück war das Akkordeon stärker beschädigt, als er erwartet hatte, und er war auch unfähig, es zu reparieren. Als er das Instrument zurückgab, war es in einem schlechteren Zustand als zuvor. Der »Kannibale« war außer sich. Er zog den Mann aus dem Saal und schlug ihn draußen im Gang so zusammen, dass er, als er in den Saal zurückgestoßen wurde, ohne Hilfe nicht mehr laufen konnte. Der »Kannibale« verzieh ihm diese Sache niemals und fand fortan eine besondere Freude daran, ihn noch mehr als die anderen zu schikanieren.

Ende Juli wurden wir Jugendliche zu einem »Leichenkommando« zusammengestellt. Uns wurde befohlen, am östlichen Rand des Städtchens in einer stillgelegten Kiesgrube Massengräber für die Gefangenen auszuheben, die immer zahlreicher starben. Wir mussten die Gestorbenen auch begraben. Johann Becker und der Polizeimajor aus Frankfurt waren die einzigen Erwachsenen in diesem Trupp. Ich war meist bei der Gruppe, welche die Gruben schaufelte, nahm aber gelegentlich auch an dem teil, was wir mit einem Rest von Pietät Beerdigungen nannten.

Das Verlies, in dem die Leichen im Lager gesammelt wurden, lag neben der Krankenstation. Die nackten Leichen waren übereinandergestapelt wie Baumstämme, der Gestank in diesem Raum mitten im Hochsommer war entsetzlich. Die Toten wurden mit bloßen Händen auf eine Bahre gehoben und in den Hof zu einem Leiterwagen gebracht, der von zwei Pferden gezogen wurde. Der Wagen war notdürftig mit etwas Heu gepolstert, damit die Leute in der Stadt die Leichen nicht sofort sahen. Das war ein sinnloses Unterfangen, denn auf der holprigen Straße rutschten immer wieder Arme, Beine und Köpfe zwischen den Sprossen des Wagens hindurch. Einige der Toten hatten fürchterliche Wunden, die meisten waren mit ihren eigenen Exkrementen beschmutzt. Bevor der Wagen die Anstalt verließ, zählte einer der NKWD-Männer die Toten, machte aber nie Anstalten, deren Namen zu notieren. Es kam mehrfach vor, dass die Körper wieder entladen werden mussten, weil die Verwalter des Todes sich verzählt hatten.

Zwei der Jungen transportierten die Leichen zu den Massengräbern, wo sie die traurige Last abluden. Das waren Harry Hoffmann und Günther Jung, beide in meinem Alter. Sie waren kräftiger als die anderen. Es gab Gerüchte, dass den Leichen ihre Goldzähne herausgebrochen wurden und dass Harry Hoffmann an diesem finsteren Geschäft beteiligt war. Dieses Gerücht verfestigte sich mit der Zeit zur Gewissheit.

Das Pferdegespann lenkte Johann Becker. Jeden Nachmittag zog diese schreckliche Prozession durch die Stadt, oft zweimal. Tost war in diesen Monaten nach dem Krieg nur spärlich bewohnt. Die deutschen Einwohner waren zum großen Teil vor der heranrückenden Roten Armee geflüchtet. Die Polen aus der Ukraine, die ihrerseits dort von den Russen vertrieben und in den ehemaligen deutschen Gebieten angesiedelt werden sollten, kamen erst im Herbst in ihrer neuen Heimat an. Den wenigen Leuten auf den Straßen konnte nicht entgehen, was hinter den Mauern der ehemaligen Irrenanstalt geschah. Wenn der Leichenwagen durch die Stadt fuhr, drehten die meisten sich betreten weg.

Becker fuhr mit dem Wagen immer so nah wie möglich an die Grube heran. Die Toten wurden vom Wagen direkt in die Grube geworfen. In jedem der Massengräber, die wir auf genaue Anweisung der Russen aushoben, gab es Platz für ungefähr hundert Leichen. Am Ende des Tages wurden die oben liegenden Leichen mit Chlorkalk bestreut und mit einer dünnen Sandschicht bedeckt. Nachts kamen die Hunde.

Im September klagte der Polizeimajor über starke Schmerzen in der linken Achselhöhle. Von einer kleinen Wunde an der Hand zog sich ein roter Streifen unter der Haut bis zur Schulter. Am nächsten Tag hatte er hohes Fieber und wurde ins Lazarett eingewiesen. Eine Woche später fuhren wir ihn auf dem Wagen hinaus und begruben ihn mit den anderen, allerdings nicht mehr in der Kiesgrube, sondern auf dem daneben liegenden jüdischen Friedhof. In der Kiesgrube war kein Platz mehr für all die Toten.

Den jüdischen Friedhof hatten die Deutschen zerstört, die Grabsteine umgeworfen und zerschlagen. Im Lager gab es ein Gerücht, dass das »Befreiungsdenkmal«, welches die Sowjets nach der Einnahme von Tost auf dem Marktplatz errichtet hatten, mit diesen von den Deutschen geschändeten Grabsteinen gemauert war.

Als wir begannen, die Gräber auszuheben, bewachte uns nur ein einziger russischer Soldat, kaum älter als wir selbst. Er schien sich nicht besonders zu sorgen, dass wir einen Fluchtversuch wagen könnten, und erlaubte uns sogar, auf den nahegelegenen Feldern ein paar Rüben aus der Erde zu reißen, während er mit seinem Gewehr Zielschießen auf Bäume und Steine übte. Die Rüben schmuggelten wir im Heu des Leichenwagens ins Lager. Wenn wir zum Gräberschaufeln ausrückten, mussten wir uns in Reih und Glied aufstellen. Unser Wächter setzte sich dann vor die Kolonne und befahl uns zu singen. Dies schien ihm das Gefühl zu geben, dass er ein Offizier wäre, der seinem Regiment voranschritt. Da wir keine russischen Lieder kannten, sangen wir deutsche Marschlieder, bis sich einige polnische Einwohner der Stadt bei den wirklichen Offizieren beschwerten und unser Soldat erhebliche Schwierigkeiten bekam.

Zwischen dem Gefängnisgebäude und der Bäckerei, unweit des Leichenkellers, lag das Lazarett für die Gefangenen. Dort versuchten Dr. Mehling, Dr. Leue und ein dritter Arzt, den Kranken so gut wie möglich zu helfen, aber es gab buchstäblich nichts, was sie zur Ausübung ihres Berufes gebraucht hätten, weder Medikamente noch Anästhesiemittel, auch keine chirurgischen Geräte. Manchmal konnten sie besonders schwere Wunden mit Jod behandeln.

Dr. Leue ließ uns über andere Häftlinge mitteilen, dass unser Freund Horst Müller gestorben war und seine Leiche im Keller lag. Horst war der Jüngste in unserer Gruppe, die sich schon in Radeberg getroffen hatte, und möglicherweise der jüngste Gefangene in Tost überhaupt. Sein Leichnam ging auf eine außergewöhnliche letzte Reise. Wir sprachen mit Johann Becker und dem gelang es, bei einem der Wächter durchzusetzen, dass Horst nicht im Massengrab enden musste. Er verließ das Lager wie alle anderen Toten auf dem Pferdewagen und wurde über Nacht in die anonyme Grube gelegt. Am nächsten Morgen erlaubte unser junger Bewacher, den schmalen Körper wieder auszugraben. Wir hatten in einem nahen Gebüsch ein kleines Grab geschaufelt und mit Zweigen ausgekleidet. Johann Becker hatte außerdem, keiner wusste wie, den braunen Anzug besorgt, in welchem Horst verhaftet worden war. In diesen kleideten wir unseren Freund und bestatteten ihn unter Holundersträuchern. Wir pflanzten Feldblumen auf den Grabhügel und schworen uns, ihn nie zu vergessen. Tränen hatten wir keine mehr.

Immer, wenn wir ein neues Massengrab ausheben mussten, versuchten wir, frische Blumen auf das Grab unseres Freundes zu legen.

Mehrfach mussten wir zu Ernteeinsätzen in der Umgebung von Tost. Es gab große landwirtschaftliche Güter in der Gegend, mit riesigen Feldern. Die Stadt liegt in einer flachen Landschaft, die seit jeher von bäuerlicher Wirtschaft geprägt war. Auch Tost war von seiner Umgebung geprägt, ein kleines, überschaubares Städtchen, in dem vor dem Krieg ungefähr 3500 Menschen gelebt hatten, vorwiegend Deutsche. Die fruchtbaren Äcker und die intensive Landwirtschaft hatten einen gewissen Wohlstand auch in die Stadt gebracht, um den weitläufigen Markt gruppierten sich ansehnliche Häuser, ein großes Rathaus und die schon aus der Ferne sichtbare Katharinenkirche. Das Wahrzeichen der Stadt aber war die Ruine der ehemaligen Burg, die etwas außerhalb der Stadt auf einem nach drei Seiten abfallenden Hügel lag. Im achtzehnten Jahrhundert war sie von 1791 bis 1797 im Besitz des Freiherrn Adolph von Eichendorff, dem Vater des berühmten Dichters Joseph von Eichendorff, welcher auf der Burg einige Jahre seiner Kindheit verbrachte. Das hatte einer der Häftlinge erzählt und einige Verse von Eichendorff rezitiert. Der Dichter nahm später an den Befreiungskriegen gegen Napoleon teil, unter anderem als Lützower Jäger, deren patriotisches Freikorps wiederum vom SS-Mann Schmidt, der uns für die »Organisation Werwolf« verpflichtet hatte, als leuchtendes Beispiel für den Freiheitswillen des deutschen Volkes vor Augen geführt worden war.

Hier in Tost leuchtete nichts. Nur die Sonne brannte auf die Stadt, die ehemalige Landesirrenanstalt und die Felder, auf die wir zum Arbeiten getrieben wurden.

Morgens, kurz nach fünf, wurden wir von lautem Gebrüll geweckt und mussten uns im Hof in Viererreihen aufstellen.

»Alles, was nicht krank ist, zum Arbeiten!«, kommandierte der Wärter, wobei er das »ei« des Wortes »Arbeiten« theatralisch in die Länge zog.

Der »Kannibale« inspizierte im Saal die Zurückgebliebenen, die sich in einer Reihe anstellen mussten. Plötzlich riss er einen der älteren Männer mit dem Griff seines Spazierstocks nach vorn, sodass der ausgemergelte Mann mit dem Gesicht auf den Boden stürzte: »Dawai, dawai, Simulant!« Ungefähr dreißig Leute wurden mithilfe des Stockes noch für arbeitsfähig erklärt.

Wir marschierten an der Bäckerei vorbei, wo der jeweils rechte Mann in der Viererkette ein Brot empfing, das er mit den anderen teilen sollte. Das geschah im besten Falle mittels eines angeschliffenen Löffelstiels, der als Messerersatz diente. Eigentlich eine Waffe, deren Entdeckung dem Besitzer wohl Prügel und Isolationshaft unter noch schlimmeren Bedingungen eingebracht hätte. Die Löffelstiele wurden in mühsamer und heimlicher Arbeit an den steinernen Fensterbänken unseres Gefangenensaales angeschliffen. Aber die wenigsten waren überhaupt im Besitz eines Löffels aus Metall.

Ich besaß nur einen selbstgeschnitzten Holzlöffel und meine Konservendose. Beides baumelte an einem Stück Schnur, mit dem ich mir die Hosen um die Hüften festgebunden hatte. Uns allen hatte man schon in den früheren Haftanstalten die Gürtel abgenommen, mir und den anderen Radeberger Jungen vor unserem Marsch nach Dresden. Hier in der Kolonne boten wir ein Bild des

Jammers. Zitternd und in der schon herbstlichen Kühle des frühen Morgens standen wir im Hof und warteten, dass uns die Bewacher in Arbeitskolonnen aufteilten. Die meisten hatten ihre schmutzigen, schmierigen Jacken, so sie noch solche besaßen, in die Hosen hineingestopft, die mit einem Stück Schnur oder Draht gehalten wurden. Alle zwei Wochen wurden diese Sachen, die wir seit unserer Verhaftung trugen, in den schon beschriebenen Entlausungsofen gestopft, ansonsten trugen wir die Kleider Tag und Nacht.

Auch das Schuhwerk der Häftlinge war in einem erbärmlichen Zustand. Bei vielen hingen die Sohlen lose, Schnürsenkel trug keiner. Die meisten trugen schon lange keine Strümpfe mehr, manche hatten sich aus alten Kleiderfetzen Fußlappen gewickelt.

Einige der Arbeitskolonnen wurden auf die Felder zum Disteljäten geschickt, nachdem sie im Hof der Haftanstalt noch eine dünne Suppe empfangen hatten. Das musste für den langen Arbeitstag reichen. Die Felder lagen meist einige Kilometer von Tost entfernt, manchmal befahlen uns die Wachen, Marschlieder zu singen. Die deutschen Bauern und Domänenbesitzer hatten die Felder noch im Frühling bestellt, waren dann aber vor der heranrückenden Roten Armee geflohen. Erst Ende des Sommers kamen die neuen Besitzer, Polen, die aus dem nun sowjetisch besetzten Teil der ehemals polnischen Ukraine nach Schlesien umgesiedelt wurden. Über den Sommer war zwischen den Kartoffelpflanzen, dem Rosenkohl, dem Mais und dem Getreide das Unkraut ungebremst gewuchert: Gras, Melde, Brennnesseln und Disteln. Uns wurde jetzt befohlen, die riesigen Äcker kurz vor der Ernte von Unkraut zu befreien – ohne jegliches Ackergerät. Am Schlimmsten waren die Disteln. Sie standen fast meterhoch auf den Feldern. Die Nutzpflanzen dazwischen waren durch den dichten Bewuchs teilweise verkümmert. Nun galt es zu retten, was zu retten war. Jeder Gefangene bekam eine Kartoffelzeile zugeteilt. Das Unkraut musste mit bloßen Händen aus dem festen, von der Sonne ausgedörrten Boden gerissen werden. Wer dabei die Nutzpflanzen beschädigte, wurde von den Bewachern mit dem Gewehrkolben verprügelt. Beim Distelziehen drangen die Stacheln tief in die Hände ein. Wir konnten sie nur mit den Fingern wieder herausziehen, manche aber waren so tief ins Fleisch eingedrungen, dass sie stecken blieben und die Wunden sich entzündeten. Diese schwärenden Wunden heilten nur sehr langsam, weil es kein Verbandsmaterial und kaum Jod zum Desinfizieren gab. Viele der Häftlinge rissen ihre Hemden in Fetzen, um damit die Hände zu umwickeln und sie gegen die Stacheln zu schützen.

Wir schufteten täglich bis zu zwölf Stunden auf den Feldern, ohne Verschnaufpausen. Diejenigen, welche am Morgen nicht ihr ganzes Brot gegessen hatten, zerbröckelten die Reste in der Hosentasche und steckten die Krümel während des Jätens in den Mund. Beim Jäten des Unkrauts mussten die Häftlinge in gleicher Geschwindigkeit arbeiten und auf Tuchfühlung zu ihren Nachbarn bleiben. Immer wieder blieben einige zurück, weil die Zeile zu stark verkrautet war oder die Kräfte nachließen. Dann trieben die Posten oder die Kolonnenführer die Zurückgebliebenen mit Tritten und Schlägen an, begleitet von lautem Brüllen, sie sollten schneller arbeiten, um wieder an die Gruppe heranzukommen. Meist brannte die Sonne unbarmherzig auf die Felder, sodass viele an heftigem Sonnenbrand oder gar an Sonnenstich litten. Manchmal wurde Tee ausgeteilt, der nie reichte, den Durst zu löschen.

Mit der Zeit meldete sich peinigender Hunger. Die Kräfte ließen nach, aber darauf wurde keine Rücksicht genommen. Am Rande der Felder kochten ausgewählte Häftlinge das sogenannte Abendbrot, meist Oberschlesier, die sich mit den Wachen verständigen konnten. Diese Köche gingen mit einem Posten in die angrenzenden Dörfer und forderten von den Bewohnern Kartoffeln und Gemüse. Manchmal wurden auch Kartoffeln gleich von den Feldern geholt. Die Arbeitskolonnen wurden in der Regel von einem Pferdewagen begleitet, der Kohlen, Waschkessel, Wasser und Graupen geladen hatte. Die Suppe bestand hauptsächlich aus Graupen und ein wenig Gemüse und wurde am Abend nach der Arbeit verteilt. Die Portionen waren klein und machten niemanden satt. Blieb nach der Ausgabe doch etwas übrig, teilten es die Köche untereinander auf. Manchmal bekamen auch die Jugendlichen noch eine kleine Extraportion.

Nach dem Essen marschierten wir zurück in das Lager. Am Ende der Kolonne fuhr der Pferdewagen, beladen mit den Küchenutensilien und manchmal mit Toten, die während der Feldarbeit gestorben waren.

Hatte sich das Tor wieder hinter uns geschlossen, wurden die Kolonnen durchgezählt. Am Morgen hatte der hauptverantwortliche Posten die Anzahl der ausmarschierenden Häftlinge in ein

Buch eingetragen, bei der Rückkehr wurde die Zahl überprüft. Im Lager wurde erzählt, dass bei einem der Außenkommandos einem Häftling die Flucht gelungen war. Auf dem Rückweg sollen die Wachen einfach einen Passanten an der Straße ergriffen und in die Kolonne gezwungen haben. Hauptsache, die Zahl stimmte. Ob diese Geschichte so stimmte, kann ich nicht bezeugen, weil ich nicht in dieser Kolonne marschiert war, aber wir hielten sie nicht für unmöglich.

Was wir ernteten, gehörte keineswegs den neuen polnischen Besitzern der Ländereien. Die Russen transportierten die Feldfrüchte ab und übergaben die Äcker dann dem polnischen Magistrat. Überhaupt war das Verhältnis zwischen den Russen und den Polen alles andere als gut. Es gab ständig Reibereien und die Russen ließen die Polen immer wieder spüren, dass sie, die ruhmreichen Rotarmisten, die Faschisten besiegt haben und die Polen nun allenfalls Nutznießer dieses Sieges seien.

In Tost gab es eine Schnapsbrennerei, die bereits im neunzehnten Jahrhundert erbaut worden war. Das war ein sehr wichtiges Unternehmen für die Russen. In diese Fabrik wurden große Teile der Getreide- und später der Kartoffelernte gebracht.

Während der Getreideernte mussten die Gefangenen jeden Tag ausrücken und einer Kolonne wurde befohlen, die Getreidegarben in die Spirituosenfabrik zu transportieren. Das geschah nicht mit Fuhrwerken, sondern die Gefangenen mussten die Bündel schleppen.

Eines Tages wurde auch ich einer solchen Kolonne zugeteilt. Wir marschierten kilometerweit auf der Straße nach Beuthen zwischen den Feldern hinaus, die Arme untergehakt, in Fünferreihen, begleitet von einem größeren Trupp fluchender, Knüppel und Peitschen schwingender Bewacher. Unser Ziel waren die Felder einer polnischen Domäne. Dort stand das bereits geschnittene Korn sauber aufgereiht in Puppen. Es war schon fast zu spät in diesem Jahr für die Ernte, das Getreide überreif, aber die neuen polnischen Besitzer hatten die Domäne erst kurz vorher übertragen bekommen.

Der Befehl lautete nun, die Garben nach Tost in die Schnapsbrennerei zu bringen. Der polnische Verwalter versuchte noch, mit den Russen zu verhandeln, um wenigstens einen Teil der Ernte für sich reklamieren zu können, aber der Kommandant zog seine

Pistole, sodass der Verwalter lieber die Flucht ergriff, als einen Kompromiss auszuhandeln.

Jeder der Häftlinge musste nun vier gebundene Garben aufnehmen, unter jeden Arm zwei, dann traten wir den Rückweg an. Vier Garben sind nicht schwer, wenn man sie eine kurze Strecke tragen muss. Aber unser Weg war sieben oder acht Kilometer lang. Wir liefen und stolperten im Gänsemarsch die Straße entlang, angetrieben vom Gebrüll der Wachmannschaft. Ab und zu schoss einer über unsere Köpfe hinweg, um uns anzutreiben. In der Hitze dehnte sich der Weg endlos. Nach einiger Zeit begannen meine Arme taub zu werden, die Finger verloren ihr Gefühl, die Muskeln ihre Anspannung und die Garben rutschten langsam nach unten und lockerten sich. Einige der Männer verloren bereits die Bündel oder konnten nicht mehr im befohlenen Tempo laufen. Sie wurden zurück in die Reihen gepeitscht. Ich betete, dass meine Bündel hielten. Mechanisch setzte ich meine Füße einen vor den anderen, starrte auf die Füße meines Vordermanns und hoffte inständig, dass er Geschwindigkeit und Marschrhythmus beibehielt. Das war schwierig, denn immer wieder verloren vorn in der Reihe die geschwächten Männer eine oder mehrere der Garben und brachten die Kolonne ins Stocken. Während die Wachen sie schlugen und traten, versuchten sie verzweifelt, noch ein Bündel unter dem Arm festzuhalten und dabei mit ihren steif gewordenen Händen das herabgefallene Bündel wieder aufzuheben, was nur unter furchtbaren Verrenkungen möglich war.

Ich versuchte, mich so dicht wie möglich an meinen Vordermann, aber gleichzeitig genügend Abstand zu halten, falls er seine Bündel verlieren würde. Jetzt aus der Kolonne ausscheren zu müssen, um sein Bündel aufheben oder gar neu schnüren zu müssen, war gleichbedeutend mit furchtbaren Schlägen. Ich fühlte mich dem Zusammenbruch nahe, wie meine Vorderleute sicher auch. Manchmal verlangsamte sich das Tempo. Das waren Momente unendlicher Qual, in denen ich schreien wollte: »Geh weiter, geh schneller!«, denn ich konnte noch ganz gut laufen, aber die Bündel kaum noch halten. Die Abschnitte des Weges, die ich rennen musste, um den Anschluss an den Mann vor mir zu halten, weil die Dynamik der Gruppe plötzlich ein schnelleres Laufen verlangte, schienen mir fast wie eine Erholung. Ich wusste, dass mich jeder Schritt der Erlösung von dieser Pein näherbrachte, und begann, die Schritte zu zählen, zu Metern und Kilometern zu addieren, um mich von den Schmerzen in den Armen und Schultern und der Angst, die Traglast zu verlieren, abzulenken.

Als wir die Brennerei erreichten, waren meine Arme völlig abgestorben und schmerzten noch tagelang.

Eine erschöpfte, stolpernde und schwankende Herde von kaum noch menschlichen Existenzen kehrte ins Lager zurück.

Die Straße zwischen dem Feld und der Schnapsbrennerei war übersät mit Getreidekörnern, die aus den überreifen Ähren gefallen waren. In diesen Tagen wurden die wenigen Hühner, die es in den Dörfern um Tost noch gab, fett und glücklich.

Bei einem dieser Erntekommandos geschah etwas, das mich noch jahrelang verfolgen, mich vielleicht auch prägen sollte.

Immer wieder kam es vor, dass die Bewacher den Häftlingen Kleidungsstücke abnahmen, die sie für qualitätsvoll hielten. Einer der Posten hatte beim Ernteeinsatz von einem Häftling dessen Schuhe eingefordert, die ihm gefielen. Das Beispiel machte Schule und die Wachmannschaften waren fortan damit beschäftigt, nach guten Kleidungsstücken zu suchen. Die wurden dann im Umland von Tost gegen Lebensmittel oder Schnaps getauscht, auch vermuteten wir, dass einige Posten die Sachen nach Hause schickten.

Irgendwann im August wurde ich mit etwa zweihundert anderen Gefangenen zu einem Einsatz befohlen, bei dem wir ein großes Feld mit Frühkartoffeln abernten sollten, das wir zuvor von Unkraut befreit hatten. Diese Arbeit mussten wir mit bloßen Händen tun, nur wenige wurden mit alten Spaten, Hacken oder mit rostigen Büchsen ohne Boden ausgerüstet. Diese »Arbeitsgeräte« gingen schnell kaputt, weil der Boden sehr hart war. Drei oder vier Männer bearbeiteten eine Zeile. Zwei Männer gruben oder hackten, die anderen sammelten die Kartoffeln in Körbe und Eimer, die teilweise keine Böden hatten.

An diesem Tag kam ein Trupp sowjetischer Soldaten auf unser Feld, die wir im Lager noch nie gesehen hatten. Sie bewachten eine Gruppe von Männern in Wehrmachtsuniformen ohne Rangabzeichen. Das waren deutsche Kriegsgefangene, die mit ihren Wächtern in der Nähe auf einem Bauernhof lebten. Sie sahen nicht so elend und unterernährt aus wie wir Lagerinsassen und traten durchaus selbstbewusst auf. Die Wachen befahlen, uns in einer Reihe aufzustellen. Langsam liefen die Deutschen mit ihren Bewachern an dieser Reihe vorbei. Einige von uns wurden aufgefordert, Jacken, Pullover oder Schuhe auszuziehen, wenn diese noch einigermaßen brauchbar aussahen. Einer der Deutschen, ein junger Soldat mit eiskalten Augen, nicht viel älter als ich, befahl mir, meine Stiefel auszuziehen. Ich beschwor ihn, appellierte an sein Gewissen, sie mir nicht zu nehmen, wir seien doch beide Deutsche, beide Gefangene, beide junge Menschen mit ähnlichem Schicksal in dieser grausamen Nachkriegszeit. Aber er kannte kein Erbarmen. Er lachte mich aus und befahl mir, mich mit der Übergabe der Stiefel zu beeilen, sonst würde er die Wachen informieren und mir eine »Sonderbehandlung« zuteilwerden lassen. Abends lief ich barfuß zurück ins Lager, ohne die Stiefel, die seit der Verhaftung mein kostbarster Besitz waren. Ich war außer mir vor Wut, dass ein offensichtlich gut behandelter und bestens ernährter Deutscher einem Landsmann, der sich augenscheinlich in einer wesentlich schlimmeren Lage befand, so etwas antun konnte. Das war Verrat, das war unmoralisch, das war feige und brutal. Ich konnte ebenso nicht begreifen, dass keines der anderen Opfer, die ihre Kleidungsstücke hätten abgeben müssen, irgendeine Gefühlsregung zeigte. Mir wurde klar, dass all diese Männer einen absoluten Unterwerfungsstatus erreicht hatten. Sie waren in einem Zustand angelangt, in dem sie jede Misshandlung, jede Entwürdigung, jeden Verrat und jede Enttäuschung hinnahmen, wenn das keine physischen Schmerzen verursachte. Sie waren gebrochen.

Auch mir bereitete dieser Vorfall keine physischen Schmerzen. Der Verlust war nicht lebensbedrohlich, ich besorgte mir im Lager schnell die Schuhe eines toten Mitgefangenen, von denen es in der Kleiderkammer immer mehr gab. Trotzdem hinterließ diese Erfahrung einen ungeheuerlichen, schmerzhaften und in gewisser Weise auch prägenden Eindruck für mein künftiges Leben. Ich war an ein menschliches Wesen geraten, wie ich es bis dahin noch nicht gekannt hatte. Wir waren uns vorher nie begegnet. Wir hatten keine Auseinandersetzung oder gar einen Streit. Ich stellte keinerlei Bedrohung für ihn dar. Es ging nicht um Leben und Tod, es ging um ein Paar Stiefel. Wie es schien, war er gut ernährt und wurde gut behandelt. Er war von besserer und reinlicherer Erscheinung als ich. Ich war nicht nur augenscheinlich in einer viel schlimmeren

Verfassung als er. Der Soldat trug gute Kleider und festes Schuhwerk. Er brauchte überhaupt nicht, was er mir nahm, und musste erkennen, in welcher verzweifelten Lage ich mich befand. Er versuchte, mich zu erniedrigen. Seine Reaktion auf meine Bitte, mir die Stiefel zu lassen, war kalt, sadistisch und grausam. Selbst auf der nach oben offenen Skala menschlicher Verkommenheit war sein Verhalten außergewöhnlich, so sah ich das. In einer Umgebung, in der ich seit zwei Monaten leben musste, in der Ungerechtigkeit und Entwürdigung den Tagesablauf bestimmten, empfand ich seine Tat als zutiefst unmoralisch. Ich habe nach diesem Erlebnis nie wieder um Gnade gefleht und gleichzeitig habe ich versucht, mich niemals in diese Niederungen menschlicher Verrohung zu begeben. Ich habe nur ganz selten gehasst. Dass die russischen Wachen uns drangsalierten, konnte ich wenigstens versuchen zu verstehen. Aber diesen deutschen Soldaten hasste ich mit aller Kraft.

Ungefähr zur selben Zeit wuchs mir am rechten Oberschenkel ein großer Abszess. Es begann mit einem kleinen Pickel, aber das Bein schwoll nach kurzer Zeit oberhalb des Knies schmerzhaft an. Die Haut um den wachsenden Abszess färbte sich tiefrot, und von dort ausgehend wuchs ein rotes Band unter der Haut nach oben in Richtung Leistengegend. Ich konnte kaum noch laufen und bekam hohes Fieber.

Noch immer gab es keine Medikamente für die Häftlinge. An bestimmten Tagen war es den Gefangenen erlaubt, sich in eine Liste einzutragen und die Doktoren im Hospital aufzusuchen. Ich erhielt die Erlaubnis, mich dieser Gruppe anzuschließen. Der Arzt untersuchte den Abszess und erklärte mir, dass sich die Vereiterung schon zu einer gefährlichen Infektion ausgewachsen habe und schleunigst aufgeschnitten und entfernt werden müsse, sonst bestünde akute Lebensgefahr. Die bevorstehende Operation sei sehr schmerzhaft und ihm stünden keinerlei Betäubungsmittel zur Verfügung. Er habe allerdings auch schon Amputationen ohne Betäubung durchführen müssen, die seien wesentlich schmerzhafter als das, was mir bevorstünde. Er beschloss seine Diagnose mit der Bemerkung, dass mir ohnehin keine Alternative bliebe, sofern ich das Lager überleben wolle. Die Schmerzen waren unvorstellbar, als er den Abszess aufschnitt und ausschabte, aber ich schrie nicht. Es gab kein sauberes Verbandmaterial. Er bedeckte die Wunde mit einer Art Toilettenpapier und verband mein Bein mit einem Stofffetzen. Ich humpelte in die Zelle zurück.

Der Abszess heilte lange nicht. Das Loch in meinem Bein maß fünf Zentimeter und sah aus wie ein Krater. Es gab nichts, womit ich die Wunde desinfizieren konnte, selbst das Wasser, mit dem ich sie auswusch, war schmutzig. Ich hatte keinerlei Verbandmaterial, meine Hose war befleckt mit Eiter und Blut. Weil der Abszess so nicht heilen konnte, bat ich darum, den Arzt noch einmal aufsuchen zu können. Er erklärte mir, dass der Schmutz und die Entzündungsprozesse das Muskelfleisch bereits angegriffen und zerstört haben und dass es notwendig sei, den sogenannten Wildwuchs auszuschaben. Überflüssig zu erwähnen, dass es auch dafür keine schmerzlindernden Medikamente gab. Er gebrauchte ein Instrument, das wie ein kleiner Löffel mit rasiermesserscharfen Kanten aussah, während ich die Zähne zusammenbiss, dass mir die Kiefer zu brechen drohten. Der Schmerz war höllisch und ich musste mich dieser Behandlung noch mehrfach unterziehen. An den Tagen, an denen ich operiert wurde, war ich von den Arbeitseinsätzen befreit, aber schon am nächsten Tag durfte ich nicht mehr auf Schonung hoffen.

Eines Abends, als wir schon in der Zelle eingeschlossen waren und uns auf die Nachtruhe vorbereiteten, knirschte der Riegel, die Tür wurde aufgerissen und der »Kannibale« trat ein. Er war immer noch der für unseren Saal zuständige Wachhabende. Zu dieser Zeit litt er an einem langwierigen Nackenabszess, der seine Laune keineswegs verbesserte. Wenn er den Raum betrat, war es ratsam, so schnell wie möglich aufzustehen und Haltung anzunehmen, wollte man nicht Bekanntschaft mit seinem Knüppel machen. Jedermann versuchte, so weit wie möglich außerhalb seiner Reichweite zu bleiben. Mein Platz war in der Regel etwas abseits seiner Kontrollroute.

Als er an diesem Abend die Zelle betrat, standen die anderen Häftlinge bereits, bevor sich die schwere Tür kreischend geöffnet hatte. Ich aber hatte so heftige Schmerzen im Bein, dass ich entschied, auf dem Boden sitzen zu bleiben. Mein Herzschlag setzte aus, als der Kannibale mich zwischen den Beinen der anderen entdeckte und wutschnaubend auf mich zukam. Er stand vor mir und sprach kein Wort, der Schlagstock baumelte an seinem Gürtel. Er beugte sich zu mir, sein Nacken, den ein dicker, weißer Verband zierte, vibrierte. Er sah aus wie ein kampfbereiter Stier. Ich war mir sicher, dass meine letzte Stunde geschlagen hatte. In meiner Verzweiflung zog ich meine Hose herunter und zeigte ihm die riesige offene Wunde an meinem Bein.

Er schaute mich an und fragte: »Abszess?«

Ich war so erschrocken, dass ich nur »Da, da« (russisch: »ja, ja«) stammeln konnte. Der Kannibale richtete sich auf und verließ die Zelle. Nach einer Weile kam er zurück und brachte mir einen Kanten Brot. Er sprach kein einziges Wort, legte mir das Brot in die Hände und ging.

Am Ende des Sommers, der keiner für uns war, nahmen die Gerüchte von Übergriffen der Wachen zu. Diese bekamen nach und nach wieder Uniformen, aber noch ohne Rangabzeichen und Sowjetstern. Einige der »Soldaten zweiten Ranges« waren bereits befördert worden, das hieß, sie bekamen Rangabzeichen, höheren Sold und Vergünstigungen. Die übrigen Wachen versuchten nun, sich durch noch härtere Grausamkeiten für eine solche Beförderung zu empfehlen. Da sie fast alle längere Zeit in deutschen Konzentrations- oder Arbeitslagern inhaftiert gewesen waren, sprachen die meisten ein paar Brocken Deutsch, meist mit eingefärbtem Dialekt, was uns ahnen ließ, in welchem Teil Deutschlands sie in Gefangenschaft gewesen waren und welche Arbeiten sie hatten ausführen müssen. Ihr Wortschatz gab auch darüber Auskunft, ob sie von den Deutschen schlecht oder manchmal auch gut behandelt worden waren. Für Stalin und seine Ideologen aber waren sie allesamt Feiglinge, wenn nicht gar Verräter, weil sie sich von den Deutschen hatten gefangen nehmen lassen, anstatt den Heldentod zu sterben.

Nun bestand ihre Bewährungsprobe darin, mit den Häftlingen besonders grausam und gnadenlos umzugehen. Natürlich sahen sie auch in jedem Deutschen einen Schuldigen für ihr eigenes Schicksal.

Im November, nach dem alten russischen Kalender am Tag der bolschewistischen Oktoberrevolution, bekamen dann viele dieser Männer als Zeichen ihrer Rehabilitation Käppi, Koppel und Schulterstücke ausgehändigt.

Manche der Bewacher hatten schon seit Jahren keine Lebenszeichen von ihren Familien erhalten. Als im Sommer 1945 die sowjetische Feldpost auch in den eroberten Gebieten wieder zu funktionieren begann und vermehrt Briefe für die Wachmannschaften eintrafen, oft mit schlechten und traurigen Nachrichten, deren Verursacher die Deutschen waren, prasselte das weitergegebene Unheil mit Flüchen, Schlägen und Tritten auf die Gefangenen nieder.

Einmal stand ein hünenhafter Bewacher mit einem Brief in der Hand vor unserem Dolmetscher und zitterte am ganzen Leib. Später erzählte uns Johann Becker, dass dieser Mann gerade erfahren habe, dass seine gesamte Familie, Vater, Mutter und Schwester, bei einem Bombenangriff der deutschen Luftwaffe ums Leben gekommen war. Er sei nun der Einzige aus der Familie, der noch am Leben war. Er stand lange in der Tür und schaute mit leeren Augen, aus denen Tränen rannen, in unseren Saal, dann ging er schweigend. Dieser Wächter, den wir »Sluschej« (russisch für »hör zu«) nannten, weil er alle seine Anweisungen an unseren Dolmetscher mit diesem Wort begann, hat uns nie geschlagen. Er war es auch, der uns über Johann Becker vom Abwurf zweier amerikanischer Atombomben auf Japan berichtete.

Aber die Erzählungen von den Übergriffen mehrten sich und hielten sich hartnäckig. Ein Wärter sollte einen Spaten in eine Häftlingsgruppe geschleudert und einen Mann so schwer verletzt haben, dass er starb. Bei der Kartoffelernte kontrollierten die Russen genau, ob die Häftlinge auch sorgfältig gearbeitet hatten. Entdeckten sie noch eine Kartoffel im Erdreich, zwangen die Wachen den »Schuldigen«, diese mit dem Mund aus der Furche zu holen, und drückten sein Gesicht mit den Stiefeln tief in die Erde. Manchmal wurden bei der Feldarbeit aufgescheuchte Mäuse gefangen, welche dann den Gefangenen, die zu langsam arbeiteten, in die Hemden und Hosen gesteckt wurden, deren Ärmel und Beine anschließend zugebunden wurden. Mit den Tieren am Leib musste weitergearbeitet werden. Am Abend kontrollierten die Posten, ob die Tiere noch lebten oder geflohen waren. Hatten die Häftlinge sie nicht »ordentlich gehütet«, setzte es Schläge.

Anderenorts sollten Häftlinge gezwungen worden sein, lebenden Mäusen und Fröschen die Köpfe abzubeißen. Ein Gefangener wurde in ein Fass gezwungen, dann wurde das Fass umgestülpt und der Mann musste stundenlang kopfüber in dieser Position verharren, während die Posten den Rhythmus russischer Lieder auf dem Fassboden trommelten: »Katjuscha, Katjuscha moja …«

Es war schwierig auseinanderzuhalten, was Wahrheit und was Erfindung war. Auch Gerüchte können die Hölle sein. Aber die tägliche Realität war grausam genug, dass man Gerüchte und Übertreibungen nicht brauchte.

Der Staatsanwalt Schwabe aus Leipzig starb an einer Infektion. Ein Posten hatte ihm während des Arbeitseinsatzes auf einem ehemaligen Schießplatz der Wehrmacht Wasser in seine großen, stabilen Halbschuhe gegossen und sich daran ergötzt, wie der Mann auf dem Rückweg immer stärker zu hinken begonnen hatte. Mit seinen durchlöcherten und schmutzigen Strümpfen hatte sich der Staatsanwalt die Füße wundgelaufen. Blasen hatten sich gebildet, die vom nassen Leder und dem Straßenstaub sofort aufgescheuert worden waren. Die Wunden hatten sich entzündet. Er war ins Lazarett gekommen und starb dort an einer furchtbaren Blutvergiftung. Die Schuhe aus bestem Leder sicherte sich Harry Hoffmann, obwohl sie ihm viel zu groß waren.

An einem unserer Waschtage lag im Duschraum eine nackte Frau, die man über und über blutig geschlagen und auf die Fliesen geworfen hatte. Ihr Gesicht war bis zur Unkenntlichkeit verquollen, die Haare hatte man ihr abrasiert. Es hieß, dass es ihrem Mann, einem Oberschlesier, gelungen sei, aus dem Lager zu entkommen und dass man die Frau stellvertretend gefangengenommen und verprügelt habe, weil sie nicht sagen konnte oder wollte, wo sich ihr Ehemann versteckt hielt.

Eines Tages hieß es, dass es zwei Jugendlichen aus Oberschlesien geglückt sei, während eines Arbeitseinsatzes auf den Feldern zu fliehen. Es gab eine riesige Aufregung im Lager und es gelang den Suchtrupps nicht, die beiden wieder einzufangen. An den anderen Häftlingen, die auf der gleichen Domäne gearbeitet hatten, wurde ein Exempel statuiert, indem man sie im Garten des Gutshauses ein Massengrab ausheben ließ und eine Scheinhinrichtung durchführte.

Für uns jüngere Gefangene hatte diese Flucht erhebliche Konsequenzen. Ungefähr zur gleichen Zeit waren dem Lagerkommandanten auch die Beschwerden der polnischen Einwohner über die deutschen Marschlieder unserer Friedhofskolonne zu Ohren gekommen. Wir mussten den Saal 234 verlassen, in dem wir gemeinsam mit den erwachsenen Häftlingen lagen, wurden in kleinere Zellen verlegt und schärfer bewacht. Uns war es nun nicht mehr erlaubt, den Lagerkomplex zu verlassen und an Arbeitseinsätzen teilzunehmen.

Soweit wir das beurteilen konnten, waren ungefähr sechzig Jugendliche in Tost inhaftiert, die meisten aus Sachsen, aber auch einige aus Oberschlesien. Die Oberschlesier bildeten eine eigene Gruppe, verstanden sich in der Regel gut mit den Wachmannschaften und wussten das zu ihrem Vorteil auszunutzen. Davon wird später noch zu erzählen sein.

Unsere neue Zelle, die sich in einem der oberen Stockwerke befand, war ein kleiner und völlig kahler Raum mit einem einzigen Fenster, welches die meiste Zeit verschlossen blieb. Der einzige Gegenstand im Raum war eine Zwanzig-Liter-Milchkanne ohne Deckel, die uns als Toilette dienen sollte. Viel zu klein für fünfundzwanzig Halbwüchsige, die hier zusammengepfercht wurden, war das Hocken in diesem Raum mit seiner nicht vorhandenen Belüftung ein Martyrium. Wir hatten keinerlei Beschäftigung und nahmen am Lagerleben kaum noch teil, sodass wir auch weniger Informationen bekamen und die Gerüchteküche brodelte. Uns quälte die Langeweile, die nur von den Essenausgaben und gelegentlichen Gängen ins Hospital unterbrochen wurde.

Am Anfang verpflichteten wir uns, in einer festgelegten Reihenfolge Geschichten zu erzählen. Das konnten Reise- und Ferienerlebnisse aus einer Zeit sein, die verzweifelt lange zurückzuliegen schien, oder auch Nacherzählungen aus Büchern und Filmen. Ich verfügte über ein ziemlich umfangreiches Repertoire an Geschichten, das von der Lektüre aller möglichen Kolportageromane herrührte, die ich, wie schon erwähnt, seit Kindertagen mit Leidenschaft las. Wenn ich an der Reihe war, gab ich mit gelegentlichen Abweichungen und Ausschmückungen nicht nur allerhand Karl-May-Geschichten wieder, sondern erzählte auch aus den Romanen des berühmten und vielgelesenen Schriftstellers Edwin Erich Dwinger, »Die Armee hinter Stacheldraht« und »Zwischen Weiß und Rot« und »Die letzten Reiter«, oder verknüpfte die Erfahrungen, die wir auf den einzelnen Stationen unserer Haft gemacht hatten, mit dem »Vergessenen Dorf« von Theodor Kröger. Ich erzählte die Geschichte von »Victor Mors« aus dem ungemein populären Buch von Franz von Schmidt. Natürlich durfte der »Wehrwolf« von Hermann Löns nicht fehlen. Dass manche dieser Schriftsteller von stramm nationalsozialistischer Gesinnung waren, wusste ich nicht, zumindest spielte das für mich keine Rolle. Für mich zählten nur ihre Bücher, die ich atemlos als Abenteuergeschichten verschlungen hatte. Von Dwinger hatte ich ausschließlich die Bücher gelesen, welche im Ersten Weltkrieg spielten, sein späteres Werk nahm ich kaum wahr.

Wie die Aufzählung dieser Bücher zeigt, interessierten mich am meisten die Geschichten deutscher Kriegsgefangener in Sibirien. Ich las sie nicht einfach als Abenteuergeschichten, eher verschlang ich sie als Berichte, aus denen man lernen konnte, wie der Mensch in schwierigen Situationen nicht nur überleben, sondern sich auch daraus befreien kann. Da waren im Text auch praktische Dinge beschrieben, die das Leben in einem Gefangenenlager erleichtern oder zumindest durchschaubar machen konnten. Es entbehrte nicht einer gewissen Ironie, dass die zumeist fiktiven Romane deutschnationaler Schriftsteller über russische Gefangenenlager im ersten der Weltkriege mir nun helfen sollten, ein solches nach dem Ende des zweiten zu überleben.

Aber irgendwann gingen uns die Geschichten aus. Krankheiten grassierten auch unter den Jugendlichen. Mein Freund Rolf Dietrich, mit dem ich noch sechs Jahre vorher die Grundschule in Weißig besucht hatte, steckte sich mit einer Wundrose an. Wundrosen gehörten zu den häufigsten Erkrankungen im Lager. Sie waren so zahlreich, dass sie als hochansteckend galten, wozu zweifellos die katastrophalen hygienischen Bedingungen in den überfüllten Zellen beitrugen. Die Gefangenen reagierten hart, zuweilen hysterisch auf Infektionskrankheiten. Häftlinge mit Wundrose wurden wie Leprakranke behandelt. Für Rolf Dietrich gab es da keine Ausnahme. Da wir ihn in unserer kleinen Zelle nicht separieren konnten, musste er ununterbrochen sein Gesicht und den Oberkörper unter einer Decke verbergen. Sein Gesicht war entstellt von roten, flammenförmigen, brennenden Entzündungen, er bekam Fieber, Schüttelfrost und starke Schmerzen. Er litt furchtbar unter den Schmerzen, aber noch mehr unter der Hitze, die sich unter der Decke staute, und an einem unmäßigen Durst. Ich reichte ihm Wasser, so oft es ging, fütterte ihn unter der Decke und sprach mit ihm.

Die Hauptursache für den Tod der meisten Gefangenen im Lager war die Ruhr. Jedermann hatte Angst vor Leuten mit Durchfall, selbst die Wachen, von denen auch einige erkrankten. Im Gegensatz zu den Häftlingen aber erhielten sie eine Behandlung mit guten Medikamenten in sauberer Umgebung. In den Zellen wurde die Frequenz, mit welcher die Mithäftlinge die Toilettenkübel aufsuchten, sorgfältig beobachtet und registriert, ebenso wie der Inhalt der Toilette nach der Verrichtung.

Ungefähr zu der Zeit, als Rolf an der Gesichtsrose erkrankte, wurden die Durchfallkranken aus den großen Unterkünften in eine Spezialzelle gebracht. Der einzige Grund war, das Ausbrechen seuchenartiger Zustände zu verhindern und die gesunden, das heißt arbeitsfähigen Häftlinge zu schützen. Die Chancen, in der Ruhrstation gesund zu werden, waren mehr als gering. Die allermeisten Menschen, die dorthin verlegt wurden, kehrten nie mehr zu den anderen zurück.

Eine Zeit lang war es mir gelungen, meine Diarrhö zu verbergen, aber als ich begann, beim Gang auf die Toilettenkanne mehr und mehr Blut zu verlieren, wurde es Zeit, meinen Freunden Lebewohl zu sagen. Ihre Blicke verrieten, dass sie den Abschied für endgültig hielten. Am meisten bedrückte mich, dass sich keiner der anderen wirklich um Rolf Dietrich kümmern wollte.

Ich nahm meine Blechbüchse und meinen Löffel und folgte dem Wärter. Er führte mich mit gehörigem Abstand den langen Flur hinab, dann stiegen wir einige Treppen hinauf und liefen durch mehrere dunkle Gänge. Ich hatte keine Ahnung, in welchem Teil des Hauptgebäudes wir uns befanden. Der Wärter öffnete eine Tür, drückte mir den Knüppel in den Rücken und stieß mich wortlos in einen Raum. Sofort schloss sich die Tür hinter mir.

Ich fand mich in einem kleinen, halbdunklen Zimmer wieder, zwischen dessen Wänden der Tod hing. Etwa zwanzig Wesen, die noch menschlich zu nennen meine Phantasie sich scheute, lagen auf dem Fußboden oder lehnten sitzend an der Wand. Schmutzige, dunkle Bündel, aus denen alles Leben gewichen zu sein schien. Die meisten schliefen oder waren vielleicht schon tot. Andere starrten bewegungslos vor sich hin. Es war, als ob ihre Seelen längst die große Reise angetreten hätten, während ihre Körper noch mit einigen unfreiwilligen Funktionen zurückgeblieben waren. Niemand nahm Notiz von meiner Ankunft.

Der Raum war zum Ersticken gefüllt mit einem betäubenden, sauren Gestank.

Das also war die berüchtigte Ruhr- und Durchfallstation. Während sich meine Augen an das fahle Dämmerlicht gewöhnten, nahm ich eine Bewegung wahr. Eine fette, unwirkliche Gestalt saß in der Ecke nahe der Tür auf einem Berg aus Lumpen und Decken wie eine lauernde Spinne am Rand eines Netzes. Die kleinen, matten Augen des Mannes fixierten mich wie ein sicheres Opfer. Er winkte mich mit seinen wulstigen Händen heran. Mit einigem Zögern folgte ich seiner Aufforderung, stumm in wachsendem Entsetzen. Um in seine Nähe zu gelangen, musste ich über einige der Körper steigen, die auf dem Boden ausgestreckt lagen. Keiner bewegte sich oder gab ein anderes Lebenszeichen.

Der Fette streckte mir seine Hand entgegen und forderte mich auf, ihm alle meine Besitztümer zu übergeben, die Blechbüchse, den Löffel, einen Fetzen Stoff und einen Bindfaden. Nachdem er all das konfisziert hatte, erklärte er mir die Regeln: »Du bekommst drei Tage lang nichts zu essen, aber du bekommst jeden Tag Tee. Sollte die Diarrhö nach drei Tagen nicht abgeklungen sein, wird das Fasten weitere drei Tage fortgeführt. Über die Zeit danach sollten wir uns keine Gedanken machen, denn entweder bist du dann geheilt oder tot. Eine Decke hast du nicht? Na ja, versuche, irgendwo einen Platz zu finden.« Er wies mit seiner dicken Hand unbestimmt in den Raum, zeigte fortan kein Interesse mehr an mir und widmete sich wieder seiner Beschäftigung, die meine Ankunft unterbrochen hatte. Er sortierte Kleidungsstücke in einen Rucksack.

Ich suchte mir die größte Lücke zwischen den Körpern, aber auch die war zu klein, um mich hinlegen zu können. Nachdem ich einen regungslosen Mann ein paar Zentimeter beiseitegeschoben hatte, fand ich genügend Platz, um mich auszustrecken. Mein künftiger Nachbar auf der anderen Seite wimmerte leise und stöhnte ohne Unterlass, während er seinen Bauch mit beiden Händen hielt. Er reagierte nicht auf mich. Ich glaubte, dass er nicht bei Bewusstsein war. Sein Stöhnen war nicht laut, aber monoton, es folgte einem Rhythmus, der von den Schmerzen in seinen Därmen kam.

Hunderte, Tausende Fliegen schwirrten durch den Raum, klebten an den verschmierten Fensterscheiben, saßen an den Wänden, krochen über die Gesichter der Kranken. Wenn das Stöhnen der

Menschen für einen Augenblick aufhörte, war es grausam still im Raum, totenstill bis auf das Summen der Fliegen.

Dazu kam das absurde Bild dieses fetten, krötenartigen Mannes, der zwischen all den ausgemergelten, dem Tode geweihten Gestalten auf einem riesigen Berg aus stinkenden Lumpen thronte.

Ich lag eingeklemmt zwischen den beiden Leidensgenossen und versuchte abzuwägen, wie groß meine Chancen waren, dieses Höllenloch lebend zu verlassen. Ich fand, die Chancen standen nicht gut. Ich war sechzehn und ich hatte mehr Tote gesehen als andere Menschen im ganzen Leben. Die Toten, die nach den Bombenangriffen auf Dresden an den Ufern der Elbe aufgestapelt gelegen hatten, die Leichen an den Straßenrändern im Erzgebirge, als die großen Flüchtlingstrecks in den Westen des besiegten Reiches geströmt waren. Der Tod war mir nicht fremd, aber jetzt hatte ich Angst, furchtbare, elementare, jede Faser meines Herzens lähmende Angst. Die meisten Gefangenen im Lager waren vor drei Monaten angekommen. Ich schätzte anhand der Leichentransporte und der Lücken, die in den Zellen täglich größer wurden, dass mindestens die Hälfte der Menschen gestorben war. Falls diese Todesrate sich fortsetzen würde, wären in einem halben Jahr kaum noch Lagerinsassen übrig. Um die Situation für mich noch schlimmer zu machen, befand ich mich jetzt in jenem Raum, der unter den Gefangenen als das Tor zum Jenseits galt, den alle fürchteten, weil ihn kaum jemand lebend verließ. Ich war ein wandelndes Skelett, die schlechte Ernährung und vor allem der schon ein paar Tage andauernde Durchfall hatten mich bis auf die Knochen abmagern lassen. Aber ich war fest entschlossen, den Kampf aufzunehmen, nichts zu essen, bis in meinen schmerzenden Därmen kein Molekül mehr für einen Toilettengang übrig war. Ich würde überleben. Eines Tages, so erneuerte ich meinen Schwur in dieser Stunde, würde ich nach Hause zurückkehren und meine Familie wiedersehen.

Nach Stunden drehte sich der Schlüssel im schweren Schloss der Metalltür und ein Wärter sprach mit der fetten Kröte, die offensichtlich so etwas wie der Stubenälteste war. Nach einem kurzen Wortwechsel verließen beide den Raum. Die Tür schloss sich mit einem dumpfen Geräusch, aber nur für eine oder zwei Minuten, dann wurde sie wieder aufgerissen und der Wärter erschien mit einem frischen, noch backwarmen, überirdisch duftenden Laib Brot, der in dicke Scheiben geschnitten war. Nun kam Leben in einige der zuvor reglosen Körper. Hände streckten sich flehend und bettelnd dem Wärter entgegen, der das Brot nach einer Regel verteilte, die nur ihm bekannt war. Einige der Männer erhielten eine Scheibe Brot, anderen schlug er mit seinem Knüppel auf die Hände.

»Warum du nicht tott, Opa?«, rief er einem der Männer zu. Der grinste unterwürfig und erhielt eines der begehrten Stücke. Auch mir bot der Wärter das Brot an, aber ich lehnte ab und versuchte ein schwaches Lächeln, um ihn nicht mit meiner Ablehnung zu provozieren. Er akzeptierte das, ohne beleidigt zu sein. War dieser Mann ein Samariter? Einer der wenigen Bewacher, die Mitleid mit den Geschundenen hatten, der die Not der Schwerkranken lindern wollte? Nein, er war ein ausgemachter Sadist, ein Schweinehund, der ganz genau wusste, wie frisches, noch ofenwarmes Brot bei ruhrkranken, ausgehungerten Menschen wirkt.

Unser Stubenältester kam mit einem Eimer Suppe zurück. Als er das Brot in den Händen der Kranken sah, stürzte er sich mit einem Wutschrei zwischen die Männer, um es ihnen wieder zu entreißen. Es hagelte Ohrfeigen, Tritte und Beschimpfungen, weil keiner der Männer sein Brot freiwillig hergeben wollte. Außer sich vor Wut brüllte er: »Ihr wisst doch genau, dass ihr die Hungerkur streng befolgen müsst, wenn ihr jemals wieder gesund werden wollt! Denkt an eure Angehörigen!«

Der Wärter tätschelte ihm die Schulter und verließ lachend den Raum. Irgendwie wirkte das Ganze wie ein oft aufgeführtes Schauspiel, bei dem Wärter und Stubenkapo ihre Rollen kannten, einzig erdacht, um diese kranken Menschen, die meisten schon an der Schwelle des Todes, noch mehr zu quälen.

Immer noch wütend, saß der Fette auf seinem Lumpenberg und fuhr fort, die Männer zu beschimpfen. Schließlich nahm er den Eimer und füllte seinen eigenen Napf mit Suppe. Wir hörten die Schöpfkelle über den Boden des Gefäßes schaben, dort, wo sich die nahrhaften Teile der Suppe abgesetzt hatten. Einige der Männer beobachteten, als wären sie hypnotisiert, wie der Mann auf dem Lumpenthron schmatzend und schlürfend den Inhalt seines Napfes in sich hineinlöffelte. Gelegentlich hielt er inne und starrte emotionslos auf die Männer herab.

Nachdem er sich den Napf mehrfach nachgefüllt hatte, wandte er sich an seine Pfleglinge: »Wer war heute nur dreimal auf dem Topp?«

Die meisten streckten ihre Hände in die Höhe.

»Nee, nee«, lachte der Fette. »Ihr denkt wohl, ihr könnt mich beschummeln. Diejenigen, die heute Brot bekommen haben, kriegen von der Suppe gar nichts.«

Die Kein-Essen-für-Durchfallkranke-Regel wurde rigide durchgesetzt, auch wenn einige der Männer flehentlich um etwas Suppe baten. Den wenigen, die auf dem Weg der Besserung waren, wurde eine kleine Portion erlaubt. Der Fette selbst füllte genau bemessene Rationen in Konservenbüchsen. Dieses Ritual wurde von denen, die leer ausgingen, mit bösen Augen verfolgt. Die Suppe war extra für die Krankenstation und vielleicht für das Wachpersonal gekocht worden, sie war gehaltvoller als die wässrige Brühe, welche die Gefangenen unten in den Zellen seit Monaten bekamen.

Als der Stubenälteste die wenigen Genesenden versorgt hatte, schüttete er den Rest der Suppe in den Toilettenkübel. Wie auf Kommando sanken die Kranken in sich zusammen und verwandelten sich wieder in hoffnungslose, stöhnende und zitternde Bündel aus Schmutz, Haut und Knochen. Es herrschte die gleiche Stille wie bei meiner Ankunft in diesem Raum, nur einer der Männer wimmerte leise in sich hinein.

Ich weiß nicht, wie viele Stunden vergangen waren, als der Wärter die Tür aufriss und den Stubenältesten anherrschte: »Wie viel Totte?« Es war die allabendliche Aufgabe des Wärters, die Zahl der Häftlinge zu dokumentieren, die am Tage gestorben waren.

»Zwei Mann«, antwortete der plötzlich sehr beweglich gewordene Fette in einem fast unterwürfigen Ton. Dabei hielt er zwei Finger hoch und zeigte mit der anderen Hand auf einen Mann, der neben dem Toilettenkübel lag, und dann auf meinen Nachbarn, den ich vor ein paar Stunden beiseitegeschoben hatte, um mir selbst einen schmalen Liegeplatz zu schaffen.

Der Wärter stieß einen dieser russischen Flüche aus und herrschte den Stubenältesten an: »Warum nur zwei? Wenn ich zurückkomme, dann fünf Mann tott!«

Der Fette zuckte gleichgültig mit den Schultern. Er erinnerte mich an einen Abteilungsleiter in einem Betrieb, der jede Verantwortung für die Unterproduktion seiner Abteilung von sich wies und sie seinen Untergebenen zuschob. In den folgenden Tagen wiederholte sich dieser Wortwechsel auf immer gleiche Weise. Ich wusste nie, ob die Beschwerden des Russen ernst gemeint waren oder ob er mit dem Fetten eine sehr makabre Art eines schwarzen Humors pflegte, der auf dem Boden des Todes gedieh.

Die Leichen wurden aber nicht an diesem Abend hinausgetragen. Der Fette durchsuchte die Hosentaschen der beiden Toten und schleppte, was er fand, zu seinem Lumpenberg. Auch ihre Jacken und Schuhe nahm er mit. Während der nächsten Tage beobachtete ich, dass er die Kleider und andere Hinterlassenschaften der Gestorbenen in seinem Rucksack in die Küche brachte, wo er sie gegen Zucker tauschte, den er zum Süßen seines Tees verwendete.

Als er die Taschen meines Nachbarn leerte und meinen entsetzten Blick bemerkte, herrschte er mich an: »Glotz nicht so!«

Dann aber lenkte er ein und fragte: »Brauchst du eine Mütze? Soviel ich gesehen habe, hast du keine.« Er warf mir eine Skimütze zu, die er dem Toten an der Toilette vom Kopf gezogen hatte, und kroch auf seinen Lumpenhügel zurück. Darüber nachzudenken, warum ein im Sommer verhafteter Mensch eine Skimütze bei sich hatte und wie er es schaffen konnte, sie bis auf die Ruhrstation eines Sonderlagers des sowjetischen NKWD zu retten, fehlte mir die Kraft.

Es wurde eine unruhige Nacht. Manche der Männer stöhnten und wälzten sich umher, einer weinte, vielleicht vor Schmerz oder weil er den Tod gesehen hatte. Mein Nachbar röchelte und schlug im Fieber um sich. Der Gestank im Raum wurde unerträglich. Ich meinte zu ersticken. Plötzlich spürte ich, wie mir eine unangenehme Nässe unter Beine und Unterleib kroch. Ich richtete mich auf und sah, dass ich in einer Jauchepfütze lag, die langsam von meinem stöhnenden Nachbarn herübersickerte. Ekel schüttelte mich. Nirgends war Platz, um dem Rinnsal auszuweichen. Ich schob meinen toten Nachbarn ein winziges Stück zur Seite, weckte aber damit den Mann auf der anderen Seite des Toten, der ihn stumm zurückschob. Da ich unmöglich in der Jauche liegenbleiben konnte, hockte ich mich an die Wand und wartete, bis der Mann wieder eingeschlafen war, und schob ihm die Leiche erneut zu, diesmal sehr vorsichtig, in langsamen Bewegungen. So hatte ich etwas Platz gewonnen, aber auch die Pfütze breitete sich immer weiter aus.

Am Morgen wurden die Toten an Händen und Füßen hinausgetragen. Über Nacht waren es vier geworden. Mein Nachbar kämpfte, leiser werdend, noch um sein Leben. Der Stubenälteste watschelte in die Küche und nahm den Rucksack mit. Als er zurückkam, hatte er Zucker und geröstetes Brot darin, das er sofort unter den Decken versteckte.

Ich lag eine Woche auf der Ruhrstation. In meiner Erinnerung ist diese Zeit ein einziger Nebel, aus dem nur schemenhaft Figuren und Vorkommnisse auftauchen. Als mein Nachbar starb, bemerkte ich es nicht. Er hatte kein Gesicht und keinen Namen. Jeden Vormittag kam eine russische Ärztin, die in der Tür stehen blieb und sich damit begnügte, die Zahl der Toten festzustellen. Die Lücken wurden schnell mit neuen Patienten aufgefüllt. Der Fette hockte in seiner Ecke, sortierte Kleidungsstücke, holte das Essen und beschimpfte die Kranken. Er war kalt, gnadenlos, ohne Scham und ohne Gefühl. Er verkörperte einen ungebremsten Egoismus, der nur auf das eigene Überleben ausgerichtet ist, wie ich ihn noch nie erlebt hatte und dem ich in dieser brutalen Form niemals wieder begegnet bin. Soweit ich mich erinnere, haben in der ganzen Zeit, die ich in diesem Raum verbrachte, die Kranken nie miteinander gesprochen.

Nach drei Tagen hatte ich keinen Durchfall mehr, auch lief kein Blut mehr aus meinen Därmen. Ich erholte mich langsam und der Fette erlaubte mir, kleine Suppenportionen zu essen. Ein- oder zweimal gab es sogar Mehlsuppe, die extra für die Ruhrstation zubereitet wurde. Nach einer Woche wurde ich in ein anderes Zimmer verlegt, in dem sich ausschließlich ältere Männer von anderen Krankheiten und Verletzungen erholten. Aber auch dort starben die Leute. Ich hatte auf der Schwelle zum Tod gelegen, aber ich war ihm noch einmal entkommen.

Ende Oktober waren ungefähr zwei Drittel der Gefangenen in Tost tot. Mitte November kam eine Kommission des NKWD ins Lager, die mehrere Tage blieb. Die Wachen waren aufgeregt, übereifrig und behandelten die Häftlinge plötzlich nicht mehr so offensichtlich brutal. Wie ein Sturm raste durch die Zellen die vermeintliche Kunde, dass das Lager aufgelöst werden sollte und es schon in den nächsten Tagen Entlassungen geben würde. Dieses Gerücht wollte einer der oberschlesischen Häftlinge aufgeschnappt haben, als er das Gespräch seiner Bewacher belauscht hatte. Es verbreitete sich wie ein Lauffeuer zwischen den Mauern. Es hieß, ein Teil der Männer würde entlassen, die anderen kämen in andere Lager.

Um den 20. November herum befahl die Lagerleitung, eine Liste der Häftlinge zu erstellen, die noch am Leben waren. Ein Versuch, der mehrere Anläufe erforderte, und eine am Ende erschütternde Bilanz. Von den 5000 Gefangenen, die im Juli in Tost eingekerkert worden waren, waren weniger als 2000 noch am Leben. Die anderen lagen in der Kiesgrube oder in den Massengräbern auf dem Judenfriedhof.

Man befahl uns in großen Gruppen in den Hof, dort wurde die Liste aller Männer verlesen, welche vor dreieinhalb Monaten diesen grausamen Ort betreten hatten. Aus der Krankenstation wurden die Patienten herausgetrieben, diejenigen, welche nicht laufen konnten, trug man heraus. Sie lagen auf dem herbstkalten Boden. So standen und lagen die Männer mehrere Stunden auf dem Hof, frierend unter einem grauen, oft regnerischen Himmel, der von den Gebäuden der ehemaligen Landesirrenanstalt begrenzt wurde, und versuchten, ihre Namen nicht zu überhören. Auf die meisten der aufgerufenen Namen aber gab es keine Antwort. Manchmal klang der Name in der russischen Intonation so fremd, dass der Träger des Namens ihn nicht verstand. Einige der älteren Männer hatten durch die Strapazen ihr Gehör verloren, doch in den allermeisten Fällen lagen die Namensträger in den Gruben am Rande der Stadt. Manchmal rief einer der Überlebenden, wenn der Name eines Freundes oder Zellennachbarn aufgerufen wurde: »Tot.«

Diejenigen, deren Namen bestätigt waren, wurden ausgesondert und in die große Kapelle der ehemaligen Anstalt gebracht, die sich im Hauptgebäude befand. Einige größere Gruppen hingegen sperrten die Soldaten in andere Räume nahe der Kirche. Ich gehörte zu den ungefähr sechshundert Gefangenen in der Kirche. Hier wurde ich auch wieder mit meinen Freunden aus Radeberg vereint. Und hier spielte in den folgenden Tagen der Schlussakt der Tragödie von Tost.

Einige der älteren Häftlinge hatten Informationen zur Geschichte unserer Leidensstätte zusammengetragen. Ursprünglich hatte sich auf dem Gelände eine Kaserne aus der Zeit des Preußenkönigs Friedrich II. befunden. Am Ende des neunzehnten Jahrhunderts wurde zwischen den älteren Gebäuden das neue »Arbeits- und Korrektionshaus« für den Regierungsbezirk Oppeln erbaut, in dem wenig später eine sogenannte Pflegeanstalt für geistig behinderte und psychisch kranke Menschen eingerichtet wurde. Der Begriff

»Landesirrenanstalt« war eine bis in die Behörden und in die neuere Zeit hinein gebräuchliche Bezeichnung. Bis zum Ausbruch des Zweiten Weltkrieges waren hier unter erbärmlichen Bedingungen Hunderte Patienten kaserniert, von denen viele in den umliegenden Domänen, später auch in Einrichtungen der Wehrmacht und in der oberschlesischen Industrie, als Zwangsarbeiter eingesetzt und als »unwertes Leben« für die »Vernichtung durch Arbeit« vorgesehen waren. Von ausgemergelten, bettelnden Gestalten auf den Feldern der Domänen hatten die letzten deutschen Bewohner der umliegenden Dörfer hinter vorgehaltener Hand berichtet, ebenso erbarmungswürdig wie wir. Ebenfalls heimlich wurde weitererzählt, dass der größere Teil der »Irren« in mehreren Transporten in Richtung Westen gebracht worden war, wo sie den so bezeichneten Krankenmorden zum Opfer gefallen sein sollten. Zum ersten Mal hörte ich das Wort »Euthanasie«. Während des Krieges befand sich auf dem Klinikgelände ein Internierungslager für englische Kriegsgefangene. Die Russen hatten also am Ende des Krieges ein gut ausgestattetes Gefängnis vorgefunden.

In der Kapelle waren viel zu viele Menschen eingepfercht. Es war so eng, dass man sich nicht auf dem Boden ausstrecken konnte. Wir verbrachten erst quälende Stunden, dann die Tage und Nächte im Stehen und im Hocken. In der Sakristei standen zwei hölzerne Abortkübel, hier wurden auch die Toten abgelegt. Über allem thronte wie zum Hohn eine vergoldete Muttergottes und blickte abwesend auf die brütende Menschenmasse in ihrem Elend und ihrer Ungewissheit.

Zwei jugendliche Oberschlesier, denen ich zuvor kaum begegnet war, wurden von den Offizieren zu Stubenältesten ernannt. Diese beiden führten ein so brutales Regiment, dass ich ihre Namen nie vergaß: Einer hieß Erwin Gawlik und kam aus Beuthen, den anderen, der aus Breslau stammte, nannten seine Kumpane Smut. Um diese Kerle scharte sich eine Bande jugendlicher Verbrecher, die ebenfalls aus Oberschlesien kamen und in den folgenden Tagen die Kontrolle in der Kapelle übernahmen. Das waren keine politischen Gefangenen, sondern Kriminelle, die wegen Raubzügen oder Schlägereien verhaftet worden waren. Die ganze Bande bestand aus zwölf bis fünfzehn Jugendlichen, die sich mithilfe der russischen Wachen, mit denen sie sich auf Polnisch und mit ein paar russischen Sprachbrocken verständigen konnten, mit hölzernen Prügeln und anderen knochenbrechenden Waffen ausgerüstet hatten. In der vagen Hoffnung auf ihre kurz bevorstehende Entlassung und eine damit verbundene Straffreiheit brach sich in diesen verkommenen, in den Monaten der Haft weiter verrohten Gesellen eine unvorstellbare Gewalt ihre Bahn. Während wir anhand der Geschichten von den Verbrechen, welche im Krieg an der Bevölkerung der von den Deutschen überfallenen Gebiete begangen worden waren, und von denen wir in den Monaten unserer Odyssee durch die verschiedenen Gefängnisse zumindest bruchstückhaft erfahren hatten, die Wut und den Hass unserer Bewacher noch einigermaßen verstehen konnten, traf uns diese, aus der Mitte der Häftlinge kommende Brutalität völlig unvermittelt. Der Gottesraum wurde zu einem Ort entfesselter, teuflischer, erbarmungsloser Grausamkeit.

Die Bande raubte den entkräfteten Häftlingen die letzten Habseligkeiten. Wer Gegenwehr wagte, wurde zusammengeschlagen, nicht selten mit lebensgefährlichen Folgen. Die Ärzte auf der Krankenstation arbeiteten im Akkord. Für besondere Grausamkeiten wurden die Schläger von einigen der russischen Posten, welche die entmenschten Vorgänge wie Schauspiele betrachteten, mit Tabak und Brot belohnt.

Die tägliche Suppe wurde in großen Waschzubern in die Kapelle getragen. Die Bande versorgte sich nach Belieben selbst und weigerte sich, das karge Essen an Männer herauszugeben, die sich nicht unterwürfig genug zeigten. Zuerst schöpften Gawlik und Smut, dann ihre Leibgarde die wenigen Kartoffeln und das meiste Gemüse heraus. Wenn sie sich satt gegessen hatten, wurde die dünne Brühe in die ihnen entgegengereckten Büchsen und Näpfe verteilt. Nicht selten kam es vor, dass Gawlik in die Suppe spuckte, wenn die Truppe ihre Selbstversorgung beendet hatte und die Drängelei um die Wannen begann.

Einigen Gefangenen war es gelungen, ihre Brillen über die Monate der Haft zu retten. Andere hatten sich die Brillen von Leidensgenossen beschafft, die nicht durchgehalten hatten und gestorben waren. Sie konnten sich diese Brillen mit ihren Brotrationen kaufen und hungerten dafür ein paar Tage. Eines Tages sammelte die Bande sämtliche Brillen ein und zwang die Männer, um die Rückgabe zu betteln. Ein paar Brillen aber wurden nicht zurückgegeben, sondern vor den Augen ihrer Besitzer zertreten, zertrümmert.

Während der Boden der Kapelle gereinigt wurde und sich die Gefangenen erst auf der einen, dann auf der anderen Seite des entweihten Raumes wie Vieh zusammendrängen mussten, in die Enge geprügelt von der Bande, getraute sich ein Rechtsanwalt, die Schläger auf die absolute Gesetz- und Ruchlosigkeit ihres Tuns hinzuweisen. Die Bande tauchte ihn so lange in den Bottich mit der Scheuerbrühe, bis er fast ertrunken war.

Tag und Nacht zitterten die Gefangenen vor der Gewalt dieser Verbrecher. Keiner hatte den Mut, sich ihnen entgegenzustellen. Sie waren fünfzehn Jugendliche, denen fast sechshundert Männer entgegenstanden, aber die Bande hatte die russischen Wärter auf ihrer Seite, die sich unter den Augen der NKWD-Kommission keine Verfehlungen mehr erlauben konnten und deshalb die Brutalitäten an die willfährigen Banditen delegierten. In den Seelen der duldsamen Mehrheit hatten die Monate der ununterbrochenen Drangsalierung und Entwürdigung tiefe, nicht überwindbare Brüche hinterlassen und die Menschen wehrlos gemacht.

Auch ich fand nicht den Mut, mich der Unmenschlichkeit dieser gleichaltrigen Mitgefangenen entgegenzustellen. Jeder hoffte, dass ihn die Gnadenlosigkeit dieser ruchlosen Unmenschen nicht treffen würde. Manchmal schämte ich mich für meine Passivität in der Kirche, aber ich war gerade dem Tod auf der Ruhrstation entronnen und noch lange nicht wieder bei Kräften. Zwei Wochen später, in Graudenz, teilten wir uns einen Raum mit einigen Mitgliedern dieser Bande. Es war kurz vor Weihnachten, als wir mit ihnen in Streit gerieten und ich von einem der Kerle erbarmungslos zusammengeschlagen wurde. Sie waren viel besser ernährt als wir und stärker als jeder einzelne von uns. Jeder, der sich in den letzten Tagen in der Kirche der Haftanstalt von Tost mit ihnen angelegt hätte, wäre ein toter Held gewesen.

Am 25. November begann die Auflösung des Lagers. Etwa 1300 Menschen wurden für den Transport in andere Lager in Deutschland, Polen und Russland aufgestellt, ungefähr siebenhundert bekamen ihre Entlassungspapiere ausgehändigt. Darunter waren auch einige, von denen es hieß, dass sie vor dem Ende des Dritten Reiches nicht ganz unbedeutende Größen in der NSDAP gewesen waren. Nach welchen Kriterien die Entlassungen erfolgten, wusste keiner. Viele hatten, wie ich und die meisten meiner

Freunde, deren Leidensweg in der Radeberger NKWD-Kommandantur begonnen hatte, nur ein Verhör erlebt oder nach mehreren Befragungen unter Folter ein Protokoll in russischer Sprache unterschrieben, dessen Inhalt ihnen unbekannt war. Es hatte keine Prozesse und keine Urteile gegeben. Einer der Häftlinge formulierte das so: »Greif in einen Sack mit Erbsen und die Erbsen in deiner Hand können den Sack verlassen.«

Fünfzig Häftlinge, die ihre Entlassungspapiere bereits erhalten hatten, wurden zu einem Kommando zusammengestellt und mussten auf dem Bahnhof in Groß Strehlitz eine größere Anzahl von Güterwagen mit Stroh, Kanonenöfen und Steinkohlevorräten ausrüsten. Nach dem Abschluss dieser Arbeiten wurden ihnen die Entlassungspapiere wieder abgenommen. Warum trieb man mit diesen Menschen ein solch grausames Spiel? Wir vermuteten, dass inzwischen noch einige Häftlinge gestorben waren und Listen für die Transporte in andere Lager aufgefüllt werden mussten. Die Hoffnung war nur ein dünner Halm auf den Feldern des Todes.

Beim Aufrufen der Häftlinge, die zum Transport vom Bahnhof Groß Strehlitz in eine ungewisse Zukunft zusammengestellt wurden und zu denen auch ich gehörte, stand einer meiner Freunde in der Nähe des kommandierenden Offiziers, der in eine Liste, die er auf seiner Kartentasche führte, Zahlen notierte. Es gelang dem Freund, diese Aufzeichnungen zu beobachten. Am Ende der Liste rechnete der Offizier die Zahlen zusammen und der Freund meinte, die Zahl 975 oder 976 erkannt zu haben. Eine Zahl, welche das Schicksal von fast tausend Menschen fort- und auf unbestimmbare Zeit festschrieb. Mein Freund und ich waren ebenfalls Nummern auf dieser Liste.

Am 26. November wurden tausend Gefangene, tausend Überlebende, tausend Hoffnungen, tausend Schicksale wieder in einen Güterzug verladen und in eine ungewisse Zukunft geschickt. Falls noch jemand den Mut und die Kraft hatte, das, was folgen sollte, Zukunft zu nennen.

Graudenz (Grudziądz)

Die Fahrt dauerte sechs Tage. Während dieser für uns quälend langen Zeit hockten wir auf Holzpritschen ohne Rückenlehne, welche in die Güterwagen eingebaut waren. Den Boden bedeckte altes Stroh und in der Ecke stand diesmal ein Kanonenofen. Der Wagen hatte keine Fenster, sodass es für uns schwierig war, uns an den Tageszeiten zu orientieren. So war es auch nicht leicht, die Richtung zu bestimmen, in welche der Zug fuhr. Irgendwann, nach einigen Stopps auf Nebengleisen halb zerstörter Bahnhöfe, bei denen die Türen der Waggons kurz geöffnet worden waren, ahnten wir, dass die Fahrt nicht, wie befürchtet, in Richtung Osten ging, sondern in den Norden. Das führte zu Spekulationen über das Ziel der Reise, die von den Oberschlesiern, mit denen wir im Waggon zusammengepfercht waren, nach Kräften genährt wurden. Einer von ihnen wollte aus einem Gespräch zweier russischer Soldaten herausgehört haben, dass wir in ein Lager in der Nähe von Berlin gebracht und von dort aus entlassen werden sollten.

Die Russen hatten alle jugendlichen Häftlinge in einen Wagen eingeschlossen. Es war kein angenehmes Gefühl, dass dazu auch die oberschlesische Gangsterbande gehörte, welche ihre Vorteile, die ihnen die Verständigungsmöglichkeiten mit den Russen boten, sofort auszuspielen begann. Smut wurde von den Russen zum »Starchi«, zum Wagenältesten, bestimmt und die Bande suchte sich die besten Plätze in der Nähe des Ofens. Für die Russen hatte diese Belegung des Waggons den Vorteil, dass wir so besser zu bewachen waren und die Oberschlesier im Ernstfall gemeinsame Sache mit den Soldaten machen würden. Auf dem Bahnhof von Groß Strehlitz waren wir aber auch die Einzigen, die nicht gefilzt wurden. Den Oberschlesiern war es sogar gelungen, mehrere Säcke mit Kleidung und anderen Dingen in den Wagen zu bringen.

Der Zug fuhr langsam, immer wieder hielt er stundenlang auf Nebengleisen an abgebrannten Bahnhöfen. Die Gegenden schienen fast menschenleer zu sein. Manchmal, wenn die mitfahrenden Posten die Wagentür öffneten, um uns zu kontrollieren, sahen wir verwüstete Landschaften und brachliegende Felder. Einmal, kurz nach dem Beginn der Fahrt, stoppte der Zug in einem kleinen Städtchen. Die Tür wurde aufgeschoben und der Offizier, welcher die Abschlusszählung registrierte, schaute prüfend in die Dunkelheit des Wagens. Hinter ihm sahen wir eine Häuserfront, bei deren Anblick einige der Oberschlesier in lauten Jubel ausbrachen. Wir hielten in ihrer Heimatstadt. Als das dem Offizier klar wurde, befahl er fluchend, die Tür schnell wieder zu verschließen.

Bei einem späteren Halt, jemand las an einem der Bahnhofsgebäude den übertünchten Namen Kreuzburg, näherten sich einige Personen dem Zug, worauf die Posten des Zugbegleitkommandos das Feuer aus ihren Maschinenpistolen eröffneten. Ob sie auf diese Menschen schossen oder über ihre Köpfe hinweg, ob jemand getroffen wurde, konnten wir nicht feststellen. Auf alle Fälle näherte sich dem Zug in den folgenden Stunden des Wartens niemand mehr.

Wir verfielen in einen quälenden Halbschlaf, der ab und zu vom Empfang der Verpflegung unterbrochen wurde, die während der Fahrt ausschließlich aus Hartbrot und Getreidekaffee bestand.

Draußen war es winterlich kalt. Das Feuer im Ofen musste Tag und Nacht brennen. Da die Oberschlesier am Ofen lagen, waren sie dafür verantwortlich. Nachts aber versäumten sie es mehrfach, Holz nachzulegen. Neues Feuer zu machen, war ein Problem, da wir keine Zündhölzer besitzen durften und die Posten darum bitten mussten. Die aber ließen sich genüsslich Zeit.

Einmal hielt der Zug ungewöhnlich lange, vielleicht einen halben Tag, an einem Bahnhof. Wir wussten nicht, wo wir waren, und die Tür blieb stundenlang geschlossen. Draußen war es still und die Stille im Wagen spannte unsere Nerven auf das Äußerste. Waren wir an unserem Bestimmungsort angekommen? Was bedeutete die offensichtliche Untätigkeit der Wachen da draußen? Unser Starchi Smut, von Beruf Schmied, hatte seinen Platz am Ende einer Sitzbank direkt neben dem Ofen. Er saß warm, hatte vergleichsweise viel Platz und konnte sich an die Wand des Wagens lehnen. Plötzlich fischte er einen langen Nagel aus seiner Jacke, umwickelte ihn an dem einen Ende mit einem Stofffetzen, brachte ihn im Feuer des Ofens zum Glühen und begann ein Loch in die Holzwand zu brennen. Nach einigen Versuchen hatte er tatsächlich Erfolg. Plötzlich ertönte draußen lautes Geschrei, die Schiebetür des Wagens wurde mit solcher Gewalt aufgerissen, dass der ganze Wagen bebte und drei Soldaten mit entsicherten Maschinenpistolen stürmten herein. Draußen standen im Halbkreis mindestens zehn weitere Soldaten, ihre Waffen ebenfalls im Anschlag. Hals über Kopf wurden wir auf den Bahnsteig geprügelt. Die Soldaten holten die versäumte Durchsuchung nun umso gründlicher nach, filzten uns bis in die Körperfalten und nahmen uns alles, was wir besaßen, auch unsere Konservendosen und die selbst geschnitzten

Löffel. Die Russen wollten wissen, wer das Loch gebohrt hatte, auf welches ein Posten aufmerksam geworden war, als er ein dünnes Rauchfähnchen aus der Wagenwand hatte aufsteigen sehen. Nach einigem Hin und Her lieferten die Oberschlesier ihren Anführer aus. Smut wurde von den Wachen ins Bahnhofsgebäude geführt, wir hörten von dort lautes russisches Geschrei und die uns inzwischen sattsam bekannten russischen Flüche, während wir in den Waggon zurückgeprügelt wurden. Dann peitschte ein Schuss.

Nach einer Weile wurde Smut zurück in den Wagen gestoßen. Er war leichenblass und blutete am Arm. Wie er berichtete, hatte ihn Leutnant Swerdlow, einer der Offiziere aus Tost, erst in das Bahnhofsgebäude gebracht und fürchterlich beschimpft und ihn von seinen Soldaten in einen leeren Waggon prügeln und an die vordere Wand stellen lassen. Swerdlow hatte seine Pistole gezogen, lange gezielt und ihm in den Arm geschossen. Aus einem der anderen Wagen wurde Dr. Mehling geholt, der Smut verbinden musste. Der Arzt ging nicht sonderlich rücksichtsvoll mit seinem Patienten um. Er erinnerte sich genau an die Opfer der Bande, welche er in den letzten Tagen vor der Auflösung des Lagers in Tost immer wieder hatte behandeln müssen.

Seinen Status als Anführer der Bande hatte Smut damit verloren. Nicht nur wir, auch seine Kumpane waren wütend über diese Aktion, welche die Oberschlesier ihre Privilegien und uns alle die letzten Habseligkeiten gekostet hatte. In den folgenden Tagen saß er schweigsam und missmutig in der Ecke neben dem Ofen.

Am 1. Dezember überquerten wir einen größeren Fluss, dann stand der Zug wieder eine lange Zeit still. Draußen herrschte geschäftiges Treiben, russische Befehle wurden gebrüllt, wir hörten das Geräusch vieler Stiefel auf hartem Boden und hatten das Gefühl, den Bestimmungsort unserer Reise erreicht zu haben. Wo waren wir?

Nach einigen Stunden wurde die Tür aufgerissen, wir mussten unsere wenigen verbliebenen Sachen aufnehmen und uns zu einer Marschkolonne formieren. An einem Lagerschuppen stand das polnische Wort »Grudziądz« und als wir am Bahnhofsgebäude vorbeiliefen, konnten wir den übertünchten Namen »Graudenz« entziffern. Wir waren verunsichert. Hatte nicht einer der Oberschlesier erzählt, wir kämen in ein Lager bei Berlin? War dieses

Graudenz nur eine Zwischenstation? Warum aber mussten wir dann die Güterwaggons verlassen?

Unsere Kolonne trottete durch die Straßen einer nicht ganz kleinen Stadt in Richtung Zentrum, wie es schien. Am Straßenrand und in den Vorgärten standen Polen und schauten nicht freundlich auf unseren zerlumpten Zug. Manche grinsten hämisch, es ertönten auch Schmährufe. Sonderbarerweise waren es unsere neuen Bewacher, welche das zu unterbinden versuchten und auch vereinzelt dafür sorgten, dass es nicht zu Übergriffen kam. Wie wir es schon in Tost und bei den Feldarbeiten beobachtet haben, war das Verhältnis zwischen den Russen und Polen sehr angespannt.

Obwohl noch überall die Spuren schwerer Kämpfe sichtbar waren, hatten in den unzerstörten Häusern schon wieder viele Geschäfte geöffnet. Die Bewohner der Stadt versuchten, ein Leben im Frieden und in zivilisierten Bahnen zu organisieren, ein Bild, das durch unsere Kolonne spürbar gestört wurde. Aus ein paar Bäckereien am Wegesrand drang der verführerische Duft nach frischen Backwaren, der vielen von uns die Tränen in die Augen trieb. Was hätten wir dafür gegeben, wieder einmal eine frische Semmel, vielleicht sogar ein Stück Kuchen in den Händen halten zu dürfen.

Am Bahnhof waren die Gefangenen aufgeteilt worden. Ein Teil der Männer wurde in die alte preußische Festung gebracht, die im Norden am Rande der Stadt auf einem Hügel über der Landschaft am Ufer der Weichsel thronte, die anderen, darunter auch wir Jugendlichen, kamen in die Graudenzer Militärhaftanstalt, die mitten in der Stadt lag. Ein großes, von hohen Backsteinmauern umgebenes Gelände mit abweisenden Gebäuden aus dunklen Ziegeln. Neben dem großen Zellenbau sahen wir einige Flachbauten, in denen eine Schmiede, eine Tischlerei und andere Werkstätten untergebracht waren. Im Hof zischte eine Lokomobile, deren einziger Zweck es war, in ihrem Kessel das Wasser zu erhitzen, mit dem die Essenkübel ausgewaschen wurden. Im Ganzen erinnerte unser neuer Bestimmungsort an die Haftanstalt in Bautzen.

Wir waren nicht die einzigen Gefangenen in diesem Lager. Wie wir schnell erfuhren, war die ehemalige Haftanstalt der preußischen Armee von September 1939 bis August 1943 als Außenstelle des Konzentrationslagers Stutthof genutzt worden. Nach der Besetzung der Stadt durch die Rote Armee hatte sie als Sammellager für deutsche Zivilisten gedient, die von der Front überrollt worden und zum Teil aus den baltischen Staaten und aus Ostpreußen geflüchtet waren. Viele dieser Zivilisten, Männer und noch mehr Frauen, seien vor ein paar Monaten in die Sowjetunion zu Arbeitseinsätzen verschleppt worden, flüsterte man in den Zellen. Im November, kurz vor unserer Ankunft, hatte der russische Geheimdienst das Gelände übernommen und in das »Speziallager Graudenz« umgewandelt. Vor uns waren schon Transporte mit Gefangenen aus Lagern in Oppeln und Ratibor eingetroffen. Die Anstalt war schmutzig und überfüllt. Trotzdem herrschte hier eine andere Atmosphäre als in Tost. Die Wachen waren nicht so brutal und schlugen die Gefangenen nicht bei jeder Gelegenheit.

Vor unserer Ankunft hatte im Lager eine schlimme Fleckfieber-Epidemie gewütet, die Tausende Häftlinge das Leben kostete und auch vor den Wachmannschaften nicht haltmachte. Um das Rasen der Krankheit zu bändigen, hatten die Russen einen bekannten deutschen Universitätsmediziner geholt, einen anerkannten Experten auf dem Gebiet der Seuchenbekämpfung. Der hatte tatsächlich Erfolg und konnte die Epidemie stoppen. Die Toten wurden in Massengräbern hinter dem Zuchthaus begraben. Frisch aufgeworfene Erdhügel hinter dem Zuchthausgebäude ließen unsere Erinnerung an Tost nicht verblassen.

Mit Erstaunen sahen wir deutsche Militärärzte in sauberen und vollständigen Uniformen, allerdings ohne Hoheitsadler und Schulterstücke, aber mit medizinischen Orden und Ehrenzeichen, die sich frei durch das Lager bewegten und als Respektspersonen von manchen russischen Soldaten militärisch gegrüßt wurden. Diese Ärzte und einige Sanitäter waren zur Bekämpfung des Fleckfiebers von den Russen eilig aus einem Kriegsgefangenenlager auf der Halbinsel Hela bei Danzig nach Graudenz kommandiert worden und bekamen für ihren Einsatz Sonderrechte zugesprochen. Ab und zu gingen sie mit ihren Bewachern sogar in das Kino der Stadt, welches direkt gegenüber vom Eingangstor der Haftanstalt mit großen Plakaten für polnische Filme warb.

Wir wurden auf die Zellen des Gefängnisses aufgeteilt. Die meisten Zellen waren für vier Häftlinge ausgelegt, das suggerierten zumindest die beiden Doppelstockbetten darin, wir wurden aber meist zu sechst in die engen Räume eingewiesen. Zwei Häftlinge mussten immer auf dem Fußboden schlafen. Nachdem wir jüngeren Häftlinge anfangs zu viert in kleinen Zellen im Keller des

Gebäudes untergebracht waren, wurden wir nach wenigen Tagen in die großen Zellen in einem der oberen Stockwerke verlegt. Der Zellentrakt war bei der Eroberung der Stadt durch die Rote Armee beschädigt und dann notdürftig instand gesetzt worden. Die meisten Zellentüren hingen schief in den Angeln und hatten am Fußboden einen breiten Spalt, durch den ständig eisige Luft in die Zellen zog. Wir froren, obwohl die Räume die meiste Zeit beheizt wurden.

Nach den Erfahrungen von Tost musste uns dieser neuerliche Aufenthalt in einem Gefängnis des sowjetischen Geheimdienstes fast erholsam vorkommen. Das Wort »Paradies«, das einer von uns hastig vor sich hinmurmelte, verbot sich angesichts der Gitter vor den Fenstern und in Erinnerung derer, die in Tost geblieben waren. Die Verpflegung war besser, wir erhielten täglich etwa sechshundert Gramm Brot und dazu zweimal einen Dreiviertelliter guter Suppe. Die Türen unserer Zellen wurden nicht verschlossen, sodass wir uns im Flur und später, als wir mutiger geworden waren, im ganzen Gebäude frei bewegen konnten. Die Mauern um das Gefängnis allerdings waren nach außen und innen stark gesichert, die Arbeitskommandos, welche zu verschiedenen Orten außerhalb der Stadt ausrückten, wurden streng bewacht und kontrolliert. Am Rande der Haftanstalt befand sich ein hölzerner Flakturm, der nur nachts besetzt war, dafür standen hinter dem Zellenbau und außerhalb der Mauern mehrere Postentürme, wie wir sie aus Tost kannten.

Da Fleckfieber durch Bakterien im Kot von Kleiderläusen übertragen wird und unsere schmutzstarrende Kleidung, die wir zum größten Teil seit Monaten trugen, ideale Brutstätten für die tödliche Krankheit waren, mussten wir kurz nach unserer Aufteilung auf die Zellen zur Entlausung. Die Entlausungseinrichtung befand sich in einem Nebengebäude und war äußerst primitiv. Die Kleider wurden in einem riesigen, behelfsmäßigen Raum erhitzt, um die Läuse zu töten. In diesem Raum waren Rohre und Eisenplatten verlegt, die in der Regel rot glühten. Über dem glühenden Metall hingen die Kleider in großen Drahtschlaufen. Die Entlausungsanlage war augenscheinlich schnell und provisorisch errichtet worden und nach der Epidemie Tag und Nacht in Betrieb. In einem Raum vor diesen Öfen mussten wir uns nackt ausziehen, dann kamen die Kleider auf eine Schiene und wurden in die Öfen geschoben. Dieser Prozedur wurden alle Häftlinge zwei- bis dreimal pro Woche unterzogen, wir konnten duschen, während die Kleider in den Öfen hingen. Von der Hitze wurde die Kleidung hart und brüchig und fiel bald auseinander. Zweimal kam es vor, dass die Kleider Feuer fingen, weil sie zu tief über den glühenden Platten hingen oder auf diese herabfielen, und wir in rasender Eile das Gebäude verlassen mussten. Dann standen wir bei eisigen Dezembertemperaturen längere Zeit splitternackt im Hof. Allerdings hatte der Verlust unserer Kleidung den Vorteil, dass wir neu eingekleidet werden mussten. Neben dem Gefängnis befand sich ein Kleiderdepot der deutschen Wehrmacht mit einer riesigen Auswahl an Uniformen. Nach einem der Brände besorgte ich mir eine weiße Drillichhose, für mich ein ungeheuerlicher Luxus, nachdem ich bis Graudenz meine Sachen getragen hatte, in denen ich Anfang Juni auf dem Feld verhaftet worden war. Allerdings bekam ich diese Hose nicht ganz umstandslos, sondern kaufte sie mir für ein halbes Brot beim Kalfaktor des Kleiderdepots. Später bekam ich noch eine mit Lammfell gefütterte Winterjacke aus den Beständen. Auch viele der anderen Mitgefangenen besaßen kaum wärmende Kleidung und waren nun froh, sich aus den Beständen im Depot für den Winter notdürftig ausrüsten zu können.

Auf dem Weg zur Entlausung mussten wir an der Gefängnisbäckerei vorbei. In einer eisigen Dezembernacht wurden wir noch spätabends in die Waschräume und zur Entlausung kommandiert und auf dem Rückweg umhüllte uns der Duft frisch gebackenen Brotes. In der Bäckerei wurde noch gearbeitet. Wie meist, waren wir ohne Wachposten unterwegs. Einer der Jungs blieb stehen und schaute prüfend zum Fenster des daneben liegenden Brotmagazins. Durch dieses vergitterte Fenster, eher eine Luke, wurden die täglichen Rationen verteilt. Das Gitter war mit einem kleinen Schloss gesichert.

»Das Schloss kriege ich problemlos auf«, flüsterte einer der Oberschlesier. Wir blieben stehen. Zwanzig hungrige Augenpaare starrten auf die Luke, dann auf den Oberschlesier. Fritz Messerschmidt klapperte mit den Zähnen, ob vor Kälte oder Angst, war in diesem Augenblick nicht auszumachen.

»Was soll sein? Ich habe schon ganz andere Schlösser geknackt«, behauptete der Junge. Wir wussten, dass die meisten der Oberschlesier nicht aus politischen Gründen inhaftiert waren, sondern wegen krimineller Umtriebe, meist Diebstählen und Raubzügen. Wir glaubten ihm. Er fummelte ein Stück Draht aus seiner Jacke und begann ohne zu zögern, das Schloss zu bearbeiten. Das tat er durchaus geschickt, man ahnte seine Erfahrung. Wir lauschten angestrengt in die Stille der sternenklaren Nacht. Von den Postentürmen war die Brotausgabe nicht einzusehen.

Fritz flüsterte: »Wenn jetzt ein Russe kommt, können wir unser Testament machen.« Er biss die Zähne aufeinander. Mit einem leisen Quietschen öffnete sich das Gitter. Der Kleinste von uns, ein vielleicht vierzehnjähriger Junge, wurde hochgehoben und ins Innere des Magazins geschoben. Kurz darauf kamen Brote durch die Luke geflogen, die wir hastig in eine Schlafdecke einwickelten. Plötzlich erstarrten die beiden Oberschlesier, die an der Luke standen. Aus der Dunkelheit des Brotmagazins klang das Geräusch einer sich öffnenden Tür. Im nächsten Augenblick flammte Licht auf.

»Weg, nischt wie weg«, zischte Fritz. Dieser Aufforderung hätte es nicht bedurft. Wie eine Hammelherde in Panik jagten wir über den Gefängnishof auf unseren Block zu. Der Blockverwalter, ebenfalls ein Häftling, ließ uns kopfschüttelnd ein und ahnte kommendes Unheil. Wir rannten die Treppen hinauf, die Gänge entlang und fanden uns in einer Zelle wieder, zitternd, schweigend. Die vierzehn Brote lagen auf einem der Betten. Sie zu verstecken wäre sinnlos gewesen, bei einer Durchsuchung hätte sie auch ein Blinder gefunden.

»Puls hundertachtzig«, flüsterte einer, sah aber kreidebleich aus, als wäre alles Blut aus seinen Adern gewichen. Wir horchten mit angehaltenem Atem in den Gang hinaus. Nach einer Viertelstunde näherten sich harte Schritte. Die Tür wurde geöffnet, der Blockverwalter schob unseren Kameraden aus dem Brotmagazin herein und verschwand wortlos.

Nach einem kurzen Schweigen prasselten die Fragen auf den Kleinen ein: »Was war los? Wissen die Russen Bescheid? Wer hat dich erwischt? Hast du jemandem verraten, wer noch dabei war?«

Der Kleine schüttelte den Kopf und rieb sich seine rotgeschwollene Wange. Er erzählte, dass sich die Tür plötzlich geöffnet habe und einer der Bäcker eingetreten sei. Zum Verstecken gab es in dem Magazin weder Gelegenheit noch Zeit. Der Bäcker habe ihm erst einmal kräftig eine gelangt und ihn dann zum Meister der Backstube geschleppt. Dieser habe ihn augenzwinkernd gefragt, ob er allein in das Magazin eingestiegen sei oder ob es noch Komplizen gebe. Letzteres habe der Kleine verneint, sei aber aus »taktischen Gründen« in einen kindlichen Tränenstrom ausgebrochen. Der Meister, vielleicht selbst Vater, habe ihm daraufhin ein halbes Brot in die Hand gedrückt und ihn laufen lassen. Das halbe Brot wiederum habe der Kleine dem Blockverwalter als Schweigegeld gezahlt und nun sei er hier, mit schmerzender Wange, aber ohne schlimmere Folgen.

Den Rest der Nacht waren wir damit beschäftigt, die vierzehn Brote zu verteilen und zu vertilgen, damit sich am nächsten Morgen kein Krümel mehr in den Zellen fand.

Da die Zellentüren nicht verschlossen waren und es kaum Arbeitseinsätze oder Zählappelle gab, konnten wir uns auf den Gängen frei bewegen und lernten die jugendlichen Häftlinge aus Ratibor und Oppeln kennen, welche uns ihre Geschichten erzählten, die den unseren ähnelten, wobei ich den Eindruck gewann, dass trotz aller individuellen Erfahrungen das Lager in Tost das schlimmste von allen gewesen sein musste.

Die Jungs aus Ratibor erzählten von einer Frau, die ich auch hier in Graudenz schon gesehen hatte. Sie nannten sie die »Gräfin Sternberg«, obwohl sie wahrscheinlich keine Gräfin war, sondern nur zufällig den Namen eines weitverzweigten böhmischen Adelsgeschlechtes trug. Sie war Deutschrussin oder Deutschbaltin, auf alle Fälle sprach sie Russisch ebenso perfekt wie Deutsch. Wie man auf den Gängen erzählte, hatte sie sich 1942 der sogenannten Wlassow-Armee angeschlossen, einem antikommunistischen Kampfverband von Exilrussen, der an der Seite der Wehrmacht gekämpft hatte. Sie hatte als Dolmetscherin gearbeitet, war ausgebildete Krankenschwester und besaß eine natürliche Autorität, die sie im Umgang mit den Russen wie auch mit den Häftlingen zu nutzen wusste, wenn es zu vermitteln galt.

Das war nicht ungefährlich. Man erzählte, dass sie zum Kriegsende in Prag festgenommen und brutal zusammengeschlagen worden war, als sie versuchte, einen baltischen Landsmann vor den Gewehrkolben seiner Bewacher zu schützen. Im Lager Ratibor hatte sie im Lazarett gearbeitet und dort manchem Häftling das Leben gerettet, indem sie auf schnelle Behandlung und notwendige Medikamente gedrängt hatte. Mit ihren Sprachkenntnissen hatte sie sich bald unentbehrlich gemacht. Auch in Graudenz arbeitete sie auf der Krankenstation, wurde aber oft als Dolmetscherin verpflichtet. Ihr Auftreten und ihr Beruf erinnerten stark an die schwedische Philanthropin und Krankenschwester Elsa Brändström, welche im Ersten Weltkrieg in Sibirien unter Einsatz ihres Lebens und unbeirrbar deutschen Kriegsgefangenen geholfen hatte. Darüber hatte sie ein Buch geschrieben, es hieß »Unter Kriegsgefangenen in Russland und Sibirien 1914–1920«, eines der erfolgreichsten Bücher in den Zwanziger- und auch noch in den Dreißigerjahren in Deutschland, das fast jeder kannte. Auch ich hatte das Buch mehrfach verschlungen und konnte nachvollziehen, warum die »Gräfin« in Anlehnung an Elsa Brändström, die man den »Engel von Sibirien« nannte, von den Gefangenen hier als »Engel von Ratibor« bezeichnet wurde.

Unter den Jugendlichen entstanden neue Freundschaften, aber auch alte Feindschaften flackerten wieder auf. Bald wuchsen die aus Tost überkommenen Spannungen zwischen uns und der oberschlesischen Bande. Es ging um Nickligkeiten, um Aversionen, aber sie führten bald zu offener Feindseligkeit, die zu eskalieren drohte. Bei aller ungewohnten Freizügigkeit, die wir in Graudenz erfuhren, wussten wir, dass wir die Streitereien nicht öffentlich austragen durften, schon gar nicht mit offensichtlicher Gewalt. Irgendjemand kam auf die Idee, die Sache »ritterlich« zu behandeln und aus den beiden verfeindeten Gruppen je einen Kontrahenten auszuwählen, der sich stellvertretend für die Gruppe schlug. Das sollte in einem Freistil-Boxkampf geschehen. Für die Oberschlesier trat »Blacky« an, ein hochgewachsener, durchtrainierter und kampferfahrener Straßenschläger, dem überdies die Haft in Tost aufgrund der Sonderstellung der Bande nicht so zugesetzt hatte wie uns. In unserer Gruppe wurde lange beratschlagt, dann fiel die Wahl auf mich. Warum, konnte ich nicht nachvollziehen, aber die anderen waren froh, nicht kämpfen zu müssen. Ich war einer der Kleinsten in unserer Gruppe, zwar schnell und intelligent, aber auch immer noch geschwächt von meinem Aufenthalt auf der Ruhrstation und den anderen Entbehrungen.

Ich hatte keine Chance. Blacky war mir weit überlegen. Nach einem kurzen Geplänkel schlug er mich präzise zusammen. Ich würde dafür nicht einmal den Begriff »erbarmungslos« gebrauchen, denn ich hatte das Gefühl, dass er durchaus Erbarmen mit mir zeigte, als er mich mit ein paar schnellen Hieben bewusstlos schlug und den Kampf so kurz wie möglich gestaltete. In den folgenden Wochen versuchte ich, der Bande aus dem Weg zu gehen, wann immer sich unsere Aktivitäten kreuzten.

Eines Tages war das Lager in Aufruhr. In der Nacht hatten wir Schüsse von außerhalb der Mauern gehört, dann laute Schreie auf der Straße vor dem Gefängnis und das schnelle Laufen der Wachmannschaften über das Pflaster des Hofes. Am Morgen durften wir die Zellen nicht verlassen, unter den russischen Offizieren herrschte eine ungewohnte Aufregung, die sich in scharfen Befehlen an die Posten entlud.

Nach und nach erfuhren wir, was geschehen war. Die deutschen Ärzte waren mit ihren russischen Bewachern, die zum Schutz der Ärzte mit Maschinenpistolen bewaffnet waren, in das gegenüberliegende Kino gegangen, um sich einen amerikanischen Film anzuschauen, dessen Werbeplakat seit Tagen an der Fassade des Kinos leuchtete. Vor Beginn des Films hatten sich die polnischen Kinobesucher von ihren Plätzen erhoben, um ihre Nationalhymne zu singen. Die Ärzte und ihre Bewacher aber waren sitzen geblieben. Das erboste die Polen und es kam zum Tumult. Die Ärzte und die Soldaten flohen aus dem Kino und über die Straße zur Haftanstalt, wo das Tor nicht gleich geöffnet wurde, während hinter den Fliehenden die wütenden Polen auf die Straße drängten. Die Bewacher schossen daraufhin mit ihren MPs in die Luft. Dass sie auch in die Menge schossen, blieb Gerücht, allerdings deuteten die Schreie in der Nacht auf Verletzungen hin.

Es kam der Weihnachtsabend, vor dem sich fast alle fürchteten. Es war unser erstes Weihnachten in Gefangenschaft. Unsere Gemütslage war düster, aber wir versuchten trotzdem, so etwas wie eine Weihnachtsstimmung zu erzeugen. Am Nachmittag kam Frau Sternberg vorbei und brachte uns einen winzigen Weihnachtsbaum, der in einer der Werkstätten gebastelt worden war. Er war vielleicht zwanzig Zentimeter hoch und bestand aus einem dünnen Holzstab, in den jemand ringsherum Löcher gebohrt hatte, in denen dünne Zweige steckten. Auf der Spitze saß eine einzige Kerze. In der Mitte der Zelle errichteten wir ein kleines Podest, auf das wir das Bäumchen stellten. Für den Abend hatten wir alle ein Stück Brot aufgespart.

Fritz nahm mich beiseite: »Wir müssten etwas Warmes zu essen haben. Etwas Besonderes. Die Oberschlesier drüben auf dem Gang haben Beziehungen in die Küche, aber von denen dürfen wir nichts erwarten. Es gibt vielleicht noch eine andere Möglichkeit. In Block zwei befindet sich die Schusterei. Dort sind sechs Mann beschäftigt, die bekommen so viel zu essen, dass sie nicht immer alles schaffen. Gestern erst habe ich gesehen, wie sie einen ganzen Eimer Suppe wieder in die Küche zurückgebracht haben. Mit dem Blockverwalter können wir uns schon einig werden, dass er uns kurz rauslässt. Was meinst du?«

Ich wiegte den Kopf. Wolfgang Leipert, der uns zugehört hatte, war nicht so begeistert, er fürchtete, dass er mitkommen und eine Enttäuschung erleben müsste. Er war erleichtert, als wir ihm bedeuteten, dass wir ohne ihn gehen würden. Wir griffen uns zwei Eimer. Auf der Treppe bedeutete mir Fritz, dass er gerne Wolfgang geschickt hätte, aber der habe so gar kein Organisationstalent und die Gefahr sei zu groß, dass er es vermassele. Gerade am Heiligabend sei ein Erfolgserlebnis wichtig.

Der Blockwart schien in Weihnachtsstimmung zu sein und ließ uns mit einem Lächeln durch. Die Schuhwerkstatt in einer Ecke des Hofes fanden wir schnell, aber unser Mut war damit fast schon erschöpft. Wir standen fünf lange Minuten vor der Tür und überlegten, wie wir unsere Bitte vortragen sollten, als die Tür plötzlich geöffnet wurde und ein Mann in einer abgetragenen Wehrmachtsuniform den Türrahmen ausfüllte.

»Kann ich euch helfen? Wollt ihr in die Werkstatt?«

Fritz stotterte etwas, das wie »Eigentlich …« klang, aber da hatte der nicht unfreundliche Mann schon die beiden Eimer gesehen, die wir hinter unseren Rücken mehr schlecht als recht verbargen. Er wies uns den Weg in die Werkstatt, wo ein großer Kanonenofen angenehme Wärme verströmte. Auf einer Kiste stand ein Weihnachtsbaum von ähnlicher Machart wie der unsere, jedoch wesentlich größer. Die Männer an den Werkbänken waren besser ernährt als die Gefangenen aus Tost oder Oppeln. Sie waren keine politischen oder kriminellen Häftlinge, sondern Kriegsgefangene, die durch Zufall in dieses Lager gebracht worden waren.

Einer der Männer, augenscheinlich der Meister, fragte, was wir wollten. Wieder begann Fritz zu stammeln und schaute auf seine Stiefel: »Die sind … irgendwie … die sind kaputt. Können Sie …?«

Der Meister bemerkte unsere Eimer und verstand. Die Männer lachten.

»Kommt mal mit.«

Er führte uns in eine Ecke der Werkstatt, wo mehrere Kübel mit sehr dicker Erbsensuppe standen, und füllte unsere Eimer bis zum Rand. Dann suchte er unter einem der Tische in einem Haufen aus Schuhen und drückte Fritz ein altes Paar russischer Segeltuchstiefel in die Hand.

»Frohe Weihnacht euch beiden.«

Wir blieben eine halbe Stunde in der wohligen Wärme der Schusterei und unterhielten uns mit den Männern. Einer von ihnen, so erfuhren wir, kam aus Dresden und hatte seine Heimatstadt schon seit über zwei Jahren nicht mehr gesehen. Er konnte gar nicht glauben, dass sie im Bombenhagel zerstört worden war.

Wir kamen glücklich mit den beiden randvollen Eimern Erbsensuppe zurück, einer nahrhaften Speise, wie wir sie seit einem halben Jahr nicht mehr gegessen hatten. Die anderen in unserer Zelle hatten inzwischen die einzige Glühbirne an der Decke mit einem Stück rotem Papier verkleidet. Darunter duftete die Suppe, daneben flackerte die Kerze auf dem Bäumchen. Wir feierten unsere erste Häftlingsweihnacht. Leise sangen wir Weihnachtslieder, auch aus den anderen Zellen hörten wir Gesang. Es dauerte nicht lange, dann liefen dicke Tränen über unsere halben Kindergesichter, die mit den Erlebnissen der vergangenen Monate schmal und hart geworden waren.

Ich ahnte, dass etwas geschehen musste, damit aus dem Fest der Freude nicht ein Fest des heulenden Elends würde, und suchte in Gedanken nach einer guten Geschichte aus meinem Repertoire, die ich erzählen wollte. Sie musste feierlich und lustig zugleich sein. Aber mir fiel überhaupt nichts ein. Während ich angestrengt nachdachte, wurde die Tür aufgestoßen und ein russischer Soldat in einem Pelzmantel erschien. Nachdem er die bekannten

Einleitungsflüche ausgestoßen hatte, machte er seinem Kummer über unser Singen Luft. Sein Deutsch war sehr schlecht, wir verstanden aber, dass ihn die Lieder traurig stimmten, weil er dabei an seine Heimat denken musste. Dann zeigte er auf die Lampe und verlangte, dass wir das Papier entfernten. Der Posten schien zufrieden. Er trat an den kleinen Baum, breitete die Arme aus, lächelte und sagte »Weihnachten«. Stolz auf seine Kenntnis deutscher Wörter schaute er in unsere Gesichter, die Arme immer noch ausgebreitet, und schritt zur Tür. Auf dem Weg wiederholte er noch zweimal das Wort, wobei er es in seine Silben trennte. »Weih-nach-ten.«

Als sich die Tür hinter ihm geschlossen hatte, sprach einer von uns in die Stille hinein: »Weih-nachts-mann.« Das folgende Gelächter löste die Anspannung und ließ den Trübsinn verfliegen. Ein russischer Weih-nachts-mann hatte unser Fest gerettet.

Nach all dem wollte ich ein wenig für mich sein, für ein paar kostbare Minuten, nachdem ich im letzten halben Jahr ununterbrochen die Gesellschaft vorwiegend fremder, mir manchmal unheimlicher Menschen ertragen musste. In den Haftanstalten und in den überfüllten Eisenbahnwaggons hatte es keinen Moment der Privatheit, des Innehaltens gegeben. Ich verließ die Zelle und lief auf dem Gang auf und ab. Am Ende des Flurs war ein großes, vergittertes Fenster. Hinter der Gefängnismauer konnte ich auf der anderen Seite der Straße ein Wohnhaus mit hell erleuchteten Fenstern erkennen. In einem der Fenster sah ich, wie eine polnische Familie unter einem großen Christbaum mit bunten Kugeln saß. Ich dachte an meine Familie zu Hause in Gönnsdorf mit einer Eindringlichkeit, wie ich sie mir seit der Fahrt nach Bautzen nicht mehr gestattet hatte. Wussten sie von meinem Schicksal, wo ich mich befand? Mir schnürte es die Kehle zu und ich fühlte, wie nun doch eine Trübsal mit Macht über mich kroch. Das durfte ich nicht zulassen, keine Schwäche zeigen, beschloss ich. Wieder lief ich den Gang auf und ab und dachte über die vergangenen sieben Monate nach. Was hatte ich erfahren, wie hatten sie mich verändert? Es klang paradox, aber in der Haft, unter all den zusammengepferchten Leidensgenossen, war ich einsam geworden, ein Einzelgänger, misstrauisch und verschlossen. Mit fünfzehn Jahren hatte man mich verhaftet, in einem Alter, in dem ich Halt und Orientierung gebraucht hätte. Eine Mutter, die meine jugendlichen Kapriolen mit einem Lächeln geduldet hätte, und einen Vater, mit dem ich die ersten erwachsenen

Gespräche proben wollte. Im unbegreiflichen Elend des Saales 234 in Tost hatte ich auf einen Menschen gehofft, der mir hätte helfen können, das alles zu verstehen. Es waren doch so viele Männer um mich gewesen, Väter und Großväter, lebenserfahren und belesen. Oberschullehrer, ehemalige Offiziere, Gutsbesitzer, Richter, Fabrikanten, Ingenieure, ein Staatsanwalt. Keiner von ihnen fand ein helfendes Wort für mich. Alle waren sie gefangen in ihrer eigenen Not. Ich hatte starke Männer gesehen, die sich aufgaben und verloschen. Andere, die nur ihren Vorteil sahen, aber nicht den fünfzehnjährigen Jungen, der Hilfe und Antworten auf seine Fragen suchte. Ich hätte gern auf meine Ration Brot oder einen Teller Suppe verzichtet, wenn mir dafür ein väterlicher Freund und Ratgeber zur Seite gestanden hätte. An meinem Geburtstag hatte mir einer der anderen Jungen mein Brot gestohlen. Später, als der gefährliche Abszess mich quälte, hatte mir ein vermeintlich brutaler russischer Offizier ein Stück Brot zugesteckt. Ein deutscher Soldat hatte mir meine Stiefel genommen, ich war verprügelt und gedemütigt worden. Ich hatte gehungert und war dem Tod von der sprichwörtlichen Schippe gesprungen. Wäre ich gestorben, es hätte keinen gekümmert außer vielleicht die Freunde unseres »Kleeblattes«. Der beste Freund meiner Kindheit, Horst Müller, war gestorben. Wir hatten versucht, einen Rest von Würde zu bewahren und ihn anständig zu begraben. Keiner der Erwachsenen hatte Worte gefunden für uns und das, was uns geschah. Ich hatte gelernt, dass es einen Punkt gibt, an dem der Mensch furchtbar allein sein kann, und dass Not und Todesangst im Menschen die niedrigsten Instinkte wecken können und ihn zum Egomanen machen. Darauf hatte mich niemand vorbereitet. Solidarität habe ich in der Hölle von Tost kaum erfahren. Im Leben da draußen waren diese Menschen wahrscheinlich gute Kollegen, verlässliche Nachbarn, liebevolle Familienväter. Ich dachte an den Bäckermeister, der unseren Brotraub vor ein paar Tagen nicht an die Offiziere gemeldet hatte, und an die Schuster in ihrer Werkstatt, die ohne viele Worte ihre Suppe mit uns geteilt hatten. Das waren die ersten mitfühlenden Gesten nach Monaten der Angst und Todesnähe. In Graudenz war der Umgang mit den Gefangenen humaner. Aber in Tost, da war ich mir sicher, hätten sie sich nicht viel anders als jeder dort verhalten.

Diese Erfahrungen hatte ich bisher unbewusst gemacht. Ich hatte noch keine Worte dafür. In den Büchern, die ich verschlungen hatte, waren sie niemals so scharf und so schonungslos beschrieben worden. Hier aber, auf dem halbdunklen Gang des alten Graudenzer Militärgefängnisses, sah ich plötzlich deutlich die Strukturen, die menschlichen und die unmenschlichen. Ich begriff, dass ich allein war, dass ich auf niemandes Hilfe oder Freundschaft hoffen durfte, dass ich einem eigenen Plan folgen musste, um alles, was noch folgen sollte, zu überleben und zu überstehen. Ich sah das Fenster am Ende des Ganges und die Dunkelheit draußen und auf der anderen Seite der Straße das helle, unerreichbare Licht. Ich beschloss, alles dafür zu tun, dass ich überleben und irgendwann wieder zu Hause, im Kreis meiner Familie in einem solchen Licht sitzen würde.

Nach der Hölle von Tost gewöhnten wir uns an die humaneren Umstände in Graudenz. Immer noch starben Menschen an Krankheiten, Entkräftung oder weil sie jede Hoffnung verloren hatten. Innerhalb der Mauern des Gefängnisses konnten wir uns ungewohnt frei bewegen und organisierten uns in bestimmten Dingen selbst. Trotzdem kam es häufig zu Übergriffen der russischen Wachkommandos, besonders wenn sie betrunken waren. Da wir kaum Beschäftigungen hatten, drehten sich viele Gespräche um dieses Thema. Die wichtigste Frage unserer Erörterungen aber war: Wann werden wir entlassen?

Schon beim bloßen Gedanken an eine mögliche Entlassung befiel mich Herzrasen. Gleichzeitig verbot ich mir, darauf zu hoffen. So paradox es klingt: der größte Feind eines Gefangenen ist die Hoffnung. Ich hatte starke Männer an ihrer Hoffnung verzweifeln und zugrunde gehen gesehen. Diese Sehnsucht nach Freiheit kann niemand verstehen und keiner nachempfinden, der nicht selbst einmal hinter Stacheldraht und Mauern auf seine Entlassung gewartet hat.

Dazu kam, dass die Gerüchte täglich zwischen einem möglichen Abtransport nach Sibirien und der Entlassung in die Heimat schon in naher Zukunft schwankten. Unsere Nerven waren auf das Äußerste gespannt. An einem Tag Ende Dezember kam eine Zivilperson von der Kommandantur mit einer Liste und verlas verschiedene Namen in den einzelnen Zellen. Der Mann erklärte in gebrochenem Deutsch, dass die Aufgerufenen sich im Hof einfinden sollten, weil sie entlassen würden. Der Jubel der Glücklichen war unbeschreiblich. Sie fielen sich gegenseitig in die Arme und versuchten, die weniger Glücklichen zu trösten.

»Habt Mut. Wenn sie uns entlassen, seid ihr auch bald an der Reihe.«

In aller Eile schrieben manche, die zurückbleiben sollten, kleine Kassiber an ihre Familien zu Hause und baten die anderen, sie den Angehörigen unbedingt zukommen zu lassen.

»Und sag meiner Frau und meinen Kindern, es geht mir gut. Sie sollen sich keine Sorgen machen.« Solche und ähnliche Sätze hörte man auf allen Gängen.

»Braucht noch jemand eine gute Schlafdecke? Ein Essgeschirr? Bis nach Hause komme ich auch ohne.«

Die Heimkehrer verteilten großzügig ihre Sachen. Hier wechselte eine Konservendose den Besitzer, dort ein Paar Schuhe.

»Ich habe einen Kanten Brot gespart, willst du ihn haben? Gibst ihn mir zu Hause zurück.« Alle lachten über den Witz. Nur wenige der Zurückbleibenden waren neidisch. Es gab Hoffnung, ein Anfang war gemacht. Die Stimmung war fast heiter, alle drängten sich an den Fenstern, als die zwanzig Männer unter der Führung des Zivilisten in die Kommandantur marschierten. Die Männer schwenkten ihre Kopfbedeckungen, alte Hüte, russische Pelzkappen und Wehrmachtsmützen in Richtung der Fenster, wir winkten zurück. Hunderte Augenpaare starrten ihnen nach, bis sich die Tür hinter ihnen schloss und die Männer verschwunden waren.

In der Haftanstalt ging es an diesem Tag zu wie in einem Bienenstock. Die Gerüchte verbreiteten sich in rasender Geschwindigkeit, überschlugen sich. Ein paar wenige Pessimisten, die daran zweifelten, dass nun bald alle entlassen würden, mussten froh sein, von den Optimisten nicht gelyncht zu werden. Alte Feindschaften wurden begraben, Heimatadressen getauscht. Die Menschen waren wie ausgewechselt. Genau Informierte wollten wissen, dass die nächsten Entlassungen unmittelbar bevorstanden. Ein kleiner, dünner Landwirt aus der Nähe von Chemnitz lief von Gruppe zu Gruppe und erzählte jedem, dass in der Bäckerei schon seit Tagen Brot auf Vorrat gebacken würde. Das könne nur für die Marschverpflegung auf dem Heimweg sein. Ein paar der Männer wurden schon wieder eitel und bedauerten, dass man ihnen erst vor ein paar Tagen die Köpfe kahlgeschoren hatte. Zur Feier des Tages wurden mühsam gesparte Brotrationen hervorgeholt und großzügig mit anderen geteilt.

Bis zum späten Nachmittag hatte sich die Stimmung fast bis zur Euphorie gesteigert, als die Nachricht wie eine Bombe einschlug: Die Entlassenen kommen zurück!

Tatsächlich wankte eine Gruppe grauer Gestalten über den Hof in Richtung Zellenbau. Eine lähmende Stille lag plötzlich über dem eben noch vor Hoffnung flirrenden Gelände. Die Gesichter der Gefangenen wirkten erloschen. In den Zellen wurden die Zurückgekehrten bestürmt: Was ist passiert? Im Grunde war nichts passiert. Einem jungen russischen Offizier war es zu langweilig geworden und er hatte mit einem der Dolmetscher diesen Streich ausgeheckt. Vielleicht war auch er im Krieg in deutsche Gefangenschaft geraten und konnte sich in die Gefühle der Häftlinge hineinversetzen, als er sein grausames Spiel mit ihnen spielte. Die Belogenen hatten sich nach stundenlangem Warten im Flur der Kommandantur aufstellen müssen. Der Offizier war mit dem Dolmetscher von Mann zu Mann gegangen und hatte ihnen alle möglichen Fragen gestellt: nach dem Alter, dem Beruf, dem Wohnort. Das hatte er in eine Liste eingetragen und zum Schluss gesagt: »Nun sind sie entlassen!« Und sie zum Gefängnis zurückmarschieren lassen. Für einen der Männer war dieser Streich das Todesurteil. Er konnte die Enttäuschung nicht überwinden und setzte seinem Leben in der folgenden Nacht ein Ende.

Am Silvesterabend geschah etwas, das uns alle tief erschütterte. Ich war bei den Vorfällen nicht zugegen, aber aus den Erzählungen anderer setzte sich bald ein verlässliches Bild der Geschehnisse zusammen. Die sowjetischen Offiziere hatten die Anstalt verlassen, um an den Neujahresfestlichkeiten in der Stadt teilzunehmen. Auf dem Gefängnisgelände blieben nur die Wachmannschaften zurück, die sich Alkohol besorgt hatten und schon am Nachmittag mit einem großen Trinkgelage begannen. Gegen Mitternacht gab es einen Zwischenfall. Draußen vor dem Tor wurde einer der Soldaten von einem eifersüchtigen Polen erschossen. Die Wachen rasten in namenloser, unbändiger Wut. Einer ihrer Freunde war tot! Erschossen von einem Polen! Und wer war schuld? Die verdammten Deutschen, die diesen verdammten Krieg begonnen hatten!

»Los, schlagt sie, schlagt sie alle tot, die Hunde!«

Die betrunkenen Soldaten wankten von Zelle zu Zelle und verprügelten jeden, dessen sie habhaft werden konnten. Niemand schritt ein, alle Vorgesetzten waren außerhalb des Gefängnisses. Die Gänge hallten wider von den dumpfen Schlägen und den Schmerzensschreien, als sich die enthemmten Soldaten durch die Zellen prügelten. Irgendwann erreichten sie den Trakt, in dem die Frauen untergebracht waren. Dort stellte sich die »Gräfin Sternberg« dem tobenden Mob in den Weg und versuchte, die Betrunkenen zu beschwichtigen. Sie hielt ihnen die Gesetzlosigkeit ihres Tuns vor. Es war verboten, die Gefangenen zu schlagen, diese Straftaten würden sicherlich am nächsten Tag von den Kommandeuren hart geahndet werden. Die Soldaten horchten auf und schienen tatsächlich innezuhalten. Einer der Unteroffiziere aber schrie: »Wir hören auf, aber vorher haust du ihr noch eine runter!« Und schon traf ein schwerer Fausthieb die mutige Frau im Gesicht. Die »Gräfin« schwankte und griff im Fallen nach den Schultern des Unteroffiziers. Dabei riss sie ihm die Achselstücke ab. Er geriet in eine rasende, trunkene Wut: »Du hast mir die Schulterstücke abgerissen, du Kanaille. Dafür sollst du krepieren!« und trat mit der ganzen Schwere seiner eisenbeschlagenen Stiefel auf die wehrlose Frau ein. Er war ein kräftiger Mann, Wut und der Alkohol vervielfachten seine Kräfte. Wie von Sinnen trat und schlug er zu. Er brach der Frau den Arm und mehrere Rippen, welche die Lunge durchstießen. Von ihren Schmerzensschreien ernüchtert, ließ er von ihr ab, packte sie aber an den Haaren und schleifte sie in eine der Isolationszellen. Frau Sternberg versuchte, um Hilfe zu rufen, doch die Offiziere waren nicht da und die deutschen Ärzte in einem anderen Trakt untergebracht.

Erst am Morgen des zweiten Neujahrestages kam der russische Kapitänsarzt, dem Frau Sternberg zur Seite gestellt war, zurück ins Gefängnis. Er verlangte nach seiner Dolmetscherin und erst da wurde nach ihr gesucht. Nach über dreißig Stunden wurde die Schwerverletzte aus ihrem Verlies geholt und auf die Krankenstation gebracht. Der Kapitänsarzt war außer sich vor Wut und wollte wissen, wer ihr das angetan hatte.

»Wer hat das gemacht? Wer war es, sag es mir! Ich lasse ihn bestrafen!«

Sie kannte den Namen ihres Peinigers nicht und lehnte es ab, ihn unter zwanzig Soldaten, die man inzwischen wegen der Gewaltorgie verhaftet hatte, zu identifizieren. Sie wollte ihn nicht anzeigen.

Wozu sollte das führen? Zu neuem Hass? Dem »Engel von Ratibor« tat ihr Peiniger inzwischen leid.

Sie wurde operiert. Auf Befehl des Kapitäns mussten ein Arzt und eine Schwester Tag und Nacht an ihrem Bett wachen.

Am dritten Tag stürmte der Sergeant, der sie so zugerichtet hatte, in das Krankenzimmer. Fassungslos starrte er in ihr blutunterlaufenes Gesicht und auf ihre Verbände.

»Habe ich das getan? Ich bin ein Unmensch! Kannst du mir vergeben?« Aus seinen Manteltaschen holte er ein halbes Pfund Butter, das in Zeitungspapier gewickelt war, eine Flasche Milch und ein paar Birnen und legte sie auf den kleinen Tisch neben dem Krankenbett.

»Iss, werde wieder gesund. Und – vergib mir!«

Dann stürmte er hinaus.

Der Unteroffizier wurde noch am selben Tag verhaftet. Mit seinem Besuch auf der Krankenstation hatte er sich selbst verraten. Später erfuhren wir, dass er für seine Tat zu mehreren Jahren Arbeitslager verurteilt worden war.

Dass Frau Sternberg ihn nicht verraten hatte, rechneten ihr die Russen hoch an und vermerkten es sogar in ihrer Gefangenenakte.

Dass sie ihrem Peiniger vergeben hatte, machte sie unter den Soldaten und Offizieren zur Legende. Nur Russen können so vergeben. Sie musste eine russische Seele haben.

In der Bäckerei wurde seit einigen Tagen tatsächlich Brot auf Vorrat gebacken. Allerdings war es nicht als Proviant für die Entlassenen gedacht, auch wenn die unverbesserlichen Optimisten unter den Gefangenen immer noch darauf hofften.

In den ersten Januartagen erhielten wir weitere Kleidungsstücke aus dem Wehrmachtsmagazin. Ich wurde stolzer Besitzer der schon erwähnten, mit Lammfell gefütterten Militärjacke.

Am 8. Januar des Jahres 1946 wurden wir wieder in einen Güterzug verladen und fuhren einem unbekannten Ziel entgegen.

Neubrandenburg, Fünfeichen

Schon Tage vorher gab es Gerüchte, dass ein Arbeitskommando einen am Bahnhof stehenden Zug mit Holz beladen hatte.

Wir mussten am Morgen des 8. Januar im Hof antreten, wo die übliche Zeremonie begann. Aus langen Listen wurden Namen aufgerufen, die Aufgerufenen mussten sich auf der anderen Seite des Hofes in Kolonnen formieren. In Fünferreihen marschierten wir zum Bahnhof. Die Güterwagen standen offen. Wir staunten über die Ausstattung. Der Boden war mit Matratzen bedeckt, auf der linken Seite stand ein gusseiserner Ofen, daneben lagerten Vorräte an Holz und sogar Steinkohle, nicht so viel, dass wir hätten übermütig werden können, aber immerhin. In die Wagen waren Zwischenböden eingezogen, sodass wir genügend Platz hatten. Ich weiß nicht mehr, wie viele Gefangene in unserem Wagen waren, vielleicht sechzig, jedenfalls war es kein Vergleich mit den Transporten nach Tost oder von Tost nach Graudenz. Wieder wurden alle Jugendlichen in einen Waggon gesperrt, dazu kamen fünf Verurteilte. Diese waren in Graudenz wegen geringfügiger Diebstähle von Lebensmitteln und Kleidungsstücken zu fünfzehn bis zwanzig Jahren Zwangsarbeit verurteilt worden und eigentlich für den Transport nach Sibirien bestimmt.

Nach einiger Zeit wurden die Waggons verriegelt und der Zug setzte sich in Bewegung. Aber in welche Richtung? In den hölzernen Wänden unseres Waggons waren einige Risse und kleine Löcher. Manchmal, wenn der Zug langsam durch einen Bahnhof fuhr, konnten wir die Namen der Orte lesen. Irgendwann stand der Zug und einer las den Namen Torun. Ein anderer wusste, dass Torun, die alte Universitätsstadt, die vor Kurzem noch Thorn geheißen hatte, etwa sechzig Kilometer südlich von Graudenz lag und ein wichtiger Eisenbahnknotenpunkt im Norden war. Hier kreuzte auch die Linie, die vom Westen in den Osten und umgekehrt führte. Würde der Zug nach Westen, in Richtung Heimat fahren, wären die nächsten größeren Orte Bromberg und Schneidemühl. Unbeschreiblich die Erleichterung, als einer beim nächsten Halt durch die Ritzen der Planken den Namen Schneidemühl las. Wo immer das Ziel unserer Reise war, es lag nicht in Sibirien.

Der Zug fuhr tagelang. Nachts hielt er meist auf freier Strecke. In der flachen Landschaft inmitten weiter Felder war die Überwachung des Zuges einfach. Jeder Fluchtversuch, jede Annäherung an den Transport musste bemerkt werden. Über den ganzen Zug verteilt saßen schwer bewaffnete Wachen in den Bremserhäuschen. Von dort hatten sie einen guten Überblick zu beiden Seiten der Waggons.

Die Fahrt verlief ereignislos. Ich erinnere kaum etwas aus diesen Tagen. Das eintönige Rattern der Räder auf den Schienen, die

Dunkelheit in den Waggons, das Murmeln der Kameraden, die stundenlangen Stopps in der Stille entvölkerter Landschaften, die Ausgabe der Essensrationen. Es war, als hätte mein Gehirn in diesen Tagen in einen Verweigerungsmodus geschaltet. In allen bisherigen Gefängnissen und Lagern, auf den Fahrten nach Tost und Graudenz musste ich hellwach sein, musste auch die allerletzten Kleinigkeiten erspähen, beobachten, registrieren und in den Kontext aller schlechten Erfahrungen einordnen. Alles, was ich sah und spürte, konnte morgen oder vielleicht schon im nächsten Moment überlebenswichtig sein. Jede Situation konnte über Leben oder Tod entscheiden. Jeder Mensch, der mir entgegentrat, konnte mein Feind sein. In Bruchteilen von Sekunden musste ich ihn einschätzen und wissen, wie ich reagieren sollte. Über Monate waren meine Sinne gespannt wie Bogensehnen. Das alles fiel in der Dunkelheit des Wagens von mir ab. Ich wusste nicht, welchen Ort das Schicksal für mich vorgesehen hatte. Ich ahnte, dass es kein freier Ort sein würde. Ich wusste, dass ich ab dem Augenblick, in dem wir ihn erreichten, wieder wach sein musste. Auf dieser Fahrt aber bewegten sich meine Sinne und mein Denken am Rande der Gleichgültigkeit.

Am 14. Januar kamen wir im sowjetischen Speziallager Nr. 9 Fünfeichen am südlichen Rand von Neubrandenburg an. Ich war gemeinsam mit 1750 Gefangenen im ersten Transport gekommen, später kam ein zweiter Zug aus Graudenz, mit dem vorwiegend Patienten der Krankenstation, darunter auch die Dolmetscherin Frau Sternberg, und die restlichen Vorräte der Strafanstalt transportiert wurden, Mehl, Kartoffeln, Decken, Medikamente und Verbandsmittel. Die Sowjets ließen den Polen nichts zurück, als sie ihnen das Lager übergaben.

Wir aber waren erleichtert, wenn auch immer noch in Gefangenschaft, so doch wieder auf heimatlichem Boden zu sein. Vor den Güterwagen warteten Wachkommandos mit scharfen Hunden. Wir formierten uns zu Kolonnen und wurden eine Böschung hinaufdirigiert. Nach einiger Zeit sahen wir das Lager, umgeben von hohem Stacheldraht, dahinter lange Baracken, zwischen denen hohe Masten mit großen Scheinwerfern standen. Wir liefen durch das Lagertor und bogen nach links ab, auf die breite Lagerstraße zwischen den großen Baracken. Am Ende der Straße befand sich das Quarantänegelände, auf dem wir die kommenden Wochen verbringen sollten. Die Baracken dort waren etwas kleiner und hatten vorher als sogenannte Offiziersbaracken für kriegsgefangene englische Offiziere im Weltkrieg gedient. Sie waren solide gemauert, besaßen einen doppelten Dielenboden und Zwischendecken. Das bedeutete eine bessere Wärmedämmung als in den kalten Zellen in Graudenz. Uns wurde die Baracke 5 zugewiesen. Sie war aufgeteilt in vier große und viele kleinere Räume. In einem der großen Zimmer vorn am Eingang logierte unser Barackenältester Görge, ein Mann aus Neubrandenburg, der seit den ersten Tagen des Speziallagers hier einsaß und von dem es hieß, er sei kein Nazi, sondern »Anhänger einer atypischen kommunistischen Sekte«. In dem Raum kampierte auch sein Laufbursche, was zu weiteren unbestätigten Gerüchten unter den Gefangenen führte. Sie nannten ihn »Frau Görge«.

In den Zimmern standen große eiserne Öfen mit Aufsatz und dreistöckige Bettgestelle. Diese waren aus rohem Holz schnell gezimmert worden und wenig stabil. Das Schlimmste aber war: sie hatten viel zu wenige Auflagebretter, nur fünf schmale Querhölzer pro Bett. Es gab weder Matratzen noch Strohsäcke, sodass wir die ersten Nächte wie Fakire verbrachten, bis es uns nach und nach gelang, weitere Bretter aufzutreiben. Jede Nacht brachen in der Baracke zwei oder drei Betten zusammen, was aber nie zu ernsthaften Verletzungen der Schläfer führte.

Wieder waren die sechzig Jugendlichen aus Graudenz zusammen in zwei Räumen. Fritz Messerschmidt, das Organisationsgenie, hatte für unser Kleeblatt mehrere Betten in der Nähe des Ofens in Beschlag genommen. Das hatte den Vorteil, dass wir es in den eisigen Winternächten einigermaßen warm hatten, aber auch einen beträchtlichen Nachteil. Die Öfen wurden vorwiegend mit Sägespänen beheizt, welche neben dem Ofen aufgehäuft waren. Schon nach wenigen Stunden in der Baracke bemerkten wir auf unserer Haut stark juckende, hellrote Flecke mit einem tiefroten Punkt in der Mitte. Sie sahen anders aus als die uns schon vertrauten Läuse- oder Wanzenbisse. Wir kämpften nun gegen eine Invasion von Flöhen, für welche die Sägespäne eine ideale Heimstätte waren. Die Baracke hatte vor unserer Ankunft längere Zeit leer gestanden, sodass sich die Biester mit einem wahren Heißhunger auf uns stürzten. Es gibt ein altes Sprichwort, wonach man darauf verzichten soll, eine Mücke zu erschlagen, weil dann hundert andere zur Beerdigung kommen. Wir hatten das Gefühl, dass sich für jeden zerquetschten Floh nun dreihundert andere auf uns stürzten.

Noch am ersten Tag rief uns der Barackenälteste zusammen und erklärte, dass wir im sowjetischen Speziallager Nummer 9 für Untersuchungsgefangene angekommen seien, und verlas uns die Lagerordnung. Hier trafen wir auch Hans Kauert wieder, den ich beim Transport nach Graudenz aus den Augen verloren hatte und der sich in gewohnter Weise sofort für neue, dem Ordnungspersonal genehme Aufgaben andiente.

Unser Quarantänebereich befand sich im sogenannten Nordlager des weitläufigen, stark gesicherten Geländes. Görges erklärte uns, dass sich im Süden ein weiteres, nicht ohne entsprechende Papiere zu betretendes, kleineres Lager anschloss, in dem sich vor allem das Lazarett befand.

Wir konnten uns in einem abgezäunten Bereich frei bewegen. Es umschloss die Baracken 5 und 7, in denen die meisten Häftlinge unseres Transportes aus Graudenz untergebracht waren, zwei halb verfallene Baracken und, etwas weiter entfernt, eine ehemalige Offiziersbaracke, in der Angehörige der Wlassow-Armee untergebracht waren, die auf ihren Abtransport nach Sibirien warteten. Mit denen durften wir keinen Kontakt aufnehmen.

Dafür befragten wir ausführlich die Lagerinsassen, welche schon länger hier gefangen waren. Das waren vorwiegend Mecklenburger und Pommern, die sich wie der Fisch im Wasser im Gefüge des Lagers bewegten, das sie zum Teil selbst geschaffen hatten. Sie waren wesentlich besser ernährt als wir und bewegten sich auch freier.

Das Speziallager befand sich am Rand der Stadt Neubrandenburg auf dem Boden des ehemaligen landwirtschaftlichen Gutes Fünfeichen, welches die Wehrmacht noch vor Beginn des Krieges seiner Besitzerin Olga von Maltzahn abgekauft hatte. Zunächst war das Gut weiterbetrieben worden, auf großen Flächen aber ein Truppenübungsplatz angelegt. Kurz vor Beginn des Krieges wurde mit dem Bau einer Kaserne begonnen, die jedoch schnell zu einem Gefängnis für die ersten polnischen Kriegsgefangenen umfunktioniert und wenig später um zwei Kriegsgefangenenlager erweitert wurde, die nun das Nordlager bildeten. Hier waren bis Kriegsende vorwiegend gefangene Soldaten und Offiziere der westlichen Alliierten untergebracht. 1941 wurde auf den Feldern des ehemaligen Gutes im Süden ein weiteres Lager für sowjetische Kriegsgefangene eröffnet.

Ende April waren diese Gefangenen von der Roten Armee befreit worden, die kurz danach begann, das gesamte Gelände zum Speziallager Nr. 9 auszubauen. Im Jahr 1946, mit der Ankunft der Transporte aus Graudenz, waren nach Schätzungen der älteren Häftlinge ungefähr 10 000 Menschen in den beiden Lagern interniert.

Die ersten beiden Monate des Jahres 1946 waren klirrend kalt. Mit den Sägespänen bekamen wir die Baracken nicht wirklich warm, auch fehlte es an Decken und Mänteln, zumal die Versorgung mit Sägespänen immer wieder stockte. Wir begannen, heimlich Bretter und Balken aus der doppelten Dielung unserer Baracke zu reißen und zu verheizen. Wirklich warm aber wurde es auch damit nicht. In den Nächten froren wir erbärmlich.

Zweimal in der Woche mussten wir zur Entlausung. Der Plan des Lagers sah vor, dass die Insassen unserer Baracke immer spätabends antreten und zur Bade- und Entlausungsanstalt marschieren mussten, die sich außerhalb des Quarantänegeländes zwischen Nord- und Südlager in der Nähe des Haupttores befand. In einem großen Raum entledigten wir uns sämtlicher Kleider, die zur Entlausung in die Hitzekammer kamen, während wir uns im Bad waschen konnten. Schon beim Betreten des Entlausungsgebäudes warfen manche von uns begehrliche Blicke auf die großen Stöße mit Eichen- und Buchenholzscheiten, die zum Beheizen der Hitzekammern und des Bades aufgestapelt waren. An einem der besonders kalten Abende drängte unsere kleine Kolonne sich beim Verlassen des Gebäudes plötzlich in der Nähe dieser Stapel. Viele Hände griffen nach einzelnen Scheiten und bargen sie unter den lose hängenden Jacken und Mänteln. Auf dem Weg zurück in unsere Baracke mussten wir zwei Kontrollpunkte der Lagerpolizei passieren. Am ersten winkten uns die Polizisten problemlos vorbei, aber in der Nähe des zweiten fiel eines der Holzscheite plötzlich polternd auf den gefrorenen Boden. Ein Wachmann wurde hellhörig. Wir sechzig Jungen liefen schneller. Ein zweites Holz fiel zu

Boden. Die Gruppe begann nun zu rennen. Trotz der schneidenden Kälte trugen die meisten von uns Holzpantinen, die auf der Lagerstraße immer lauter klapperten, sodass man das Klackern der Schuhe bald nicht mehr vom Geräusch der fallenden Scheite unterscheiden konnte, welche die Jungen Stück für Stück verloren oder auch in Panik wegwarfen. Immerhin handelte es sich bei dem, was wir getan hatten, um Diebstahl, und zwar, wie wir aus anderen Zusammenhängen wussten, um den Diebstahl sowjetischen Eigentums. Das konnte im besten Fall mit strenger Karzerhaft, in schlimmeren Fällen aber auch mit einigen Jahren in sibirischen Arbeitslagern bestraft werden.

Wir erreichten die Baracke. Den größten Teil des Holzes, den wir bis hierher hatten retten können, warfen wir in ein Loch im Fußboden. Einige Scheite aber blieben auf den Dielen liegen. Nach fünf Minuten kam die Lagerpolizei. Die Männer, ebenfalls Häftlinge und vor ihrer Verhaftung oft auch bei der deutschen Polizei beschäftigt, erkannten den Diebstahl sofort, ließen aber Gnade vor Lagerrecht ergehen. Wir mussten das gestohlene Holz zurücktragen, sonst geschah uns nichts.

Im Gegensatz zu unseren Erfahrungen in Bautzen, Tost und Graudenz genossen die jungen Gefangenen hier im Lager Fünfeichen eine gewisse Großzügigkeit bei der Lagerleitung, bei der Häftlingspolizei, bei unserem Barackenältesten und auch beim Küchenpersonal.

Trotzdem waren wir immer hungrig. Nach einiger Zeit traf das schon erwähnte Nachkommando aus Graudenz ein. Abends wurden mehrere Pferdewagen, beladen mit Mehlsäcken, gezogen von älteren Häftlingen und bewacht von der Lagerpolizei, auf das Gelände des Quarantänebereichs gebracht und am hinteren Teil der sogenannten Ausländerbaracke entladen. Wir umkreisten diese Wagen wie Bären einen Honigtopf. Es war Februar und bereits früh dunkel. Einige der Jungen lenkten auf der einen Seite der Wagen die Posten ab, während andere auf der unbeobachteten Seite ein paar Mehlsäcke aufschlitzten und sich ihre Mützen mit der weißen Kostbarkeit füllten. Das wiederholte sich mehrmals, bis wir zum Schluss sogar einen halbgefüllten Mehlsack erbeuteten. In der Baracke begann ein hektisches, aber auch nahezu fröhliches Treiben. Mit Wasser wurde das Mehl zu einem dicken Brei angerührt, aus dem wir runde Fladen formten und diese an den Aufsatz des eisernen Ofens klebten. Wenn sie abfielen, waren sie durchgebacken und wurden mit Heißhunger sofort verzehrt. Die Stube füllte sich mit beißendem Qualm, trotzdem war die Stimmung ausgelassen. Sogar die Oberschlesier waren an diesem Abend friedlich.

Im Frühling erweiterte sich unser Bewegungsraum. Inzwischen hatten wir viele der Insassen unseres Lagerbereichs kennengelernt. Die Beziehungen zwischen den Menschen wurden enger und organisierter. Obwohl wir immer noch hungerten, war die Verpflegung besser. Sie bestand aus deutlich gehaltvolleren Suppen als in den uns bisher bekannten Lagern und täglich sechshundert Gramm Brot. Wenn die Küchenleute den Häftlingen etwas Gutes tun wollten, mischten sie ein wenig Sonnenblumenöl in die Suppen. Die Ölschicht war zwar mikroskopisch dünn, die Suppe sah mit den Fettaugen aber appetitlicher aus. In dieser Zeit mussten die Häftlinge nicht am Hunger sterben.

Dazu entspann sich zwischen den Häftlingen ein reger Tauschhandel. Anfangs wurden wir Neuankömmlinge von den älteren Lagerinsassen, meist Mecklenburgern und Pommern, noch kräftig übers Ohr gehauen. Wir tauschten Brot gegen Konservendosen, Blechlöffel, aus Draht gefertigte Nadeln und Zwirn. Brot war die feste Lagerwährung. Konservendosen kosteten eine Scheibe Brot. Das waren sie nicht wert, wie wir bald feststellten, weil es sie im Überfluss gab. Eine selbstgefertigte Nadel aus Kupferdraht kostete je nach Qualität und Größe eine halbe bis eine Scheibe Brot. Eine aus russischem Machorka-Tabak gedrehte Zigarette kostete ebenfalls eine Scheibe. Für einen Bleistift war genauso viel von einem Brotlaib zu zahlen, wie der Stift lang war. Ein Anzug kostete durchschnittlich zwei Brote. Als Zwirn wurden die Fäden aufgetrennter Zuckersäcke gehandelt. Wir brachten unsere Kleidung in Ordnung, so gut es ging. Auf die vielen Löcher wurden Flicken gesetzt, manche Jacken, deren Außenstoff nicht mehr zu reparieren war, wurden gewendet und umgenäht. Strümpfe und Socken hatten die meisten nicht mehr. Einige geschäftstüchtige Männer besorgten sich die Lumpen unbrauchbarer Kleidung und fertigten daraus Fußlappen und Füßlinge aus Stoff.

Nachdem es in den vergangenen Monaten für uns nur um das blanke Überleben gegangen war, konnten wir uns jetzt wieder einigen Dingen widmen, welche uns das Leben in diesem Lager auf unbestimmte Zeit erleichtern sollten. Es war im Lager verboten, die Häftlinge zu misshandeln, und es gab eine bessere medizinische Versorgung. Den Russen oblagen die Leitung des Lagers, die Bestrafung von Vergehen und die Bewachung der Internierten, aber die innere Organisation der Vorgänge lag in den Händen weniger deutscher Beamter und vor allem der Häftlinge. Die Beamten hatten der Lagerleitung regelmäßig Bericht zu erstatten, ließen jedoch den Barackenältesten und den Gruppenleitern in der Küche oder in den Werkstätten recht freie Hand.

Sobald die Verpflegung und die Behandlung der Häftlinge sich gebessert hatten, erinnerten sich diese an andere Interessen, die zu einer menschlichen Existenz gehören.

Wir Jüngeren, das heißt Fritz Messerschmidt, Wolfgang Leipert, ich sowie zwei Sudetendeutsche, bildeten eine Lerngemeinschaft und machten uns systematisch auf die Suche nach Männern, von deren Kenntnissen und Fähigkeiten wir profitieren konnten. Unsere erste Bekanntschaft war ein Mann namens Megiska, der vor seiner Verhaftung Bürgermeister in einer sudetendeutschen Kleinstadt gewesen war. Wir Jungen und auch viele andere Häftlinge hatten diesem außergewöhnlichen Mann mit seiner randlosen Brille viel zu verdanken. Nie versank er in Fatalismus oder Zorn, nie schien er an den Bedingungen im Lager zu verzweifeln. Er schien sich auch nie zu langweilen. Er besaß einen anscheinend unerschöpflichen Fundus an spannenden Geschichten, die er in seinen Gedanken immer und immer wieder neu kombinierte. Als die Tage wärmer wurden, zogen wir aus der Baracke an den Feuerlöschteich und lauschten dort seinen Erzählungen. Wir nannten diesen Platz »Lido« wegen dieser Geschichten. Herr Megiska war weit gereist und verfügte über ein ungeheures kunsthistorisches Wissen. Er hielt uns Vorträge über seine Italienreisen, über die Kultur des Mittelalters, die Kunst der Renaissance. Vor den Stufen des Teiches ließ er Italien vor unseren Augen entstehen. Das Wasser wurde zum Mittelmeer, die ehemaligen Waschhäuser zu den Palästen der venezianischen Dogen und die am fünffach gespannten Stacheldrahtzaun entlang patrouillierenden russischen Posten verwandelte er mit seinen Worten in die Wachen vor den Gärten der Borghese. Wir hörten zum ersten Mal von den Bleidächern des Dogenpalastes in Venedig und diskutierten darüber, ob es tatsächlich ein Naturgesetz sein musste, dass Menschen immer wieder Menschen quälten. Megiska liebte Italien und war wohl über zwanzig Mal dort gewesen. Mit seinen Geschichten verstand er es, uns wirklich jedes Mal zu fesseln und zu begeistern. Es gelang ihm auch, mit seiner ausgeglichenen und anspruchslosen Art die Lagerzeit zu überstehen. Im Sommer 1948 wurde er in die Freiheit entlassen.

Unser zweites »Opfer« war Dr. Gerdes, ehemaliger Dozent einer sächsischen Fachhochschule und gewissermaßen das Gegenstück zu Herrn Megiska. War Letzterer uns ein fast väterlicher Freund, fand ich in Dr. Gerdes einen strengen Lehrer. Er unterrichtete mich auf dem Platz vor den Baracken in Mathematik und Geometrie. Dafür bezahlte ich ihm ein Honorar in Brotscheiben. Er erklärte mir die Winkelfunktionen und die Grundlagen der Differentialrechnung. Gezeichnet und gerechnet wurde mit kleinen Holzstöcken, und so hockten wir auf den Absätzen unserer zerschlissenen Schuhe und malten Dreiecke, Kreise und Tangenten in den Sand des Platzes. Die Oberschlesier mochten Dr. Gerdes nicht und beobachteten unser Tun mit scheelen Blicken, während der Lehrer mir wie Archimedes erschien.

Ein anderer Häftling, dem wir uns meist abends anschlossen, war Herr Sugau, ein Riese, über zwei Meter groß. Selbst im Sitzen überragte er uns alle um mehr als Haupteslänge. Er war ein Plantagenbesitzer aus Guatemala. Allein das garantierte ihm unsere Aufmerksamkeit in unserem unlöschbaren Durst nach Geschichten. Wir nannten ihn den »Kapitän«, weil er ungeheuer plastisch von seinen Seereisen berichten konnte. Bevor er beschlossen hatte, sesshaft zu werden, hatte er als Technischer Offizier auf großen Frachtschiffen die Weltmeere bereist. Er hatte sich in das Land Guatemala verliebt und dort ein oder zwei große Kaffeeplantagen gekauft und bewirtschaftet. Die Gewinne aus dem Kaffeehandel müssen enorm gewesen sein, sodass er übermütig wurde und ein Gut in Ostpreußen kaufte, das sein Schicksal werden sollte. Dort überrollte ihn der Krieg und dort war er auch von den Russen verhaftet worden.

Also saßen wir auf den ausgetretenen Stufen einer der alten Baracken und hörten dem Weltenbummler zu. Im zerfließenden Rot des abendlichen Himmels zeichnete sich die Silhouette des

Wachturms mit dem russischen Posten ab, dessen Phantasie jetzt auch in die Ferne schweifen mochte. Von der anderen Seite des Stacheldrahtes wehte der Wind den atemberaubenden Duft des blühenden Weißdorns herüber. Wir lauschten mit wehen Herzen den Erzählungen des Riesen. Vor unserem inneren Auge sahen wir die hohen Berge, an deren Hängen der Kaffee wuchs. Guatemala heißt »Land der Bäume« in der Sprache seiner Ureinwohner, erklärte uns Sugau. Wir sahen die Palmen an den Stränden, die undurchdringlichen Wände des tropischen Urwaldes, Affen, Tapire, Ozelots, Jaguare, Nabelschweine und die verfallenen Ruinen magischer Maya-Tempel, in denen vor Urzeiten unvorstellbar grausame Rituale zelebriert worden waren. Das lenkte uns ab von der Erinnerung an die Grausamkeiten jüngerer Zeit.

Manchmal übte eine Kompanie der Wachsoldaten am Abend auf der Lagerstraße das Marschieren. Ein Vorsänger sang im Rhythmus der Schritte die Strophen eines Liedes, beim Refrain fiel der ganze Trupp ein. Diese Art zu singen hatte etwas Fremdes an sich und gleichzeitig konnten wir uns dem schwermütigen Reiz der unbekannten Melodien nicht entziehen. Auf eine besondere Weise stimmten uns diese Lieder traurig, weckten die Sehnsucht nach Freiheit, indem sie sich mit den Frühlingsdüften mischten. Wir waren nun schon fast ein Jahr in Gefangenschaft, ohne Kontakt zu unseren Familien, ohne die Möglichkeit, ihnen eine Nachricht zu senden. Ohne dass zumindest wir Jungen wussten, was genau uns Fürchterliches vorgeworfen wurde, das die bisher erlebten Grausamkeiten erklären, gar rechtfertigen konnte. Ohne die Möglichkeit zu Verteidigung und Aufklärung.

Bisher hatten wir alles zum ersten Mal erlebt. Den ersten Sommer in Gefangenschaft, den schnellen Wechsel unserer Gefängnisse, die Brutalitäten, das Sterben, den Hunger, den ersten Geburtstag, den ersten Herbst, den ersten Winter, das erste Weihnachten hinter Mauern und Stacheldraht. Nun aber schien es, dass unser Aufenthalt in diesem Lager bei Neubrandenburg auf längere Zeit angelegt sein sollte, dass wir den zweiten Sommer in Gefangenschaft erleben würden. Und keiner wusste, wie viele noch folgen.

Vielleicht klingen die Beschreibungen dieser ersten Monate in Fünfeichen zu versöhnlich, fast romantisch. Das waren sie aber nur im Vergleich zu den Erlebnissen in Bautzen und vor allem in Tost, die eigentlich jeden Vergleich verbieten. Auch hier im Lager Nr. 9 wurde gehungert, froren die Menschen, starben sie an Auszehrung, Verzweiflung, an Krankheiten und weil sie sich aufgegeben hatten. Und trotzdem funktionierte dieses Lager anders, schienen die Verantwortlichen den Versuch einer Vermenschlichung, einer Resozialisierung zu wagen.

Seit die Quarantäne aufgehoben war, konnten wir uns im gesamten Nordlager frei bewegen. Nur für die Verwaltung, die Küche und die Werkstätten brauchte man eine Sondergenehmigung.

Ein Nachteil dieser relativen Freiheit war, dass wir öfter zu Arbeitseinsätzen herangezogen wurden. Einerseits war das eine gewisse Abwechslung in der Eintönigkeit des Lagerlebens, andererseits war es sehr schwere körperliche Arbeit, die unsere ausgezehrten Körper an den Rand der möglichen Belastung brachte. Immer seltener boten sich die Möglichkeiten zu den Vorträgen unseres Italienkenners oder zum Mathematikunterricht. Bei einem dieser Arbeitseinsätze lernte ich einen bemerkenswerten Mann namens Hampel kennen. Wir mussten schwere, mit Sand beladene Wagen durch das Lager ziehen. Mit dem Sand wurden die Wege und Plätze aufgefüllt und neue Gebäude errichtet. Der Wagen, den wir zogen, war ein alter Pferdewagen. An der Deichsel und an den Radnaben waren an Haken starke Drahtseile befestigt, deren Enden wiederum mit Querhölzern verdrillt waren. An jedem dieser Hölzer zogen zwei Häftlinge. Hampel, mein Nachbar, erzählte mir von seiner Farm in Afrika. Er hatte Landwirt gelernt und war als junger Mann ohne Aussicht auf einen eigenen Hof in Deutschland nach Namibia ausgewandert, das viele damals noch Deutsch-Südwestafrika nannten. Für die Überfahrt hatte er seinen einzigen Besitz, ein Motorrad, verkauft. Die erste Zeit in der neuen Heimat war sehr schwer, es dauerte lange, bis ihm eine Anstellung als Maschinist in einer der großen Kupfer- oder Bleiminen angeboten wurde. Später fand er Arbeit auf einer Farm in der Nähe des berühmten Waterbergs. Über Jahre sparte er sein Geld und kaufte seine ersten Schafe. Dann erwarb er Land, ließ einen Brunnen bauen, erweiterte seinen Besitz und arbeitete so hart, dass keine Zeit für eine Familie blieb. Zu Beginn des Zweiten Weltkrieges besaß er eine Herde von über 70 000 Karakulschafen, die in Namibia »Swakara« genannt werden. Kurz nach dem Ausbruch des Krieges wurde er interniert und seine Farm unter britische Verwaltung gestellt. 1943 hatte man ihn gegen englische Gefangene ausgetauscht und zurück nach Deutschland geschickt, wo er sich mit Gelegenheitsarbeiten über Wasser hielt und nach Kriegsende von den Russen verhaftet worden war. Der Grund seiner Verhaftung sei ihm nicht bekannt.

Das erzählte er mir, während wir die schweren, mit Sand beladenen Wagen durch das Lager zogen. Mir imponierte sein Pionier- und Abenteurertum ungemein, genau wie die Erzählungen von Sugau. Auch wenn die beiden jetzt gemeinsam mit mir in einem russischen Internierungslager mitten in Deutschland saßen, hatten sie wenigstens versucht, ihr Glück in einer unbekannten Ferne zu finden. Vielleicht war das, was mich nach meiner Entlassung da draußen erwartete, auch ein unbekanntes Land. In den Nächten träumte ich mich fort in unbestimmte, ferne Gegenden. Nicht als Phantast. Ich hatte immer einen Plan und genügend Ideen, ihn umzusetzen. Die Gedanken waren frei.

Einer dieser Arbeitseinsätze führte uns auf das Gelände der Werkstätten. Das war eine seltene Gelegenheit. Eigentlich musste man einen bestimmten Pass haben, um in die Nähe der Werkstätten zu gelangen. Die waren im Frühjahr 1946 noch sehr klein. Ich entfernte mich von meinem Kommando und klopfte an die Bürotür der Motorradwerkstatt. Mein Herz schlug wie wild. Der Leiter hieß Ücker. Ich hatte ihn schon mehrmals gesehen, wenn er auf einem Motorrad die Lagerstraße entlangfuhr. In dieser Zeit war die Werkstätte eine reine Motorradwerkstatt. Die russischen Offiziere besaßen fast alle Motorräder, meist ältere Modelle aus der Kriegsbeute, an denen ständig etwas repariert werden musste. Ücker war auch ein Gefangener, aber er war zum Leiter der Werkstatt ernannt worden und fuhr die reparierten Maschinen zur Probe über die Lagerstraße, hoch und runter. Wir Jungen beobachteten ihn mit großen Augen. Einige von uns waren bei der Motorrad-HJ gewesen und kannten sich aus. Die konnten eine 240er DKW von einer 250er NSU unterscheiden, während ich kaum etwas von Motorrädern wusste. Was Technik überhaupt betraf, hielt ich mich für ziemlich unbegabt. Ich saß dabei, hörte zu und dachte mir: »Mensch, in die Werkstatt müsste man kommen. Dort zu arbeiten, das wäre was.« Und während die anderen redeten, versuchte ich an diesem Tag, die sprichwörtlichen Nägel mit Köpfen zu machen.

Im Büro stand ein älterer Mann im verwaschenen Arbeitskittel. Er hieß Mehlig und war der stellvertretende Leiter der Werkstätte. Nicht unfreundlich, aber leicht verwundert fragte er, was ich hier wolle.

»Ich möchte bloß mal nachfragen. Ich habe einiges gelernt und wollte fragen, ob ich nicht meine Lehre hier weitermachen kann?«

»Ja, was hast du denn gelernt?«

»Motorradschlosser.«

Mehlig grinste: »Soso, Motorradschlosser. Wo gibt es denn sowas? Motorradschlosser hat er gesagt.«

Ich antwortete mit fester Stimme: »In Sachsen gibt es sowas.«

Ücker kam herein.

»Motorradschlosser ...? Autoschlosser gibt es und die machen auch Motorräder, aber es gibt keine Motorradschlosser. Aber wenn du das sagst!«

Ücker, ein gelassener Mecklenburger, grinste: »Wenn du sagst, dass du das gelernt hast, werde ich dafür sorgen, dass du uns das beweisen kannst. Dann gibt es morgen eine Erkennungsmarke für dich und du fängst hier an.«

Das war das erste Einstellungsgespräch meines Lebens.

Meine bisherige Lehrzeit gab ich mit einem Jahr an, das war einigermaßen logisch bei meinem Alter von sechzehn Jahren. Ich zitterte innerlich. Solange die beiden mir keine Fachfragen zur Wirkungsweise von Motoren stellten, war alles in Ordnung. Als Oberschüler war ich mit Motoren bisher herzlich wenig in Berührung gekommen. Mehlig schrieb etwas auf einen kleinen Zettel und schaute zwischendurch sinnend aus dem Fenster.

»So, diesen Zettel gibst du deinem Barackenältesten, und hier, diese Marke musst du beim Passieren der Tore sichtbar tragen.«

Er überreichte mir eine streichholzschachtelgroße Blechmarke mit einem eingravierten A. Aus der Werkstatt klangen Hammerschläge. Für mich war das Musik.

Am nächsten Morgen trug ich meine Marke stolz durch die Kontrollen. Für eine gesparte Brotration hatte ich eine alte Arbeitskombination erstanden. So begann meine technische Laufbahn. In der Werkstatt wurde ich einem der Mechaniker zugeteilt. Er hieß Walter Grafe, kam aus Chemnitz, hatte ebenfalls die Lager in Tost und Graudenz überlebt und merkte schnell, dass ich einen

Schraubenzieher nicht von einem Schraubenschlüssel und einen Steckschlüssel nicht von einem Ringschlüssel unterscheiden konnte. Er grinste. Die Mechaniker bauten die Motoren auseinander und meine Aufgabe in den ersten Tagen war es, die Einzelteile mit Rohöl zu waschen und sauber zu polieren. Später durfte ich den Rost von alten Felgen kratzen und Schrauben sortieren.

Eines Tages, ich war noch nicht lange in der Werkstatt, kam ein russischer Offizier, um sein Motorrad abzuholen. Er war in Eile und das Motorrad noch nicht fertig. Hektik kam auf, jede Hand wurde gebraucht. Walter Grafe schwitzte Blut, das sah man ihm an. Ich sollte ein Schutzblech anbringen, der Offizier stand hinter mir, »dawai, dawai …«, und ich überzog eine Schraube, sodass sie abbrach. Grafe, in seiner Angst und Hilflosigkeit, gab mir eine schallende Ohrfeige. Das sei ihm selten in seinem Leben passiert, entschuldigte er sich später. Außerdem sollte es zwei Schachteln Zigaretten für die pünktliche Fertigstellung der Maschine geben. Der Offizier sagte nichts, er nahm eine Bohrmaschine, bohrte ein neues Loch in das Blech und steckte eine Schraube durch. Für ihn war die Sache nicht so problematisch.

Für mich aber war das zu viel. Ich war trotz aller Lagererfahrung immer noch furchtbar empfindlich, ehrgeizig und stolz. Mit hochrotem Kopf lief ich ins Büro des Werkstattleiters. Ücker sah fragend auf.

»Ich muss hier kündigen. Ich muss gehen.«

Der Mann fragte erstaunt nach dem Warum.

Ich erklärte ihm, was vorgefallen war: »Und außerdem habe ich gelogen. Ich bin gar kein Lehrling.«

»Ja«, schmunzelte Ücker, »glaubst du wirklich, das habe ich nicht bemerkt? Wo gibt es denn einen Motorradschlosser? Aber dein Mut, hier reinzukommen und das zu behaupten, hat mir imponiert.«

Ich zuckte mit den Schultern.

»Hör mal her«, sprach Ücker weiter, »die Motorradwerkstatt ist wirklich nichts für dich. Da stehen die Leute, die Russen, ständig daneben. Unsere Mechaniker sind nervös. Die Dinger sollen fertig sein, wenn sie noch gar nicht fertig sein können. Du bist hier nur im Weg und du lernst nichts. Wenn du wirklich in die Metallbranche möchtest, dann musst du das von Grund auf lernen. Warum gehst du nicht in die Anhängerwerkstatt? Da ist der Schümann.

Der Schümann war der Leiter vom Reichsbahnausbesserungswerk in Wittenberge. Der hat eine Lehrwerkstatt gehabt, der weiß genau, wie man lernen muss. Warum gehst du da nicht hin?«

Und er schickte mich zu Schümann. Dem erzählte ich von meiner Situation und von meinen Wünschen, diesmal ohne zu lügen. Am nächsten Tag schon fing ich in der Anhängerwerkstatt an.

Ich begann mit den Grundlagen. Schümann drückte mir ein Stück Eisen in die Hand und eine Feile: »Als Erstes feilst du einen Würfel, mit geraden Kanten und exakten Winkeln.« In den folgenden Wochen lernte ich das Handwerk tatsächlich von Grund auf. Ich feilte die jedem Lehrling in der metallverarbeitenden Industrie vertrauten Würfel, U-Eisen und Winkel. In der Schmiede lernte ich, Meißel und Dorne zu schmieden und zu härten und vieles mehr.

Das Problem war, dass ich diese Arbeiten meist nachts lernen musste. Am Tag wurden in der Werkstatt Anhänger gewartet und repariert und die Soldaten brachten täglich auch noch Lastwagen zur Wartung. Mit einer Sondergenehmigung durfte ich auch nachts durch das Lager gehen.

Später kamen Aufträge aus der Motorradwerkstatt. Die Motoren litten unter der schlechten Qualität des Benzins und es wurden Kolben für die Motoren gebraucht. Wir hatten eine Feldschmiede, für die wurde das Unterteil einer Sauerstoffflasche abgesägt und als Schmelztiegel verwendet. In der Nähe des Lagers war eine ehemalige Luftwaffenversuchsstation, von dort wurden immer wieder Flugzeugpropeller gebracht, die wir einschmolzen. Im Sand wurden Modelle für die Kolben gemacht und diese dann gegossen und gedreht. Am Anfang war das eine fast primitive Arbeit, aber die Gießerei wuchs schnell und ähnelte bald einer Fabrik. Überhaupt wuchsen die Werkstätten innerhalb eines Jahres zu einem riesigen Komplex heran. Immer wieder kamen neue Gewerke hinzu. Ich schätzte, dass anfangs etwa achtzig Leute dort arbeiteten. Als das Lager 1948 geschlossen wurde, waren es über 4000.

Verantwortlich für diese enorme Ausweitung der Produktion war Oberstleutnant Wladimir Schmeis, der Leiter des Lagers Fünfeichen. Zum ersten Mal begegnete ich ihm in der Motorradwerkstatt. Er kam mit seinem Dolmetscher fast täglich vorbei und unterhielt sich lange mit den Werkstattleitern und Ingenieuren. Ich hatte das Gefühl, dass er ihnen aufmerksam zuhörte und aus den

Gesprächen seine Entscheidungen für die Erweiterung der Werkstätten formte.

Im Lager herrschte deshalb eine riesige Begeisterung. Immer mehr Männer fanden Arbeit und damit eine gewisse Ablenkung von der Eintönigkeit des Gefangenendaseins. In den Werkstätten hieß es, dass Schmeis Jude und gelernter Kupferschmied war. Mit den Ingenieuren und den Werkstattleitern verkehrte er auf Augenhöhe, nur mit ihnen. Ich habe nie gesehen, dass er sich mit den einfachen Mechanikern oder Handwerkern unterhalten hätte.

Zu den Aufgaben in der Anhängerwerkstatt gehörte es, dass wir die Räder der Anhänger erneuerten. Ein Problem war, dass es nicht in jedem Fall Räder gab, die genau zum Anhängertyp passten. Wir mussten sie also umbauen und passend machen. Normalerweise hatte ein Wagenrad, auch ein Autorad, fünf Löcher für die Gewindebolzen. Die Anordnung dieser Löcher passte aber nicht immer genau zu den vorhandenen Radlagern, sodass wir passend gebohrte Zwischenplatten einschweißen mussten. Und Schümann stand fluchend mit dem Reißzirkel da und probierte bei jeder Platte, ob die Löcher passen. Etwas vorlaut meinte ich einmal, dass man das eigentlich auch mathematisch berechnen könne.

»So?«, brummte Schümann, »Dann mach das doch mal.«

»Ja«, antwortete ich, »morgen kann ich das bestimmt.« Zurück in meiner Baracke, ging ich zu Dr. Gerdes und fragte ihn, ob das Problem mathematisch zu lösen sei.

»Das ist kein Problem«, antwortete mir der Stellvertreter des Archimedes in unserem Lager, »das ist eine Tangensberechnung. Du weißt den Winkel und den Kreis und dann kannst du genau sagen, wie groß der Abstand auf dem Zirkel sein muss.«

Am nächsten Tag kam ich in die Werkstatt und sagte zu Schümann: »Das ist ganz einfach, das macht man mit dem Tangens«, und zeigte ihm, was mir Dr. Gerdes beigebracht hatte. Ich nahm den Zirkel und kam genau wieder am Ausgangspunkt an. Damit hatte ich Schümanns Anerkennung gewonnen und durfte ab und zu auch an anderen Sachen arbeiten. Wir bauten gemeinsam mit den Mechanikern einen Prüfstand für Motoren. Nun konnten wir die Motoren aus den Fahrzeugen ausbauen und ihre Funktionen im Prüfstand kontrollieren.

Dann aber kamen mir zum zweiten Mal meine Dickköpfigkeit, mein Ehrgeiz und mein verletzter Stolz in die Quere. Es war eine Kurzschlusshandlung. Zu den genannten Gefühlen gesellten sich die Wut und all die unbewältigten Eindrücke seit meiner Gefangennahme. Die Unbeherrschtheit hätte mich das Leben kosten können. Aus dieser Sache zog ich in den folgenden Wochen schmerzhafte Lehren und unterdrückte diese Gefühle für alle Zeit, so gut es ging.

Dazu muss man wissen, dass das Lager in seinen inneren Strukturen von Landsmannschaften und ungeschriebenen Regeln beherrscht wurde. Waren bestimmte Landsmannschaften in den Baracken oder in den Werkstätten überproportional vertreten, übernahmen sie die Handlungshoheit. Auch die älteren Häftlinge, die von Anfang an inhaftiert waren, hatten sich bestimmte Positionen und Privilegien erobert, die sie eisern festhielten. Es gab eine Rangordnung und die war Gesetz. In Fünfeichen herrschten die Mecklenburger. Ob in der Lagerverwaltung, der Küche oder in der Lagerpolizei – die meisten waren Mecklenburger. So auch in den Werkstätten. In der Regel kam ich gut mit ihnen aus, wenn ich auch mitunter Mühe hatte, ihr Platt zu verstehen, wenn sie schnell sprachen. Ihnen war meist etwas Bäuerisches eigen, sie waren stur, manchmal fast ignorant, hatten aber die Fähigkeit, sich gegen Widerstände durchzusetzen und zu überleben.

Es kam der Herbst und nachts war es schon wieder verdammt kalt, während wir fast rund um die Uhr an den Anhängern arbeiteten. Mussten wir draußen arbeiten, wurden die Finger in der Kälte steif und schmerzten.

Eines Abends fuhr Oberstleutnant Schmeis vor. Er kam von der Jagd. Schmeis war ein passionierter Jäger. Er ging jede Woche mehrmals auf die Jagd. In der Werkstatt mussten wir ihm einen Kübelwagen der Wehrmacht für seine Querfeldeinjagden umbauen und obendrauf mit großen Scheinwerfern für die Nachtjagden ausrüsten. Das war zwar verboten und nicht mit dem waidmännischen Ehrenkodex zu vereinbaren, aber wer sollte es wagen, die Sieger des Krieges zu kritisieren. Meist kam der Oberstleutnant mit einem Wagen voller Wild wieder. So auch an diesem späten, eiskalten Herbstabend. Er lud in jeder der Abteilungen »seiner« Werkstätten etwas von der Jagdbeute ab, mal ein paar Hasen, mal ein halbes Reh. Ungewohnte Hektik kam auf in den Werkstätten. Die

Öfen und die Feldschmieden wurden angeheizt, überall hörte man aufgeregte Stimmen. Das seltene Fleisch wurde gekocht und gebraten und unter den Ingenieuren, Handwerkern und Mechanikern aufgeteilt. Keinem aus meiner Werkstatt fiel es ein, mir ein Stück abzugeben. Ich war der Lehrling, und der Lehrling wurde ignoriert. Während die Älteren drinnen um die Feldschmiede saßen und heiße Bouillon tranken und Fleisch aßen, hockte ich draußen und schmierte die Anhänger. Vor Kälte und Empörung liefen mir die Tränen. Brennende Wut bildete einen Kloß in meinem Hals. Ich fand das alles hundsgemein, ging irgendwann auf Schümann zu und sagte zu ihm: »Es reicht, jetzt ist Schluss!«

Erstaunt blickte er mich an: »Was ist los?«

Ich aber beschloss in meiner grenzenlosen Wut, auf eine Erklärung zu verzichten: »Es reicht. Ich gehe.«

Er meinte, dass es sehr schade sei, ich hätte doch in der Werkstatt so viele Chancen gehabt, machte aber keine Anstalten, mich zu halten. Ich wusste nicht, ob es ihm überhaupt aufgefallen war, dass ich hungrig draußen in der Kälte hocken musste, während die anderen sich in der warmen, nach Wildbret duftenden Werkstatt die Bäuche vollschlugen. Vielleicht war es normal, dass man dem Lehrling nichts abgab. Lernjahre sind keine Herrnjahre, hieß es doch seit Jahrhunderten im deutschen Handwerk.

Also saß ich wieder ohne Arbeit in der Baracke. Ich hoffte, bei den Kartoffelschälern einsteigen zu können. Das war im kommenden Winter auch der bessere Job. Dort bekam man ab und an einen Nachschlag aus der Küche oder konnte heimlich eine rohe Kartoffel essen. Allerdings war Letzteres verboten. Im Kreis der Kartoffelschäler saß immer ein Aufpasser und kontrollierte argwöhnisch, ob einer heimlich kaute. Ich bekam keine Arbeit bei den Kartoffelschälern und saß in den folgenden Wochen tatenlos in der Baracke mit einigen Jungen, die beim Kauen erwischt worden waren.

Dann wurden Maurer gesucht. Ich war des Herumsitzens überdrüssig und meldete mich schnell. Die Frage, ob ich mauern könne, beantwortete ich mit Ja, und das war diesmal keine Lüge, denn einer meiner Onkel war Baumeister in Dresden. Ich war oft auf seinen Baustellen und habe zugeschaut und später auch geholfen.

Im Herbst wurde im ganzen Lager viel gebaut. Die beiden leerstehenden Baracken wurden repariert und die Werkstätten wuchsen zu kleinen Fabriken. In der Maurerbrigade waren ebenfalls fast nur Mecklenburger, untersetzte, stämmige Typen, die mir meist nur bis zur Schulter reichten. Das waren gelernte Maurer, die Geduld mit mir hatten. Am Anfang durfte ich nur den Mörtel mischen, später mauerte ich dann an der Schnur, mit Stoßfuge und Lagerfuge. Als sie sahen, dass ich nicht untalentiert war, ließen sie mich auch Fensterstürze machen oder manchmal eine Ecke. Meine Stunde aber kam, als wir die Wände eines Gebäudes komplett verputzen mussten, außen und innen, mit Wandputz und Deckenputz. Das hatte ich bei meinem Onkel gelernt. Weil ich der Längste in der Truppe war, fiel es mir zu, die Decken zu verputzen. Das war eine wahnsinnige Anstrengung, ich stand tagelang mit gebeugten Knien und erhobenen Armen und putzte Raum um Raum die Decken. Dass ich diese Arbeit klaglos verrichtete, trug mir die Achtung meiner Kollegen ein.

Dann wurden wir zum Bau einer Gerberei befohlen. Erst bauten wir das Gebäude, anschließend die Gerberwannen. Ich machte mir so meine Gedanken. Meine Mitstreiter waren gelernte und gewiefte Maurer, aber darüber hinaus hatten sie wenig gelernt, das hatten mich unsere täglichen Gespräche gelehrt. Sie mauerten die Gerberwannen und versuchten, das Mauerwerk mit Bitumen abzudichten. Das funktionierte nicht und ich machte den Vorschlag, die Wände aus zwei Ziegelmauern zu bauen und den Zwischenraum mit Bitumen auszugießen. Die Maurer fanden die Idee gut und gingen daran, die Doppelwände hochzuziehen. Beim ersten Mal ging das schief. Das heiße Bitumen arbeitete zwischen den Ziegeln. Am nächsten Morgen war es nach unten gesackt. Oben hatte sich nichts gehalten, dafür waren die Mauern unten ausgebaucht. Wir lernten daraus, dass wir den Abstand sehr schmal halten und die Wände abstützen mussten, bis das Bitumen ausgekühlt war.

In der Hierarchie der Handwerker schienen die Maurer ganz unten zu stehen, obwohl sie wesentlichen Anteil am Entstehen des Werkstättenkomplexes hatten. Die Ernährung war mindestens mangelhaft. Wir bekamen die gleichen Rationen wie alle Häftlinge und kaum Zusatzrationen, wie ich sie aus der Anhängerwerkstatt kannte. Auch dort war die Verpflegung nicht üppig gewesen, aber man war über die Runden gekommen. Für die harte Arbeit der Maurer waren die Rationen eindeutig zu klein.

In dieser Zeit wurden die lagerüblichen Rationen sogar gekürzt. Wie es hieß, hatten die Russen die Organisation der Lagerverpflegung an die deutsche Zivilverwaltung abgeben müssen, nicht nur in Fünfeichen, sondern in allen Lagern auf dem Boden der sowjetischen Besatzungszone, wie Ostdeutschland nun auch genannt wurde. Da die Bevölkerung »draußen« auch hungerte, sah die deutsche Verwaltung keinen Grund, den Häftlingen die Rationen nicht zu kürzen. Hatten wir bisher den üblichen Verpflegungssatz für Kriegsgefangene erhalten, galt nun der Satz für Untersuchungshäftlinge. Die Verpflegung wurde auf ein Minimum herabgesetzt. Statt der täglichen Ration von sechshundert Gramm Brot gab es plötzlich und ohne Erklärung nur noch vierhundert Gramm. Das Brot war von minderer Qualität, auch die Suppen wurden dünner, da war fast nichts mehr drin. Es gab kaum noch etwas, das die Küchenhelfer mit der Kelle vom Boden der Kübel hochschöpfen konnten. Die Kartoffelschalen wurden extra gekocht und verteilt. Das galt als Extraration, man musste das nicht essen. Ich kannte aber nur wenige, die es ablehnten. Im Sommer 1947 wurde sogar Kartoffelkraut gekocht. Davon wurden viele sehr krank, einige starben auch daran.

Dazu kam der außergewöhnlich harte Winter von 1946 auf 1947. Die Häftlinge starben wieder in Massen. Es starben Leute, die man gut kannte. Der hünenhafte Plantagenbesitzer aus Guatemala überlebte diesen Winter nicht. Er starb an Mangelernährung und Entkräftung. Man schaute dem anderen in die Augen und erkannte den sich nähernden Tod. Ein Bekannter sah mir ins Gesicht und sagte: »Na, lange machst du es auch nicht mehr.«

Das war nichts Schlimmes, jeder konnte die Tage abschätzen, wie lange er noch zu leben hatte. Es war reine Mathematik. Dr. Gerdes hätte gesagt: eine E-Funktion. Wir wussten, wie viele Leute jetzt täglich starben und wie sich die Zahl der Lagerinsassen sichtbar reduzierte. Irgendwann musste diese Zahl gegen Null gehen. Es war eine Frage der Zeit.

Man sah furchtbare Sachen. In unserer Baracke war ein Zwillingspaar, um die dreißig Jahre alt. Es war rührend zu sehen, wie die beiden sich umeinander kümmerten. Sie fütterten sich gegenseitig, der eine verzichtete für den anderen. Als der eine starb, folgte ihm der andere zwei Tage später.

Brot, die verlässliche Lagerwährung, wurde unerschwinglich. Das barg eine große Gefahr, vielleicht die größte, wenn man in einem Gefangenenlager mit begrenzter Verpflegung lebt. Diese Gefahr ist der ständige Drang, Brot zu sparen. Es ist paradox, aber jeder hungrige Gefangene unterliegt dieser Versuchung. Jeder möchte sich irgendwann einmal richtig sattessen, ohne Reue. Oder sich eine warme Jacke kaufen. Dafür wird Brot gespart. Immer und immer wieder habe ich erlebt, dass Leute verhungert sind, und als man sie hinausgetragen hatte und die anderen sich auf ihre Habseligkeiten stürzten, fanden sie anderthalb oder zwei verschimmelte Brotscheiben, mit denen sich die Verhungerten den Bauch richtig vollschlagen wollten, wenn sie nur genügend Vorrat hatten.

Manchmal wurde Brot für einen Geburtstagskuchen gesammelt, einen Brotkuchen. Dafür wurde das Brot eingeweicht und mit Wasser zu einem Brei gerührt. Im besten Fall kam ein wenig Zucker oder Marmelade hinein, die irgendwer aus sorgsam verschwiegenen Quellen besorgt hatte, und dann wurde aus der Masse eine Torte geformt. Andere brachten Buchenrinde oder die Rinde von Nadelbäumen, die wurde geröstet, zerrieben und auf die Torte gestreut. Das sah zumindest aus wie Zimt. Diese Torte wurde im kleinen Kreis der Stuben verzehrt, wobei der Jubilar das größte Stück bekam, mit katastrophalen Folgen für das Verdauungssystem, welches nicht an diese Menge Brot in Verbindung mit Zucker gewöhnt war. Ich fand, es war eine Unsitte, das Brot für einen Geburtstagskuchen zu sammeln. Das Lagerbrot war feucht und schimmelte schnell. Außerdem lockte es die Ratten an. Alle Baracken hatten Probleme mit Ratten. Die waren so frech, dass sie an die Brotsäcke gingen, während die Häftlinge darauf schliefen. Es gab Leute, die haben sich so selbst in den Hungertod gespart.

Mir gelang es meist, dieser Versuchung zu widerstehen, aber das war nicht leicht. Wenn ich Brot sparte, setzte ich es schnell um und kaufte mir dafür dringend benötigte Dinge oder Unterrichtsstunden bei Dr. Gerdes.

Zum Hunger gesellte sich der harte, feindselig kalte Winter. Die Lagerleitung befahl, dass die Hälfte der Baracken stillgelegt und die dort lebenden Häftlinge auf die anderen Baracken aufgeteilt werden sollten. Nun mussten immer zwei Leute zusammen in einem Bett schlafen, sich gemeinsam zudecken und gegenseitig wärmen. Zu viele waren in den kalten Nächten erfroren. Es wurden Decken und Strohsäcke ausgegeben.

Das geschah auf Befehl des Lagerleiters Oberstleutnant Wladimir Schmeis, dem ich zuvor einige Male in der Werkstatt begegnet war. Das größte Problem neben dem Hunger war, dass schon im Januar die Brennholzvorräte zu Ende gingen. Oberstleutnant Schmeis handelte schnell und wohl ohne auf Anordnungen aus dem Oberkommando zu warten. Er ließ einen Rübezahl-Kettenschlepper und einen großen Raupenschlepper »Ost«, beides Beutefahrzeuge aus den Beständen der deutschen Wehrmacht, mit Sägen ausrüsten. Der »Rübezahl« bekam eine Kreissäge mit einem riesigen Blatt von einem Meter Durchmesser aufmontiert, das größere Fahrzeug eine enorme Kettensäge. Der Lagerleiter kommandierte nun täglich Häftlingstrupps in die umliegenden Wälder, wo nahezu pausenlos Bäume gefällt wurden, um Brennholz für das Lager bereitstellen zu können. Mit dieser Maßnahme wurden wahrscheinlich unzählige Menschenleben gerettet.

Auch ich musste die Baracke 5 verlassen und in eine der größeren Baracken vorn an der Lagerstraße ziehen. Umzüge waren im Lager eigentlich an der Tagesordnung. Die Russen befahlen immer wieder, dass bestimmte Barackenbereiche aufgelöst und die Menschen in andere Baracken verlegt werden sollten. Die erfahrenen Häftlinge waren der Meinung, das diene den Russen dazu, ihr Spitzelsystem unter den Internierten zu perfektionieren.

In der neuen Baracke kam ich in eine Gruppe mit Menschen, mit denen ich vorher noch nichts zu tun gehabt hatte. Es war eine offene Baracke ohne abgeteilte Zimmer mit nur einem Ofen, der den großen Raum nur unzureichend zu heizen vermochte. Mir wurde gemeinsam mit einem Mecklenburger ein Bett zugeteilt, das nicht allzu nahe am Ofen stand. Dieser Mann arbeitete in der Küche und schmuggelte ab und an ein wenig Proviant heraus, von dem er mir abgab. Wir schliefen in den folgenden Wochen zusammen in einem Bett, wärmten uns und unterhielten uns manchmal.

In dieser Baracke lebte auch ein Mann, der für mich wichtig werden sollte. Dr. Jeitner war von Beruf Chemiker und ging regelmäßig zur Arbeit in die Werkstätten. Abends saß er in der Baracke und spielte Schach. Es gab viele Leute, die sich ihre Zeit mit Schachspielen vertrieben. Oder sie spielten Skat. Weil ich gut im Zeichnen war und schon als Kind gern skizzierte, hatte ich Skatkarten gezeichnet, spielte aber nicht mit. Ich schaute lieber den

Schachspielern zu. Mich interessierten weniger die Strategien als die Figuren. Die fand ich interessant und auch ihre Bewegungen über das Brett. Wenn ich ihre Wanderungen verfolgte, meinte ich manchmal, etwas über den Charakter der Figuren zu erfahren. Das sagte ich Dr. Jeitner.

»Wir kommen darauf zu sprechen«, antwortete er. Dann widmete er sich wieder seinem Schachspiel.

Zwei Abende später winkte er mich heran: »Du machst es nicht mehr lange, so schlecht, wie du aussiehst.«

Ich erzählte ihm von meiner Situation und meinen Erfahrungen in der Anhängerwerkstatt, auch von den Strapazen in der Maurertruppe.

Er hörte aufmerksam zu und meinte: »Ich will mal sehen, ob ich dich als meinen Assistenten einstellen kann.«

Wenige Tage später kam er aus der Werkstatt und erklärte, dass er es geschafft habe, mich als Assistenten zu empfehlen: »Wir sind eine kleine Gruppe, die sogenannte Chemische Versuchsgruppe. Wir machen Galvanik und ich werde dich dort reinbringen.«

Auf dem sich ständig erweiternden Werkstattgelände war inzwischen eine große Fabrikhalle entstanden. Dort waren nun die Gießerei, eine Sattlerei und die Galvanik untergebracht.

Ich ging mit Dr. Jeitner zu meinem neuen Arbeitsplatz. Das war ein eher kleiner Raum von vielleicht fünfundzwanzig oder dreißig Quadratmetern. Und mitten in diesem Raum stand plötzlich Walter Grafe, der Mechaniker aus der Motorradwerkstatt. Er war der Leiter der Versuchsgruppe. Jetzt erfuhr ich, dass auch Grafe kein gelernter Autoschlosser war, wie er immer behauptet hatte. Es war mir ebenso rätselhaft, wie er diesen Posten als Leiter hier in der Galvanik bekommen hatte, in der nun zwei durchaus renommierte Akademiker, anerkannte Fachleute, unter ihm arbeiteten. Ich habe auch nie nachgefragt. Es gab im Lager unergründliche Wege und Verbindungen, um an solche lukrativen Posten zu kommen.

»Der kommt mir hier nicht rein«, rief Grafe, als er mich erkannte.

Dr. Jeitner ließ sich nicht beirren.

»Nein, aufgeben tun wir nicht«, sprach er zu mir. »Wir haben hier die Aufgabe, Leim zu machen. Das ist sehr wichtig, aber dem Grafe stinkt das zu sehr, also finden wir für dich einen Platz. Ich habe noch andere Beziehungen hier in der Werkstatt, da kannst du morgens und abends rein und holst dir, was du brauchst. Vor allen Dingen machen wir Leim aus Fischabfällen. Den brauchen wir dringend für bestimmte Sachen.«

In dieser Werkstatt der Chemischen Versuchsgruppe wurden unter anderem Metallteile geschliffen und auf Hochglanz poliert. Außerdem wurden Metalle versilbert, verkupfert, verzinkt und eloxiert. Dazu kamen Sonderaufgaben. Die Gruppe sollte Schleifsteine und Bleistifte entwickeln und zur Produktionsreife führen. Das gelang den Fachleuten nicht. Beide Produkte basierten auf Leim. Es gelang uns in der Folge, Leim von guter Qualität herzustellen, aber der war stark hygroskopisch. Das heißt, wenn die Luftfeuchtigkeit zu hoch war, verwandelte sich die Bleistiftspitze in eine gummiartige Masse, mit welcher man nicht schreiben konnte. Bei trockenem Wetter schrieben die Stifte tadellos. Für die Schleifscheiben war der Leim überhaupt nicht geeignet. Er hielt die Zentrifugalkraft nicht aus, die Scheiben flogen auseinander.

»Also«, sagte Dr. Jeitner, »wir bekommen sämtliche Fischabfälle aus der Küche. Davon brauchen wir zehn Prozent und vom Rest sondern wir die Köpfe aus und essen sie. Uns geht es hier eigentlich ganz gut. Aber, dein Ehrenwort, keiner darf erfahren, was wir mit den Fischen tun.«

Er führte mich in einen Seitenraum der benachbarten Gießerei. Ich kannte noch die kleine Gießerei mit der Feldschmiede und dem kleinen Schmelztiegel, den wir aus einer Sauerstoffflasche gebaut hatten. Inzwischen war die Gießerei zu einem formidablen Industriebetrieb angewachsen. Hier wurden im Sandguss alle möglichen Sachen hergestellt, aus Buntmetall, aus Eisen und aus Aluminium. Anfänglich bestand die Produktion vorrangig aus Essgeschirren und Löffeln für die Gefangenen, aber die Palette wurde ständig erweitert. Es waren großartige, technisch perfekte Schmelzöfen mit richtigen Schmelztiegeln entstanden. Ich staunte sehr.

Dr. Jeitner schob mich in diesen Seitenraum, in dem eine alte Anlage zur Erzeugung von Heißdampf stand, die schon lange nicht mehr in Betrieb war. Wahrscheinlich stammte sie noch aus den Anfangszeiten des Kriegsgefangenenlagers.

»Das ist dein Arbeitsplatz«, bedeutete mir Dr. Jeitner. »Hier kannst du die Fischgräten einkochen, da oben sind Fenster, da zieht der Gestank ab. Wenn die Gallerte ausgekocht und eingedickt ist, behandeln wir sie mit Alkalien. Aber das zeige ich dir später.«

Ich zog los und besorgte mir die Fischabfälle, sortierte sie und fing an, die Gräten einzukochen. Das stank fürchterlich, garantierte mir aber ein ungestörtes Arbeiten. Nach ein paar Tagen kannte ich alle Tricks der Leimherstellung und wurde neugierig. Ich nahm mir aus der Küche einen Eimer Fischblasen mit, um sie auszukochen. Ich warf sie alle in einen großen Metallzuber, wässerte sie und heizte darunter kräftig ein. Die Brühe begann zu brodeln, die Blasen platzten, das Wasser spritzte heraus und rings um den Zuber schlugen die Flammen hoch. Ich ließ die stinkende Flüssigkeit abkühlen und bemerkte, dass obenauf eine braune Brühe schwamm. Es war Fischöl. Dr. Jeitner kam und staunte.

»Das ist tatsächlich richtiges Fischöl«, sagte er, »da hast du ja eine richtige Erfindung gemacht. Das ist sogar eine erhebliche Menge. Weißt du was? Morgen bringst du alle Fischblasen, die in der Küche zu kriegen sind, und dann sehen wir mal, wie viel Öl wir da rauskriegen.«

Am nächsten Tag betrieb ich das Auskochen schon ganz professionell. Nachdem wir das Fischöl abgeschöpft und grob gefiltert hatten, war die Ausbeute eine ganze Flasche. Es erfüllte keinerlei Standards der Lebensmittelhygiene, schmeckte scheußlich, war aber nahrhaft, versicherten die studierten Chemiker.

Auf einmal war auch Walter Grafe sehr freundlich zu mir und meinte: »Also, von dem Leim brauchen wir ja nicht so viel, aber sämtliche Fischblasen, die du kriegen kannst, werden ab sofort zu Fischöl verarbeitet. Das wird unter den Leuten in der Gruppe gleichmäßig verteilt. Jeder bekommt seinen Anteil.«

So wurde ich Ölmanager und bekam jeden Tag meinen Anteil, ein kleines Glas voll. Das stank beim Trinken und dünstete durch die Poren aus. Beim Zählappell hatte ich immer freien Platz um mich.

Später experimentierte ich weiter und ließ in einem unbenutzten Galvanisierbecken die Fischblasen einfach verfaulen. Es dauerte eine Weile, bis die Blasen in sich zusammenfielen, aber an der Oberfläche entstand ebenfalls ein dicker Ölfilm. Den schöpften wir ab und kochten das kalte Öl aus. Dabei wurden das Wasser und vor allem der Schmutz aus der kostbaren Flüssigkeit gelöst. Wir erhielten ein sauberes und länger haltbares Öl. Es schmeckte ein wenig wie ranziger Lebertran, aber das war Nebensache. Das Öl half uns, den Hungerwinter und das darauffolgende Frühjahr zu überstehen. Wir hatten ein stinkendes Geheimnis, dass uns immer dicker und gesünder werden ließ.

Manchmal gelang es mir sogar, eine kleine Flasche in die Baracke zu schmuggeln. Ich gab es meist meinem Freund Wolfgang Leibel, dem ich ab und zu auch von meiner Brotration abgeben konnte, weil ich durch die Verpflegung in der Werkstatt und das nahrhafte Fischöl sehr viel besser dran war als er.

Im Frühjahr wurde ich wieder mehr in der Werkstatt beschäftigt. Zu meinen Aufgaben gehörte das Schleifen und Polieren verschiedenster Dinge. Die Chemische Versuchsgruppe hatte die Aufgabe, dafür Schleif- und Schwabbelscheiben herzustellen. Wir experimentierten mit den verschiedensten Materialien. In großen Mörsern zerstießen wir Sandsteine, Korund und andere Mineralien. Wir schnitten Filzscheiben und tränkten sie mit Leim und dem Steinmehl. Oft scheiterte es an der Qualität des Fischleims, aber mit der Zeit wurden die Schleifmittel besser.

Wir verzinkten, verkupferten und eloxierten fast rund um die Uhr. Nur verchromen konnten wir nicht, weil uns dazu entscheidende Chemikalien fehlten, die in der Nachkriegszeit auch von den Russen kaum zu beschaffen waren. Umso mehr legten wir uns ins Zeug, wenn es galt, die verkupferten oder versilberten Sachen zu polieren.

Was als Motorradwerkstatt angefangen hatte und durch Anhängerwerkstatt und Gießerei ergänzt worden war, begann ab dem Herbst 1946 zu einer großen Produktionsanlage zu wachsen. Nach und nach wurden neue Gebäude errichtet, es kamen eine Gerberei und eine Sattlerei hinzu, unsere Galvanikabteilung, später eine Dreherei, eine Uhrmacherei, in der nicht nur alte Uhren repariert, sondern neue Schwarzwälder Uhren gebaut wurden, die ein beliebtes Mitbringsel russischer Offiziere bei der Heimkehr, aber auch sonst als Tausch- und Handelsobjekte sehr begehrt waren. Die Dreherei war ein technisches Wunderwerk, wenn man die Bedingungen kennt, unter denen sie gebaut und eingerichtet wurde. In einem hallenähnlichen Raum standen mehrere Drehbänke, die von einer eigens konstruierten Transmissionswelle unter der

Decke angetrieben wurden. Es entstanden in immer schnellerer Folge eine Schneiderei, eine Bäckerei und eine Produktionsstätte für Angelgeräte, die von den Russen draußen gewinnbringend verkauft wurden.

Immer mehr Häftlinge fanden Arbeit in den Werkstätten. Unter den Gefangenen waren nicht nur kunstfertige Handwerker, sondern auch Ingenieure, Wissenschaftler und Konstrukteure, die nun ihre Fähigkeiten wieder in sinnbringende Arbeit investieren konnten. Es fanden sich Architekten, welche die neuen Gebäude planten und den Bau realisierten.

Für die große Schneiderei wurde ein eigenes Gebäude errichtet, mit einem über die ganze Frontseite laufenden, breiten Balkon. Auf dem standen die Lehrjungen und bügelten die Sachen mit Bügeleisen, die mit Holzkohle beheizt waren. Die Holzkohle wurde im Lager hergestellt, in Meilern, welche die Ingenieure entworfen hatten.

Nach ein paar Wochen fingen wir an, Haarschneidemaschinen zu produzieren. Das waren hochwertige Geräte, wie man sie in guten Frisiersalons fand. Die Teile wurden in der Gießerei im Rotguss hergestellt, dann kamen sie zu uns und wurden begradigt und geschliffen. Das erforderte eine präzise Arbeit. Die Haarschneider bestanden aus einem Obermesser und einem Untermesser aus Stahl, die »gehont« werden mussten, das heißt, sie wurden so lange geschliffen und poliert, bis die Platten absolut eben waren und genau aufeinanderlagen. Die Schleifer saßen mit ihrer Schleifpaste und den Schwabbeln manchmal eine halbe Stunde an so einer Platte. Auch ich lernte so das Präzisionsschleifen. Anschließend wurden die Geräte zusammengesetzt und kamen wieder zu uns zurück zum Polieren.

Zu verdanken war dieser wirtschaftliche Aufschwung im Lager Oberstleutnant Schmeis. Er war eine eindrucksvolle, in sich ruhende Erscheinung. Eine Persönlichkeit, die sich keinen Respekt zu verschaffen brauchte, sondern ganz natürlich auf sich zu konzentrieren schien. Nahezu täglich kam er mit seinem Dolmetscher ins Lager, um mit den einzelnen Kommandanten, dem deutschen Polizeichef und dem Chef der Werkstätten zu sprechen. Dabei, das beobachtete ich oft, schien er mehr zu fragen und zuzuhören als selbst zu sprechen. Seine ganze Person strahlte eine geballte

Aufmerksamkeit aus. So erfuhr er fast alles, was er wissen wollte über die Zustände und Probleme im Lager. Seine Hauptfrage schien immer zu sein: Wie lassen sich die Bedingungen für die Häftlinge verbessern?

Schmeis erkannte schnell, dass die Lebensmittelrationen nicht reichten, um die Häftlinge auch nur annähernd so zu ernähren, dass sie das Jahr 1947 überleben würden. Er ließ rund um das Lager Ackerflächen requirieren, auf denen Gemüse und Kartoffeln angebaut wurden. Auch auf dem Lagergelände wurde jetzt jede freie Fläche zum Anbau von Gemüse genutzt. Es wurden Kürbisse angebaut, Möhren, Mais und Bohnen. Vor allem aber Weißkohl.

Im Spätsommer ließ er unweit der Küche zwei große Gruben von ungefähr fünf Metern Länge ausheben und ausbetonieren, zwei Meter tief. Über diese Gruben wurden Schienen für eine Lore gelegt. Später begriffen wir den Sinn dieser Konstruktion. Als auf den Feldern der Weißkohl geerntet wurde, schob man die Lore auf die Schienen. In den Kippbehälter hatten die Ingenieure unten ein Loch geschnitten, einen Motor darunter montiert und an diesen eine Art Propeller mit Schneideblättern konstruiert, mit dessen Hilfe nun der Weißkohl in großen Mengen geschnetzelt und in den Gruben zu Sauerkraut verarbeitet wurde. Der Oberstleutnant war ein guter Russe und wusste um die lebensspendenden Kräfte des eingelegten Weißkrauts.

Mit diesem Sauerkraut und den anderen Erträgen der Felder wurden nicht nur die Nahrungsrationen der Häftlinge in Fünfeichen aufgestockt, es wurde so viel produziert, dass einiges davon an andere Lager abgegeben werden konnte. Mehrfach gingen Transporte mit landwirtschaftlichen Gütern nach Sachsenhausen.

Es war nicht so, dass Oberstleutnant Schmeis all das ganz uneigennützig betrieb. Im Lager war es ein offenes Geheimnis, dass er die Häftlinge auch in größerem Umfang für sich arbeiten ließ und im ehemaligen Herrenhaus des Maltzahn'schen Gutes ein geradezu feudales Leben führte. Es hieß, dass in manchen Räumen der Villa die Teppiche dreifach übereinanderlagen, aber das klang zu märchenhaft. Auf alle Fälle war sie der Ort eindrucksvoller Festessen, für die in der Lagerküche und in der Bäckerei die erlesensten Speisen zubereitet wurden und zu denen das Häftlingsorchester aufspielen musste. Unter den Gefangenen waren auch Kunstmaler aus der Grafschaft Glatz, welche den Auftrag erhielten, Villa und Kasino mit Wandmalereien zu verzieren.

Im Foyer des Gebäudes, in dem sich Kommandantur und Offizierskasino befanden, stand die überlebensgroße Skulptur eines russischen Bären, welcher den deutschen Reichsadler in seinen Tatzen zerquetschte, während sich unter einem der Hinterbeine der britische Löwe krümmte. Diese imposante Arbeit aus Lehm und Ton war ebenfalls eine Häftlingsarbeit. Ich habe diese Skulptur nie gesehen, aber andere Häftlinge erzählten so oft und so eindrucksvoll davon, dass ich sie förmlich vor Augen hatte.

Der Oberstleutnant wohnte in der Villa mit seiner Frau und zwei Kindern. Die Kinder durften sich auch im Lager frei bewegen und taten das ohne Scheu oder Arroganz. Die Tochter bekam von zwei weiblichen Häftlingen Ballettunterricht, dem acht- oder neunjährigen Sohn bauten die Mechaniker in der Werkstatt ein kleines BMW-Dixie auf, mit dem er die Lagerstraße auf und ab düste. Später fuhr er mit einem speziell für ihn angefertigten kleinen Rennwagen mit einem 125-Kubik-Motor. Schmeis selbst unterhielt einen beachtlichen Fuhrpark, unter anderem zwei Mercedes-Limousinen, eine 170V-Limousine, einen Opel Blitz, ein amerikanisches Hudson Country Club Six Cabriolet und einen Ford Eifel, den seine Frau fuhr. Dazu kam der schon erwähnte, mit Suchscheinwerfern ausgerüstete Geländewagen für die nächtlichen Jagden. Für diese Autos beschäftigte er zwei oder drei deutsche Fahrer, weil er den Fahrkünsten seiner Soldaten abgrundtief misstraute, wie es hieß. Ab und zu führte er hohe sowjetische Offiziere durchs Lager und vor allem durch den nun tatsächlich eindrucksvollen Komplex der Werkstätten.

Schmeis war ein Lebemann, der die Fähigkeiten der Häftlinge mit einer nahezu feudalen Selbstverständlichkeit zu nutzen wusste, aber er war auch ein fähiger Organisator mit einem weitblickenden Plan. Dieser Plan trug wesentlich zur Verbesserung der Lebensumstände im Lager bei und bereitete den Häftlingen ein Umfeld, in denen der animalische Überlebenskampf allmählich sozialen und kulturellen Strukturen wich. Die Aktivitäten des Oberstleutnants retteten Leben und gaben in einem gewissen Umfang Hoffnung und Respekt vor dem, was immer noch Menschsein bedeutete.

Je mehr die Werkstätten wuchsen, desto spürbarer veränderte sich die Stimmung im Lager. Mehr und mehr Häftlinge fanden dort

Arbeit. Wir nannten das Gelände inzwischen die »Fabrik«. Es herrschte eine unglaubliche Begeisterung. Die Menschen konnten raus aus ihren Baracken, sie fanden Arbeit, sie konnten teilweise in ihren gelernten und vertrauten Berufen über die Lösung technischer und anderer Probleme nachdenken. Die Gespräche wandelten sich. Wer die Chance hatte, ging raus und bemühte sich um Arbeit. Zwar war man noch in Gefangenschaft und das auf unbestimmte Zeit, aber man hatte wieder Ziele, an denen man sich orientieren konnte. Die Leute waren nicht auf den Augenblick reduziert, sie konnten darüber nachdenken, was sie morgen tun. Sie konnten diskutieren, tüfteln, sich fragen, warum eine bestimmte Sache heute nicht funktioniert hatte und was sie morgen ändern würden, um das Problem zu lösen. Das war ein ganz wichtiger Aspekt unseres Seins.

Wer nie in einem solchen Lager gefangen war, kann das vielleicht nicht nachvollziehen. Wenn man von Gefangenenlagern spricht, entsteht willkürlich das Bild dumpf vor sich hinbrütender, unglücklicher Menschen, die hinter Mauern und Stacheldraht unter strenger, gewaltbereiter Aufsicht dahinvegetieren. Es gibt Wächter und Bewachte. Es gibt Schläger und die, welche geschlagen werden. Ist man aber Teil eines Lagersystems, begreift man schnell, dass in diesen Lagern zwar ganz offensichtliche, an Befehle und Verordnungen geknüpfte Strukturen herrschen, sich unter dieser Oberfläche aber schnell und unaufhaltsam feinere Beziehungsnetze knüpfen, wie überall, wo Menschen zusammenleben müssen. Auch Lager sind Kulturen des Miteinanderlebens, sich entwickelnde Systeme menschlicher und zivilisierter Handlungen. Sie sind, auch angesichts der Unmöglichkeit, sich ihnen zu entziehen: Lebensgemeinschaften.

Das sowjetische Speziallager Nr. 9 Fünfeichen bei Neubrandenburg war im Vergleich zu allen anderen Haftanstalten ein besonderes Lager.

Die Gespräche abends in den Baracken waren jetzt anders. Die Menschen gingen aufrechter durch das Lager. Es entwickelte sich eine Art Handel. Die Meister in den Werkstätten drückten ein Auge zu, wenn die Häftlinge ab und an etwas bastelten, um es vielleicht später mit nach Hause nehmen zu können oder es im Lager zu verkaufen.

In den Baracken gab es Leute, die strickten. Das war weit verbreitet im Lager. Sie besorgten sich, woher auch immer, alte Socken und Pullover. Die wurden aufgedröselt. Die alten Wollfäden waren oft nicht länger als zwanzig oder dreißig Zentimeter und wurden kunstvoll zusammengestückelt. Daraus strickten die Leute neue Pullover mit Holznadeln, die sie selbst gefertigt hatten.

Die Männer wollten bessere Schuhe haben. Sie ließen ihre Kleidung ausbessern oder kauften sich bei den Schneidern neue Sachen. Ich hatte schon immer Wert auf meine Kleidung gelegt, da war ich ganz der Sohn meines Vaters. In Graudenz hatte ich mir diese weiße Hose gekauft, die ich wie einen Schatz behandelte. Nun, in Fünfeichen, trug ich dazu eine dieser blauen Gefängnisjacken, wie es sie auch in den Konzentrationslagern gab. Sie war mit grauem Stoff gefüttert. Von einem der Schneider ließ ich mir die Jacke umnähen. Das kostete mich ein ganzes Brot, aber ich trug nun eine Jacke mit grauen Ärmeln und blauen Stulpen, die mein ganzer Stolz, weil Beweis meiner wieder erwachenden Individualität war.

Die Währungen in diesem Handel waren Brot und Tabak. Für besondere Leistungen in den Werkstätten spendierten die Russen manchmal ihren Machorka-Tabak oder Zigaretten. Die Brotwährung ging nach Scheiben und Zentimetern. Es gab sogar genormte Brotmaße, mit denen man die Bezahlung abmessen konnte, und es gab feste Preise, was bestimmte Dinge kosten durften.

Es wurde mit Tabak gehandelt und mit Papier für die Zigaretten. Der Machorka sah ein bisschen wie Vogelfutter aus und wurde in kleine, gedrehte Papiertütchen gestreut, die vorn abgedreht und nach oben gebogen wurden. Jeder lernte, wie man Zigaretten dreht und wie man Zigaretten hinter dem Rücken mit einer Hand dreht. Dafür brauchte man Papier. Auch Papier wurde teuer gehandelt. Manche benutzten das Papier, um heimlich Tagebuch zu führen oder Kassiber nach draußen zu schmuggeln. In der Galvanik bekamen wir einmal eine große Lieferung von Chemikalien, da waren Unmengen Formulare und Papiere dabei, die kein Mensch in den bürokratischen Kreislauf einschleusen wollte. Für eine Weile war ich der an Papier reichste Mann im Lager. Ich habe davon keinen großen Gebrauch gemacht, weil ich nicht rauchte und zu dieser Zeit genug zu essen hatte, sodass ich nichts zum Tauschen brauchte.

Es gab jetzt Häftlinge, die sich an die Annehmlichkeiten der Vorkriegszeit erinnerten und ihre Zigaretten mit Spitze rauchen wollten. Plötzlich kamen Zigarettenspitzen in Mode. In den Werkstätten wurde Plexiglas in verschiedenen Farben verarbeitet. Findige Handwerker fertigten nun aus den Abfällen Zigarettenspitzen, kurze und lange. Die Teile wurden in individuellen Farbkombinationen zusammengesetzt, dann wurde ein Kupferröhrchen eingepasst und das Ganze fachmännisch verleimt. Zum Schluss wurden sie von uns auf Hochglanz poliert.

Beliebt waren Skatblätter, Damebretter und Schachspiele. Es gab sehr einfache Schachspiele aus rohen Holzklötzchen, auf welche die Anfangsbuchstaben der Figuren geschrieben waren. Es gab aber auch kunstvoll geschnitzte Ensembles auf Brettern aus poliertem Holz. Für letztere musste man mindestens drei oder vier Brote zahlen.

Weil der Besitz von Messern streng verboten war, wurden aus hartem Holz geschnitzte Messer hoch gehandelt. Es gab auch Rasiermesser. Sie waren ebenso verboten – nur die offiziellen Friseure durften Scheren und Rasiermesser haben, unterlagen deshalb jedoch harten Kontrollen –, aber immer wieder tauchten Rasierklingen in den Stuben auf. Mit Glasscherben wurden Holzstäbe rund geschabt, die wurden oben gespalten und in den Spalt klemmte man eine Rasierklinge. Das Ganze wurde mit fester Schnur abgebunden und dann hatte man ein Rasiermesser. Wer eins hatte, arbeitete oft als inoffizieller Barbier. Für eine Fünf-Millimeter-Brotscheibe konnte man sich rasieren lassen. Es wurden auch Seife und geschnitzte Kämme gehandelt. Selbst Bücher kamen in Umlauf, obwohl gerade die streng verboten waren.

In regelmäßigen Abständen führten die Wachen Tiefenkontrollen durch. Wenn verbotene Dinge auftauchten, wurden sie eingezogen, Strafen gab es eher selten. Die Sachen waren weg und tauchten wie von Zauberhand nach ein paar Tagen wieder auf und wurden erneut in den Handel eingebracht. Ich habe nie verstanden, wie und woher diese ganzen Dinge wieder auftauchten, habe es jedoch immer mit Faszination verfolgt.

Irgendwann kamen Häftlinge zu uns, die unbedingt wieder einen Ehering haben wollten. Also fertigten die Arbeiter in den Werkstätten einfache Ringe aus Metallabfällen und gravierten manchmal die Monogramme und das Hochzeitsdatum der Auftraggeber hinein. Diese polierten wir dann auf Hochglanz. Andere wollten Facettenringe, die kurz vor dem Krieg in Mode gewesen waren. Es gab eine Bronzelegierung, die glänzte ähnlich wie Silber, auch daraus wurden Ringe gemacht. Sie wurden gebohrt, außen wurden die Facetten gefeilt, dann wurden sie poliert. Die sahen fast wertvoll aus. Einige Häftlinge kamen und wollten Silberringe. Denen versilberten wir die Ringe heimlich.

Silber hatten wir genug. Wir schlachteten für andere Zwecke die Leitwerke von Raketen aus, die Kontakte waren alle aus Silber. Die sammelten wir gesondert und schmolzen sie ein, um neue Silberelektroden daraus zu fertigen. Das wurde kaum kontrolliert. Wir hatten so viel Silber übrig, dass sich Walter Grafe einen Holzkoffer bauen ließ, dessen solide Beschläge an den Ecken und den Schließen komplett aus Silber waren, das er heimlich verkupferte. Eine kluge Wertanlage, die er als angemessene Entschädigung für die Jahre in den verschiedenen Haftanstalten betrachtete. Soviel ich weiß, wurde ihm der stattliche Koffer bei seiner Entlassung abgenommen, ohne dass der requirierende Soldat um seinen tatsächlichen Wert wusste.

Ich fertigte für meine Mutter eine wunderschöne Brosche mit einer Rose, aus der links und rechts der Blüte fein ziselierte Blätter herauswuchsen. Die sah fast echt aus. Ich hatte sie aus Kupferblech geformt und dick versilbert. Dann baute ich eine kleine Schatulle mit einem Plexiglasfenster im Deckel. Aus der Schneiderei besorgte ich mir schwarzen Samt und bettete die Brosche darauf. Meine Mutter hat die Brosche nie gesehen und bekommen. Als ich sah, wie sämtliche Häftlinge bei der Entlassung gefilzt wurden, begriff ich, dass ich die Brosche nicht aus dem Lager bekommen würde. Ich schenkte sie in einer Gefühlsaufwallung einem Mädchen aus dem Frauenlager hinter der Küche, mit der mich eine kleine Romanze verband, die wir ausschließlich mit schüchternen Blicken durch den Stacheldrahtzaun lebten.

Die Künstler aus der Grafschaft Glatz hielten ihre Heimat für den schönsten Platz der Welt. Wenn sie von ihren Arbeiten im Offizierskasino oder aus der Villa des Oberstleutnants zurückkamen, schmuggelten sie manchmal Farbe und sogar Leinwände in die Baracken. Dort malten sie Landschaftsbilder, welche die Wände der Baracken zierten. Bei Kontrollen durch die Kommandantur wurde das geduldet. Wie das nicht zu übersehende Handelsleben überhaupt geduldet wurde, wenn es nicht zu offensichtlich geschah und wenn es nicht zu Konflikten unter den Internierten führte. Die Wachen griffen selten ein. Es gab im Lager ein von der Lagerleitung befohlenes und strikt durchgesetztes Misshandlungsverbot der Häftlinge. Wenn es Misshandlungen gab, geschahen sie subtil und heimlich.

Entlang der Lagerstraße lagen die Baracken etwas zurückversetzt vom Straßenrand. Davor waren kleine, meist staubige Plätze. An der Durchgangsstraße eines mecklenburgischen Dorfes oder in einem ruhigen Stadtviertel wären dies Vorgärten gewesen. Im Sommer 1947 fingen die Männer in einer der Baracken an, auf ihrem Vorplatz ein Mosaik aus Steinen zu legen, die sie im Lager oder bei Arbeitseinsätzen auf den Gemüsefeldern sammelten. Andere fanden die Idee gut und zogen nach. Es entwickelte sich zwischen den Baracken ein regelrechter Wettbewerb um das schönste und kunstvollste Mosaik.

Die Gefangenen in solchen Dingen gewähren zu lassen, gehörte zu den Strategien des Oberstleutnant Schmeis. Ich beobachtete das über zwei Jahre lang. Dabei habe ich mit ihm nie ein Wort gewechselt. Ich war mir nicht einmal sicher, dass er jemals meine Existenz registrierte. Wie schon beschrieben, kam er meist in Begleitung seines Dolmetschers und eines älteren Häftlings, der Kuhfeldt hieß und der oberste Leiter sämtlicher Werkstätten war. Zu diesem Trio gesellten sich im Laufe einer Inspektion immer wieder die Leiter der einzelnen Werkstätten, Ingenieure und Handwerksmeister, aber auch die Kommandanten der verschiedenen Lagerbereiche und die deutschen Chefs der inneren Verwaltung.

Man muss über die Organisation der sowjetischen Speziallager wissen, dass die Lagerleitung aus mehreren Kommandoebenen bestand. Lagerleiter in Fünfeichen war vom Frühjahr 1946 bis zum Frühjahr 1948 Oberstleutnant Wladimir Schmeis. Er hatte einen Stellvertreter und einen Lagerkommandanten. Letzterer war gewissermaßen der Koordinator zwischen dem Oberstleutnant, den einzelnen Verwaltungsbereichen des Lagers, die »Operativgruppen« genannt wurden, und der Häftlingsselbstverwaltung.

Lagerkommandant von Fünfeichen war bis zum Frühjahr 1947 Oberleutnant Osokin. Warum er abberufen wurde, war nicht bekannt, aber im Lager munkelte man, dass Schmeis unzufrieden mit seinen Handlungen im vorangegangenen Hungerwinter war. Auf ihn folgte der Oberleutnant Zagajlnyi, ein alter Bekannter aus Tost, der uns von dort auf sämtlichen Transporten begleitet hatte. In Tost war er gefürchtet als Offizier von unnachgiebiger Strenge, der das Verprügeln der Häftlinge nicht nur den Wachposten überließ. Er sprach gut Deutsch, hasste die Deutschen offensichtlich und drangsalierte uns, wann immer es ihm gefiel. Viele seiner Opfer landeten auf der Krankenstation. Wir nannten ihn in Tost den »Bluthund«, und diesen Namen hatte er sich mit ehrlicher Handarbeit erworben. In Fünfeichen aber war es verboten, die Häftlinge zu schlagen, und Zagajlnyi hielt sich daran.

Die Offiziere fuhren regelmäßig gemeinsam zum Jagen. Während eines dieser Herrenausflüge kam es zu einem Jagdunfall, bei dem Oberleutnant Zagajlnyi einen Bauchschuss erlitt, der ihn fast das Leben kostete. Ein Chirurgie-Professor von der Greifswalder Universität rettete ihn mit einer komplizierten Operation. Ich kann nicht behaupten, dass wir Häftlinge diesen Vorfall ohne Schadenfreude registrierten. Der Oberleutnant aber schien während seiner Genesung eine Wesensveränderung durchzumachen. Als er wieder ins Lager kam, war er wie umgewandelt. Wenn er die Werkstätten betrat, musste sich niemand mehr von seinem Arbeitsplatz erheben, auf eine militärische Meldung verzichtete er. Zu den Häftlingen war er plötzlich freundlich und zuvorkommend, sodass sich unser Misstrauen nach und nach zerstreute.

Neben dem Führungstrio des Lagers gab es die Leiter der verschiedenen Operativgruppen. Die waren verantwortlich für die Wirtschaftsfragen, die Finanzen, die Registratur, für Medizinisches und Sanitäres sowie für etwas, das mit »Operatives« umschrieben wurde. Das war der lagerinterne Geheimdienst, verantwortlich für ein allumfassendes und funktionierendes Spitzelsystem.

Die Einhaltung der Lagerordnung und die Bewachung im Inneren des Lagers überließen die sowjetischen Bewacher einer Häftlingsverwaltung und der Lagerpolizei, die aus deutschen Internierten bestand. Der oberste Funktionär dieser Verwaltung war der »Leiter Innere Ordnung«, dem neben der Schreibstube mit Dolmetschern und Meldern auch die Leitung der Lagerpolizei, der Feuerwehr, der Werkstätten und der Barackenältesten unterstand. Auch in den Baracken gab es eine strenge Hierarchie, die von den Häftlingen selbst bestimmt wurde. Es gab einen Stubenältesten und die Stubenwachen, welche zu melden hatten, wenn die sowjetischen Bewacher die Baracke betraten, weil es tagsüber bei Strafe verboten war, auf den Holzpritschen zu liegen. Sie mussten ebenfalls die antriebslosen Holzuhren in den Baracken stundenweise nach der großen Lageruhr am Haupttor stellen, die nachtblinden Häftlinge im Dunklen zur Toilette bringen und die Zimmerbelegschaften morgens wecken.

Es gab Furiere, die für die Essensausgabe zuständig waren, Brotschneider, die das Brot gerecht aufteilen sollten, und Melder, die für die Kontakte zur Küche und zur Lagerverwaltung als Laufburschen fungierten. Diese Posten wurden reihum unter den Barackeninsassen aufgeteilt. Gab es Verstöße gegen die Lagerordnung oder waren die Stubenwachen unaufmerksam, wurden Kollektivstrafen ausgesprochen und der Barackenälteste bekam Ärger. Dieses System der gegenseitigen Kontrolle war so effektiv, dass es nur wenige Verstöße gab. Allerdings bot sich immer die Möglichkeit, mit kleinen Gefälligkeiten oder Brot- und Tabakgaben das Überwachungssystem zu unterwandern.

Der Leiter der Lagerpolizei war ein Deutscher, Hauptmann Riedel. Er war schon vor seiner Verhaftung Polizeioffizier gewesen, galt aber aus irgendwelchen Gründen bei den Russen als integer und fachlich versiert. Als er nach dem Einmarsch der Roten Armee verhaftet wurde, hatte er den Rang eines Polizei-Oberleutnants, wurde aber nach einiger Zeit im Lager zum Hauptmann befördert, ein Vorgang, über den wir Häftlinge zutiefst verwundert waren. Weil kein vierter Stern für seine Schulterstücke im Lager aufzutreiben war, mussten wir ihm die fehlenden Insignien in der Schleifwerkstatt aus russischen Sternen umarbeiten.

Im Verwaltungsgebäude unweit der Küche des Nordlagers befand sich gleich neben dem Büro von Hauptmann Riedel das Zimmer eines russischen Hauptfeldwebels, eines vielleicht fünfzigjährigen, massigen Mannes mit unbeschreiblich flinken Augen. Der war im ganzen Lager gefürchtet. Seine Aufgabe war es, im Lager ein effektives Spitzelsystem zu organisieren, und er erfüllte sie mit leidenschaftsloser Präzision. Es war kaum möglich, im Lager etwas zu tun oder laut zu sagen, ohne dass der Hauptfeldwebel davon erfuhr. Die Stuben in den meisten Baracken waren mit etwa zwanzig Männern belegt. Man konnte davon ausgehen, dass einer oder zwei davon Spitzel waren. Als Lohn für ihre Zuträgereien erhielten sie zusätzliche Brotrationen und Tabak. Diese Stubendenunzianten waren wiederum anderen Spitzeln unterstellt, welche die Beobachtungen und Gerüchte in das Büro des Hauptfeldwebels weitertrugen und mit dem Lohn des Verrates zurückkehrten. Der Oberspitzel in unserer Baracke sollte ein Junge namens Karl Hall sein, wir konnten ihm aber nichts nachweisen. Doch er tat auch nichts, um unsere unterschwelligen Anschuldigungen zu entkräften. Wir ließen ihn gewähren, hielten aber Abstand, so gut es möglich war. Er verfügte immer über ausreichende Brotvorräte. Das machte ihn interessant für die Oberschlesier, die sich mit ihm anfreundeten, obwohl sie ihn weder aus Tost noch aus Graudenz kannten. Hall empfing oft an den Abenden Besuch von älteren Häftlingen aus anderen Baracken, denen er geheimnisvolle Päckchen überreichte. Jede Information über die Häftlinge konnte wichtig für die Russen sein. Es ging nicht nur um Hinweise aus dem Vorleben der Gefangenen, mögliche Funktionen im Dritten Reich, abwertende Bemerkungen über die Russen oder gar die Vorbereitung von Lagerrevolten und Fluchtversuchen, sondern um noch wertvollere Informationen. Die Russen suchten intensiv nach Spezialisten, nach Wissenschaftlern, hochrangigen Ingenieuren, Chemikern, Flugzeug- und Raketenbauern, nach Atomforschern und Universitätsdozenten, die in die Sowjetunion gebracht werden sollten. Immer wieder wurden die Belegungen der Baracken verändert, um zu verhindern, dass das Spitzelsystem aufflog.

Der Plan des Oberstleutnant Schmeis gliederte sich in mehrere Etappen. Im Frühjahr und Sommer des Jahres 1946 verschaffte er sich einen gründlichen Überblick über die Situation und die Probleme des Lagers. Er sah den elendigen Zustand der Gefangenen, die aus Graudenz und Sachsenhausen gekommen waren, und versuchte, die Verpflegung und die medizinische Versorgung zu verbessern. Gleichwohl schien es ihm auch um die psychische Gesundheit der Internierten zu gehen. Die Werkstätten, so sah ich das, dienten nicht ausschließlich als Wirtschaftsbetriebe zur Gewinnmaximierung des Lagers, sondern Schmeis ging es wesentlich darum, die Menschen aus ihrer Lethargie und grübelnden Hoffnungslosigkeit zu befreien. Die Menschen brauchten eine Beschäftigung. Auf die juristischen Belange hatte er keinen Einfluss, aber in der Organisation des Lagerlebens ließen ihm seine Vorgesetzten wohl freie Hand. Schmeis schien es daran gelegen zu sein, Fünfeichen zu einem Musterlager zu entwickeln. Ab und zu erschienen Delegationen ranghoher sowjetischer Offiziere und ließen sich von ihm und dem Betriebsleiter Kuhfeldt durch das Lager führen.

Dass dieser Aufschwung dem Oberstleutnant und seiner Familie ein Leben in einem für die Nachkriegszeit geradezu verschwenderischen Luxus garantierte, war kein Geheimnis unter uns Häftlingen, wir gönnten ihm das sogar, weil er auch uns greifbare Verbesserungen brachte.

Für den Ausbau der Werkstätten wurden Maschinen gebraucht, die aus den Armeebeständen nicht zu beschaffen waren. Es entwickelte sich ein reger Handel des Lagerleiters mit den Häftlingen, der entsprechend der feudalen Art von Oberstleutnant Schmeis auf der Basis des klassischen Gütertauschs funktionierte. Das Gut des Offiziers bestand in der Gewährung einiger Stunden in Freiheit. Unter den Gefangenen gab es viele Handwerker, die den Werkstattleitern anboten, ihnen Maschinen und Geräte aus ihren Betrieben zu beschaffen. So fuhren regelmäßig Lastkraftwagen in die Heimatorte dieser Leute, um dort Drehbänke, Schleifmaschinen, Metallpressen und vieles mehr zu holen. Diese Maschinen wurden nicht beschlagnahmt, sondern regulär zu einem vereinbarten Preis gekauft. Die involvierten Häftlinge durften bei diesen Geschäften mitfahren und wenigstens für ein paar Stunden ihre Familien sehen oder gar eine Nacht zu Hause verbringen. Das war natürlich nur bei den Mecklenburgern möglich. Es war ein offenes Geheimnis, dass manche Häftlinge den Offizieren auch Kunstwerke, Teppiche und Möbel anboten. Dann fuhren kleinere Autos mit den Verkaufswilligen in deren Heimatorte. Die Familien bekamen eine mehr oder weniger angemessene Bezahlung und die Häftlinge nach der Rückkehr ins Lager eine bessere Verpflegung und mit ein wenig Glück oder Verhandlungsgeschick einen Posten in der Verwaltung oder in den Werkstätten.

Nach und nach entwickelte sich im Lager ein Kulturleben. Schmeis hatte ein Lagerorchester zusammenstellen lassen, das fast allabendlich im Kasino oder in seiner Villa, ab dem Sommer 1947 aber auch im Lager spielte. Im Frauenlager wurde ein Chor gegründet.

Aber auch die Häftlinge organisierten sich. An den Abenden wurden in den Baracken Vorträge zu allen möglichen Themen gehalten, über Astronomie, fremde Länder, Bienenzucht oder Okkultismus. Wir konnten uns abends bis zwanzig Uhr zwischen den Baracken frei bewegen und diese Vorträge besuchen. Gute Dozenten und Erzähler waren gefragte Leute. Ihr Honorar bestand in der Regel aus einem halben Liter guter Suppe, dem dicken Teil, von ganz unten aus dem Kübel geschöpft. Ich dachte mir, dass dies eigentlich eine ganz gute Sache sei, und erinnerte mich an mein »Portfolio« an Geschichten, die ich seit Tost nicht wieder zum Vortrag gebracht hatte. Nun erzählte ich den »Schatz im Silbersee« von Karl May in Kapiteln an drei Abenden. Ebenfalls im Repertoire hatte ich das »Kanadische Scherzo« von Curt Mehrhardt-Ilow. Ich erzählte meinen Zuhörern vom »Mann, der Sherlock Holmes war«. Viele kannten den Film mit Hans Albers und Heinz Rühmann nicht. Dann hatte ich noch zwei oder drei Kriminalromane, die ich mit einigen Ausschmückungen nacherzählte. Ich war gut gebucht. Fast jeden Abend ging ich in eine andere Baracke, in ein anderes Zimmer, und bekam nach meinem Vortrag eine Portion dicke Suppe.

Auf Befehl der Kommandantur wurde eine der alten Baracken, die seit Langem nicht mehr bewohnt war, zur Theaterbaracke umgebaut. An den Wochenenden wurden nun Theaterstücke aufgeführt. Ich erinnere mich an eine Aufführung von Goethes »Faust« als szenische Lesung und eine umjubelte Aufführung des »Zerbrochenen Krugs« von Kleist. Die Stücke wählten meist die Häftlinge aus, ich erinnere mich aber auch an ein ganz besonderes, ein modernes Stück. Es war »Die Insel des Friedens« von dem uns allen unbekannten sowjetischen Schriftsteller Jewgeni Petrow. In der als Parabel angelegten Komödie wird die Geschichte eines exzentrischen englischen Millionärs erzählt, der den Wirren und Kriegsgefahren einer immer brutaler sich gebärdenden Welt auf eine weitab jeder Zivilisation gelegene »namenlose« Insel entflieht. Auf dieser Insel lebt nur ein kleiner, friedlicher »Eingeborenenstamm«, es scheinen sich weder industrielle noch militärische Großmächte für dieses einsame Stück Fels im unendlichen Ozean zu interessieren. Der Millionär mit seiner Familie und ein schiffbrüchiger japanischer Kapitän leben mit den Ureinwohnern friedlich zusammen, bis eines verhängnisvollen Tages aus einer Felsspalte eine hohe Erdölfontäne schießt und die Idylle unwiederbringlich zerstört. Die Insulaner bekämpfen sich mit Waffen, die ihnen fremde Mächte geliefert haben, und vor der Insel ankern nun Kriegsschiffe verfeindeter Nationen, die das Öl im Namen des Fortschritts fördern wollen. Den großartigen Wortwitz dieses Stückes wussten die Darsteller mit Spielfreude, Augenzwinkern und deutlichen Anspielungen zur aktuellen Weltlage auf die Bühne zu bringen. Das Publikum raste vor Begeisterung, man sprach in den Baracken wochenlang über dieses Stück.

Diese Ereignisse veränderten die Leute. Die Leute veränderten sich selbst. Der Plan des Oberstleutnants ging auf.

»Die Leute müssen sich beschäftigen«, hatte er gesagt. »Und sie brauchen Kultur. Wenn der Hunger besiegt ist, wird die Kultur wichtig. Etwas, das die Leute zum Nachdenken und Reden zwingt, das sie zusammenhält.«

Man sah es den Häftlingen an. Die neuen Strukturen der Lagergesellschaft fingen und bauten sie auf. Man war zwar eingesperrt, aber kein abgerissener, würdeloser Sträfling mehr. Die Männer und Frauen liefen aufrechter, kleideten sich sorgfältiger. Sie besorgten sich besondere Kleidungsstücke, ließen sie ausbessern und umnähen und trugen sie ausschließlich an den Wochenenden oder zu den Kulturveranstaltungen.

Es wurden Sportwettkämpfe organisiert und Schachwettbewerbe. Im Lager fanden sich viele talentierte Schachspieler und ein ehemaliger deutscher Hochschulmeister im Schach, der Simultanwettbewerbe organisierte, bei denen zwanzig und mehr Spieler gegen ihn antraten. In der Gruppe der Oberschlesier, mit denen wir in Fünfeichen die meiste Zeit in einer Baracke schliefen, gab es einen ganz besonderen Jungen. In der Gruppendynamik junger Menschen ist es leider immer wieder so, dass jede Gruppe, jede Klasse einen sogenannten »dummen August« hat, einen Watschenknaben, der für Spott und Streiche, im schlimmsten Fall für Prügel herhalten muss. In der Gruppe der Oberschlesier war es dieser schmale, stille Junge, der in gewisser Weise lebensunfähig war.

Auf den ersten Blick schien er einfach dumm zu sein. Er konnte kaum lesen und schreiben und war unfähig, sich in das Leben und Treiben der Jungen einzuordnen oder auf Situationen zu reagieren, die gefährlich werden konnten. Auf der anderen Seite rührte uns alle seine Hilflosigkeit, sodass ihn die Oberschlesier, bei aller Rohheit und Gewalt, in allen Lagern unter ihren besonderen Schutz stellten. Aber ein besonderes Talent besaß der Bursche. Er war ein begnadeter Schachspieler. Bei den Simultanwettbewerben belegte er immer wieder vordere Plätze und es hieß, er sei im Lager der Einzige, der dem Hochschulmeister Paroli bieten konnte.

Natürlich gab es auch viele Häftlinge, die keine Arbeit fanden und am Aufschwung im Lager nicht in der beschriebenen Weise teilnehmen konnten. Sie durften sich tagsüber zwischen den Baracken zwar frei bewegen, doch war das kein Ersatz für die Möglichkeiten, die eine geregelte Beschäftigung in den Betrieben bot. Meist saßen sie in den Baracken. Irgendwann zählten sie nicht einmal mehr die Stunden, die Tage, die Wochen. Ihr Tagesrhythmus wurde ausschließlich von den Essensausgaben und den täglichen Zählappellen bestimmt. Diese völlige körperliche und geistige Beschäftigungslosigkeit hatte schwere psychische Folgen. Manche wurden aggressiv, andere wurden immer stiller und gaben sich auf. Die Enge in den Baracken, das absolute Fehlen von Rückzugsorten machte, dass es schon bei nichtigen Anlässen zu Streitereien und Verzweiflungsausbrüchen kam. Die meisten hatten seit Jahren nichts von ihren Familien gehört und die Familien nichts von ihnen. Es gab kaum Nachrichten von draußen und die Leute waren in ihrer Beschäftigungslosigkeit den Gerüchten ausgeliefert, von denen das Lager brodelte. Das machte wehrlos. Irgendwann gaben viele auf und verloschen im Dunkel der Baracken.

Im Herbst 1947 zerbrach unser »Kleeblatt«. Wolfgang Leipert bekam einen schlimmen Hautausschlag und wurde in das Lazarett im Südlager verlegt. Ich wusste nicht, ob er nach seiner Heilung im Südlager blieb oder in eine andere Baracke des Nordlagers eingewiesen wurde. Von anderen Häftlingen hörte ich, dass er eine Arbeit in der Uhrmacherei gefunden hatte und im Sommer 1948 entlassen wurde.

Fritz Messerschmidt wurde für den Transport nach Sibirien ausgewählt. Anfang 1947 hieß es, die Lagerleitung hätte Anweisungen aus Moskau erhalten, eine bestimmte Anzahl von Häftlingen für den Einsatz in sibirischen Arbeitslagern abzustellen. Diese »Pelzmützentransporte« waren gefürchtet, bedeuteten sie doch in der Regel eine Reise ohne Wiederkehr. Jedes Lager sollte ein Kontingent an Arbeitssklaven bereitstellen, was sich nicht nur in Fünfeichen als unmöglich erwies, weil die meisten Häftlinge überhaupt nicht arbeitsfähig waren. Es wurden im Lager mehrfach »Fleischbeschauungen« von den russischen und deutschen Lagerärzten durchgeführt, welche das bewiesen. Die Häftlinge, die teilweise schon zwei Jahre Lagerhaft hinter sich hatten, litten nicht nur an chronischer Unterernährung und waren von überstandenen epidemischen Krankheiten wie Fleckfieber, Typhus, Tuberkulose, Diphtherie und Ruhr geschwächt, sie waren auch psychisch so anfällig, dass sie einen Transport nach Sibirien nicht überlebt hätten.

Allerdings fanden sich unter den jüngeren Häftlingen doch einige, die für den oben geschilderten Einsatz kräftig genug zu sein schienen. Zu denen gehörte auch Fritz Messerschmidt. Wie ich später erfuhr, endete seine Reise allerdings an der polnisch-ukrainischen Grenze. Er wurde in einen anderen Zug umgeladen und zurücktransportiert, weil er wohl aufgrund einer bürokratischen Verwechslung zufällig auf die Liste geraten war. Wenig später wurde er in die Freiheit entlassen.

Auch wir warteten auf eine Entscheidung. Die meisten von uns verbrachten den dritten Sommer in Gefangenschaft. In den zweieinhalb Jahren meiner Haftzeit in Fünfeichen hatte ich das Lager nicht ein Mal verlassen. Ich hatte kein Lebenszeichen an meine Familie senden können und keine Nachrichten von der Familie erhalten.

Irgendwann verdichteten sich die Gerüchte und es gab ernsthafte Hinweise darauf, dass Entlassungen vorbereitet wurden. Die Lagerverwaltung ließ Listen korrigieren, es gab Befragungen und die Belegungen der Baracken wurden mehrfach verändert.

In den Werkstätten wurde die Produktion heruntergefahren, es arbeiteten immer weniger Menschen dort. In der Galvanik verschwanden die Arbeiter von einem Tag auf den anderen. Die Russen würden die Akten prüfen und einzelne Kontingente zusammenstellen, hieß es. Manche würden nach Russland deportiert, manche kämen in andere Lager oder in deutsche Gefängnisse, aber die meisten würden entlassen.

Ich beschloss, mir keine Hoffnungen auf eine baldige Entlassung zu erlauben, als ich eines Tages den Mecklenburger wiedertraf, mit dem ich im Hungerwinter 1946/47 das Bett geteilt hatte und der in der Küche des Nordlagers arbeitete.

Wir freuten uns über das Wiedersehen und er fragte mich: »Hast du nicht Lust, als Melder in der Küche zu arbeiten? Der jetzige Melder wird in den nächsten Tagen entlassen, das ist sicher. Ich übrigens auch. Als Melder hättest du einen prima Posten bei garantiert bester Ernährung. Ich kann ein gutes Wort für dich einlegen.«

Da es schien, dass die Tage der Galvanik-Abteilung gezählt waren, sagte ich zu. Ein paar Tage später wurde ich in die Küche befohlen. Einer der Köche führte ein kurzes Gespräch mit mir und meinte, dass ich zur Probe doch schon mal den Lagerraum mit den Vorräten reinigen solle. Er brachte mich in einen großen Raum, wo in stabilen Regalen bis unter die Decke die Lebensmittel gestapelt waren. Zucker, Mehl, Öl, Graupen, Gemüse und Sauerkraut, sogar Butter und Marmelade. Der Koch drückte mir wortlos Besen und Schaufel in die Hände und verließ den Raum. Die Tür schloss er ab. Ich fegte den Raum, ordnete die Vorräte in den Regalen, setzte mich nach getaner Arbeit auf ein Fass und wartete, bis der Koch wiederkam. Er schaute sich prüfend im Raum um und nickte.

»Du kannst gehen. Du wirst von uns hören.«

Nach einigen endlosen Tagen des Wartens wurde ich tatsächlich wieder in die Küche gerufen und bekam eine Marke, die mich als den neuen Melder der Küche auswies.

Der Koch, so erzählte er mir später, hatte noch einige andere Jungen und Männer geprüft: »Was ihr alle nicht wusstet – in der Tür zum Vorratsraum ist ein winziger, nach innen gerichteter Spion, durch den ich euch alle beobachtet habe. Du warst der Einzige, der sich nicht an den Vorräten bedient hat. Die anderen konnten allesamt nicht der Versuchung widerstehen, ihre Hände in die Marmelade und in den Zucker zu stecken.«

Als Melder war ich für die Kommunikation zwischen der Küche und den Baracken zuständig, als »Telefonleitung auf zwei Beinen«, wie die Köche witzelten. Ich wurde losgeschickt, um die Zeiten der Verpflegungsübergabe für die Unterkünfte und die Arbeitskolonnen abzustimmen, Extrarationen anzukündigen und Probleme bei der Versorgung zu melden. Das war ein relativ angenehmer Job, den ich bis zum Ende meiner Zeit im Lager Fünfeichen ausübte.

Buchenwald

Im Juli 1948 begann die Auflösung des Lagers Fünfeichen. Bis September wurden ungefähr 5000 Häftlinge in die Freiheit entlassen. Viele von ihnen waren unter eher fadenscheinigen Gründen verhaftet worden, wegen ihrer sozialen Herkunft, weil sie Unternehmer oder Akademiker waren, weil sie von missgünstigen Nachbarn falsch beschuldigt wurden, viele auch, weil sie sich nicht mit der neuen sozialistischen Ordnung der sowjetischen Sieger abfinden wollten, auf wahrhaft demokratische Erneuerungen nach französischem oder amerikanischen Vorbild drangen oder die kommunistischen Schriften anders interpretierten als die neuen Machthaber.

3000 Häftlinge aber wurden in andere Lager gebracht. Einer davon war ich. Im September 1948 fuhr ich mit einem der letzten Transporte in Richtung Süden, auf Weimar zu.

Nach mehreren Tagen erreichten wir einen Güterbahnhof in der Stadt, die auf immer mit den Sternstunden der deutschen Literatur in Verbindung gebracht wird, und wurden mit LKWs in ein neues Lager gefahren, das ehemalige Konzentrationslager Buchenwald im Norden der Stadt Weimar, am Ettersberg gelegen. Jetzt war auf seinem Gelände, das schon so viele grausame Verbrechen unter den Nazis gesehen hatte, das sowjetische Speziallager Nr. 2 für Untersuchungsgefangene der Militäradministration und der sowjetischen Geheimdienste untergebracht.

Das Lager bot Platz für die Aufnahme von 12 000 bis 15 000 Häftlingen, so viele hatten die Russen wohl auch in den ersten Jahren nach dem Krieg hier interniert, aber als wir ankamen, waren es schon deutlich weniger. Wir wurden in Baracken mit gemauerten Steinwänden einquartiert, die zwar auch schlecht zu heizen, im Vergleich zu den Behausungen in Fünfeichen aber deutlich solider gebaut waren.

Buchenwald war ein ganz anderes Lager als die anderen Haftanstalten, welche ich bisher erlebt hatte. Es hatte einen völlig anderen Charakter. War in Fünfeichen sogar so etwas wie eine Lageratmosphäre entstanden, schien mir Buchenwald vom ersten Tag an ein kaltes, gefühlloses, unpersönliches, perfekt organisiertes, präzise verwaltetes, aber auch in einem sehr technischen Sinne vollkommen seelenloses Lager zu sein. Als größten Nachteil empfanden wir Häftlinge, die aus Fünfeichen gekommen waren, dass wir uns nicht wie dort frei zwischen den Baracken bewegen durften. In Buchenwald waren die Unterkünfte mit hohen Drahtzäunen abgegrenzt. Um je zwei Baracken waren diese Zäune gezogen, da war ein Tor und zwischen Tor und Baracke ein Hof. Das war der Raum, in dem wir uns bewegen durften. Die Beziehungen zwischen den Baracken und den Häftlingen, der Handel und Austausch, die abendlichen Vorträge, wie wir sie aus Fünfeichen kannten, waren hier nicht möglich.

Es hieß allerdings, dass die medizinische Versorgung im neuen Lager erheblich besser sei. Ich konnte das nicht beurteilen, weil ich in Neubrandenburg nie im Lazarett gewesen war. Gleich in den ersten Tagen mussten wir uns einer eingehenden medizinischen Untersuchung stellen. In der Krankenstation mussten wir uns alle nackt ausziehen und durchleuchten lassen. Es hieß, dass sämtliche Neuankömmlinge vorrangig auf Tuberkulose untersucht würden. In Buchenwald waren viele Häftlinge an Tuberkulose gestorben. Überhaupt gab es in den Lagern viele Tuberkulosefälle, in Buchenwald, so hieß es, grassierten unter den Gefangenen vorwiegend zwei Formen, die Knochen- und die Hauttuberkulose. Als einziges Mittel gegen die Hauttuberkulose verabreichte man eine übelriechende Lebertransalbe.

Die Untersuchung ergab, dass unter den Neuankömmlingen der Anteil an Männern, die schon länger an Lungentuberkulose litten, sehr hoch war. Wir wurden sofort getrennt. Es gab praktisch zwei Lager in Buchenwald. In dem einen wurden sämtliche Tuberkulosekranken separiert, die halbwegs Gesunden kamen in das andere Lager. Die anderen Jungen in meiner Untersuchungsgruppe hatten fast alle Tuberkulose und wurden in einen der Nebenräume geführt. Ich hatte große Angst, dass sich auch bei meiner Durchleuchtung Schatten auf der Lunge zeigen würden, weil ich als Kind bereits an der Krankheit gelitten hatte. Der Arzt schaute auf den Bildschirm und meinte: »Na, na, was ist denn mit diesem Herzen los. Das scheint ja gleich zu explodieren!«

Er betrachtete prüfend das Röntgenbild meines Oberkörpers und war zufrieden. Nicht der geringste Schatten sei zu finden. Ich hatte keine Tuberkulose. Wahrscheinlich hatte mich die frühere

Erkrankung in all den Lagern davor bewahrt, mich erneut zu infizieren. Auch bei meinem Freund Wolfgang Leibel, mit dem ich seit Radeberg alle Stationen gemeinsam durchlitten hatte, fanden sich keine Anzeichen der Krankheit. Wir blieben zusammen.

Obwohl ich fast anderthalb Jahre in Buchenwald interniert war, schien es mir eine vergleichsweise kurze Zeit zu sein. Das lag vor allem daran, dass sie ziemlich ereignislos war. Buchenwald war kein Arbeitslager. Es gab keine großen Werkstätten wie in Fünfeichen und nur wenige Arbeitseinsätze, zu denen wir Jugendliche nie eingeteilt wurden. Manchmal wurden wir zu Reinigungsarbeiten innerhalb des Lagers kommandiert.

Es war schwer, sich selbst zu beschäftigen. Uns fehlten Perspektiven und Antworten auf unsere Fragen. Wir konnten noch ein paar Monate in Haft bleiben oder zwanzig Jahre. Es gab keine Gewissheiten. Das war das Schlimmste. Wir wussten, dass ungefähr die Hälfte der Jugendlichen aus unserer Baracke in Fünfeichen entlassen worden war. Wir wussten auch voneinander, dass wir alle im Grunde nur einmal vernommen worden waren und dass von dieser Vernehmung ein mehr als fragwürdiges Protokoll in russischer Sprache existierte, das wir unterschrieben hatten. Danach waren wir nie wieder von staatlichen oder militärischen Autoritäten zu den Gründen unserer Haft befragt, geschweige denn nach Recht und Gesetz verurteilt worden.

Ab und zu gab es Entlassungen. Immer wieder liefen Gerüchte durchs Lager, dass Brot gebacken würde für Transporte in andere Lager oder als Proviant für die Heimreise. Die Lager würden bald aufgelöst. Aber es gab nie ein klares Indiz, dass sich die Sache ändern würde. Es gab eine kleine Entlassung, als das Lager in Tost aufgelöst wurde, und es gab eine größere Entlassung in Neubrandenburg. Die Hälfte der Jungs, mit denen ich seit Radeberg und seit Tost zusammen war, wurde in Fünfeichen entlassen, die andere Hälfte ging nach Buchenwald. Eine Erklärung, warum die einen entlassen und die anderen ins nächste Lager geschickt wurden, gab es nicht.

Es erforderte eine gewaltige Selbstdisziplin, an diesen Enttäuschungen nicht zu zerbrechen. Überhaupt bedeutete das Leben in einem Lager vor allem Disziplin. Ohne Disziplin konnte man kaum überleben.

Man gewöhnte sich an die Enttäuschungen. Er gab zu viele davon. Ich betrachtete sie auch als Schule des Lebens und lernte von Grund auf, wie man Enttäuschungen übersteht, wie man immer wieder aufsteht und weitermacht.

Unsere Tage bestanden aus Warten, Gesprächen, den regelmäßigen Zählappellen und dem Saubermachen der Unterkünfte. Sauberkeit und Hygiene wurden in Buchenwald großgeschrieben. Auch das gehörte zur Disziplin. Täglich wurden die Stuben gefegt und gewischt und einmal in der Woche mussten die Strohsäcke raus, auf denen wir schliefen. Da war praktisch kein Stroh mehr drin, sondern von vielen Häftlingen abgewälzter Häcksel. Die Säcke wurden desinfiziert, auch die Bettgestelle wurden mit Chlorwasser abgewaschen. Überhaupt der Chlorgeruch. Durch die fünf Jahre meiner Gefangenschaft begleitete mich nichts so zuverlässig wie dieser Chlorgeruch. Chlor war das Allzweckmittel, das in sämtlichen Lagerbereichen in unvorstellbaren Mengen eingesetzt wurde. Trotzdem gelang es nie ganz zu verhindern, dass die Internierten an Epidemien oder Schmutzinfektionen in großer Zahl starben.

Gegen Ende des Jahres waren plötzlich Zeitungen in den Baracken zugelassen. Von der Lagerverwaltung wurde jeder Stube ein Exemplar der Tageszeitung »Neues Deutschland« zugeteilt, deren Artikel in der Gruppe vorzulesen waren. Im Jahr 1949 wurde in Fortsetzungen ein Roman der deutschen Schriftstellerin Anna Seghers abgedruckt. Er hieß »Das siebte Kreuz« und handelte von der missglückten Flucht einiger Häftlinge aus einem Konzentrationslager der Nazis. Sechs der Geflüchteten wurden wieder eingefangen und hingerichtet, dem siebten gelang die Flucht ins Ausland. Dieser eindrucksvolle Schicksalsroman wurde in den Stuben wochenlang intensiv diskutiert.

Die Stuben im Lager waren größer als in Neubrandenburg, mehr Häftlinge mussten es miteinander aushalten. Auch hier standen dreistöckige Betten in den Räumen, aber die Anordnung war eine andere, sie waren so zusammengeschoben, dass die Etagen fast eine Plattform bildeten. Ich lag eine Zeit lang ganz oben und neben mir ein sehr außergewöhnlicher, glatzköpfiger Mann, mit dem ich lange Gespräche führen konnte. Er hieß Willi Rösner und kam aus

Tschechien, aus dem böhmischen Teil. Er war Deutscher und mit einer Tschechin verheiratet. Schon sehr früh hatte er sein Talent für Handelsgeschäfte entdeckt und in den Zwanzigerjahren lukrative Handelsbeziehungen mit Partnern in Spanien aufgebaut. Im Wesentlichen ging es um Porzellan und Hopfen, aber Willi Rösner war auch nicht abgeneigt, andere Geschäfte zu machen, wenn sie einen Gewinn versprachen. Die Geschäfte seien manchmal riskant, aber stets legal gewesen. Mit zweiundzwanzig, erzählte er, war er schon Millionär, ein erfolgreicher Geschäftsmann mit internationaler Reputation. Allerdings habe er schon damals keine Haare mehr auf dem Kopf gehabt, weshalb man ihn immer älter eingeschätzt habe, als er tatsächlich war. Nicht zum Nachteil seiner Geschäfte, wie er grinsend meinte. Er war der ausgeglichenste Mensch, dem ich je in den Lagern begegnete, und ein guter Erzähler. Wir lagen da oben unter dem Barackendach und er erzählte mir von seinen Geschäftsideen, von Spanien vor und unter Franco, vom Spanischen Bürgerkrieg und seinem Leben als Deutscher unter Tschechen. Er hatte am Ende des Krieges darauf vertraut, dass ihn die Ehe mit seiner tschechischen Frau schützen würde, zumal er keinerlei politische Neigungen hatte und sich als anerkanntes Mitglied der Gesellschaft fühlte. Seine Frau aber habe ihn schon kurz nach der Befreiung aufgegeben und ihn wohl an die neuen tschechischen Ordnungskräfte ausgeliefert. Das war das einzige Mal, dass ich bei ihm, einem Mann mit feinem, tiefgründigem Humor, so etwas wie eine Gefühlsaufwallung bemerken konnte. Alles andere sah er gelassen, analytisch und mit diesem speziellen böhmischen Humor, dem immer so eine feine Spur Anarchismus innewohnt.

»Horch«, sagte er einmal zu mir, »wie das singt und klingt hier in unserer Baracke. Der eine schnarcht, der andere bläst. Einer furzt, der andere knirscht mit den Zähnen. Manche stöhnen, andere fluchen im Schlaf, jammern und pfeifen. Ist das nicht die Geräuschkulisse für das ganze menschliche Dasein, wie wir es hier führen?«

Auch in Buchenwald gab es Werkstätten. Das war kein Vergleich zu den Betrieben in Fünfeichen. Es gab eine Schneiderei und eine Tischlerei, ich wusste das nicht so genau. Im Sommer 1949 arbeiteten dort nach Schätzungen ungefähr vierhundert Menschen. Was mich interessierte, waren die Metallwerkstätten. Die waren nicht groß, aber dort arbeiteten brillante Metallhandwerker aus Gablonz. Die Gablonzer Metallschmieden und Werkstätten waren weltberühmt. Dort gab es die besten Werkzeugmacher und Schmuckhersteller der Welt. Sie besaßen ein Wissen, das seit Generationen weitergegeben wurde. Nach dem Ende des Krieges mussten die meisten dieser Spezialisten Gablonz verlassen, weil sie Deutsche waren. Mit ihnen ging jahrhundertealtes Wissen. Die meisten Werkstätten in Gablonz waren Familienbetriebe. Die Tschechen vertrieben alle, und um an die Betriebe zu kommen, steckten sie die Handwerksmeister in Lager auf tschechischem Boden, von wo aus sie dann nach Buchenwald kamen. Die Geschichten, welche die Handwerker erzählten, klangen alle ähnlich.

Die Metallwerkstatt in Buchenwald war fest in Gablonzer Hand. Ab und zu schickten die Meister ein Schreiben durch die Baracken und suchten Handwerker, Metallschneider, Kunstschmiede, Polierer, Schleifer. Als ich eines dieser Schreiben las, meldete ich mich und erklärte dem Meister, dass ich keine Lehre als Schleifer oder Polierer und kein Examen vorweisen könne, aber in Fünfeichen schon anderthalb Jahre in einer ähnlichen Werkstatt gearbeitet und entsprechende Erfahrungen gesammelt hatte. Die Werkstatt brauchte Ersatz für einen Arbeiter, der sich beim Polieren eines Armaturenbrettes für das Auto eines sowjetischen Offiziers die Hand so schwer verletzt hatte, dass er wochenlang im Lazarett lag.

Der Meister meinte: »Gut, dann zeig uns mal, was du kannst. Hier hast du einen Rohling für ein Rasiermesser. Für ein richtiges Rasiermesser, wie es die Russen lieben. Mach da mal einen Hohlschliff drauf.«

Ich nahm das Metall. Ein Hohlschliff war mit meinen Erfahrungen aus Fünfeichen keine große Herausforderung. Er entsteht durch eine oder zwei konkav geschliffene Flächen, welche an der verjüngten Stelle die Schneide bilden. Die Klinge des Messers musste einen breiten Rücken und eine scharfe Kante haben. Ich schliff die Klinge mit einer quer zur Schneide rotierenden Schleifscheibe in Form und polierte sie fachgerecht.

Der Meister nickte: »Das ist ganz gut. Du kannst bleiben.«

Jetzt hatte ich wieder eine Beschäftigung. Auch die Verpflegung in der Werkstatt war besser und ich fand Gefallen an der Arbeit. In der Werkstatt arbeiteten tatsächlich fast ausschließlich Leute aus Gablonz, die zusammenhielten wie Pech und Schwefel. Ich war einer der ganz wenigen, die aus anderen Gegenden kamen, aber ich hatte das Gefühl, dass die Gablonzer mich mochten. Was wir machten, war keine Produktionsschleiferei wie in Fünfeichen. Wir arbeiteten für den Bedarf der Lagerverwaltung und der Russen. Immer wieder kamen Soldaten und brachten Dinge, die sie gern poliert haben wollten. Das wurde meine Aufgabe. Die Gablonzer sahen, dass ich wusste, wie man mit den verschiedenen Schleifscheiben umgeht, wie man sie leimt und wie man einen Schwabbel benutzt.

Wir wurden Freunde. In einer der Pausen erzählte ich von Gönnsdorf und Dresden und erwähnte dabei, dass ich schon als Kind immer hatte tanzen lernen wollen. Einer der Gablonzer war Tanzlehrer. Und nun kam es zu der für ein Gefangenenlager absurden Situation, dass er mir in den Mittagspausen Tanzunterricht gab. Hacke, Spitze, eins, zwei, drei. Zwischen den Werkbänken und Maschinen wurden mit Kreide Linien und Kreise auf den Boden gezeichnet und der Tanzlehrer schwenkte und drehte mich zum Vergnügen der anderen. Tango, Walzer, Foxtrott und Slow Fox.

Nach ein paar Wochen kam der Handwerker, der sich an der Hand verletzt hatte, wieder und forderte seinen Arbeitsplatz zurück. Ich hätte gehen müssen, aber dann kam einer von den Werkzeugmachern und sagte: »Nee, du gehst nicht zurück in die Baracke. Wir sorgen dafür, dass du bleiben kannst. Du wirst mein Assistent. Ich stelle Nadeln her. Ich mache Daunennadeln und du wirst lernen, wie man Stopfnadeln und Nähmaschinennadeln macht.«

Dieser Mann, der beste Handwerker, dem ich je begegnet bin, ein gelernter Werkzeugmacher, ein wahrer Künstler auf seinem Gebiet, lehrte mich nun die Kunst der Nadelherstellung. Das war unter den Lagerbedingungen keine einfache Arbeit. Wir verwendeten dafür die Speichen von Fahrrädern und den Draht aus alten Autoreifen. Für die Nähmaschinennadeln verwendete ich Fahrradspeichen. Die mussten zuerst so angefeilt werden, dass sie vorn die Rundung und den genauen Durchmesser hatten, den die Maschine vorgab, und später den entsprechenden Schaft. Danach musste ich das Ende flach feilen. Auch die Feilen musste ich selbst herstellen, die größeren für die Nadel und ganz kleine, unendlich feine für das Öhr. Das war eine Kunst, die mir der Meister ebenfalls beibrachte. Man machte das ganz klassisch mit einem Stück

Metall und Hammer und Meißel. Man schlug eine Reihe Kerben in die Fläche der künftigen Feile und setzte an dem aufgetriebenen Wulst für die nächste Kerbenreihe an. Das war Gefühlssache und schulte ungemein.

Jetzt kam der spannende Moment, in dem das Öhr in die Nadel geschlagen wurde. Auch den Durchschlag aus Stahl musste ich selbst herstellen. Dann legte ich die künftige Nadel auf eine Bleiplatte. Man musste den Durchschlag genau in der Mitte ansetzen und hatte nur einen Schlag. Anschließend musste ich mit dem Gravierstichel eine Nut einstechen. Erst eine kurze Fadennut, dann wurde die Nadel um einhundertachtzig Grad gedreht und die Nut, in welcher später der Faden geführt wurde, bis hinten verlängert. Man musste sehr genau sein, wenn man Stahl in Stahl stach, aber dort habe ich das Gravieren von der Pike auf gelernt. Auch das Nadelöhr musste ausgefeilt werden, damit kein Grat blieb, an dem der Faden hätte reißen können. Dann wurden die Nadeln gehärtet. Sie wurden zum Glühen gebracht und in Öl geworfen, wo sie so hart wurden, dass sie wie Glas zerbrochen wären, hätte man sie jetzt benutzt. Also wurden sie wieder erhitzt und wieder abgekühlt. Nach einer Weile konnte ich den Härtegrad an den Farben des Metalls erkennen. Vorn mussten die Spitzen hart, am Ende sollte die Nadel relativ weich sein. Das war Feinstarbeit, aber sehr spannend. Die Ausschussquote beim Härten lag bei fünfzig Prozent. Am Ende wurden die Nadeln poliert. An guten Tagen schaffte ich zwei Nadeln, manchmal drei.

Später durfte ich auch Stopfnadeln herstellen. Die Arbeitsschritte waren ähnlich, nur waren die Nadeln kleiner.

Das war aber alles kein Vergleich zu den Daunennadeln, die der Meister herstellte. Die waren so dünn, dass man sie kaum sah. Sie mussten dünn sein, damit beim Nähen der Kopfkissen keine Löcher entstanden, durch die später die Daunenkiele durchstechen konnten. Der Meister saß an seiner Werkbank und fertigte die Nadeln mit einer Lupe. Er war ein absoluter Künstler in seinem Fach.

Im Winter 1949 bekam ich wieder einen Abszess, diesmal unter dem Arm. Er begann mit einer Blutvergiftung, ein hellroter Streifen wuchs von der Entzündung hoch zur Schulter. Ich ging zu den Sanitätern. Überall war immer ein Sanitäter da. Jede Baracke hatte einen Sanitäter, der bestimmte, wann die Leute ambulant behandelt wurden oder ins Lazarett gingen. Es passte zur empathielosen, bürokratischen Atmosphäre im Lager, dass der Sanitäter kaum auf den Abszess schaute, sondern mit den Schultern zuckte und mir feuchte Umschläge empfahl. Das würde mit der Zeit schon helfen. Mein Arm aber wurde immer dicker, ich konnte ihn kaum noch bewegen, und die Lymphknoten unter der Achsel schwollen bedrohlich an. Ich drückte mich in eine Ecke des Hofes und wartete, bis der Sanitäter die tägliche Gruppe für den Gang zum Lazarett zusammenstellte. Die wurde durchgezählt und ich schlüpfte im letzten Augenblick in die Reihe und marschierte durchs Lager, ohne auf der Liste zu sein.

Ich war wegen einer anderen Sache bereits einmal in der Ambulanz gewesen. Eine der Krankenschwestern erkannte mich wieder und ließ mich, obwohl ich nicht auf der Liste stand, in den Warteraum von Professor Wolf. Der war ein anerkannter Chirurg aus Hamburg und sah sich, als er die anderen Patienten behandelt hatte, meinen Arm an. Er war empört und fragte scharf, warum ich nicht schon früher gekommen sei, die Entzündung befinde sich bereits in einem lebensbedrohlichen Zustand. Das müsse sofort operiert werden! Tatsächlich lag ich wenige Minuten später auf dem Operationstisch und bekam die erste Äthernarkose meines Lebens.

Über Weihnachten blieb ich im Krankensaal des Lazaretts, wo gerade ein Bett freigeworden war. Die meisten anderen Patienten dort litten an Hauttuberkulose. Der Gestank war fürchterlich. Die Krankheit war mit den vorhandenen Medikamenten nicht heilbar. Alles, was es für die Infizierten gab, war diese übelriechende Lebertransalbe.

Mir aber ging es von Tag zu Tag besser. Die Verpflegung war gehaltvoller als in den Baracken und die Wunde heilte gut.

Als ich Anfang 1950 die Krankenstation verließ, kam ich in eine andere Baracke. Es kursierten Gerüchte, dass es bald größere Entlassungen geben und das Lager aufgelöst werden sollte. Diesmal klangen die Gerüchte glaubhaft. Ich hatte in den zurückliegenden Jahren einen Instinkt entwickelt, der mich vor vielen Enttäuschungen bewahrte. Schon in wenigen Augenblicken gelang es mir, ein Gerücht als wahr oder falsch zu identifizieren. Ich untersuchte sie auf ihre Logik und ihre Grundlagen. Im Grunde war das bei mir gar kein Instinkt, ich hatte nur schnell gelernt, zu analysieren, ob es sich bei den Gerüchten um die logische Aneinanderreihung von überprüfbaren Möglichkeiten auf einer faktischen Grundlage handelte. Unbewusst wandte ich hier zum ersten Mal eine einfache wissenschaftliche Methode an.

Jeden Tag gab es nun Aufrufe. Es gab Aufrufe für Häftlinge, die ins Gefängnis nach Waldheim in Sachsen verlegt werden sollten, und es gab Aufrufe für solche, die tatsächlich entlassen wurden. Das war eine nervenaufreibende Sache, die sich über mehrere Wochen zog. Wer wurde entlassen und wer nicht? Geriet man in die Gruppe, die nach Waldheim ging? Meine Freunde wurden nach und nach aufgerufen und entlassen, aber ich war auf keiner dieser Listen dabei. Die Gruppe wurde kleiner und kleiner und ich …?

Es gab kein erkennbares System. Es war auch nicht so, dass die Menschen, welche zusammen und unter ähnlichen Anschuldigungen verhaftet worden waren, nun gemeinsam entlassen wurden. Es schien keine Regeln zu geben. Anfang Februar war das Lager schon ziemlich leer. Dann kam das Gerücht auf, dass die noch verbliebenen Häftlinge für den Transport nach Waldheim vorgesehen waren.

Tatsächlich fand sich am nächsten Tag mein Name auf der Liste eines Waldheim-Transports. Das war eine schwere, atemraubende Enttäuschung, aber ich spürte keine Verzweiflung. Verzweifelt war ich nicht. Ich hatte bisher alle Lager überlebt. Auf jede Nacht folgt ein neuer Morgen. Dieses geflügelte Wort mag in anderen Situationen abgedroschen klingen, hier war es der einzig mögliche Trost. Ich packte meine Sachen und gesellte mich zu den anderen Waldheim-Kandidaten.

Dann, schon spät in der Nacht, kam ein Kapo in unsere Baracke und befahl mir erneut, meine Sachen zu packen. Durch ein Versehen sei meine Akte bei den Waldheim-Unterlagen gelandet, tatsächlich aber stehe meine Entlassung unmittelbar bevor. Ich wusste nicht, was ich denken oder sagen sollte. Unsere Akten, das hatte mir in Fünfeichen ein Mithäftling erklärt, der in der Registratur des Lagers arbeitete, waren mit uns von Lager zu Lager gewandert und registriert worden. Durch meinen Aufenthalt im Lazarett und die beginnende Auflösung des Lagers musste meine Akte irgendwo und irgendwie falsch eingeordnet worden sein, aber jemand schien den Fehler bemerkt zu haben.

Am nächsten Morgen mussten wir im Flur der Baracke antreten und uns nackt ausziehen. Wir wurden neu eingekleidet und bekamen billige, nachlässig geschneiderte Anzüge aus dünnem, grobem Stoff mit Holzknöpfen an den Jacken. Sie hatten alle die gleiche Konfektionsgröße. Unter den Gefangenen hießen diese Jacken »Sokolowski-Jacketts« nach General Wassili Sokolowski, dem Obersten Chef der sowjetischen Militäradministration in Ostdeutschland. Dann erhielten wir eine Verpflegungsration, einen kleinen Geldbetrag und eine Fahrkarte, die uns zur Heimfahrt mit dem Zug berechtigte. Meinen Entlassungsschein bekam ich von einem deutschen Polizeibeamten in Zivil ausgehändigt. Im Gegensatz zum Verhörprotokoll war dieses Entlassungspapier in tadellosem Amtsdeutsch ausgefüllt und besagte, dass der Untersuchungsgefangene Peter Jürgen Schreiber mit dem Nachweis seiner faktischen Unschuld in Angelegenheit einer Tätigkeit für die faschistische Organisation Werwolf in die Freiheit zu entlassen ist.

»Wenn du nicht bald wieder einsitzen willst, dann schweige lieber über deine Zeit im Lager«, knurrte der Polizist, als er mir das Papier überreichte.

Am kalten Vormittag des 9. Februar 1950, nach 1709 Tagen in sechs verschiedenen Haftanstalten und einem Kohlenkeller, setzte ich die ersten Schritte in die Freiheit.

Vor dem Haupttor warteten Lastkraftwagen. Man musste den Zielort seiner Heimreise angeben und wurde auf die Wagen aufgeteilt, die uns zum Bahnhof brachten. Dort, vor den Bahnsteigen, drängten sich die ehemaligen Sträflinge, die in ihren Anzügen leicht zu erkennen waren, um eine Frau, die einen Stand aufgebaut hatte. Ich erkannte Frau Sternberg, den »Engel von Ratibor«. Auch sie war von Neubrandenburg nach Buchenwald verlegt worden und hatte gleich nach ihrer Freilassung begonnen, einen Anlaufpunkt für die Häftlinge am Bahnhof von Weimar zu schaffen. Hier wurden Informationen getauscht, Nachrichten hinterlassen, Zugfahrkarten hinterlegt. Einige Bürger von Weimar brachten Lebensmittel und Geld. Viele der Männer standen herum wie verängstigte Tiere, die einen Rückweg in den Käfig suchen. Frau Sternberg war für jeden da, suchte die Zugverbindungen heraus, half bei Fragen nach amtlichen Bescheinigungen und vielem mehr. Selbst die Bahnhofspolizei hatte großen Respekt vor ihr. Wie schon in den Lagern schien es ihr ein Bedürfnis zu sein, so vielen Menschen wie möglich zu helfen.

Am Abend bestieg ich einen Zug in Richtung Osten und kam am frühen Morgen des 10. Februar in Dresden an. Das Gefühl auf der Zugfahrt war nicht zu beschreiben. Ich fuhr in einem Zug und schaute durch die Fenster hinaus in die weite Landschaft. Wo Schnee war, sah ich Blüten. Es war wie ein Frühlingstag mitten im Winter, das Beben nach dem ersten Kuss, das Gefühl ungeheurer Erwartung, ein Traum, ein Aufgelöstsein in einer Welle nicht enden wollenden Glücks – gleichzeitig gepaart mit der grenzenlosen Angst vor dem, was mich am Ende der Reise erwarten würde. Seit der Verhaftung hatte ich nichts, gar nichts von meiner Familie gehört. Nahezu fünf qualvolle Jahre ohne Nachricht, ohne Lebenszeichen, ohne Gewissheiten. Wohnten meine Eltern noch in dem alten Haus in Gönnsdorf? Waren sie überhaupt noch am Leben? Mein Vater war nicht mehr der Jüngste und gesundheitlich angeschlagen. Was war mit meiner Mutter und ihren wiederkehrenden Selbstmordgedanken? War mein Bruder aus dem Krieg wohlbehalten zurückgekehrt? In der Hölle von Tost hatte ich meinen sechzehnten Geburtstag gefeiert und kam nun, bald zwanzigjährig, in eine Welt, die sich von Grund auf verändert hatte.

Am Neustädter Bahnhof erkundigte ich mich, ob die Straßenbahnlinie 11 noch hinauf nach Bühlau fahren würde. Die Leute musterten mich und meinen groben Anzug. Sie wussten, woher ich kam, sagten ihre mitleidigen Blicke.

»Ja, die Elf fährt noch nach Bühlau, genauso wie früher. Aber jetzt geht sie nicht mehr so zeitig. Du musst noch eine Weile warten.«

Es war noch zu früh am Morgen. Ich ging in den Wartesaal. Ein fremder Mann setzte sich zu mir und begann, mich auszufragen.

»Sie kommen doch sicherlich aus einem Lager?«

»Wie kommen Sie darauf?«

»Na ja, der Anzug. Den Vogel erkennt man am Gefieder. Hier kommen täglich Leute in solchen Anzügen durch.«

Er fragte nach meiner Herkunft, nach meiner Zugreise, in welchen Lagern ich gewesen sei und alle möglichen Dinge. Seine Zuwendung war von unangenehmer Art.

Ich antwortete ihm sehr zurückhaltend und dachte an die Worte des Polizisten, der mir das Entlassungspapier ausgehändigt hatte.

Irgendwann, als der Mann vorgab, auf die Toilette zu müssen, griff ich mein Bündel und machte mich auf den Weg. Die Straßenbahn fuhr immer noch nicht und ich lief in der Dunkelheit die Bautzener Straße hinauf bis zur Diakonissenanstalt. Dort holte mich die erste Bahn ein, ich kaufte mir einen Fahrschein und fuhr bis zur Endstation. An den Häusern links und rechts der Straße sah ich, dass der Wiederaufbau der Stadt längst begonnen hatte. Langsam wurde es hell. Die letzten zwei Kilometer von Bühlau nach Gönnsdorf rannte ich. Ich erreichte unser altes Haus und klopfte an die Tür. Oben in der Wohnung der Eltern brannte Licht.

Onkel Max öffnete und sagte: »Ach, der Peter! Wir warten schon auf dich.«

Und ich fragte: »Wer ist denn alles da? Wer lebt denn noch?«

Der Onkel sah mich lange an: »Alle. Wir sind alle am Leben.«

Der Hund vor meiner Tür

Drei Wochen, nachdem ich nach Hause gekommen war, begann ich, das in den Lagern Erlebte aufzuschreiben. Es wurden neunundzwanzig eng beschriebene Seiten, in den Nächten mit einer Schreibmaschine auf billiges Papier getippt, manchmal nüchterne Erzählung, manchmal voller Entsetzen über das Erlebte, voller Trauer um die Toten und manchmal auch voller Wut. Mit der Fahrt in das Lager nach Graudenz endete dieser Bericht. Wir versteckten ihn unter den Bohlen im Viehstall. Die Warnung des Beamten, der mir den Entlassungsschein ausgehändigt hatte, lag wie ein Menetekel über den Blättern.

Einer der vielen geflügelten Sätze in der Schatzkiste der Volksweisheiten, von dem man nicht weiß, wer ihn als Erster erdachte, ist jener, wonach die Erinnerung die Vorzimmerdame der Verzweiflung sei. Das habe ich nie so empfunden. Es gab diese Nächte, in denen die Bilder aus den Lagern wiederkehrten, und es gab Situationen, in denen die Erinnerungen kamen, ohne dass ich sie gerufen hätte. Erinnerungen sind nicht nur Bilder. Sie sind gekoppelt an Geräusche, an Farben, an Gerüche, an Emotionen. Aber sie melden sich zumeist und zuerst in einem Bild, welches nur dann entsteht, wenn es in der Vergangenheit tatsächlich erlebt und empfunden wurde. Das wiederum bedeutet, dass unser Gedächtnis mit diesem Bild den Beweis der Realität einer erlebten Vergangenheit antritt. Ja, das ist so geschehen und ich war dabei. Könnten wir uns nicht an das Erlebte erinnern, gäbe es keinen Sinn für die Vergangenheit. Ohne diese jedoch wäre alles Gegenwart und es gäbe womöglich keine Zukunft, weil es in unserem Denken und Fühlen für die Gegenwart keine Möglichkeit gäbe, vergangen zu sein.

Die Philosophen feiern das Erinnern als einen Triumph des menschlichen Geistes über die Zeit, weil es nur in der Erinnerung dem Menschen gelingt, den Lauf der Zeit umzukehren. Es gibt jedoch noch eine andere Möglichkeit, den Lauf der Zeit zu beeinflussen, das Naturgesetz ihrer Unumkehrbarkeit mit den Fähigkeiten des menschlichen Geistes zu umgehen und jegliches, was die Zeit mit sich reißt, in eine manifeste Form zu bringen, sich und anderen das Erlebte und Erduldete immer wieder zu vergegenwärtigen – indem man das Erinnerte aufschreibt, dokumentiert, es aus dem ewigen Fluss des Vergehens und Vergessens herauslöst und festhält für eine zwar unbestimmbare, aber mögliche Zukunft.

In den Jahren nach der Freilassung aus den Lagern träumte ich oft von den Erlebnissen dort, die so erschütternd wie prägend waren. Ich träumte, ich sei wieder verhaftet und eingesperrt worden. Ich erinnerte mich an die Gesichter der Männer, das Brüllen der Wachposten, den Gestank in den überfüllten Haftsälen, den Geruch der harten Brote. Es war ein furchtbares Gefühl, weil ich nicht wusste, wie ich den Mauern noch einmal entkommen sollte. Wenn ich erwachte, blieb dieses Gefühl lange im Raum. Doch mit der Zeit wurden die Träume seltener.

Der französische Präsident Charles de Gaulle antwortete einmal, als er nach seiner Lebensphilosophie befragt wurde: »Die Dinge sind nun mal so, wie sie sind. Ende der Durchsage.«

Ich habe nie mit meinem Schicksal gehadert. Nicht in den Lagern und auch später nicht. Ich hatte Angst in scheinbar ausweglosen Momenten, ich stand unter Schock und es gab auch die Stunden, in denen ich aufgeben wollte. Aber das waren nur Stunden, manchmal Nächte. Am nächsten Morgen bin ich aufgestanden und habe den Dingen ins Auge geschaut. Das war kein Fatalismus, sondern ein Sinn für die Realität, der mich rückblickend durch mein ganzes Leben begleitet hat. Ich habe mich nie mit den Dingen abgefunden, sondern je nach Situation versucht, mich anzupassen oder auch zu wehren. Ich habe gelernt, dass es meist besser ist zu agieren, statt zu reagieren.

Meine Verhaftung und die Zeit in den Lagern habe ich als ein Schicksal unter vielen gesehen, mit dem ich in die Räder der furchtbaren Zeitläufte gekommen bin, und ich habe versucht, niemandem die Schuld dafür zu geben. Nicht dem Kommissar, der mich in Radeberg verhörte, und nicht den sowjetischen Bewachern und Bürokraten, die meine Akte weiterreichten bis nach Buchenwald.

Wenn ich jemandem eine Schuld zuweisen würde, wären das in einer abstrakten Weise Hitler und seine Helfershelfer, welche diesen mörderischen Krieg und mit ihm unermessliches Leid über die Welt gebracht haben, und im konkreten, auf mich bezogenen Fall der SS-Obersturmführer Henry Schmidt, welcher, auch an diesem Tag ein williger Vollstrecker der Nazi-Ideologie, uns unerfahrene, halbwüchsige Jungen in eine Sache hineinzog, von der er wissen musste, dass sie für die meisten von uns schrecklich, gar tödlich enden würde.

Am 18. Oktober 1944 verkündete Heinrich Himmler, der Reichsführer SS, in einer Rundfunkansprache angesichts der Fronten, die immer näher an Deutschland heranrückten und im Westen die Grenzen bereits erreicht hatten: »Jeder Häuserblock einer Stadt, jedes Gehöft, jedes Dorf wird von Männern, Knaben und Greisen, und, wenn es sein muss, Frauen und Mädchen, verteidigt. Und wie ›Werwölfe‹ werden todesmutige Freiwillige dem Feind seine Lebensfäden abschneiden.«

Schon im September hatte Himmler den SS-Obergruppenführer Hans-Adolf Prützmann, der als Höherer SS- und Polizeiführer die Partisanenbekämpfung in der Ukraine geleitet und im Donbass eine Spur der Verwüstung hinterlassen hatte, mit der Aufstellung von Spezialkommandos beauftragt, die nach einer Besetzung des Deutschen Reiches durch die Alliierten hinter den feindlichen Linien Sabotageakte verüben und die Bevölkerung von der Zusammenarbeit mit den Besatzungstruppen abhalten sollten. Die nationalsozialistischen »Partisanen«, die sich anfangs noch aus freiwilligen Angehörigen der Wehrmacht und aus Parteifunktionären zusammensetzen sollten, wurden in Lagern der SS-Jagdverbände und Heeresschulen trainiert und von der Wehrmacht ausgerüstet. Die Soldaten wie auch die deutsche Bevölkerung jedoch waren der Kämpfe, Bombenangriffe und ununterbrochenen Durchhalteparolen müde und wollten ein Ende des Krieges. Für das »Unternehmen W« fanden sich kaum Freiwillige, sodass die Organisation ihre künftigen Kämpfer zunehmend aus den Reihen der Hitlerjugend und des Jungvolkes zu rekrutieren versuchte. In den letzten Kriegstagen wurden vorwiegend Jugendliche zwischen vierzehn und achtzehn Jahren zum »Werwolf« einberufen. Manche hatten die Wahl, diesen Dienst zu verweigern, anderen wurde diese Frage gar nicht gestellt.

Der Reichspropaganda-Minister Joseph Goebbels, der sich die Idee einer nationalsozialistischen Partisanenbewegung gern auf die eigenen Fahnen geschrieben hätte, gründete in Nauen bei Berlin den »Sender Werwolf«, der zu Ostern 1945 zum ersten Mal sendete, aber schon drei Wochen später seinen Betrieb wieder einstellte. Der Sender war auch in Dresden zu empfangen, wie der Romanist Victor Klemperer in seinen Tagebüchern erwähnt, aber ich habe ihn nie gehört und auch unsere Ausbilder in Schönfeld sprachen nie davon.

Die »Werwölfe« wurden in sogenannten Rudeln organisiert, in denen der befehlshabende Offizier als »Leitwolf« bezeichnet wurde. Allerdings wurden bis zur Kapitulation nur wenige »Leitwölfe« ausgebildet, sodass die meisten Rudel ohne Führung blieben, zumal sich die Offiziere nach dem Zusammenbruch des Dritten Reiches schnell abzusetzen und ihre Identität zu verbergen versuchten.

Einige Kommandos jedoch verübten vereinzelte Brandstiftungen oder richteten vermeintliche Deserteure und Zivilisten, die mit den Siegern kooperierten, mit öffentlichkeitswirksamer Brutalität hin. Das waren Taten enthemmter Selbstjustiz in den gesetzlosen Tagen des Zusammenbruchs staatlicher Ordnung und ganz im Sinne der untergehenden Machthaber. Die bekanntesten Aktionen der Untergrundkämpfer waren das Massaker der »Penzberger Mordnacht« am 28. April, bei dem achtzehn Männer hingerichtet wurden, die versucht hatten, eine neue Stadtverwaltung nach demokratischen Regeln zu konstituieren, und der Mord an dem von der US-amerikanischen Besatzungsmacht eingesetzten Aachener Oberbürgermeister Franz Oppenhoff. Dieser Mord geschah noch auf direkten Befehl des schon reichslosen Reichsführers SS.

Es waren im Wesentlichen diese beiden Verbrechen, welche die von Himmler und Goebbels gewünschte Wirkung in der Bevölkerung und vor allem bei den alliierten Streitkräften zeigten. Die Berichterstattung darüber trug zur Verunsicherung der Bevölkerung bei und schürte Misstrauen, ja Hysterie bei den Besatzungstruppen. Zeitweise gingen die amerikanischen Geheimdienste davon aus, dass es in Deutschland etwa 200 000 Werwölfe gibt.

Die Realität sah anders aus. Es gab nie eine tatsächliche Führung der Organisation, welche die Aktivitäten befahl und koordinierte. Vereinzelt wurden Verstecke angelegt, die zahllosen Waffenlager und Bunker in den Wäldern aber blieben Chimäre.

Obersturmführer Schmidt und später auch unsere Ausbilder hatten immer wieder von geheimen Orten in der Dresdner Heide erzählt, an denen Waffen, Sprengstoff, Konserven und gefälschte Pässe bereitliegen sollten. Soviel ich weiß, wurde nie eines dieser Verstecke bestätigt.

Wie viele »Werwölfe« es gegeben hat, wird sich kaum ermitteln lassen. Allerdings schätzen Historiker, dass es in Ostdeutschland mindestens tausend waren, Soldaten, Volkssturm-Männer, Hitlerjungen und wenige Frauen, weil die Nazi-Funktionäre ein paar Wochen länger Zeit für die Rekrutierung hatten, bevor die Front auch diesen Teil des Landes erreichte, und die vorrückende Rote Armee den Menschen tiefe Furcht einflößte, weshalb sich mehr Freiwillige fanden als in Westdeutschland, wo die Bevölkerung sehr zum Ärger Himmlers die siegreichen Alliierten vielerorts als Befreier empfing, mit weißen, mit britischen und amerikanischen Flaggen.

Die »Werwölfe« waren in Wirklichkeit ein unstrukturierter, schlecht ausgebildeter und miserabel bewaffneter, hastig zusammengewürfelter Haufen von mehr als zweifelhafter Kampfkraft. Zudem war die Organisation weder Teil der regulären Armee noch einer anderen Struktur, die unter die Bestimmungen des Kriegsrechts fiel. Wir waren gesetzlos und somit vogelfrei. Für die Alliierten waren wir verblendete Fanatiker, gefährliche Terroristen und eine Gefahr für alles, was nach dem Kriegsende in Deutschland geschehen sollte. Diese Einschätzung war ihnen nicht zu verdenken.

Überall in Deutschland wurden nach der Kapitulation nicht nur Funktionäre des alten Regimes, Denunzianten und Kriegsverbrecher verhaftet, es wurde auch intensiv nach möglichen Untergrundkämpfern gesucht. Bis weit ins Jahr 1946 hinein gingen die Geheimdienste und die Kommandeure der Besatzungstruppen noch von einer größeren militärischen Bedrohung durch Werwolf-Terroristen aus und ergriffen Gegenmaßnahmen. Zumindest in den westlichen Besatzungszonen begriffen die Verantwortlichen jedoch bald, dass es sich in der Realität beim »Unternehmen W«

in erster Linie um einen Propaganda-Erfolg der Nazis handelte. Fast alle Gruppen hatten sich mit dem Ende des Krieges aufgelöst und zeigten keinerlei Neigung, sich in einen sinnlosen Widerstand zu begeben. Zwar wurden im Rahmen der im Potsdamer Abkommen beschlossenen Sicherheitsmaßnahmen viele unter Werwolf-Verdacht stehende Männer, auch Jugendliche, verhaftet, aber zu verhältnismäßig milden Strafen verurteilt.

Anders war es in der sowjetisch besetzten Zone. Wie viele, vorwiegend jugendliche Menschen hier unter Werwolf-Verdacht verhaftet und zu Geständnissen gepresst wurden, lässt sich auch heute, fast achtzig Jahre nach Kriegsende, nicht mit Gewissheit sagen. Historiker gehen von mindestens 10 000, vielleicht aber auch 20 000 Fällen zwischen 1945 und 1950 aus. Nahezu jeder Ort in Ostdeutschland war von den Verhaftungen, vor allem bis zum Jahresende 1945, betroffen. Vorwiegend wurden Jugendliche der Jahrgänge 1927 bis 1932 abgeholt. Die Russen waren skeptisch, was den Friedenswillen der deutschen Bevölkerung anging. Die Soldaten der Roten Armee hatten den Vernichtungskrieg der Deutschen im Osten erlebt. Sie hatten die Millionen Toten gesehen, die Massengräber, die zerstörten Städte und Landschaften zwischen Moskau und dem Baltikum, in der Ukraine, in Polen. In den letzten Kriegstagen waren sie nicht nur an der Front, sondern auch in vielen Städten auf den erbitterten, den fanatischen Widerstand einer indoktrinierten Zivilbevölkerung gestoßen. Die sogenannte Festung Breslau hatte sich erst ergeben, als die Front längst über sie hinweggerollt und die einst wohlhabende Stadt nach wochenlanger Belagerung fast vollständig in Schutt und Asche gebombt war. Das alles setzte die Hemmschwelle im Umgang mit den Besiegten herab.

Häufig wurden Mitgliederlisten aus Volkssturmverbänden, Wehrertüchtigungslagern und HJ-Zentralen genutzt, um verdächtige Jugendliche zu verhaften. Die Haftgründe unterlagen keiner rechtsstaatlichen Kontrolle, sondern zumeist der Willkür der örtlichen Kommandanturen des Geheimdienstes. Nach dem sowjetischen Strafgesetzbuch, das nun im besetzten Ostdeutschland galt, waren Menschen ab dem vollendeten zwölften Lebensjahr voll strafmündig. Die Verhöre dauerten oft stundenlang, wurden in russischer Sprache geführt und meist von Dolmetschern begleitet, welche die deutsche Sprache nur teilweise beherrschten. An den Verhören nahmen keine Verteidiger teil, es mussten keine Beweise vorgelegt werden. Manche der Gefangenen wurden geschlagen und gefoltert. Es gab in vielen Fällen nur das Vernehmungsprotokoll in russischer Sprache mit einer erpressten Unterschrift. Die Untersuchungshaft und die Verhöre dauerten so lange, bis die Protokolle unterschrieben waren.

In meinem Falle genügten ein einziges, über mehrere Stunden geführtes gewaltloses Verhör und eine wenige Seiten umfassende Akte, auf deren Deckel das Wort »Werwolf-Verdacht« vermerkt war, um mich fünf Jahre lang als Untersuchungsgefangenen ohne Prozess und Urteil in mehreren Gefängnissen und Speziallagern festzuhalten und dann ohne jede weitere Untersuchung als »nicht schuldig« zu entlassen. Dasselbe Protokoll, das mich für fünf Jahre hinter Mauern und Stacheldraht verschwinden ließ, das auf meiner Odyssee von Radeberg nach Dresden, nach Bautzen, nach Tost und Graudenz, nach Fünfeichen und Buchenwald durch ungezählte Bürokratenhände gewandert war, galt nun als Dokument für meine Unschuld.

Es waren die Begriffe von Treue, von Ehre und Heimat, die mich immer wieder in Gewissenskonflikte brachten. Mit diesen Begriffen war ich erzogen worden, von meinen Eltern, von den Lehrern. Sie hatten mich auf einen Verhaltenskodex programmiert, der in diese Zeit, in ein aggressiv-pathetisches Weltbild passte, nach dem meine Vorstellungen geformt wurden, bevor ich eigene Vorstellungen entwickeln konnte, die aus tieferen Erfahrungen schöpfen.

Die Lehrer hatten uns auf die Treue zum Reich, zum Vaterland eingeschworen, welches sie mit Heimat gleichsetzten. Die Heimat war in meiner Welt ein wichtiges Element, das ich täglich mit allen Sinnen erfuhr. Für mich waren es die Landschaften um Dresden, der Wechsel der Jahreszeiten, der Gesang der Vögel und das Zirpen der Grillen. Ein sehr einfacher Heimatbegriff, jedoch einer, der aus meinen noch kindlichen Erfahrungen wuchs. Die Heimat waren für mich aber auch die Gräber der Vorfahren, die von Generation zu Generation weitergegebenen Traditionen, die Kultur der Deutschen, auf die ich stolz war, weil meine Eltern und die Lehrer es ebenfalls waren und mich diesen Stolz lehrten. Und sie lehrten mich, dass diese Heimat, die sie Vaterland nannten, etwas war, das es unbedingt zu achten, zu schützen und zu verteidigen galt. Ich lernte, dass es etwas Großes und Heldenhaftes war, für das Vaterland zu kämpfen und zu sterben. Die Offiziere des Schill'schen Freikorps waren von den französischen Eroberern erschossen worden. Der jüngste dieser Freiheitskämpfer war gerade sechzehn Jahre alt geworden. Der Dresdner Theodor Körner, ein Dichter und Freund Friedrich Schillers, war als Mitglied der Lützower Jäger, eines anderen Freikorps in den Napoleonischen Kriegen, bei Gadebusch von den Franzosen erschossen worden. Diese Heldengeschichten kannten wir von Bildern, aus Büchern, aus den Erzählungen unserer Lehrer.

Ich ahnte, dass es von der Sympathie des Betrachters, aber auch von der Geschichtsschreibung der Sieger abhängt, wie diese Helden bewertet werden. Sie waren Aufrührer gegen den Staat oder Verteidiger des Landes, sie waren Widerstandskämpfer, Partisanen, Mitglieder der Résistance, Angehörige eines Freikorps, Aufständische. Gelang der Aufstand, waren sie Helden. Wenn er misslang, waren sie Mörder, Terroristen, gar Vaterlandsverräter. Bis spätere Generationen ihre Taten neu beurteilten oder für ihre eigene Ideologie auszunutzen trachteten.

Nach den Erfahrungen, die ich während der Ausbildung an der Gebietsführerschule in Glauchau gemacht hatte, begann ich, das Dritte Reich und seine Führer anders zu sehen. Es war kein Schock, sondern ein langsames Erwachen, ein genaueres Beobachten, das Zweifel an den großen Worten nährte. Ich begann zu begreifen, dass das Vaterland der Propagandisten nur wenig gemein hatte mit dem, was ich Heimat nannte.

Aber da waren immer noch die Ideale, für die ich einstehen wollte. Treue, Pflicht, Aufrichtigkeit, Mut, Ehre, Ehrlichkeit. Mir war beigebracht worden, dass ich nicht lügen sollte, eher eine Strafe zu ertragen, als ein gegebenes Wort zu brechen. Meine Treue galt nicht Hitler und seinen Genossen, sondern Deutschland, das meine Heimat war. So hatte ich es gelernt, darauf insistierten die Eltern, die Dichter, die ich kannte, und so wollte ich es leben. Es war ein Wertekanon, der auch in anderen Ländern und zu anderen Zeiten Gültigkeit haben sollte, aber in Deutschland hatten ihn die Nazis vergiftet.

Meine Eltern lebten die Widersprüche dieser Zeit. Sie schwiegen zu den immer offensichtlicheren Drangsalierungen der jüdischen

Mitbürger, ließen die Familie aber noch lange von einem jüdischen Arzt behandeln, dessen Praxis die Nazis geschlossen hatten.

Mutter, der man infolge der Insolvenzen ihres Mannes und des vollständigen Vermögensverlustes den bürgerlichen, von ihrer Familie vererbten, durch Wohlstand und Kultur definierten Schutz weggerissen hatte, suchte nahezu verzweifelt nach jedem Fetzen Reputation und Ehre, um diese Blöße zu bedecken. In gewisser Weise war sie prestigesüchtig, rang um Anerkennung und Lob in der Dorfgesellschaft, in die man sie gestoßen hatte, blieb aber trotzdem stolz und unnahbar.

In einer Zeit und einer Umgebung, in welcher der soziale Status eines Menschen fast ausschließlich über das Vermögen und die Kunst, es zu vermehren, definiert wurde, mein Vater einen beträchtlichen Wohlstand durch misslungene Geschäfte verspielt hatte und lange Jahre nicht in der Lage war, ihn wieder aufzubauen, gar für einige Jahre im Gefängnis saß, hatte Mutter durch ihre Festanstellung in weiten Teilen das Heft des Handelns und die Führung der Familie in ihre Hände genommen mit einer Entschlossenheit, die Vater nicht viel Einfluss ließ. Dass er Hitler und seine Gesellen verachtete, wusste ich, aber Vater sprach zu selten darüber, als dass davon eine erzieherische Wirkung auf mich hätte ausgehen können.

Mutter hingegen hatte sich ihren neuen Status auch erarbeitet, indem sie sich den Institutionen der Machthaber andiente. Ihre Söhne erzog sie, wenn auch nicht diktatorisch, ganz in dem Bewusstsein, dass die Mitgliedschaft in solchen Institutionen den gesellschaftlichen Aufstieg befördern konnte.

Lange Zeit schienen die Drangsalierungen der Machthaber und der Krieg an unserem Dorf vorbeizuziehen. Dorfleute sind stoisch, sie lassen viele Dinge über sich ergehen und konzentrieren sich auf das Unabänderliche, den Wechsel der Jahreszeiten, den Rhythmus der ländlichen Arbeiten. Auch die Bauern mussten sich umstellen. Als ihre Pferde requiriert wurden, pflügten sie mit Ochsen, und als man die Ochsen holte, mit Kühen. Die Söhne wurden zur Wehrmacht eingezogen, ab und zu kam die Nachricht, dass einer gefallen war, kaum vier oder fünf Jahre älter als ich. Aber das gab keine Empörung im Dorf, es wurde mit Bedauern aufgenommen. Die Leute waren nicht für den Krieg, aber es wäre auch keinem eingefallen, gegen ihn zu protestieren. Sie waren, soweit ich das beurteilen konnte, keine Nazis, bis auf zwei oder drei Männer, und sie änderten ihre Einstellung auch nicht unter dem Eindruck der Propaganda. Die Soldaten kamen von der Front in einen kurzen Urlaub und sprachen kaum von ihren Erlebnissen. Dann gingen sie wieder.

Ich habe mich viele Male gefragt, wie mein Leben verlaufen wäre, wenn ich den Mut gehabt hätte, mich der Einberufung zur Werwolf-Ausbildung zu verweigern, bis ich begriff, dass ich die Frage falsch gestellt hatte. In meinem Wertekanon, mit meinem Wissen und meiner Erziehung wäre das kein Mut gewesen, sondern Feigheit, die wiederum in absolutem Gegensatz zu den Werten stand, die ich zu vertreten glaubte. So wie ich glaubte, zur Verteidigung der Heimat gebraucht zu werden.

Ich war nicht der Einzige, welcher in diesem Konflikt gefangen war. Meine Kameraden standen vor derselben Wahl, die nicht wirklich eine war.

Als ich nach meiner Ausbildung zum Panzerjäger, kurz bevor unsere Truppe am vorletzten Tag des Krieges nach Altenberg aufbrach, noch einmal nach Gönnsdorf fuhr, um mich von den Eltern zu verabschieden, hätten beide mich zurückhalten können. Aber sie befanden sich wieder in einem Konflikt, den sie nicht aufzulösen vermochten. Unabhängig von der Tatsache, dass sie es wahrscheinlich nicht geschafft hätten, mich zurückzuhalten, waren auch sie gefangen in ihren Werten. Mutter hatte mich zu unbedingter Treue und Pflichterfüllung erzogen und Vater war einmal Soldat gewesen, der auch wieder an die Front zurückging, weil es ihm die Pflicht und der Ehrbegriff seiner Zeit befahlen. Politik war ein Nebenschauplatz, die wirklichen Kämpfe fanden auf dem Feld der Ehre und der Tapferkeit statt. Die Nazis hatten diese Begriffe umgedeutet, ihrer Ideologie angepasst und sie in neue, schneidige Uniformen gesteckt.

Mit dem Krieg war auch meine kurze Karriere als Verteidiger der Heimat beendet. Ich war kein Werwolf geworden und hatte auch nicht als Panzerjäger gekämpft. Schon gar nicht hatte ich Menschen umgebracht. Ich fügte mich in das Dorfleben ein, kümmerte mich um die Familie und pflügte die Felder.

Eines Tages, als ich mit den Pferden auf dem Weg zur Feldarbeit war, trat hinter dem Dorf ein Mann in einem zerknitterten Mantel auf mich zu. Ich erkannte ihn sofort. Er hieß Ihle und war ein HJ-Funktionär aus Dresden, ein vormals gefürchteter Mann, der den Streifendienst der Hitlerjugend in unserer Gegend anführte. Dieser Streifendienst war eine Art Sittenpolizei, deren Aufgabe darin bestand, die Disziplin der einzelnen HJ-Gruppen und ihrer Mitglieder zu überwachen. Sie kontrollierten, wann immer sie auf Jugendliche trafen, deren Auftreten, ihre Kleidung, ihren Haarschnitt, stellten den Ordnungsdienst bei Veranstaltungen und zeigten vermeintliche Vergehen und Straftaten bei den zuständigen Behörden an. Besonders gern machten sie Jagd auf Jugendliche, welche die Haare zu lang oder zu modische Kleidung trugen. Nur erfahrene und ideologisch gefestigte Hitlerjungen wurden in den Streifendienst aufgenommen.

Der ehemalige Streifendienstleiter Ihle trat nun an mich heran und erklärte mir im verschwörerischen Flüsterton, obwohl weit und breit kein Mensch zu sehen war, dass er von meiner Werwolf-Ausbildung wisse und dass der geheime Kampfbund gerade dabei sei, sich in Dresden und Umgebung neu zu organisieren. Es gebe viele geheime Lager, in denen ausreichend Material für einen erfolgreichen Untergrundkampf gelagert sei. Die Unterstützung großer Teile der Bevölkerung sei dem Unternehmen gewiss. Er gehöre zur neuen Leitung und fordere mich auf, mich dem Kampfverbund wieder anzuschließen.

In seinem zerknitterten Mantel, unrasiert und mit flackernden Augen, gab er ein erbärmliches Bild ab. Ich erklärte ihm, dass der Krieg vorbei sei und jeder einigermaßen klar denkende Deutsche das auch begriffen habe, und ließ ihn stehen. Ich bin diesem Mann nie wieder begegnet. Die Russen hatten begonnen, nach den alten Nazi-Funktionären zu suchen und sie zu verhaften.

Auf der Konferenz von Jalta im Februar 1945 hatten die Alliierten im Bewusstsein des kommenden Sieges über Hitlerdeutschland Absprachen getroffen, wie mit den Repräsentanten des Regimes zu verfahren sei. Man kam überein, nicht nur Kriegsverbrecher, sondern auch nationalsozialistische Funktionäre und Beamte der Polizei und anderer Überwachungsorgane in Lagern zu internieren. Um einen möglichen Widerstand der Bevölkerung gegen die Besatzung zu verhindern, sollten sämtliche nationalsozialistischen Institutionen aufgelöst werden, welche diesen Widerstand hätten organisieren können. Mit diesem Abkommen begann auch die Rote Armee auf der Grundlage des NKWD-Befehls Nr. 00315 vom 1. April 1945, sogenannte »Speziallager zur Säuberung des Hinterlandes der kämpfenden Truppen der Roten Armee von feindlichen Elementen« zu planen und zu errichten. Meist nutzten sie dazu bereits vorhandene Straflager der Faschisten. Als feindliche Elemente galten, wie in den Vereinbarungen von Jalta festgehalten, aktive Mitglieder der NSDAP und ihrer angeschlossenen Organisationen, Repräsentanten der staatlichen Behörden, verdächtige Personen, die sich den Besatzungstruppen gegenüber ablehnend oder feindlich verhielten, und Partisanen. Während in den westlichen Besatzungszonen Angehörige von SA und SS die Mehrzahl der Internierten ausmachten, waren in den Befehlen des NKWD keine präzisen Kriterien formuliert, sodass sie den Kommandanturen und Behörden vor Ort einen unendlichen Interpretationsspielraum gaben. Ziel der Verhaftungen war laut der Protokolle von Jalta eine umfassende Entnazifizierung der deutschen Bevölkerung. Der NKWD konnte die Verhaftungen auf der einen Seite mit dem Willen zur gründlichen Entnazifizierung begründen, hatte andererseits aber auch ein willfähriges Instrument zur Repression und zur Absicherung der sowjetischen Besatzungspolitik in der Hand.

Kurzfristig wurden in den Speziallagern auch Soldaten der Wehrmacht, Mitglieder der SA, der SS und höhere Dienstgrade des Volkssturms inhaftiert, aber nach kurzer Zeit in Kriegsgefangenenlager überstellt.

Die meisten der Gefangenen jedoch waren zivile Funktionsträger des untergegangenen Regimes. Block- und Zellenleiter, Ortsgruppenleiter wurden ohne weitere Begründung inhaftiert, aber auch Polizeiangehörige, zivile Gestapo-Mitarbeiter, Bauern, die sich der Kollektivierung widersetzten, Großbauern, die mehr als hundert Hektar Land besaßen, Zeitungsredakteure, konservative Politiker und Besitzer von Betrieben, in denen Zwangsarbeiter misshandelt worden waren. Sie alle befanden sich zumeist ohne juristische Überprüfung ihrer Schuld in den Lagern, es genügte, Funktionsträger gewesen zu sein oder ein bloßer Verdacht. War man verhaftet, gab es so gut wie keine richterlichen Überprüfungen des Haftgrundes. Diese Möglichkeit war von den Siegermächten als »automatischer Arrest« für NS- und Kriegsverbrecher beschlossen worden. Die Formulierung »und andere verdächtige

Elemente« erlaubte zudem eine nahezu beliebige Ausweitung des Personenkreises. Manche Häftlinge waren auch aufgrund von Verwechslungen in den Lagern gelandet. Diese Irrtümer aufzuklären, war nahezu unmöglich.

Auf dem Gebiet der sowjetischen Besatzungszone hatte man zehn solcher Speziallager eingerichtet. Auch in den ehemaligen Ostgebieten des Deutschen Reiches gab es acht Lager, die aber spätestens im Frühjahr 1946 geschlossen wurden. Die Häftlinge wurden in die neu entstandenen Lager in Ostdeutschland verlegt, wenige wurden entlassen.

1946 waren in den Speziallagern auf dem von der Roten Armee besetzten Territorium mehr als 80 000 Menschen inhaftiert. Etwa 40 000 zählten die Behörden zu den sogenannten NS-Aktivisten, 35 000 galten selbst nach den sowjetischen Kriterien als minderbelastet. Insgesamt registrierten die sowjetischen Behörden zwischen 1945 und 1950 über 175 000 Speziallagerhäftlinge. Etwa fünfunddreißig Prozent aller Häftlinge überlebten die Lager nicht. Die meisten der Internierten waren Männer im Alter von vierzig bis sechzig Jahren, etwa fünf Prozent der Häftlinge waren Frauen. Dazu kam die große Gruppe von Jugendlichen, deren Haftgrund meist »Werwolf-Zugehörigkeit« oder nur »Werwolf-Verdacht« lautete. Zu dieser Gruppe gehörte ich.

Die Brutalität der Lager erschütterte mich zutiefst. Ich war fünfzehn Jahre alt. Ich hatte Bücher über die sibirischen Lager nach dem Ersten Weltkrieg gelesen, hatte die Erlebnisse der Helden dieser Bücher in meiner Phantasie weiter ausgemalt und wusste besser als viele andere, was es braucht, um ein Lager zu überstehen. Ich hatte die Zerstörung Dresdens erlebt und Tausende Tote in den Ruinen und an den Elbufern gesehen. Der Tod war mir schon immer als etwas ungeheuer Sinnloses vorgekommen. Auf die Lager, in denen ich nun überleben musste, war ich nicht vorbereitet. Ich erlebte die Gewalt, den Hass, die ungebremste Wut der Bewacher wie den Egoismus der Häftlinge und die unbegreifliche Gleichgültigkeit aller gegenüber dem Schicksal der Menschen. Das war gewaltiger als jede Literatur.

Ich wusste nicht, dass diese Lager auch eine unmittelbare Antwort auf die Verbrechen der Deutschen in den Konzentrationslagern waren. Die sowjetischen Soldaten, die an der Front gekämpft und sie in verlustreichen Schlachten Kilometer um Kilometer nach Westen verschoben hatten, bis Berlin erreicht und der Krieg gewonnen war, hatten in den befreiten Gebieten die Lager, die Leichenberge, die Massengräber und die Verbrennungsöfen gesehen. Viele der Soldaten, die uns nun bewachten, waren selbst in solchen Lagern inhaftiert gewesen.

Von all dem wusste ich nichts, wie ich auch nichts von den Dimensionen des größten Völkermords aller Zeiten wusste. Das Wort Auschwitz hörte ich zum ersten Mal 1950, als ich wieder zu Hause war. Erst dann erfuhr ich nach und nach von den furchtbaren Verbrechen, die selbst nach allem, was ich erlebt hatte, unvorstellbar blieben. Erst jetzt begriff ich, was der prügelnde Wachsoldat in Tost gemeint hatte, als er schrie, dass sein Knüppel aus den Beständen eines deutschen Konzentrationslagers stamme.

Ich erinnere mich nicht, dass die Häftlinge, die ich kannte, über deutsche Lager und deutsche Verbrechen diskutiert hätten. Viele konnten sich nicht vorstellen, zu welchen Erniedrigungen und Grausamkeiten der Mensch fähig ist, das sah ich an ihren Reaktionen auf die täglichen Geschehnisse. Und jene, die es besser wussten, schwiegen. Mit ihrem Wissen hätten sie sich als Teil des Systems und letztendlich der deutschen Vernichtungsmaschinerie zu erkennen gegeben.

Auch Tost war ein Vernichtungslager. Es war aber kein Vernichtungslager wie Auschwitz oder Treblinka, wie Majdanek und Sobibor, wo der Massenmord an unschuldigen Menschen und vor allem an Juden von Anfang an industriell geplant und mit kalter Perfektion im Namen einer verbrecherischen Ideologie vollzogen wurde. Es sind tausende Bücher über diese Verbrechen geschrieben worden, wie eine solche vollständige Entmenschlichung geschehen konnte, wie zu erklären ist, wofür es möglicherweise keine Worte geben kann. Auch mir fehlen die Worte, um meine Gedanken zu diesen Gräueltaten zu formulieren, ich fühle immer wieder eine ungeheure Hilf- und Sprachlosigkeit, wenn es um die Verbrechen an den jüdischen Mitmenschen geht.

In Tost und in den anderen sowjetischen Speziallagern war die hohe Todesrate unter den Häftlingen auf eine Kombination aus Versorgungsschwierigkeiten, mangelnder medizinischer Hilfe und zynischer Gleichgültigkeit zurückzuführen. Die Menschen wurden nicht hingerichtet, nicht methodisch ermordet, aber es war ohne Belang, wie viele überlebten. Von den ungefähr 5000 Menschen, die im Juni und im Juli 1945 in Tost ankamen, waren 3000 im Dezember bei der Auflösung des Lagers tot. Die Menschen starben an Hunger, an extremer Unhygiene, an Ruhr, an Tuberkulose, Diphtherie, unbehandelten Verletzungen, an physischer und psychischer Entkräftung und Hoffnungslosigkeit, am Verlust ihrer zivilisatorischen Koordinaten. Sie wurden ihrer Menschlichkeit beraubt und verloren jegliche Hoffnung. Erniedrigung ist der erste Schritt zur Entmenschlichung, und das System in Tost war eindeutig auf Erniedrigung und Bestrafung ausgelegt. Zur Hoffnungslosigkeit und Ungewissheit kam für die meisten Lagerinsassen die unerträgliche Monotonie des Alltags zwischen den Mauern. Zu den Arbeitseinsätzen getrieben zu werden, galt fast als Privileg. In der Regel wurde nicht gearbeitet, die Häftlinge brüteten in den Zellen und Blocks vor sich hin. Es gab keinerlei »Umerziehung« und keine Auseinandersetzungen mit den Haftgründen, die Insassen durften offiziell über keinen persönlichen Besitz verfügen, was bedeutete, dass sie nichts hatten, womit sie sich beschäftigen konnten. Diese psychische Folter trieb viele der Männer in die Verzweiflung. Erst waren sie voller Selbstmitleid, dann verließen sie Kraft und Mut. Irgendwann waren sie gebrochen.

Es gab nicht viele, die über ihre Haftgründe sprachen. Die meisten der Jugendlichen waren wegen Werwolf-Verdachts oder unerlaubten Waffenbesitzes verhaftet worden, andere, weil sie eine kurze Ausbildung erhalten hatten, die sie befähigen sollte, als »Spione« über die Aktivitäten der Besatzungsmacht zu berichten. Dafür hatten sie die Dienstgrade der Roten Armee auswendig lernen müssen. Die Lehrgangslisten waren dem sowjetischen Geheimdienst in die Hände gefallen, manche der Jungen wurden denunziert. Ein Junge aus einem der Nachbardörfer hatte im Straßengraben ein Gewehr gefunden, das ein flüchtender Soldat weggeworfen hatte, und es im Garten vergraben. Als die Russen es fanden, wurde er verhaftet und kam nach einer Odyssee durch verschiedene Haftanstalten erst nach zehn Jahren wieder frei.

Die Russen gingen davon aus, dass ein großer Teil der deutschen Jugend nicht nur indoktriniert, sondern auch militarisiert war, und diese Annahme war nicht falsch. Wir hatten im Jungvolk und in der Hitlerjugend an dieser Militarisierung teilgenommen. Sie gehörte wie selbstverständlich zum Gruppenleben und wurde in speziellen Lehrgängen erweitert. Mit vierzehn Jahren wusste ich, wie man ein Schützenloch gräbt und wie ein Karabiner funktioniert. Ich konnte den Schloss- und Laufwechsel an einem Maschinengewehr durchführen, mit verbundenen Augen. Wenig später wusste ich, wie mit Sprengstoffen umzugehen war. Das war gefährliches Wissen für einen Jugendlichen. Ich war gut ausgebildet und hatte das Glück, dass ich dieses Wissen nicht einsetzen und nie einen Menschen töten musste. Ob ich das getan hätte, wäre es mir befohlen worden, weiß ich nicht. Sicher wäre ich auch noch anderen Einsatzbefehlen als dem zum Marsch nach Altenberg am letzten Tag des Krieges gefolgt, wenn der Krieg noch länger gedauert hätte.

Deshalb hielt sich mein Selbstmitleid in Grenzen. Zwar hatte ich niemandem etwas getan, keinem Menschen Schaden zugefügt. Ich hatte meine Heimat nicht verteidigt, aber sie auch nicht verraten. Ich war ein Teil des Systems gewesen. Die Deutschen hatten verloren. Es hatte seine Gründe, weshalb ich in den Lagern war. So sah ich das. Nur stand das Ausmaß der Bestrafung in keinem Verhältnis zu meiner unerheblichen Person im großen Räderwerk der Zeit, in das ich geraten war.

Ich habe die Russen nie gehasst. In den Lagern habe ich die unterschiedlichsten Menschen kennengelernt, im Guten wie im Bösen, unter den Bewachern und den Häftlingen. Ich habe die Menschen nackt gesehen, im wahrsten Sinne des Wortes. Ich habe versucht, die menschlichen Abgründe zu verstehen, das Mosaik des Lagerlebens zu einem Ganzen zusammenzusetzen, zu einem Bild, das mir Erklärung und Überlebenshilfe sein konnte. Ich wollte überleben, und ich wollte auf eine ehrliche, anständige Weise überleben, die keinen anderen Menschen schädigt.

Das war schwer, aber ich habe gelernt, Angst und Scheu zu überwinden, mich zu wehren. Ich lernte Disziplin und schon in den ersten Stunden nach meiner Verhaftung begriff ich, dass ich meine Arroganz ablegen musste. Wer in solchen Gruppen, in diesen extremen Situationen arrogant auftritt, hat nur geringe Überlebenschancen.

Immer wieder musste ich mich auf neue Umgebungen, neue Menschen und andere Bedingungen einstellen. Mit den Jahren lernte ich, die Leute zu erkennen und sekundenschnell einzuschätzen. Das war ungeheuer wichtig. Eine falsche Entscheidung konnte den Tod bedeuten. Es gab in jedem der Lager ein dicht gewebtes Netz von Spitzeln. Die musste man erkennen und im Bruchteil eines Augenblicks wissen, was man sagte und was besser nicht. In jeder neuen Gruppe, in die man kam, war es wichtig, die Spitzel zu identifizieren und die Schmeichler. Letztere waren ebenso gefährlich. Sie krochen in das Leben der anderen, um sie auszunehmen.

Die Lager waren eine Schule des ständigen, des umfassenden Misstrauens. Aber sie waren für mich auch eine Schule des Vertrauens in die eigenen Fähigkeiten, der Beobachtungsgabe und der Fähigkeit zur blitzschnellen Analyse eines Charakters und einer Situation.

Viele Beschreibungen des Lagerlebens fokussieren sich auf eine gewalttätige Gesellschaft. Die Gewalt der Bewacher und die Gewalt unter den Häftlingen, den Kampf um ein Stückchen Brot, eine bevorzugte Stellung, um das Überleben schlechthin. Aber ein Lager ist auch ein Abbild der menschlichen Gesellschaft mit all ihren Facetten. Bei flüchtiger Betrachtung ist ein Lager ein abgeschlossener Raum mit Bewachern, mit Gefangenen hinter Mauern und Stacheldraht, im Schatten der Wachtürme, von denen große Waffen auf die Insassen gerichtet sind und die jeden Ausbruchsversuch im Keim ersticken.

Das ist nur ein Teil der Wahrheit. In jedem der Lager entwickelte sich eine Art gesellschaftliches Leben mit Gruppen und ihren Anführern. Es entstanden Beziehungen zwischen diesen Gruppen, auf welche die Bewacher nur geringen Einfluss hatten. Es gab ungeschriebene Regeln, nach denen man sich besser richtete. Häftlinge mit speziellem Wissen und besonderen Begabungen versuchten, diese anzuwenden, um sich zu positionieren oder auch nur ein Stück Brot zu verdienen. Es entstand ein Geflecht der Abhängigkeiten und Gefälligkeiten, es gab Handel und Diebstahl. Man handelte mit Begehrlichkeiten und Informationen. Es gab Zeichen menschlicher Größe und Beispiele abgrundtiefer Schurkerei, Solidarität und Verrat. Manche Häftlinge hatten medizinische Kenntnisse, andere spielten ein Instrument oder wussten ihre handwerklichen Fähigkeiten einzusetzen. Wer wenig konnte, lernte schnell oder war verloren.

Die Zeit, die ich in den Lagern verbrachte, war die schlimmste Zeit meines Lebens. Ich nenne die Lager heute aber auch meine wichtigsten Schulen und unter diesen Schulen war das Lager Fünfeichen bei Neubrandenburg die eindrücklichste, eine Schule, die mich verändert und geprägt hat.

Im Vergleich zu den Lagern in Tost und Graudenz besaß dieses Lager einen hohen Grad der Selbstorganisation unter den Häftlingen. Die Lagerleitung und die Kommandantur bestanden aus sowjetischen Armee- und Geheimdienstoffizieren, die Bewachung aus Soldaten des NKWD. Aber innerhalb des Lagers waren die meisten Posten mit Deutschen, vorwiegend mit Gefangenen, besetzt: die Lagerpolizei, die Küchenleitung, das Kleiderlager, die Bauleitung, die Leitung der Werkstätten.

Im Frühjahr 1946, kurz nach meiner Ankunft, gab es eine große Werkstatt mit etwa achtzig Beschäftigten. Im Laufe von zwei Jahren wuchs auf dem Gelände ein halbindustrielles Wirtschaftsunternehmen, in dem kurz vor der Auflösung des Lagers über 4000 Menschen arbeiteten. Bei flüchtiger Betrachtung könnte man behaupten, dass hier die Arbeitskraft der Gefangenen ausgebeutet und missbraucht wurde, aber in diesem Fall waren die Intentionen der Lagerleitung und die Auswirkungen auf das Leben der Häftlinge sehr viel komplexer. Durch die Arbeit in den Werkstätten wurde die Monotonie des Lagerlebens aufgebrochen. Menschen konnten ihre Fähigkeiten beweisen und der Sinnlosigkeit eines stumpfen Gefangenendaseins entfliehen. Die Arbeit gab ihrem Leben wieder einen Sinn. Für die Arbeit erhielten sie keinen Lohn, aber bessere Lebensmittelrationen. In den Werkstätten, die der Selbstkontrolle durch die Häftlinge unterlagen, konnten sie verschiedene Dinge herstellen, die sie in den Baracken gegen andere Dinge tauschten. Es entstanden verschiedene Formen einer Lagerwährung, der Handel beförderte die Kontakte.

Ich hatte das Glück, an dieser Entwicklung teilzunehmen. Ich sah mit eigenen Augen, wie sich aus der Keimzelle der Motorradwerkstatt eine Fabrik, eine ganze Industrie entwickelte und wie diese Entwicklung mit den primitivsten Werkzeugen begann. In den Werkstätten konnte ich die technische Entwicklung der Menschheit wie im Zeitraffer verfolgen. Ich habe erfahren, wozu der menschliche Erfindergeist in der Lage ist, wie er auch unter ungünstigen oder katastrophalen Bedingungen die Fähigkeit entwickelt, zu organisieren und zu improvisieren. So seltsam es klingt, unter den Bedingungen des Lagers besaßen die Handwerker und

Ingenieure eine ungeheure Freiheit, Dinge auszuprobieren, neue Techniken zu entwickeln und außergewöhnliche Ideen zu realisieren. Es war möglich, diese Ideen von Anbeginn zu verfolgen und zu studieren, wie eine Idee eine Folge von Entscheidungen bewirkt, bis sich das Einzelne zu einem neuen Ganzen fügt. Ich habe gelernt, wie man Probleme von Grund auf und so lange neu denkt, bis man zu mitunter verblüffenden Lösungen gelangt. Ich habe gesehen, wie man Leute führt. Heute würde ich sagen, dass mich diese Erfahrungen in Fünfeichen zu einer selbstständigen Person gemacht haben. Als ich das Lager verließ, wusste ich, wie man auf Unzulänglichkeiten und Hindernisse reagiert, wie man Probleme lösen kann. Im Ernstfall muss man immer eine Entscheidung treffen und für diese Entscheidung ist man selbst verantwortlich.

Die Entwicklung im Lager Fünfeichen verantwortete Oberstleutnant Wladimir Schmeis. Er war der Spiritus Rector der Werkstätten. Soweit ich das beurteilen kann, war er ein intelligenter Militär und ein ausgezeichneter Organisator. Natürlich war er ein Sohn seiner Zeit und der Vollstrecker eines Systems, welches die Sieger dieses furchtbaren, alle Menschlichkeit verachtenden Krieges über den Besiegten errichteten. Er befolgte Befehle und hatte ein Lager zu führen, in dem sich nicht nur unschuldige Menschen befanden. Er hatte nicht die Macht, dieses System aufzubrechen, aber er wollte es an bestimmten Punkten verändern.

Er war Jude. Ich weiß nicht, was er über die Deutschen dachte. Als ranghoher Militär musste er wissen, welche Verbrechen die Nazi-Truppen nicht nur in den eroberten Gebieten des Ostens begangen hatten. Aber ich weiß, dass es ihm nicht um Rache und Vergeltung ging, sondern darum, künftige Formen des zivilisierten Umgangs zwischen den Siegern und den Besiegten zu proben. Dass er am Beginn der neuen Zeitrechnung für Deutschland versucht hat, den Besiegten, den gefangenen Feinden eine Art Würde zurückzugeben, indem er ihrem Leben selbst im Lager einen Sinn gab.

Schmeis versammelte in den Werkstätten eine große Anzahl erstklassiger Ingenieure und Handwerker. Er stellte ihnen Aufgaben und besorgte Maschinen und Material. Er ließ den Arbeitern und Wissenschaftlern weitgehend freie Hand. In dieser Atmosphäre konnten die Menschen sich beweisen. Ich habe geschrieben, dass die Todesrate in vielen Lagern auf absolute Gleichgültigkeit zurückzuführen war. Oberstleutnant Schmeis brach diese Gleichgültigkeit auf.

Dass er im ehemaligen Herrenhaus des Maltzahn'schen Gutes residierte wie ein Feudalherr, hielten wir für eine lässliche Sünde. Er war eine faszinierende Persönlichkeit. Mitunter hatte die Weise, mit der er sich über »seine Besitztümer« bewegte, fast etwas Kindliches, andererseits war zu spüren, dass er für die Menschen im Lager nicht nur verantwortlich war, sondern diese Verantwortung auch übernahm. Seine Aktivitäten zielten nicht nur darauf ab, das Lager wirtschaftlich zu führen, sondern es unabhängiger von den Unwägbarkeiten der Befehle übergeordneter Behörden zu machen. Ich habe bereits erzählt, wie er den Aufbau der Lagerindustrie vorantrieb und wie er rings um das Lager Gemüsefelder anlegen ließ, um die Lebensmittelversorgung zu verbessern. Mit all diesen Initiativen, das ist sicher, hat Wladimir Schmeis Leben gerettet.

Umso erstaunlicher ist, dass er in den Schriften der Historiker, die sich mit den Speziallagern beschäftigen, kaum Erwähnung findet, obwohl er das Lager Fünfeichen zwei Jahre lang führte und sich das Lager durch seine Führung und den umfangreichen Werkstattkomplex von anderen Lagern sehr unterschied.

Selbst Forschern und Archivaren ist der Name des Oberstleutnants nicht bekannt. Ich verdanke Frau Eleonore Wolf, der Leiterin des Stadtarchivs Neubrandenburg, wo viele der Akten des Lagers aufbewahrt werden, einen Hinweis, den sie nach längerem Suchen in den Materialien fand. Sie schrieb: »Die biografische Herkunft (von OL Wladimir Schmeis, Anm.) wird nicht weiter beschrieben. Schmeis war seit Frühjahr 1946 Lagerleiter und folgte Pawel Scharow. Er war recht geschäftstüchtig und ließ Flächen um Fünfeichen landwirtschaftlich nutzen. Allerdings veranlasste er auch, dass im Sommer 1947 Kartoffelkraut zu Suppe verarbeitet wurde. Die Suralingifte verursachten zahlreiche Magen-Darm-Beschwerden bei den Internierten, eine ganze Reihe verstarb auch daran. Im Frühjahr 1948 wurde er wegen Unregelmäßigkeiten und illegalen Veräußerungen von Lebensmitteln seines Amtes enthoben und übernahm ein GULag in der Nähe von Irkutsk. Auf Schmeis folgte Grigori Drosdow, der das Lager bis zu seiner Auflösung 1948 leitete.«

Es wäre bedauerlich, wenn das Bild dieses außergewöhnlichen Mannes auf diese wenigen Informationen reduziert bliebe.

Mich hat die Begegnung mit Wladimir Schmeis beeindruckt, wenn nicht geprägt. Dafür möge man mir kein Stockholm-Syndrom unterstellen. Mich faszinierte nicht nur diese fast literarische Figur, sondern vor allem seine Fähigkeit zu umfassenden Visionen. Als ich nach Fünfeichen kam, wusste ich nicht, was ich werden, welche Zukunft ich mir vorstellen wollte. Als ich das Lager verließ, stand für mich fest, dass ich Ingenieur, besser noch Wissenschaftler werden wollte, dass es mein Plan sein würde, technische Entwicklungen in der Art und mit dem Enthusiasmus voranzubringen, wie ich sie in Fünfeichen erlebt hatte.

Es gibt andere Erzählungen aus den Lagern, auch aus Fünfeichen. Darunter sind viele Schreckensberichte, welche die Not der Menschen hinter dem Stacheldraht verdeutlichen. Manche der Männer und Frauen getrauten sich erst spät, ein halbes Jahrhundert nach diesen Erlebnissen, darüber zu sprechen. All diese Menschen lügen nicht, wenn sie von Hunger, von Einsamkeit, von Ungerechtigkeit und von Tod berichten, und sie haben jedes Recht dazu. Aber historische Gerechtigkeit entsteht nicht durch Schwarz-Weiß-Zeichnungen des Geschehenen. Die Aufrechnung von Schuld und Gegenschuld schafft keine Erkenntnis und keine Versöhnung.

Es gibt keine umfassende, keine endgültige Wahrheit. Die Wahrheit ist immer ein Konstrukt der Menschen, abhängig von ihren Erlebnissen und Erfahrungen, ihrem Wissen um Zusammenhänge. Jeder fügt dem Bild, das niemals vollständig sein wird, seine Facetten hinzu. Vielleicht ist die Wahrheit überhaupt die niemals endende Diskussion über all das Erlebte und Erlittene.

Nachdem ich die Erlebnisse aus den Lagern zu ersten Mal aufgeschrieben hatte, führte ich die Aufzeichnungen in den folgenden Jahren fort, zuerst handschriftlich, später diktierte ich sie meiner Frau. So entstanden im Laufe der Jahrzehnte Notizen und Berichte, die ich hier zusammengefügt habe, um meine Geschichte zu erzählen, die nur eine von vielen sein kann. Die ich erzählen muss, weil zu viele andere es nicht mehr können.

Niemand wird sich, wenn unsere Generation gestorben ist, an diese Geschichten erinnern. Die jüngeren Generationen produzieren ihre eigenen Geschichten. So ist der Lauf der Dinge. Vielleicht erinnern sie sich, mit ein wenig Glück, an die Erzählung unserer Geschichten, die wir nicht verschwiegen haben, in der Hoffnung, den menschlichen Geist, der so vergesslich ist, zu überlisten.

Der niederländische Schriftsteller Cees Nooteboom schrieb einmal, dass die Erinnerung wie ein Hund sei, der sich hinlegt, wo es ihm gefällt.

Vor meiner Tür scheint es dem Hund zu gefallen.

Ein leiser Wind, der Freiheit heißt
1950–1953

Ich brauchte nur wenige Schritte, um zu der kleinen Wohnung unter dem Dach zu gelangen, die meine Eltern seit ein paar Jahren bewohnten.

Die Familie saß am Küchentisch. Auch mein Bruder war inzwischen aus der Kriegsgefangenschaft zurückgekehrt. Unter dem Tisch bellte aufgeregt ob des ungewohnten morgendlichen Besuchs ein junger Hund.

Vater schaute auf und lächelte: »Wir wussten, dass du bald kommen würdest. Den Hund haben wir vor Kurzem gekauft, jetzt hast nur noch du gefehlt.«

Das war alles. Große Umarmungen waren in der Familie nicht üblich.

Später sagte Vater: »Vor ein paar Jahren habe ich Gottfried ein Motorrad gekauft und auch für dich habe ich eins gekauft, damit ihr beide Motorräder habt, wenn ihr nach Hause kommt.«

Das war die Art unseres Vaters, seine Zuneigung und unerschütterliche Zuversicht auszudrücken.

Am nächsten Tag musste ich mich beim Einwohneramt in Weißig melden und bekam ein Dokument, das mich als Mitglied der neuen Gesellschaft auswies. Den Entlassungsschein aus Buchenwald behielt der Beamte ein, aber meinem Bruder, der seit seiner Rückkehr eine Karriere als Sportfunktionär und zeitweise als stellvertretender Bürgermeister von Gönnsdorf gemacht hatte, war es gelungen, das Papier am Abend vorher im Bürgermeisterbüro zu kopieren.

Kurz darauf erreichte mich ein Schreiben, dass ich mich zur künftigen Arbeit bei der Wismut AG zu melden hätte. Dieses

Bergbau-Unternehmen war der Widerspruch an sich: eine kommunistische Aktiengesellschaft auf deutschem Boden, bis zum Ende des Jahres 1953 in ausschließlich sowjetischem Besitz, gegründet zur Erschließung und zum Abbau der Uranvorräte im sächsischen Erzgebirge. Keine andere Region in der Welt ist mit der Geschichte des Urans so eng verknüpft wie das sächsisch-böhmische Erzgebirge. Seit dem zwölften Jahrhundert wurde dort in zahllosen Bergwerken Silber und Zinn abgebaut. Vor allem in den Silber-Kobalt-Bergwerken gehörte seit dem sechzehnten Jahrhundert ein schwarzes, schweres, damals nutzloses Mineral zu den Abraumprodukten. Die Bergmänner nannten es Pechblende und wussten nicht, dass das darin enthaltene Uran später einmal zum Bau der gefährlichsten Waffen, die sich der Mensch auszudenken in der Lage war, dienen würde.

Nach der Kapitulation der Deutschen kamen unverzüglich sowjetische Experten ins Erzgebirge, um die Lagerstätten zu erkunden. Im Mai 1947 wurde ein Befehl der Sowjetischen Militäradministration umgesetzt, nach welchem sämtliche Bergbaubetriebe in der besetzten Zone in das Eigentum der UdSSR übergehen und ihre Produktion auf die sowjetischen Reparationskonten angerechnet werden sollten. Die Amerikaner hatten in Hiroshima und Nagasaki gezeigt, zu welchen Zerstörungen ihre Atombomben fähig waren. Das Wettrüsten des Kalten Krieges hatte begonnen und der Abbau des deutschen Urans für die sowjetische Aufrüstung bekam oberste Priorität. Das erforderte eine hohe Anzahl von Arbeitskräften, die nur durch Arbeitsverpflichtungen beschafft werden konnten. Diese Zwangspraktiken waren zwar Ende der Vierzigerjahre offiziell beendet worden, doch wurden immer wieder ehemalige Häftlinge und »politisch unzuverlässige Elemente« mit Hinweis auf ihre Rehabilitation verpflichtet.

Die Arbeit in den schnell eröffneten und zu Beginn mangelhaft ausgerüsteten Bergwerken war hart und gefährlich. Nur die wenigsten Arbeiter waren erfahrene Bergmänner. Es kam zu zahlreichen, oft tödlichen Unfällen. Die Bergleute litten an Silikose und Lungenkrebs. Weitere für die Wismut typische Berufskrankheiten waren Vibrations- und Überlastungsschäden, Gehörschäden, Hauterkrankungen und Vergiftungen durch toxische Abbaustoffe.

Für mich, in meinen körperlichen Zustand nach der Entlassung aus den Lagern, war die Verpflichtung zur Arbeit in den Bergwerken so etwas wie ein nachgereichtes Todesurteil.

Ein paar Tage nach meiner Heimkehr hatte ich ein langes Gespräch mit den Eltern. Sie wussten tatsächlich in all den Jahren nichts von meinem Schicksal. Kurz nach meiner Verhaftung hatten sie erfahren, dass viele der »Abgeholten« nach Bautzen gebracht wurden, und waren dorthin gefahren, um vor den Mauern des »Gelben Elends« vielleicht jemanden zu treffen, der Informationen über mich hatte. Sie hatten in verschiedenen Polizeistationen nach mir gefragt, auch bei anderen Behörden. Alles war vergebens.

Auch die Russen, die bei ihnen heimlich Schnaps und Zigaretten kauften, wussten nichts und konnten nicht helfen. Als sie erfuhren, dass ich vom NKWD abgeholt worden war, weinten sie gemeinsam mit Mutter.

In dieser Not war Vater nach Berlin gefahren und hatte sich an den amerikanischen Geheimdienst, aber auch an den Informationsdienst der BBC gewandt. Der hatte den Ruf, über geheime Kanäle zu verfügen und bei der Suche nach Vermissten, aber vor allem nach Menschen, die von den Russen verhaftet worden waren, helfen zu können. Die Leute von der BBC hatten Vater versprochen, ihr Möglichstes zu tun, und ihn überredet, im Gegenzug Informationen über das Leben in der sowjetischen Besatzungszone, besonders aus Dresden, zu liefern. Vater war ein guter und zuverlässiger Spion geworden.

Als ich davon erfuhr, brach ich zusammen. Mir musste keiner erklären, wie gefährlich die Übermittlung von Informationen an die Engländer war, die fünf Jahre nach dem Kriegsende von den Russen nicht mehr als Verbündete, sondern als Gegner im Kalten Krieg gesehen wurden. Ich wusste von der Paranoia der Russen, was Geheimdienstaktivitäten betraf. Und ich wusste, welche Strafen den erwarteten, der als Informant aufgeflogen war.

In den Lagern war ich, abgesehen von den Abszessen und dem Durchfall, der mich auf die Seuchenstation gebracht hatte, nie ernsthaft krank gewesen. Ich war von den meisten Lagerkrankheiten, die oft zum Tode führten, verschont geblieben. Ab und zu hatte ich noch an Durchfall gelitten, das lag an der schlechten Ernährung und an der nervlichen Belastung. Manchmal war ich körperlich so angegriffen, dass ich mich kaum bewegen konnte, aber ich hatte immer vermieden, ins Lazarett zu gehen.

Nun ereilte mich ein vollkommener Zusammenbruch. Vaters Geständnis war vielleicht der Auslöser, weil dieses Geständnis genau in dem Augenblick kam, als die ungeheure Anspannung, unter der ich fast fünf Jahre ohne Unterbrechung, ohne Linderung gestanden hatte, von mir abzufallen begann. Meine Kräfte waren aufgebraucht.

Ich bekam eine Lungenentzündung und wenig später diagnostizierte der Arzt noch eine Rippenfellentzündung.

Er sagte: »Es ist verrückt. Dieser Junge kann nicht zur Wismut gehen. Nicht jetzt und auch in absehbarer Zeit nicht.«

Über Wochen ging es mir schlecht. Ich bekam hohes Fieber, zum ersten und einzigen Mal in meinem Leben. Meine Eltern dachten an manchen Tagen, ich sei zum Sterben nach Hause gekommen. Als ich aus Buchenwald zurückkam, wog ich kaum fünfzig Kilogramm. Die Anspannung fiel ab, der Druck wich aus meinem Körper, aus meinem Kopf, und das mentale Gerüst, das mich fünf Jahre hinter den Mauern hatte überleben lassen, brach zusammen.

Langsam erholte ich mich wieder. Ich aß regelmäßig und schlief viel. Nachts hatte ich Träume, aber die waren nicht wirklich bedrohlich. Ich begann zu üben, was man beiläufig ein normales Leben nennt. Manche der Heimkehrer entwickelten Psychosen oder wollten das karge Leben der Lager weiterführen. Sie behielten ihre Überlebensrituale bei, wollten nur trockenes Brot essen und schliefen schlecht in weichen Betten. Auch mein Bruder hatte sich merkwürdig verhalten, als er 1948 aus der Kriegsgefangenschaft zurückkam. Er wollte Kartoffelschalen essen, erzählten die Eltern. Nach ein paar Monaten habe sich das verloren.

Mir gelang es, mich in die Rituale eines Lebens in Freiheit wieder einzuordnen. Ich bemühte mich um ein Verhalten, das den ehemaligen Häftling nicht spüren ließ. Aber auch ich hatte Schwierigkeiten, dies ohne Angst, ohne allumfassendes Misstrauen zu tun. In den Wochen der Krankheit und auch noch später hatte ich Angst, das Grundstück zu verlassen. Ich mied den Kontakt mit anderen Leuten. Fünf Jahre war ich in den Lagern praktisch keinen Augenblick allein gewesen. Jetzt kamen fast täglich die Russen, um bei meinen Eltern einzukaufen. Als ich, einigermaßen genesen, das Zimmer verließ und den ersten Soldaten sah, floh ich durch den Garten hinterm Haus und über den Zaun in die Felder. Es dauerte eine Weile, bis ich die Uniformierten nicht mehr als unmittelbare Bedrohung ansah.

Ich war zwanzig Jahre alt und hatte keine wirklich intimen Erfahrungen mit Frauen. In den Jahren, in denen ein junger Mann erste Erfahrungen sammeln sollte, war ich isoliert gewesen. In den Lagern hatte Sexualität keine Rolle gespielt. Wenn junge Frauen jetzt Interesse an mir zeigten oder sich auch nur näherten, reagierte ich scheu und ängstlich.

Erika, meine Freundin aus den letzten Kriegstagen, war nach meiner Verhaftung noch ein paar Mal nach Gönnsdorf gekommen, um sich nach mir zu erkundigen. Aber eigentlich, meinte Mutter, sei es ihr mehr um die kleinen Lebensmittelpakete gegangen, die Vater ihr zum Abschied immer in die Hand drückte. Als sich die Rundung ihres Bauches nicht mehr verbergen ließ, sei Erika fortgeblieben. Sie hatte kurz nach meinem Verschwinden einen anderen Mann kennengelernt, einen Offizier der neuen Polizei, und war von ihm schwanger geworden. Später hatte jemand meinen Eltern erzählt, dass der Polizist auf illegalen oder gar kriminellen Wegen einen teuren Pelzmantel für Erika besorgt hatte und dafür ins Gefängnis kam. Von Erika selbst hatten sie seit Jahren nichts mehr gehört.

Im Mai ging es mir wieder besser und ich beschloss, in das Geschäft meines Vaters einzusteigen.

Wie ich schon erzählt habe, hatte er unmittelbar nach dem Ende des Krieges einen prosperierenden Handel mit Schnaps und Zigaretten aufgebaut, der auf einem ausgefeilten Geschäftsplan beruhte, welcher gleichwohl die Unwägbarkeiten der Nachkriegszeit einzuschließen schien. Im letzten Kriegsjahr war er zum größten Schwarzmarkthändler im Schönfelder Hochland aufgestiegen. Es gab kaum einen Händler, einen Gastwirt, einen Bauern, den er nicht kannte. Als sich die deutsche Niederlage immer klarer abzeichnete, begann er, die auf dem Bahnhof beim Umladen »heruntergefallenen« Waren gegen Mehl zu tauschen. Dieses Mehl wiederum tauschte er gegen Zigaretten und Spirituosen. Einen Teil der Ware versteckte er an verschiedenen Orten, unter anderem auf dem Dachboden des Schönfelder Schlosses. Mit Tabak und Alkohol beherrschte man damals den Markt. Schon wenige Tage nach Kriegsende warfen seine Geschäfte Gewinn ab. Nach seiner Rückkehr fuhr mein Bruder die Ware mit dem Motorrad aus und pflegte die Geschäftsverbindungen. Die waren nicht einmal illegal, hatte Vater doch diverse Großhandelsscheine in der Tasche. Er pachtete Felder rings um Gönnsdorf für den Tabakanbau. Den Tabak trocknete er auf den riesigen Dachböden des Herrenhauses und kaufte große Tabakschneidemaschinen, woher auch immer in diesen Zeiten. Hier zahlte sich aus, dass er strategisch denken konnte und keine Angst kannte. Seine Verbindungen in Dresden halfen bei der Geschäftserweiterung, er belieferte bald halb Dresden und das Hochland sowieso. Gab es kein Geld, wurde gegen andere Waren getauscht. Ich habe das nicht selbst erlebt, aber verlässliche Zeugen berichteten mir später, dass sich an manchen Abenden die Geldbündel auf dem Küchentisch stapelten. Vater war wieder das, was er immer sein wollte: ein erfolgreicher Geschäftsmann.

Aber erneut hatte seine Geschäftsidee eine Schwachstelle, auf die er allerdings keinen Einfluss hatte. Da er Banken grundsätzlich misstraute und überhaupt ein Verfechter des Handels mit Bargeld war, verloren die mit harter und diesmal ehrlicher Arbeit erworbenen, bei keiner Bank deponierten Geldbündel dramatisch an Wert, als im Juni 1948 in Deutschland zwei neue Währungen eingeführt wurden. Wenig später erließen die Behörden in der Sowjetischen Besatzungszone ein Gesetz, das es privaten Tabakhändlern so gut wie unmöglich machte, ihre Waren an staatliche Handelsunternehmen zu verkaufen. Auch die Bedingungen für den Verkauf an private Geschäfte wurden stark reguliert und vor allem kontrolliert. Damit brach der Tabakmarkt für private Hersteller in kurzer Zeit zusammen. Die Unter-der-Hand-Geschäfte, ein wichtiger und in Zeiten des Mangels absolut notwendiger Teil der Handelsbeziehungen, wurden schwieriger.

Als ich einstieg, generierte das Geschäft bereits Verluste. Vater zog sich nach und nach zurück, aber sein Handel war immer noch die Erwerbsquelle unserer Familie. Gottfried war beinahe täglich unterwegs, um die Gaststätten und Läden zu beliefern, die noch bei uns kaufen durften. Aber er war kein guter Geschäftsmann. Er vergab großzügig Kredite, streckte die Zahlungsfristen und verteilte generös Zigaretten und Schnaps unter seinen Freunden. Wir standen vor der Entscheidung, das Geschäft aufzugeben. Dies aber, wie auch das Geschäftsgebaren meines Bruders, widersprach meiner Philosophie von einem gesunden Unternehmen völlig. Ich versprach, die Bilanzen in Ordnung zu bringen. Zuerst musste ich den Führerschein für das Motorrad machen, dann ging ich selbst auf Zigarettentour. Meine neuen Bedingungen lösten unter den Kunden eine regelrechte Schockwelle aus. Ich belieferte die meisten kleinen Dorfläden und die Restaurants in den Orten rings um Gönnsdorf bis nach Radeberg. Die Inhaber jammerten und wollten längere Zahlungsziele oder Aufschub für bereits gelieferte Waren. Ich blieb in der Regel hart und bestand auf schneller und fristgerechter Zahlung. Wer nicht pünktlich bezahlte, bekam keine neue Ware. Ich war in den Verhandlungen das genaue Gegenteil meines Bruders und manchmal übertrieb ich es sehr. So wollte ich das Geschäft unserer Familie sanieren. Im September waren wir aus den roten Zahlen. Wir machten kaum Gewinn, aber wir machten auch keine Verluste mehr.

Gottfried widmete sich wieder stärker seiner Funktionärskarriere. Er und Mutter waren in die neue Staatspartei, die Sozialistische Einheitspartei Deutschlands eingetreten, beide aus pragmatischen Gründen. Es gab keine Diskussionen darüber in der Familie. Für die beiden war das nicht mehr als eine weitere Leiter, die sie für den sozialen Aufstieg in der neuen Gesellschaft zu nutzen versuchten. War Vater der Stratege in der Familie, beherrschte Mutter die Kunst des Taktierens auf den Feldern des täglichen Lebens.

Mein Bruder war schon vorher Mitglied der Organisation für Deutsch-Sowjetische Freundschaft (DSF) geworden. Im Dorf wurde kurz nach dem Kriegsende der Verwalter des ehemaligen Rittergutes zum Bürgermeister gewählt, war aber unfähig, dieses Amt auszuführen. Gottfried war sein Stellvertreter und damit gewissermaßen ausführender Bürgermeister. Er hatte gute Kontakte zu allen möglichen Behörden und Beamten. Nach kurzer Zeit war er ein hoher Funktionsträger im Sächsischen Radsportverband.

Vater fuhr oft nach Berlin. Im Westen der Stadt spielte er französische Pferdewetten, traf in den Wettbüros Gleichgesinnte und konnte fachsimpeln. Er nahm immer ein Bündel Geldscheine mit, tauschte es gegen Westgeld, setzte einen Teil auf die Pferde und kaufte mit dem anderen Lebensmittel und Dinge, die es im Osten nicht gab. Er besorgte für Verwandte auch Medikamente, die in Dresden schwer zu bekommen waren.

Und er besuchte regelmäßig seine Kontaktleute bei der BBC in Berlin. Er verfügte über die besten Kontakte dort. Fast freundschaftlich verkehrte er mit Charles Wheeler, dem berühmten Journalisten, der als Mitglied der berühmten »30 Assault Unit«, einer britischen Marine-Geheimdiensteinheit, die vom legendären James-Bond-Erfinder Ian Fleming zusammengestellt wurde, an der Landung der Alliierten in der Normandie teilgenommen hatte.

Soweit ich weiß, gab es in der sowjetischen Besatzungszone nur zwei BBC-Informanten, die regelmäßig Berichte an den Sender und damit auch an den britischen Geheimdienst weitergaben. Einer davon war mein Vater. Die Berichte waren eine Kombination aus Alltagsbeobachtungen zu den Entwicklungen in Ostdeutschland unter den sowjetischen Besatzern und vertraulichen Informationen, zu denen mein Bruder als Parteimitglied, Funktionär und Bürgermeister exklusiven Zugang hatte. Immer wieder diskutierten Gottfried und Vater im Flüsterton, was als wichtige Information nach Berlin gehen sollte. Mutter schrieb die Nachrichten dann auf kleine Papierstücke und nähte sie in die Jacke des Vaters unter den Schulterpolstern ein.

Im Grunde war es keine wirkliche Spionage, die mein Vater betrieb. Er gab keine brisanten Akten oder technischen Pläne weiter, sondern Informationen über das Leben der Menschen in der Ostzone und die immer größer werdende Kluft zwischen Wirklichkeit und Propaganda. Im Deutschland-Programm der BBC gab es eine Sendung, die »Der verwunderte Zeitungsleser« hieß. Das war eine humoristisch-kritische Kolumne, in der Zeitungsartikel aus ostdeutschen Blättern mit Informationen verglichen wurden, die mein Vater, aber auch BBC-Journalisten lieferten, welche durch die sowjetische Zone reisten und dort ihre Quellen hatten. Viele Leute im Osten liebten diese Sendung.

Ich ängstigte mich fast zu Tode, wenn ich an die Konsequenzen dachte, die unsere Familie bei Entdeckung würde tragen müssen, und bat Vater, die Sache abzubrechen. Aber das wollte nicht einmal Mutter. Für sie war das wieder eine Frage des Prestiges. Vater bekam ein gutes Honorar für seine Berichte. Davon kaufte er Apfelsinen und Bananen, Kindernahrung für die Verwandtschaft, und brachte Fisch und Konserven mit, die Mutter weitergeben konnte. Das war für sie eine wichtige Quelle, um ihren Status im Dorf aufwerten zu können. All das lief ziemlich offen ab. Tatsächlich bekamen wir nie Schwierigkeiten deswegen.

Vater meinte, dass er jedem Befrager erklären könne, dass er lediglich nach Westberlin fuhr, um auf Pferderennen zu setzen, die man im Osten nicht in den Wettlisten fand.

»Ich bin wettsüchtig«, sagte Vater, »das habe ich sogar schriftlich.« Und wirklich hatte ein Arzt meinem Vater Jahre zuvor eine krankhafte Spielsucht bescheinigt.

»Wenn mich je einer fragen sollte, woher ich das Geld für die ganzen Sachen habe, die ich aus Berlin mitbringe, kann ich immer behaupten, dass ich bei den Pferdewetten gewonnen habe.«

Ich weiß nicht genau, ob die BBC an dieser Legende mitgestrickt hatte. Vater versuchte ab und zu, mich von der Wichtigkeit dieser Arbeit zu überzeugen. Er liebte das Risiko, das damit verbunden war, ich wusste, dass eine Entdeckung Sippenhaftung und für mich als ehemaligen Lagerhäftling wahrscheinlich neuerliche, lebenslange Haft bedeuten würde.

Bei diesen Gesprächen bekam ich einiges über die wichtigen politischen Dinge im Osten und auch im Westen mit, aber im Grunde war ich in den Monaten nach meiner Rückkehr unpolitisch. Ich wollte meine verlorene Jugend nachholen und lernen.

Ab und an, eher zufällig, traf ich Leidensgenossen aus den Lagern wieder und erfuhr Neuigkeiten. Die meisten schwiegen über ihre Erlebnisse in den Lagern. Ihre Familien erfuhren kaum etwas über die Traumata, welche die Rückkehrer quälten.

Eines Tages hörte ich, dass Hans Kauert, der Überlebenskünstler, den ich in Fünfeichen aus den Augen verloren hatte, sich eine Weile in Radeberg und Bischofswerda herumgetrieben hatte. Angeblich wollte er sein Geheimwissen über einige der Lagerhäftlinge an die Russen oder an die neuen Polizeibehörden verkaufen. Dann war er in irgendwelche kriminellen Dinge verwickelt und wurde selbst verhaftet. Ich glaube, es fiel ihm leichter, hinter den Mauern zu überleben als in Freiheit.

Das Leben im Dorf lief in seinen gewohnten, seinen vertrauten Bahnen. Die Obrigkeit war eine andere, die Abfolge der Jahreszeiten blieb. Einige Männer waren aus dem Krieg zurückgekehrt, andere nicht. Die Menschen heirateten, schimpften über die politischen Verhältnisse, bestellten ihre Felder oder fuhren hinunter nach Dresden zur Arbeit in die wieder aufgebauten Fabriken.

Marianne Richter, die Tochter des Kommunisten, die bis zu ihrer Verhaftung in unserem Haus wohnte, hatte die Gefängnisse oder Lager der Nazis überlebt. Sie war nicht nach Gönnsdorf zurückgekehrt, sondern lebte jetzt in Dresden.

Onkel Joffé, unser jüdischer Verwandter in Königsbrück, wurde von den Russen verhaftet und nach Sibirien deportiert. Er hatte zwei Weltkriege überlebt und den Vernichtungswahn der Nationalsozialisten. Als die Rote Armee in Königsbrück einmarschiert war, hatte er sich mit seinen Russischkenntnissen als Dolmetscher und Vermittler zur Verfügung gestellt und viel Gutes bewirkt. Und viel Schlimmes verhindert, wie es hieß. Keiner wusste, warum dieser friedfertige Mann verhaftet worden war. Seine Familie hörte nie wieder von ihm.

Im September 1950 bekam ich eine Stelle als »Umschuler« bei der Firma »Clemens Müller«. Das war ein renommierter Betrieb für Feinmechanik in Dresden. 1855 als erste Nähmaschinenfabrik Europas gegründet, wurden dort ab 1909 auch Schreib- und Büromaschinen hergestellt. »Clemens Müller« hatte sich mit seinen Produkten einen Weltruf erworben. Unter den Markennamen »Veritas«, »Stella« und »Urania« wurden die Maschinen in zahlreiche Länder exportiert. 1945 waren Teile des Betriebsgeländes durch Bomben zerstört worden, aber 1948 wurde die Produktion in zunächst bescheidenerem Rahmen wieder aufgenommen. 1951 fusionierte die »Clemens Müller AG« mit der größeren Firma »Seidel & Naumann« zum »VEB Mechanik Schreibmaschinenwerke Dresden«.

So wie mein Vater am Ende des Krieges einen fertigen Plan zum Aufbau seines Geschäftes hatte, war ich aus den Lagern mit der festen Absicht zurückgekommen, Ingenieur zu werden. Dazu brauchte ich jedoch eine fundierte Ausbildung. Einen Schulabschluss konnte ich nicht vorweisen. Am 13. Februar 1945 war ich zum letzten Mal in einer Schule gewesen. Dann war ich fünf Jahre in den Lagern gewesen, ohne jemals eine Prüfung abgelegt und ein Zeugnis erhalten zu haben. Ich hatte durch die Stunden bei Dr. Gerdes und anderen mein Grundlagenwissen in Mathematik und Physik erweitert, aber dafür hatte es keinen Abschluss gegeben und ich besaß auch keine Unterlagen, die meine Kenntnisse beweisen konnten. Die Lektionen hatte ich im Lager in den Sand oder mit Blei auf die Bretter meines Bettes geschrieben. Von schulbehördlicher Warte aus gesehen war ich ein Grundschüler, ein mäßig erfolgreicher dazu.

Abermals half mir mein Bruder mit seinen Funktionärskontakten. Es gab ein Programm, mit dem heimgekehrte Kriegsgefangene wieder in den Arbeitsprozess eingegliedert werden sollten. Man nannte diese Leute »Umschuler«, eine Art Lehrlinge im Erwachsenenalter, die bestenfalls schon über praktische Erfahrungen auf dem Gebiet verfügten, für das sie nun eine fundierte Ausbildung und einen regulären Abschluss erhalten sollten. Die Ausbildung dauerte anderthalb Jahre. Mein Bruder hatte alle politischen Kontakte und Möglichkeiten ausgenutzt, dass ich eine solche Lehrstelle bekam, obwohl ich kein ehemaliger Kriegsgefangener, sondern nach den Dokumenten ein entlassener Untersuchungshäftling war.

Ich wurde zur Aufnahmeprüfung eingeladen. Im Raum saß eine Gruppe von vielleicht dreißig Leuten, darunter viele Jugendliche, die sich regulär auf eine Lehrstelle bewarben. Zwei oder drei waren älter und erzählten, dass sie erst vor Kurzem aus der Kriegsgefangenschaft heimgekehrt seien.

Eine junge Frau kam herein und verteilte Fragebögen. Sie gefiel mir auf den ersten Blick. Ich hatte in den vergangenen Monaten meine Scheu im Umgang mit Frauen etwas ablegen können. Weil ich gern tanzte, gaben mir meine Cousine und meine Schwägerin in der elterlichen Küche Tanzstunden. Einige Male war ich auch zum Tanz in den umliegenden Dorfsälen gewesen, aber ich war schüchtern und hatte Angst vor Zurückweisung. Wenn ich dann tanzte, verlor ich die Scheu. Tanzen, wenn man es richtig betreibt, fordert eine ganze Menge Konzentration. Es erfordert eine Vorstellung von der Figur, die man tanzen möchte, und ein präzises Verhältnis zum Takt. Jeder Tanz hat einen anderen Takt, fast jeder Tanzpartner hat eine andere Art, wie er sich diesem Takt fügt. Man muss den Partner akzeptieren. Durch das Tanzen überwand ich meine Scheu vor dem anderen Geschlecht.

Die junge Frau also verteilte die Fragebögen und als sie vor mir stand, lächelte ich sie an und fragte sie, ob ich die Fragen auch auf rosa Papier haben könne. Ich war verblüfft über meine Keckheit. Das entsprach nicht unbedingt meinem sonstigen Verhalten Frauen gegenüber. Die junge Dame schaute mich prüfend und leicht schnippisch an. Später gestand sie mir, dass ihre Gedanken in diesem Augenblick nicht unbedingt positiv waren. Und ich wusste nicht, dass ich zum ersten Mal meiner künftigen Frau begegnet war.

Ich bestand die Aufnahmeprüfung und begann eine Lehre zum Werkzeugmacher. In der Berufsschule traf ich die junge Frau wieder. Sie machte eine Mechanikerlehre und war obendrein die Nichte des Leiters der Berufsschule. Wir gingen in die gleiche Klasse. Weil sie aber eine reguläre Lehre durchlief und ich die verkürzte Umschulerlehre, war sie länger an der Schule als ich. Sie hieß Ursula.

In der Ausbildung halfen mir die in Fünfeichen und Buchenwald erworbenen Fähigkeiten sehr. Ich absolvierte die Lehre noch einmal von den Grundlagen bis zur Prüfung. Ich musste feilen, fräsen, hobeln. Von Monat zu Monat wurde mir klarer, dass ich nach der Lehre studieren wollte. Studienplätze waren nicht knapp, aber genau bemessen. Um studieren zu können, musste man von einem Betrieb delegiert werden. Das war nicht so einfach. Um delegiert zu werden, reichten gute fachliche Leistungen nicht aus, man musste auch eine gewisse politische Eignung nachweisen. Ich wurde mit einundzwanzig Jahren Mitglied der Freien Deutschen Jugend. Das war nichts Besonderes. Alle, die studieren wollten, waren Mitglied der FDJ. Für die meisten war das wie früher im Jungvolk oder in der Hitlerjugend. Nur die Vorzeichen hatten sich geändert. Ich hatte nicht die Absicht, mich politisch zu betätigen, aber das war nicht leicht. Jeder musste eine gewisse Initiative nachweisen, die »gesellschaftliche Arbeit« genannt wurde.

Um politischen Aktivitäten aus dem Weg zu gehen, gründete ich einen »Zirkel Junger Techniker«. Solche freiwilligen Arbeitsgruppen kamen damals in Mode und existierten bis zum Ende der DDR. Wir suchten Kontakt zu den Ingenieuren des Betriebes und baten sie, uns in die Entwicklungsprozesse einzubinden, damit wir lernten, wie solche Prozesse ablaufen. Wir ließen uns von ihnen Versuchsanordnungen und Experimente erklären, physikalische und mechanische Details und die Überführung der Erkenntnisse in die betrieblichen Abläufe. Dann machten wir eigene Experimente. Wir apostrophierten das als eine frühzeitige Einbindung in das Wissen der Ingenieure für junge Menschen, die später selbst ein Ingenieursstudium planten. Die Initiative wurde hoch gelobt und ausgezeichnet. Die Zeitungen schrieben über uns und ich bekam einen persönlichen Brief von Walter Ulbricht, dem Staatsratsvorsitzenden der DDR, in dem er mir zu dieser Initiative gratulierte und seinen Wunsch ausdrückte, dass unsere Arbeit eine Anregung für andere Betriebe sein solle.

Unter den älteren Umschulern war einer, mit dem ich mich gut verstand. Im November beschlossen wir, zwei der Mädchen aus der Lehrwerkstatt ins Kino einzuladen. Mein Kollege fragte Ursula, ob sie Lust habe, ich fragte ein anderes Mädchen aus unserer Klasse. Ich war immer noch sehr scheu, nach der Sache mit den Anmeldebögen hatte ich bei Ursula keine weiteren Annäherungen versucht. Möglicherweise war ich begehrt, denn ich besaß ein Motorrad. Das war damals etwas Besonderes, wenn man den Code der jugendlichen Flirtversuche kannte. Wir fuhren also mit den beiden Mädchen ins Kino. Dort wechselte Ursula auf wundersame Weise an meine Seite, während meine ursprüngliche Begleiterin sich bei dem anderen unterhakte. Ich glaube, den ersten Film, den man mit seinem künftigen Partner oder seiner Partnerin anschaut, vergisst man nie. Deshalb muss hier notiert werden, dass an diesem Abend auf der Leinwand »Jenny und der Herr im Frack« lief, eine Kriminalkomödie aus dem Jahr 1941 mit Gusti Huber und Johannes Heesters, einer der wenigen Filme, welche die Zensur nach dem Krieg überstanden hatten.

Von diesem Tag an waren wir so oft wie möglich zusammen. Schon sechs oder sieben Wochen später habe ich Ursel gefragt, ob wir uns verloben wollen. Sie war gerade siebzehn geworden. Im Mai feierten wir unsere Verlobung. Wir gingen gemeinsam in die Berufsschule und trafen uns in der Lehrwerkstatt. Sie wohnte nicht weit entfernt von der Firma, aber morgens kam sie oft nach Gönnsdorf, um mich abzuholen. Mein Weg zur Schule dauerte eine Dreiviertelstunde. Wir fuhren gemeinsam in die Stadt und Ursel hatte ein kleines Frühstück dabei.

Jeder Lehrling musste ein Berichtsheft führen, in dem er seine Lehrstunden und Projekte notierte. Die Berichte sollten in Normschrift verfasst und mit Zeichnungen zu den Werkstücken ergänzt werden. Ich konnte meine Ideen und die technischen Dinge gut skizzieren, aber ich war nie ein guter Zeichner und ich habe auch nie gern geschrieben, weil meine Rechtschreibung nicht perfekt war. Ursel hat alle meine Berichtshefte geschrieben und gezeichnet. Manchmal saß sie nächtelang über diesen Heften. Später schrieb sie meine Erinnerungen an die Lager mit der Schreibmaschine auf.

Motorräder waren meine Leidenschaft. Auch mein zweites Motorrad war eine DKW, ein umgebautes Modell aus dem Jahr 1928 mit einem Zweigang-Getriebe, dann aber erwarb ich eine DKW Luxus Sport mit Seitenwagen, mit dreihundert Kubik, ein wunderbares Motorrad. Ich hatte es in einer Scheune gefunden und für einen guten Preis kaufen können. Wir machten lange Ausflüge, Ursel saß hinter mir. Im Seitenwagen lag ein Schnapsfass, das ich zum Benzinfass umgewidmet hatte, weil es genau in den Wagen passte. Es war besser, bei längeren Fahrten einen Vorrat an Benzin mitzuführen. Außerdem mischte sich jeder seinen Sprit selbst zurecht. Zu Benzin oder Diesel kamen die verwegensten Beimischungen – Verdünnungsmittel, Schwarzheider Lösung, Rapsöl und andere Sachen.

Irgendwann wurde von der Firma eine Motorradtour organisiert, an der ich teilnahm, mit einer Zielankunft für die Motorräder. In den Betrieben wurden Motorsportgruppen aufgebaut. Das interessierte mich sehr, und es dauerte nicht lange, bis ich der Vorsitzende dieser Gruppe in unserer Schreibmaschinenfabrik war. Das geschah im Rahmen der vormilitärischen Ausbildung und wurde als politische Arbeit anerkannt, war aber im Grunde eine gute Möglichkeit für Motorsportenthusiasten, ihre Leidenschaft auszuleben. Politisch war die Sache nur auf dem Papier. Unsere Gruppe bekam über den Betrieb mehrere Motorräder zugeteilt. Am Anfang waren das noch alte Maschinen, aber bald stand eine neue AWO auf dem Hof, der Nachbau einer 42er BMW, dann kam eine 350er EMW dazu. Später verfügte die Gruppe über acht Maschinen.

Im Frühjahr 1952 schloss ich meine Ausbildung zum Werkzeugmacher ab, selbst die theoretische Prüfung bestand ich mit »gut«. Bei der praktischen Prüfung halfen mir die Dinge, welche mir die Gablonzer Zauberer in Buchenwald und Schümann in der Anhängerwerkstatt von Fünfeichen beigebracht hatten. Unter anderem sollte ich einen sechskantigen Stanzstempel feilen und mein Gegenüber an der Werkbank das Loch in ein Stück Metall arbeiten, in das mein Stempel exakt passen musste, mit allen sechs handgefertigten Flächen. Das war anspruchsvolles Handwerk.

Nach der bestandenen Prüfung arbeitete ich ein paar Wochen als Werkzeugmacher, bis ich im Sommer zu einer Fahrlehrerausbildung für Motorradfahrer nach Berlin delegiert wurde. Die hatte einen deutlich militärischen Charakter. Wir bekamen nicht nur das klassische Fahrlehrerwissen vermittelt, sondern erlebten einige Überraschungen. Es begann mit Querfeldein-Zielfahrten und verschiedenen Aufgaben an den Zielpunkten – Kerzenwechsel, Radwechsel, Kettenreparatur. An einem anderen Kontrollpunkt bekamen wir ein Kleinkalibergewehr in die Hand gedrückt und mussten Schießübungen auf Ballons machen. Bei anderer Gelegenheit wurden wir in Tarnuniformen gesteckt und sollten uns unauffällig im Gelände bewegen.

In mir weckte das sehr zwiespältige Gefühle. Der Unterschied zu den Übungen in der Schönfelder Sandgrube war nicht so groß. Andererseits war diese Fahrlehrerausbildung der einfachste Weg für mich, andere politische Aktivitäten zu umgehen, die mit Propaganda und marxistisch-leninistischen Schulungen zu tun hatten.

Dabei fand ich die marxistische Lehre nicht uninteressant. Mich faszinierte, dass deren Geschichtsphilosophie sich nicht aus der Verschiebung von Landesgrenzen, aus Eroberungen und Schlachten, aus diesen ganzen Nationalismen erklärte, sondern aus der Entwicklung der menschlichen Gesellschaft und diese wiederum aus der Entwicklung der Produktionsmittel. Mich interessierte auch der Ansatz einer Gesellschaft, in der jeder nach seinen Fähigkeiten und Leistungen entlohnt werden sollte und nicht auf der Grundlage längst überholter Privilegien. Allerdings hatte ich Zweifel, ob sich das mit den Menschen, wie ich sie kennengelernt hatte, realisieren ließ. Was meinem Charakter in den sozialistischen Strukturen völlig zuwiderlief, war die Forderung, öffentlich Selbstkritik betreiben zu müssen. Das war für mich eine bewusste und machtgesteuerte Zerstörung der Persönlichkeit eines Menschen, der ich mich konsequent verweigerte. Ich empfand das als einen Angriff auf die Würde.

Nach der Fahrlehrerschule arbeitete ich wieder als Werkzeugmacher. Meistens stellten wir Schnittwerkzeuge her. Da musste man viel Geduld aufbringen, sehr präzise und aufmerksam sein. Es wurde nicht gestanzt, sondern gefeilt und geschliffen, auf Hundertstel Millimeter genau. Gefeilt wurde mit der Hand. Jeder Werkzeugmacher hatte einen eigenen Schraubstock und einen Schemel. Wenn sich jedoch ein junger Werkzeugmacher auf diesen Schemel setzte, kam von hinten der Meister und zog ihn weg. Junge Gesellen hatten stehend zu arbeiten. Ich führte meine Arbeiten aus, so gut ich konnte. Allerdings weiß ich, dass aus mir nie ein wirklich guter Werkzeugmacher geworden wäre. Was mir fehlte, war die Geduld. Und die Meisterschaft der Gablonzer Handwerker schien mir überhaupt unerreichbar zu sein. Die beruhte auf einem Wissen, das von Generation zu Generation, über Jahrhunderte weitergegeben worden war.

Als ich eines Tages nach der Arbeit aus dem Betrieb kam, stand am Werktor ein alter Bekannter. Es war Karl Hall, der Barackenspitzel aus Fünfeichen. Er schien auf mich gewartet zu haben und begrüßte mich freudestrahlend wie einen guten Freund. Ich war zutiefst erschrocken. Woher wusste er, wo ich arbeitete? Was hatte er vor? Einem Spitzel war niemals zu trauen. In Sekundenschnelle wälzte ich mögliche Szenarien in meinem Hirn. Dass er augenscheinlich auf mich gewartet hatte, konnte nur bedeuten, dass er über Informationen verfügte, die er nur von staatlichen Stellen haben konnte. Ich war mir sicher, dass ich ihm im Lager nie Einzelheiten über meine Herkunft und meine Familie erzählt hatte. Im Gegenteil, ich hatte immer versucht, seine Nähe zu meiden. War er ein Informant der neuen Staatssicherheit geworden? Konnte dieses Treffen bedeuten, dass mich der Geheimdienst überwachte? Wussten die Behörden von den Aktivitäten meines Vaters?

Ich wechselte ein paar hastige Sätze mit Hall und lief schnell weiter, mich auf dringende Termine und meine gesellschaftlichen Aktivitäten berufend. Diese Begegnung steckte mir lange in den Knochen. Ich begann, meine Umgebung noch misstrauischer zu betrachten.

Ansonsten genoss ich das Leben und unsere junge Liebe. Unsere Ausflüge mit dem Motorrad wurden immer länger. Wir fuhren nach Thüringen, in den Spreewald und mit meinem Bruder, der inzwischen geheiratet hatte, und seiner Frau nach Spreenhagen, um dort zu zelten. Unsere Welt war überschaubar, aber voller Abwechslungen. Gottfried trainierte eine Jugendmannschaft im Einradfahren. Eine Weile war ich auch dabei, bis auffiel, dass ich dem Jugendalter schon entwachsen war. Die anderen waren alle jünger. Und sie waren talentiert, denn sie haben es bis zur DDR-Meisterschaft gebracht.

An den Wochenenden gingen wir tanzen. Ich tanzte gern und hatte in meiner Verlobten die ideale Partnerin gefunden. Sie hatte ein paar Jahre eine Ballettschule besucht und tanzte ebenso leidenschaftlich gern wie ich. Mein Bruder organisierte für die Radsportveranstaltungen oft ein kulturelles Rahmenprogramm. Manchmal bat er Ursel, bei diesen Veranstaltungen zu tanzen, den Ungarischen Tanz Nr. 6 von Brahms und anderes. Zu meiner Verwunderung erlebte ich einmal, dass bei einer solchen Veranstaltung im Saal des Gasthofs in Weißig unser Nachbar Wilhelm Herkner am Klavier saß und meine Freundin begleitete. Dass Herkner ein musikalisches Talent besaß, hätte ich ihm nicht zugetraut.

Unbeirrt folgte ich meinem Plan, Ingenieur zu werden. Ich bewarb mich an der Dresdner Fachschule für Maschinenbau, Elektrotechnik und Feinmechanik und wurde auch dort zu einer Aufnahmeprüfung eingeladen, die ich bestand. Im September 1952 begann ich zu studieren. Die Schule genoss einen guten Ruf. Sie war 1861 als Gewerbeschule gegründet worden. Aus der Gewerbeschule gingen im Jahr 1926 die Technischen Lehranstalten hervor, die 1952 in eben jene Fachschule umgewandelt wurden.

Das Studium war anspruchsvoll, aber es war zu schaffen. Wir waren verpflichtet, zu den Vorlesungen zu erscheinen, und mussten ein Anwesenheitsbuch führen. Kam einer der Studenten fünf Minuten zu spät, musste er Selbstkritik vor den anderen Studenten üben. Kam einer öfter zu spät, konnte er exmatrikuliert werden.

Kurz nach dem Beginn des Studienjahres wurde ich zum Sprecher des Semesters gewählt.

Die Lehrer waren ausgezeichnete Spezialisten auf ihren Gebieten. Politisch hielten sie sich auffallend zurück. Ungefähr die Hälfte hatte schon vor dem Krieg an den Lehranstalten gearbeitet. Man ahnte, dass sie dem neuen System kritisch gegenüberstanden, aber ich kannte keinen, der sich politisch exponierte, in welche Richtung auch immer. Selbst unsere Russischlehrerin hielt sich zurück. Wir hatten auch Russischunterricht und ich musste die Sprache lernen, die für mich immer mit Befehlen verbunden war. Diese Befehle in den Lagern nicht zu kennen, war lebensgefährlich. Sie verfolgten mich noch im Schlaf. Jetzt sollte ich in dieser Sprache Fachbegriffe und Alltagsfloskeln lernen.

Auch an der Ingenieurschule gab es eine Motorsportgruppe, der ich mich sofort anschloss. Als Fahrlehrer übernahm ich die Ausbildung der anderen Mitglieder. Unsere Leidenschaft waren Geländefahrten. Wir fuhren AWO-Geländemaschinen, Viertakter, die eigentlich zu schwer für diese Querfeldeinfahrten waren, aber die Herausforderung reizte mich. Ich fand immer, dass diese Fahrten mit den Wasserdurchquerungen und Sprungschanzen große Ähnlichkeiten mit dem Reiten haben. Zum Glück erlebte ich keine wirklich schweren Unfälle.

Selbstverständlich hatten wir auch Sportunterricht. Ich war kein besonderer Athlet, aber ich war ein Lauftalent, das hatte ich oft bewiesen. Zum Unterricht gehörten auch regelmäßige 3000-Meter-Läufe. Wir liefen in der Gruppe, als unser Lehrer uns auf den letzten dreihundert Metern zu einem Wettlauf anspornte. Er war ein durchtrainierter Athlet und zog das Tempo plötzlich an. Ich konnte als Einziger nicht nur mithalten, sondern ließ ihn hinter mir. Der Lehrer war beeindruckt und schickte mich zum Sportarzt, um mein Herz untersuchen zu lassen. Von diesem Tag an musste ich die Schule bei allen Wettkämpfen vertreten, bei denen 3000 Meter gelaufen wurden. Das brachte mir eine gewisse Stellung in der Schule ein. Es sprach sich herum, dass ich nicht nur ein guter Läufer, sondern auch der Bruder des bekannten Sportfunktionärs Gottfried Schreiber war.

Eines Tages kamen Abgeordnete der Schulparteiorganisation zu mir und meinten, dass sie mich schon länger im Blick hätten. Ich sei ein anerkannter Klassensprecher, ein guter Sportler und auch meine akademischen Leistungen seien beachtlich. Ich sei genau der Mann, dem in der Partei nicht nur alle Türen offenständen, sondern dem eine große Karriere vorgezeichnet sei. Für den Aufbau der neuen Gesellschaft sei ich mit meinen Führungsqualitäten wie geschaffen.

Tatsächlich kam ich immer wieder in Situationen, in denen von mir eine gewisse Führung verlangt wurde. Ich schien eine natürliche Autorität auszustrahlen, die ich nicht unbedingt verkörpern wollte. Ich hatte eine Meinung und konnte die auch vertreten, was mich oft in eine Position brachte, in der ich führen sollte. Und ich war mir eigentlich sicher, dass ich das nicht anstrebte. Mir behagte die Verantwortung nicht. Ich hatte immer Angst, die Leute nicht zu führen, sondern zu verführen, in die falsche Richtung. Ich bat um Bedenkzeit und begründete das mit meinen Zweifeln, ob ich bereit wäre für eine solch große Verantwortung. Die Funktionäre gaben mir diese Bedenkzeit, aber es kam der Tag, an dem ich mich erklären sollte. Das war der 18. Juni 1953. Am Tag zuvor war es erst in Berlin und dann überall in der DDR zu Demonstrationen und Aufständen unzufriedener Arbeiter und Bauern gekommen, die von den russischen Besatzern in Zusammenarbeit mit deutschen Polizeieinheiten brutal niedergeschlagen wurden. Auch in Dresden hatte es Demonstrationen gegeben, es waren russische Panzer in die Stadt gerollt, zum ersten Mal seit Kriegsende. Am 18. Juni standen diese Panzer noch zur Warnung da. Unsere Schule war in Aufruhr. Die Studenten riefen zu einer Versammlung, zu der die meisten auch kamen. Es ging darum, wie sich die Studenten verhalten, ob sie sich zu den Forderungen der Arbeiter solidarisch bekennen sollten. Da war eine Hoffnung, dass die Situation zum Nachdenken bei den Machthabern führen könnte und die scharfe Abgrenzung zum Westen vielleicht gemildert würde. Die Stimmung schaukelte sich hoch und dann wurde ich als Sprecher des Semesters auf die Bühne geschoben, um eine Rede zu halten. Ich weiß nicht mehr, was ich in dieser Stunde improvisiert und gesprochen habe, aber in meiner Rede habe ich zweifellos Änderungen im System gefordert. Am nächsten Tag begegneten mir die politischen Vertreter der Schule sehr zurückhaltend. Die Frage, ob ich Mitglied ihrer Partei werden wolle, wurde mir nie wieder gestellt.

Die Russen machten Ernst und trieben die letzten Aufrührer durch die Straßen, durch die ganze Stadt. Die Soldaten zogen in Trupps los und schossen in die Luft, um die Menschen auseinanderzutreiben. Sie verhinderten jegliche Gruppenbildung. Überall standen Panzer, man konnte die Gefechtsoptik sehen. Sie waren zum Äußersten bereit.

Das war das letzte Mal, dass ich politisch aufgetreten bin. Von nun an hielt ich mich konsequent zurück.

Ich konzentrierte mich auf das Studium. Da Ursel eine dreijährige Lehre machte, bewegte sie sich auf die Prüfungen zu. Ich wurde ihr

Tutor und lernte mit ihr hart für die Abschlüsse in Mathematik, Physik und Optik. Wir waren seit über zwei Jahren verlobt und ich lebte immer noch in der Wohnung meiner Eltern unterm Dach. Ich besaß kein eigenes Bett und schlief auf einem alten Sofa in der Küche. Wenn Mutter kochte, musste ich raus.

Mein Bruder wohnte inzwischen mit seiner Frau zur Miete im Haus unseres Nachbarn Wilhelm Herkner. Es war ein kleines Haus in der Mitte des Dorfes und Gottfried hatte die Wohnung im Erdgeschoss gemietet. Wir verhandelten mit Herkner und der überließ mir zwei kleine Zimmer im ersten Stock. Ich schlug Ursel vor, dass wir zusammenziehen. Also zog sie nach Gönnsdorf und wir lebten ganz romantisch in den beiden engen Stuben. Wir fuhren gemeinsam in die Stadt zur Schule, kamen meist gemeinsam zurück, unternahmen fast alles zusammen.

Nach dem Zusammentreffen mit Karl Hall und den Ereignissen um den 17. Juni herum war ich misstrauisch geblieben. Vaters Tätigkeit für die BBC konnte jederzeit auffliegen. Unter einem Fenster unserer Wohnung befand sich ein Anbau, in dem das Brennholz gelagert wurde. Man konnte bei Gefahr leicht durch das Fenster auf das Dach dieses Schuppens steigen und durch den Garten verschwinden. Unmittelbar neben dem Schuppen stand ein Apfelbaum und die Äpfel hingen über dem Dach. In Apfelbäumen, das hatte ich schon als Kind gelernt, war es einfach zu klettern. Ich erklärte auch Ursel diesen Fluchtweg.

Am Abend des 6. Oktober kam ich ziemlich spät aus der Ingenieurschule nach Hause. Es war schon dunkel. An solchen Abenden ging ich gewöhnlich zu meinen Eltern, um zu Abend zu essen. An der Dorflinde beim ausgetrockneten Dorfteich, gegenüber dem Haus meiner Eltern, stand ein blitzblankes Auto, ein nagelneuer EMW 340, eines der ersten Modelle aus dem Eisenacher Motorenwerk, das auf dem Vorkriegsmodell des BMW 326 basierte. Niemand aus unserem Dorf fuhr einen solchen Wagen. Das war ein Bonzenauto. Am Spritzenhaus standen zwei Männer. Als sie mich sahen, traten sie in den Schatten zurück. Mein Puls schnellte in die Höhe. Die Erinnerung brannte in meinem Hirn. Ich konnte die Gefahr riechen und schmecken, die in der Luft lag. Mein erster Gedanke war der an Flucht. Wie vor acht Jahren. In der Dunkelheit hätte ich mich hinterm Haus durch den Garten und über den Zaun in den

Wald flüchten können. Die Verfolger wären chancenlos gewesen. Und wieder ließ ich den Gedanken fallen.

Ich lief zum Haus der Eltern und als ich die Tür öffnete, hörte ich hinter mir die Schritte der Verfolger.

Sie bauten sich vor mir auf, dass der Fluchtweg versperrt war, und einer sagte: »Staatssicherheitsdienst, wir möchten mit Ihnen sprechen.«

Ich antwortete: »Aber ich kann doch sicher noch kurz zu meinen Eltern hoch gehen.«

Sie nickten und folgten mir auf dem Fuß. Im oberen Stockwerk sah ich, dass alle Türen offen standen. In der Wohnung der Eltern waren sämtliche Schränke geöffnet und die Schubkästen herausgezogen, selbst der Besteckkasten. Die wenigen Bilder an den Wänden waren abgehängt, auf dem Boden verstreut lagen Kleider. Mutter und meine Schwägerin standen stumm und kreidebleich im Flur. Die Hausdurchsuchung schien beendet zu sein.

Der ältere der beiden Stasi-Beamten wandte sich nun wieder an mich: »Wir müssen Sie bitten, jetzt mitzukommen.«

Ich lächelte höflich. Irgendwo hatte ich eine Geschichte gehört, die mir sehr imponierte. Sie handelte von Louis von Rothschild, dem berühmten Bankier aus Wien. Der war von den Nazis verhaftet und im Gestapo-Hauptquartier der österreichischen Hauptstadt vierzehn Monate in Isolationshaft gehalten worden. Erst auf internationalen Druck und als er den Nazis unter Zwang seine Bank überschrieben hatte, sollte er freikommen. Ich weiß nicht, ob es nur eine erfundene Anekdote war oder ob es sich wirklich so zugetragen hat – die Schergen sollen am späten Abend in die Zelle gestürmt sein, um ihm seine Entlassung zu verkünden. Der Bankier erhob sich nicht einmal von seinem Stuhl und schüttelte den Kopf: »Aber meine Herren, doch nicht am späten Abend! Kommen Sie nach dem Frühstück wieder.« Solch eine Haltung beeindruckte mich ungemein. Man muss den Schergen das Heft des Handelns aus der Hand nehmen, wenn sie es am wenigsten erwarten.

Nun schaute ich dem Stasi-Mann ins Gesicht und antwortete: »Aber meine Herren, Sie erlauben mir doch hoffentlich, noch mein Abendbrot zu essen?« Die beiden waren verdattert. Ich winkte Mutter, mir einen Teller Suppe zu bringen, den ich nach außen hin seelenruhig löffelte.

Mutter beugte sich über mich: »Der Papa und Gottfried sind schon verhaftet.«

Ich zwang mich, die Suppe weiter zu essen, dann stand ich auf: »Wir können gehen.« Auf dem anderen Stuhl stand meine Aktentasche mit den Schulunterlagen und dem Anwesenheitsbuch meiner Klasse, das ich als Sprecher zu führen hatte.

»Nehmen Sie bitte Ihre Aktentasche mit!«

Unten musste ich mich auf die Rückbank ihres Wagens setzen und wir fuhren los. Nach fünfzig Metern quietschten die Bremsen. Die beiden hielten vor dem Haus, in dem ich mit meinem Bruder wohnte. In den Zimmern oben brannte Licht. Ursel saß am Tisch über den Schulbüchern.

»Da oben brennt Licht! Wer ist da?«

»Das ist meine Verlobte, die für ihre Prüfungen lernt.«

»Aussteigen und nach hinten gehen!«

Sie dirigierten mich zum Haus. Wieder folgten sie mir unangenehm dicht auf den Fersen. Ich öffnete die Tür und Ursel kam, um uns zu begrüßen. Sie dachte, ich hätte Freunde mitgebracht, und erstarrte, als sie begriff, dass es Beamte der Stasi waren.

»Sie müssen mitkommen! Beide!«

Wir folgten ihnen zum Wagen. Sie platzierten uns auf dem Rücksitz und schlossen die Tür. Draußen hörten wir sie leise reden, verstanden aber nichts. Wir saßen steif und wortlos da. Nach fünfzehn Minuten stiegen die beiden Männer ins Auto und fuhren mit uns nach Dresden in die Zentrale des gefürchteten Staatssicherheitsdienstes. Die Beamten waren schweigsam. Ich wusste nicht, warum wir verhaftet worden waren, vermutete aber, dass es mit Vaters Kontakten in den Westen zusammenhing. Die Zentrale befand sich in der Bautzener Straße. Wir fuhren durch ein Tor und einen Tunnel in das Innere des Gebäudekomplexes. Dort wurden wir getrennt.

Ich wurde in eine Einzelzelle gebracht und am nächsten Morgen zur Vernehmung geführt. Im Vernehmungsraum saß ein junger Mitarbeiter des Staatssicherheitsdienstes. Ich weiß nicht mehr, welchen Rang er hatte, aber es kann kein hoher gewesen sein. Dafür war der Mann einfach zu jung.

Ich saß aufrecht ihm gegenüber an seinem Tisch und musste die Hände auf den Oberschenkeln halten. Nahm ich sie herunter, befahl er mir sofort, sie wieder flach auf die Beine zu legen.

Er begann mit scheinbar harmlosen Fragen zu meinem Leben und zum Studium.

Dann, unvermittelt, kam die scharfe Frage: »Welche Beziehungen unterhalten sie zu Wilhelm Herkner?«

Ich erklärte ihm, dass Herkner einer unserer Nachbarn und der Eigentümer des Hauses sei, in dem mein Bruder und ich zur Miete wohnten, man dieses Verhältnis aber nicht Beziehung nennen könne.

Der Beamte machte Notizen. Er fragte mich nach einem anderen Mann aus dem Dorf, der Kretzschmar hieß.

Bis zu dieser Frage war ich noch der Überzeugung gewesen, dass wir wegen Vaters Tätigkeit für die BBC verhaftet worden waren, aber die beiden Namen hatten nichts damit zu tun. Um Herkner und Kretzschmar rankten sich im Dorf andere Gerüchte. Beide sollten einer geheimen Untergrundorganisation angehören, die sich Zentrale oder Kampfgruppe gegen Ungerechtigkeit nannte und ihren Sitz in Westberlin hatte. Bei Herkner konnte ich mir das vorstellen. Herkner hatte ständig von mysteriösen Untergrundkämpfern gefaselt, erst bei den Nazis und dann bei den Russen. Erst wollte er die Nazis bekämpfen und jetzt die Russen, diente sich aber auch beiden an. Er war ein schwieriger Charakter, der immer gegen irgendetwas und irgendjemanden war. Im Dorf hieß es, dass er seine Kenntnisse in Radiotechnik nutzte, um Rundfunksendungen zu stören, indem er sich in die Frequenzen schaltete und Sätze sagte wie: »Nee, das ist alles Lüge, das stimmt doch nicht!« und ähnliche Sachen. Als in den Dörfern ringsum Flugblätter verteilt wurden, ahnte man, dass er damit zu tun hatte.

Ich begriff, dass Herkner aufgeflogen war und die Stasileute bei mir und meiner Familie am falschen Baum bellten, wie man auf dem Dorfe sagte. Sie bellten an einem Baum, auf dem keiner von uns saß.

Ich wurde ruhiger.

Der Beamte fragte mich, ob ich jemals in Westberlin gewesen war.

Ich antwortete wahrheitsgemäß, dass ich vor einer ganzen Weile anlässlich des Internationalen Weltjugendtages tatsächlich in Berlin gewesen sei und mir viele der Veranstaltungen angeschaut habe. Dass ich mit Vater bei dieser Gelegenheit auch seine Kontaktleute bei der BBC besucht hatte, zum ersten und einzigen Mal, verschwieg ich geflissentlich. Aber da ich nicht wusste, was der Beamte wusste, gab ich zu, dass ich auch an diesem Tag in Westberlin war.

»Was haben Sie da getan? Da gibt's doch gar nichts!«

Ich antwortete ihm, dass ich schon seit meiner Kindheit ein großer Freund von Wildwest-Filmen sei, und im Westen gebe es einfach die besseren Filme. Das sei der Grund gewesen.

»Was für ein Film war das?«

»Ich habe mir ›Geronimo, die Geißel der Prärie‹ angeschaut.«

Das entsprach sogar der Wahrheit. Der Film mit Chief Thundercloud in der Titelrolle lief zu dieser Zeit in den Westberliner Kinos. Ich hätte dem Beamten die Geschichte bis ins Detail erzählen können.

Der Stasi-Mann musste lachen, aber ich merkte, dass er nicht wusste, wer Geronimo war. Ich erklärte ihm, dass Geronimo ein legendärer Häuptling der Apachen und ein Revolutionär war, weil die Apachen auf der Seite der mexikanischen Freiheitskämpfer gestanden hatten.

Die Stimmung lockerte sich ein wenig, aber das Verhör ging weiter. Noch immer war kein Wort über die BBC gefallen.

»Ihr Vater fährt sehr oft nach Westberlin!«

»Ja«, antwortete ich, »das weiß ich. Er wettet gern, er ist ein krankhafter Spieler und er wettet dort drüben auf die französischen Rennen. In Frankreich gibt es ja jeden Tag Pferderennen, da kann man praktisch rund um die Uhr wetten und das macht mein Vater dann.«

Der Vernehmer brachte wieder unseren Nachbarn Herkner ins Gespräch und bohrte nach, was ich über diesen Mann wisse.

»Keine Ahnung«, antwortete ich. »Ich sehe diesen Mann kaum. Ich lebe eigentlich überhaupt nicht mehr im Dorf. Ich gehe seit einem Jahr auf die Ingenieurschule in Dresden und komme erst spätabends nach Hause, wie Sie wissen. Mit dem Dorf habe ich kaum noch etwas zu tun.«

Es entstand eine kleine Pause.

Ich beugte mich leicht über den Tisch: »Ich habe da auch mal eine Frage. Wie lange dauert denn dieser Spaß hier noch?«

Der Beamte schaute mich an: »Wissen Sie, auf diesem Stuhl haben schon viele Leute vor Ihnen gesessen. Aber das hat mich noch keiner gefragt.«

Ich antwortete: »Na ja, Sie wissen sicher von meiner Vergangenheit, dass ich fünf Jahre lang bei den Russen eingesperrt war. Und bis jetzt sieht es hier eigentlich ganz ruhig aus.«

Der Beamte musste wieder lachen und wies einen Posten an, mich in die Zelle zurückzubringen. Später wurde ich erneut abgeholt und mit einem Auto zum Gerichtsgebäude gefahren. Dort erwartete mich eine Untersuchungsrichterin, die in meinem Beisein ein Schriftstück diktierte, nach welchem ich ein gefährlicher Gegner der DDR sei und Aktionen gegen den Staat geplant habe. Das Dokument wurde mir vorgelegt. Es sei die Anklageschrift, ich solle das unterschreiben.

Ich antwortete, dass ich dieses Papier keineswegs unterschreiben und damit die falschen Anschuldigungen akzeptieren würde. Ich vermerkte auf dem Blatt lediglich, dass ich die Anklage zur Kenntnis genommen hatte und ließ mich in das Gefängnis zurückbringen.

Nach ein paar Tagen, die ich allein in der Zelle verbrachte, wurde ein anderer Häftling in den Raum gestoßen. Der war etwas älter als ich und hatte wohl einige abfällige Bemerkungen über die Regierung der DDR gemacht. Er hatte eine ungeheure Angst, deren Grund mir nach und nach aufging und sie absurd erscheinen ließ. Mein Mithäftling war relativ frisch verheiratet. Seine Frau hatte ihn immer gewarnt, dass ihn sein loses Mundwerk in Schwierigkeiten bringen werde. Sie schien eine lebenslustige und schöne Frau zu sein. Beim letzten Betriebsfest war sie ab und zu mit Kollegen nach draußen verschwunden. Der Mann hatte sie gesucht, rasend vor Eifersucht, aber nicht gefunden. Als sie wiederkam, habe sie getan, als wäre nichts gewesen.

»Ich sitze jetzt hier und kann meine Frau nicht überwachen!«

Er war voller unfreiwilliger Komik. Im Gefängnis dachte er nur daran, dass er seine Frau nicht bewachen konnte.

Dann wurde ich wieder in eine Einzelzelle gebracht. Eine Wärterin – es gab in diesem Stasi-Untersuchungsgefängnis seltsamerweise nur Wärterinnen – erklärte mir, dass ich sowie Vater und Gottfried heute freikämen. Sie hatten ebenfalls die ganze Zeit in diesem Gefängnis gesessen, ohne dass wir voneinander wussten.

Ich wurde nach kurzer Zeit in ein Büro geführt, in dem mich ein anderer Beamter empfing.

Er schaute mich lange an und sagte: »Herr Schreiber, die Situation ist folgende: Uns ist ganz klar, dass Sie mit der Kampfgruppe gegen Ungerechtigkeit nichts zu tun haben. Aber etwas stimmt nicht mit Ihnen und Ihrer Familie. Wir können Sie hierbehalten bis zum Prozess. Der wird in ungefähr einem halben Jahr sein, dann haben wir genügend Material, oder Sie kommen frei. Aber Sie können auch jetzt rauskommen, wenn Sie sich verpflichten, uns in Zukunft mit Informationen zu versorgen, wie die Stimmung an Ihrer Ingenieurschule ist. Was sagen die Studenten? Was sagen die Professoren? Und so weiter.«

In diesem Moment wusste ich, was ich zu tun hatte.

Ich dachte: Okay, ich war zweimal zu blöd, um vor euch abzuhauen. Ein drittes Mal wird mir das nicht passieren. Bis es so weit kommt, bin ich längst auf der anderen Seite.

Dem Mann antwortete ich: »Ja, gut, das würde ich tun.«

Er diktierte mir eine Erklärung, dass ich mich zu Spitzeldiensten für die Staatssicherheit verpflichte. Ich unterschrieb das Blatt.

»Sie müssen jetzt noch einen Decknamen annehmen.«

Ich meinte: »Gut, wenn ich mir den selbst raussuchen kann, würde ich ›Fritz Grönert‹ wählen.« Ausgerechnet Fritz.

Der Beamte wollte wissen, weshalb ich diesen Namen wählte.

»Das war mein bester Freund. Er ist beim ersten Luftangriff auf Dresden ums Leben gekommen.«

Der Mann nickte feierlich: »Das ist gut. Mit diesem Decknamen setzen Sie Ihrem Freund ein schönes Denkmal.«

Dann schickte er mich in den Flur hinaus und wies mich an, dort zu warten. Nach einer Weile öffnete sich eine andere Tür und mein Bruder kam aus dem Zimmer. Vater hatten sie eine Etage höher festgehalten.

Er schlurfte in seiner typischen Art auf uns zu: »Jungs, das hat ein bisschen länger gedauert. Lasst uns gehen.«

Bevor wir das Gebäude verließen, wurden uns die Sachen ausgehändigt, die man uns nach der Verhaftung abgenommen hatte. Auch mein Verlobungsring war dabei.

Wir nahmen ein Taxi und waren kurz vor Mitternacht zu Hause.

In der Küche meiner Eltern saßen die drei Frauen am Tisch. Mutter, meine Schwägerin und Ursel, die schon am Morgen nach der Verhaftung freigelassen worden war.

Sie sprang auf und rief: »Ich wusste, dass ihr heute nach Hause kommt. Habe ich es nicht gesagt? Wir haben uns an einem Dreizehnten verlobt und heute ist wieder ein Dreizehnter. Das ist unser Glückstag. Du musstest heute einfach nach Hause kommen.« Mit dieser Gewissheit hatte sie die anderen aufgerichtet.

Wir saßen in dem engen Zimmer und schauten uns an.

Irgendwann sagte ich: »Wir müssen hier weg. Wir müssen in den Westen.« Mutter schaute erschrocken.

»Wir haben gar keine andere Wahl. Die Stasi hat uns jetzt auf dem Radar. Die sind nicht blöd. Diesmal haben sie danebengegriffen, beim nächsten Mal passiert ihnen das nicht wieder. Außerdem trau ich der Spitzelverpflichtung nicht.«

Die Stasi-Leute wollten auch Vater und Gottfried als Informanten verpflichten. Gottfried hatte unterschrieben, Vater nicht.

Mutter hatte Bedenken. Sie wollte nicht alles aufgeben, was sich die Familie in den vergangenen Jahren aufgebaut hatte. Sie hing an der vertrauten Umgebung. Inzwischen mochte sie sogar das Leben in Gönnsdorf.

Im Gespräch offenbarte sie aber, dass sie einen kapitalen Bock geschossen hatte. In ihrer Verzweiflung hatte sie einen Brief an die BBC in Westberlin geschickt, in dem ein einziger Satz stand: »MAPEGO verhaftet.« Martin, Peter und Gottfried sind aufgeflogen. Das war mehr als Leichtsinn. Das war jetzt lebensgefährlich.

Ich schaute Vater an: »Ich weiß, was die Russen mit Spionen machen. Das kann auch die Todesstrafe bedeuten. Mindestens aber lebenslänglich. Ich kenne ihre Instrumente. Gottfried war zwar in Kriegsgefangenschaft, aber er war in einem Offizierslager. Ich habe die richtigen Lager gesehen.«

Unser Entschluss stand fest. Wir alle wussten, wie Hilde Benjamin, die Justizministerin der DDR, die Waldheimer Prozesse und die Säuberungen nach dem Aufstand vom 17. Juni geführt hatte.

Wir planten unsere Flucht nach Westberlin. Dort hatte Vater seine Kontakte, dort würden uns die Freunde von der BBC helfen, nach Westdeutschland zu kommen.

Es gab für mich nur ein Problem. Ich war mit Ursel verlobt, aber nicht verheiratet. Das würde im Westen vielleicht schwierig sein. Wir wussten, dass uns wahrscheinlich längere Aufenthalte in

Flüchtlingslagern und Umsiedlerheimen bevorstanden. Wenn wir nicht verheiratet waren, bestand die Gefahr, voneinander getrennt zu werden.

»Das wird eine schwierige Sache«, sagte ich zu Ursel. »Wir bekommen dort keine eigene Wohnung und auch kein gemeinsames Zimmer. Wir sind seit zweieinhalb Jahren verlobt, es wird Zeit zu heiraten.«

Es war kurz nach Mitternacht vom 13. zum 14. Oktober, als ich sie fragte, ob sie meine Frau werden wollte. Am nächsten Morgen bemühten wir uns um den nächstmöglichen Termin auf dem Standesamt in Weißig. Der erste freie Termin war am 17. Oktober. Wir nahmen ihn sofort. Am 16. Oktober wurde Ursel 20 Jahre alt.

Zwei meiner Freunde, die mit mir studierten, kamen zur Hochzeit, auch Ursels Mutter. Sie wussten nichts vom wahren Grund unserer überstürzten Entscheidung. Es war ein grauer Tag, es nieselte und im Standesamt kam keine festliche Stimmung auf. Zu groß war die Angst, dass während der Zeremonie einer die Tür aufrisse und wir wieder verhaftet würden. Am Nachmittag gab es eine kleine Feier in der Wohnung meines Bruders.

Am Morgen des folgenden Tages flohen wir nach Berlin.

Ursel, die nun meine Frau war, und ich fuhren mit ihrer Mutter in die Stadt und verbrachten dort ein paar Stunden, welche die Bezeichnung Hochzeitsnacht nicht verdienten. Morgens um vier ging der erste Zug nach Berlin. Es war dunkel, die Bäume hatten schon die meisten Blätter verloren. Meine Frau schaute sich ängstlich um. Jeder Mensch, der uns begegnete, jeder Schatten konnte Gefahr bedeuten. Warum lehnte der Mann da drüben an der Laterne? Wer war der Mann, der uns auf dem Bahnsteig beobachtete?

Morgens fuhren drei Züge nach Berlin, im Abstand von anderthalb Stunden. Wir fuhren mit dem ersten Zug, die anderen mit den nächsten. Wenn wir getrennt fuhren, war die Chance größer, dass sie uns nicht entdeckten.

Mein Bruder hatte uns als ehemaliger Bürgermeister Papiere ausgestellt, dass wir uns auf Hochzeitsreise befanden. Im Koffer lag unser neues Familienstammbuch, welches bewies, dass wir frisch verheiratet waren. Ursel hatte Verwandte in Ostberlin, die uns erwarteten. In der Tasche trugen wir ein wenig Bargeld, das uns die

Freunde zur Hochzeit geschenkt hatten. Ich hatte meine Papiere und die Zeugnisse von der Ingenieurschule dabei. Die würde ich brauchen, hoffte ich.

Die Fahrt verlief ruhig, aber wir waren sehr angespannt. Kurz vor Berlin stoppte der Zug. Das war immer so. Bevor die Züge Berlin erreichten, wurden die Fahrgäste von Polizisten kontrolliert. Ich erinnere mich an den Schatten eines Volkspolizisten, der vor dem Abteil stand und mit teilnahmsloser Stimme unsere Ausweise verlangte. Er musterte sie kurz und gab sie ohne Kommentar zurück.

Wir fuhren zu Ursels Verwandten. Dort war der Treffpunkt für die Familie. Vater schickte eine Nachricht an das Büro der BBC, dass wir als Flüchtlinge nach Berlin gekommen waren und was die Gründe dafür waren. Dann trennten wir uns.

Sehr viel später erfuhren wir, dass am Tag unserer Flucht das Auto des Staatssicherheitsdienstes wieder in Gönnsdorf aufgetaucht war und die Beamten nach uns gefragt hatten.

Ich fuhr mit Ursel über die Sektorengrenze. Wir waren außer Gefahr. Wir waren frei. Vor uns lag die Zukunft.

Aber die Zukunft ist ein anderes Land.